Liebe Schülerinnen und Schüler,

vor euch liegt euer neues Buch für das Fach Geschichte. Es will euch zu einer „Reise in die Vergangenheit“ einladen. Aus ihm könnt ihr jede Menge spannende und interessante Dinge erfahren, z. B. wie Nordamerika von europäischen Auswanderern besiedelt wurde, wie Dampfmaschinen und andere Erfindungen das Leben der Menschen veränderten oder wie es zum Ausbruch des Ersten Weltkrieges kam.

Dieses Buch soll euch helfen, selbstständig Geschichte zu entdecken. Wir, die Autorinnen und Autoren dieses Buches, haben dazu viele Bilder und Texte zusammengestellt, die vom Leben der Menschen in früheren Zeiten berichten.

Für eine Reise benötigt ihr eine geeignete Ausrüstung. Euer Buch bietet euch verschiedene Hinweiszeichen. Sie helfen euch, euch bei eurer Reise in die Vergangenheit zurechtzufinden.

Arbeitsaufträge Die Arbeitsaufträge leiten euch dazu an, Texte und Abbildungen auszuwerten und die Zusammenhänge zu verstehen.

Die Glühbirne hilft euch, einen Arbeitsauftrag zu verstehen und zu bearbeiten.

Die Lupe zeigt euch, dass es sich hierbei um einen schwierigen Arbeitsauftrag handelt. Eure Lehrerin oder eurer Lehrer sollte entscheiden, ob ihr diese Aufgabe lösen könnt.

i Hier werden euch unbekannte Begriffe und schwer verständliche Wörter erklärt.

M1 Der Buchstabe M bezeichnet alle Materialien, die den Autorentext und die Quellen ergänzen.

M kann ein Bild, eine Karte, eine Zeichnung oder eine Tabelle sein.

Q1 In diesen Texten haben Menschen lange vor unserer Zeit ihre Gedanken aufgeschrieben. Diese Texte müsst ihr genauer untersuchen.

METHODE Hier stellen wir euch Methoden des Faches Geschichte vor. Mit diesen Seiten könnt ihr lernen, wie man eine Karikatur interpretiert, Statistiken auswertet usw.

PROJEKT Auf diesen Seiten findet ihr Anregungen zum Ausprobieren, Selbermachen und Entdecken. Ihr könnt z. B. historische Spuren der Eisenbahngeschichte in eurem Bundesland suchen.

Den Alltag und das Leben der Menschen schildern wir euch in einigen *Geschichtserzählungen*. Diese sind jedoch keine historischen Quellen.

Im Anhang findet ihr ein Register und Worterklärungen, mit denen ihr die wichtigsten Begriffe und Namen noch einmal nachschlagen könnt.

INHALT

Von der Magna Charta zur Französischen Revolution

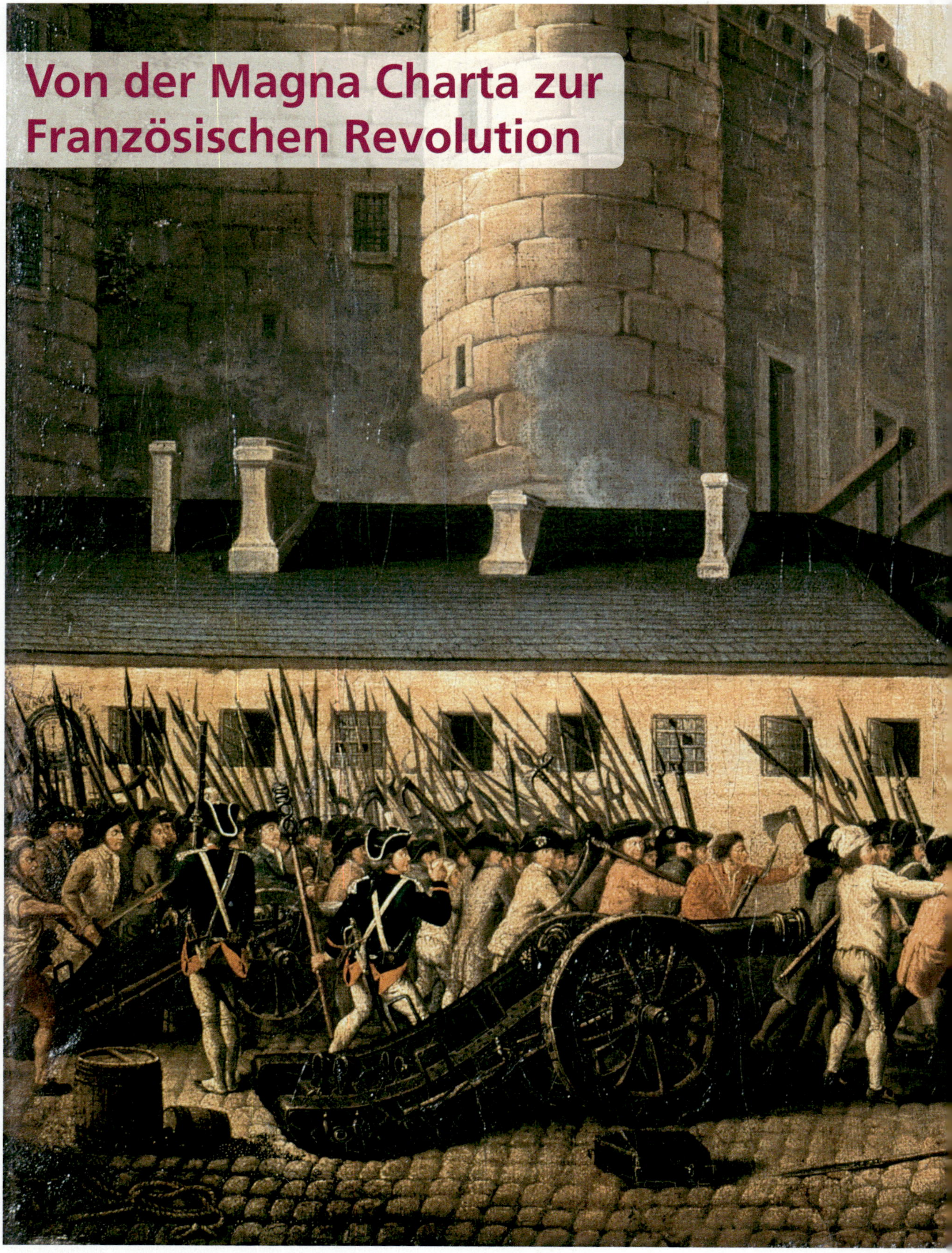

Die Erstürmung der Bastille am 14. Juli 1789. Gemälde eines unbekannten Künstlers.

M1 *Karl I., König von England (1625–1649). Gemälde von Anthonis van Dyck, um 1635.*

Q1 *Das Unterhaus 1610 gegen die Zollerhöhung König Jakobs I.:*

Wir halten es für ein altes, allgemeines und unzweifelhaftes Recht des Parlaments, über alle Angelegenheiten, die den Untertan, sein Recht und seine tatsächliche Lage betreffen, frei debattieren zu dürfen. Daher bitten wir, Euer Hoheit ergebene und pflichttreue Gemeinen, die wir nicht abweichen wollen von den erprobten Wegen unserer Vorfahren, Eure Majestät untertänigst und inständig, dass wir ohne Kränkung derselben gemäß dem unzweifelhaften Recht und Freiheitsanspruch des Parlaments, auf dem eingeschlagenen Weg einer umfassenden Prüfung der neuen Abgaben fortschreiten dürfen.

Nach: Geschichte in Quellen, Bd. 3, S. 357.

Der englische Parlamentarismus

Der Weg zur konstitutionellen Monarchie

Seit 1215 regelte die *Magna Charta* die Machtfrage in England. Ihre 63 Bestimmungen verhinderten eine Willkürherrschaft des Königs und sicherten die Freiheit von Adligen, Bürgern und Kirche. Steuererhöhungen bedurften fortan der Zustimmung des englischen Parlaments.

Diese Bestimmungen galten jedoch nur für den Adel, die Bürger von London und für Freie, obwohl die Urkunde für das ganze Land beschlossen wurde. Insgesamt schränkte die Magna Charta die Macht des englischen Königs deutlich ein.

Der Sieg des Parlaments

Als die englischen Könige im 17. Jahrhundert dennoch versuchten, die absolutistische Herrschaftsform durchzusetzen, stießen sie auf den harten Widerstand des Volkes. Der steigerte sich von 1642–1648 zum blutigen Bürgerkrieg und endete mit der öffentlichen Hinrichtung des englischen Königs Karl I. am 30. Januar 1649. Der König wurde verurteilt, weil er die Freiheit und Unabhängigkeit des Parlaments nicht respektiert und damit den Bürgerkrieg hervorgerufen hatte. Diese Hinrichtung, die die Anhänger des Parlaments beschlossen hatten, war etwas Ungeheuerliches, das es in der europäischen Geschichte bis dahin noch nicht gegeben hatte.

M2 *Hinrichtung Karls I. am 30. Januar 1649 vor der Whitehall-Residenz in London, Kupferstich 1649. Das mittlere Medaillon (oben) zeigt den König, daneben seine Gegner Fairfax und Cromwell. Auf dem Podest sind der geköpfte Leichnam des Königs, der Henker mit einem Gehilfen, zwei Offiziere und der Bischof von London als geistlicher Beistand zu sehen.*

(M3) *Oliver Cromwell (1599–1658). Gemälde von Robert Walker, 1650.*

i

Magna Charta: lat. „Große Urkunde der Freiheiten“. Die 1215 als Verfassungsurkunde Englands veröffentlichte Magna Charta enthält 63 Bestimmungen.
konstitutionelle Monarchie: Staatsform, in der die Macht des Monarchen (Königs) durch eine Verfassung begrenzt wird.

(M4) *Das Siegel von 1651 zeigt eine Parlamentssitzung ohne den König. Den Platz des Königs hat der Sprecher (Speaker) eingenommen.*

zu **1.**
Bedenke dabei die wirtschaftliche Macht von Adel und Bürgertum im 17. Jahrhundert.

zu **2.**
Achte auf Ort, Zeit, Anwesende und Symbolik des Künstlers.

Der Kampf um die Macht

Oliver Cromwell, der im Bürgerkrieg die Parlamentsarmee angeführt hatte, stellte sich an die Spitze des Staates und errichtete mithilfe seiner Soldaten eine Diktatur. Diese endete mit seinem Tod 1658.

Anschließend riefen die Mitglieder des Parlaments 1660 den Sohn des hingerichteten Königs, Karl II., auf den Königsthron zurück. Dieser wollte allerdings wie Ludwig XIV., der französische „Sonnenkönig“, absolutistisch herrschen. Das Parlament war gegen diese Form der Monarchie, bei der es alle seine Rechte und Macht verloren hätte. Es schaltete daher den niederländischen Fürsten Wilhelm von Oranien ein, einen Schwager des englischen Königs. Wilhelm von Oranien sollte die Situation zugunsten des Parlaments klären.

Das Kalkül der Parlamentsabgeordneten ging auf. Im November 1688 landete Wilhelm von Oranien in England und ergriff die Macht. Vor seiner Thronbesteigung unterzeichnete er die „Bill of Rights“, die die Thronfolge regelte und die Rechte des Parlaments festlegte.

Die „Bill of Rights“

Die englischen Könige waren künftig weitgehend vom Parlament abhängig, denn die „Bill of Rights“ sicherte den Einfluss des Parlaments. Sie teilte die Macht zwischen dem Parlament und dem König auf und verhinderte so die Alleinherrschaft eines Königs. In England entstand damit die erste *konstitutionelle Monarchie*.

Folgende Regelungen enthielt die „Bill of Rights“:
- Das Parlament legt per Abstimmung die Gesetze fest.
- Das Parlament bewilligt die Steuern.
- Das Parlament muss zustimmen, wenn der König ein Heer aufstellt.
- Das Parlament wacht darüber, dass jeder Verhaftete spätestens nach drei Tagen vor einen Richter geführt wird.
- Das Parlament darf frei diskutieren. Niemand darf wegen seiner Reden im Parlament vom König zur Rechenschaft gezogen werden.

Auf die Parlamentswahlen hatte der König keinen Einfluss mehr. Wahlberechtigt waren nur der Adel und das Bürgertum. Das Parlament bestand aus einem *Oberhaus*, dem „House of Lords“, und dem *Unterhaus*, dem „House of Commons“. Im Oberhaus berieten die Bischöfe, Erzbischöfe, Grafen und Barone, im Unterhaus tagten die Ritter, reiche Bauern und Bürger. Kleinbauern, Handwerker und Manufakturarbeiter waren im Parlament nicht vertreten. Ein Sprecher („Speaker“) teilte dem König regelmäßig die Parlamentsbeschlüsse mit.

Arbeitsaufträge

1. Skizziere Ursachen, Verlauf und Folgen der Machtkämpfe in England seit dem Mittelalter.
2. Schildere das in M2 dargestellte Geschehen wie ein Reporter. Arbeite das für die damalige Zeit Ungeheuerliche heraus.
3. Formuliere nach dem Vorbild von Q1 eine Parlamentsrede gegen den englischen König.
4. Gebe den Inhalt der „Bill of Rights“ wieder und erkläre ihre Bedeutung für die politische Entwicklung Englands.
5. Stelle den Unterschied zwischen der konstitutionellen Monarchie und der absolutistischen Herrschaft dar.

Die Arbeit des englischen Parlaments

Ein Besuch im Unterhaus

Die Rechte und Pflichten des englischen Parlaments waren in der „Bill of Rights“ festgelegt. Ohne die Zustimmung des Parlaments konnte der König nicht regieren. Wie aber führten die Parlamentarier ihre Arbeit aus? 1782 reiste der deutsche Gelehrte Karl Philipp Moritz nach England, für das er ebenso wie viele seiner gebildeten Zeitgenossen schwärmte. Moritz besuchte mehrere Sitzungen des Unterhauses, die er von der Zuschauergalerie aus miterlebte.

M1 *Karl Philipp Moritz (1756–1793) verfasste Romane, kunsttheoretische Abhandlungen sowie Schriften über Grammatik, Psychologie und Pädagogik. Sein erster literarischer Erfolg waren „Die Reisen eines Deutschen in England“. Gemälde von Friedrich Rehberg, 1790.*

Q1 *Karl Philipp Moritz berichtet als Augenzeuge über das Geschehen im englischen Unterhaus:*

Und nun sah ich also zum ersten Male in einem ziemlich unansehnlichen Gebäude, das einer Kapelle sehr ähnlich sieht, die ganze englische Nation in ihren Vertretern versammelt. Der Sprecher, der Vorsitzende, ein ältlicher Mann mit einer ungeheueren Perücke, in einem schwarzen Mantel den Hut auf dem Kopfe, [sitzt] mir gerade gegenüber auf einem erhabenen Stuhle, der wie ein Altar aussieht, vor welchem wiederum zwei Männer ... sitzen.

An den Seiten des Hauses rund umher sind die Bänke für die Parlamentsglieder mit grünem Tuch ausgeschlagen, immer höher als die andere, wie unsere Chöre in den Kirchen, damit derjenige, welcher redet, immer über die vor ihm Sitzenden wegsehen kann ... Die Parlamentsmitglieder behalten ihre Hüte auf, aber die Zuschauer auf der Galerie sind unbedeckt.

Die Parlamentsmitglieder des Unterhauses haben nichts Unterscheidendes in ihrer Kleidung; sie kommen im Überrock und mit Stiefeln herein. Es ist nichts Ungewöhnliches, ein Parlamentsglied auf einer von den Bänken ausgestreckt liegen zu sehen, indes die anderen debattieren. Einige knacken Nüsse, andere essen Apfelsinen oder was sonst die Jahreszeit mit sich bringt. Das Ein- und Ausgehen dauert fast beständig ...

Das Reden geschieht ohne alle Feierlichkeit: Einer steht bloß von seinem Sitze auf, wendet sich zum Sprecher ..., behält Hut und Stock in einer Hand, mit der anderen macht er seine Gesten. Redet einer schlecht oder hat er das, was er sagt, für die meisten nicht Interesse genug, so ist oft ein solches Lärmen und Gelächter, dass der Redende kaum sein eigenes Wort hören kann ... und dann hat es sehr viel Komisches, wenn der Sprecher auf seinem Stuhle wie ein *Präzeptor* zum wiederholten Male Ordnung bietet, indem er ausruft „to order, to order“, ohne dass eben viel darauf geachtet wird.

Sobald hingegen einer gut und zweckmäßig redet, so herrscht die äußerste Stille, und einer nach dem anderen gibt seinen Beifall dadurch zu erkennen, dass er „hear him! hört ihn!“ ruft ...

Ich habe oft bemerkt, dass einer, der mit einer Furchtsamkeit oder Kälte zu reden anfängt, dadurch in ein solches Feuer gesetzt wird, dass er mit einem Strome von Beredsamkeit spricht ...

i

Präzeptor: Lehrer.

Sehr auffallend waren mir die offenen Beleidigungen und Grobheiten, welche sich oft die Parlamentsmitglieder einander sagten, indem der eine zum Beispiel aufhörte zu reden und der andere unmittelbar darauf anfing: „It is quite absurd usw., es ist höchst ungereimt, was der right honourable Gentleman (mit diesem Titel beehren sich die Parlamentsglieder) eben ... vorgetragen hat ..."

Ich bin nachher fast alle Tage im Parlament gewesen und ziehe die Unterhaltung, die ich dort finde, den meisten anderen Vergnügungen vor ...!

Nach: Geschichte in Quellen, Bd. 3, S. 703 ff.

M2 *Die erste Sitzung des englischen Unterhauses. Gemälde, 1808.*

Arbeitsaufträge

1. Schildere anhand von Q1 den Verlauf der Parlamentssitzungen in England.
2. Stelle gegenüber, was Karl Phillip Moritz positiv und negativ bewertet.
3. Beurteile das Verhalten der Parlamentsmitglieder.
4. Informiere dich über das heutige Geschehen in den Parlamenten (z. B. im Landtag oder im Bundestag). Vergleiche im Anschluss anhand von Q1 das Verhalten der englischen Parlamentarier nach der Schilderung von Moritz mit dem heutiger Abgeordneter.
5. Diskutiert über die Wahrnehmung des Mitbestimmungsrechts in eurer Klasse oder an eurer Schule.

zu 2.
Nutze die Form einer Tabelle.

zu 4.
Unter anderem berichten Tageszeitungen und Fernsehnachrichten regelmäßig über Parlamentssitzungen.
Weitere Informationen findest du auf den Websites des Landtags Mecklenburg-Vorpommern (http://www.landtag-mv.de/) und des Deutschen Bundestages (http://www.bundestag.de/).

Die Amerikanische Revolution

Der Kampf um die Unabhängigkeit

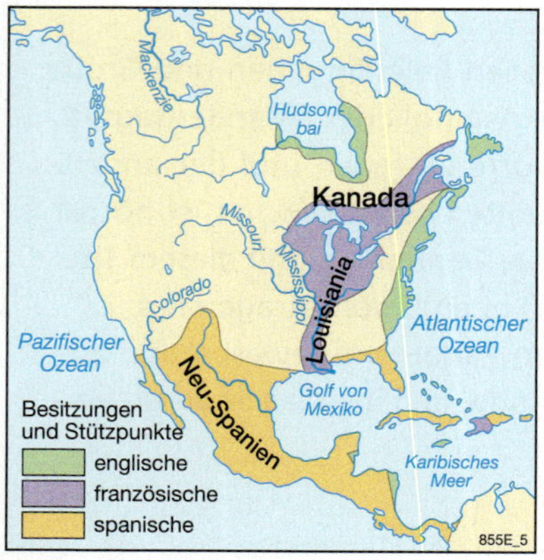

M1 *Nordamerika um 1750.*

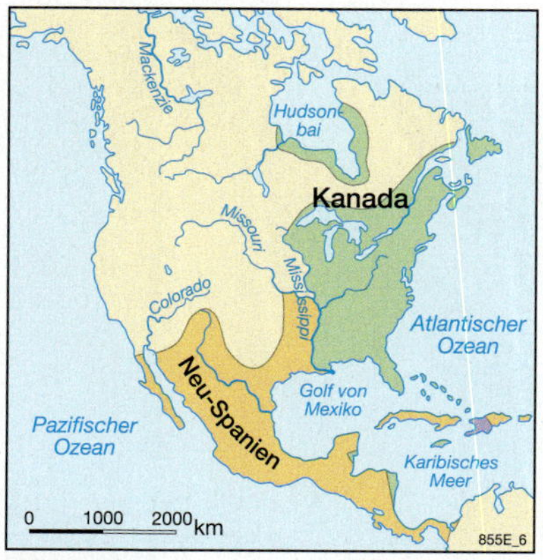

M2 *Nordamerika um 1763.*

i

Siebenjähriger Krieg: Krieg zwischen Preußen und England auf der einen sowie Österreich, Frankreich und Russland auf der anderen Seite um die Vormachtstellung in Europa und den Kolonien (1756–1763). Kriegsschauplätze waren Mitteleuropa, Nordamerika, Indien und die Karibik.

M3 *Boston Tea Party, 1773. Zeitgenössische Darstellung.*

Auf dem nordamerikanischen Kontinent prallten die Interessen der Großmächte England und Frankreich aufeinander. Die französischen Kolonialgebiete Louisiana und Neufrankreich waren jedoch keine Siedlungskolonien, sondern Handelsstützpunkte französischer Kaufleute und Pelzjäger. Militärische Anlagen (*Forts*) sicherten sie gegen die englischen Siedler, die von der Ostküste weiter nach Westen drängten.

Krieg um die Vormachtstellung in der Neuen Welt

Immer wieder gab es zwischen Engländern und Franzosen Auseinandersetzungen um die Verteilung und Ausbeutung des Landes. Die Entscheidung fiel im *Siebenjährigen Krieg* (1756–1763). Frankreich konnte seine Stützpunkte in Nordamerika nicht behaupten. Im Frieden von Paris musste Frankreich seine Kolonie Neufrankreich im heutigen Kanada und das linke Mississippiufer an England abtreten sowie wichtige Stützpunkte in Indien räumen. Spanien trat gezwungenermaßen Florida ab. England war um 1800 somit zu einer bedeutenden Weltmacht geworden.

Die englischen Kolonien begehren auf

Der Krieg mit Frankreich hatte das englische Königreich viel Geld gekostet. Um das neu gegründete Weltreich zu verwalten und zu sichern, wurden das Heer und die Flotte, Häfen und Stützpunkte sowie Festungen ausgebaut. Auch dafür benötigte England viel Geld.

Das Parlament in London beschloss daher, von den Kolonien in Neuengland, wie die englischen Kolonien in Nordamerika genannt wurden, Steuern einzutreiben. Darüber entbrannten bei den Bürgern Zorn und Empörung. Vor dem Krieg hatten die Siedler ihre Angelegenheiten weitgehend selbst bestimmt, jetzt aber wollte die englische Krone über sie verfügen. Die Bürger Neuenglands waren nur bereit Steuern zu zahlen, über die sie selbst mit abgestimmt hatten. Im englischen Parlament waren sie jedoch nicht vertreten. Am meisten ärgerten sie sich über die Teesteuer, mit der indischer Tee bei der Einfuhr belegt wurde.

Die Boston Tea Party

Als im Dezember 1773 im Hafen von Boston wieder einmal Teeschiffe angelegt hatten, glitten plötzlich Boote über das Wasser und legten an den Schiffen an. Als Indianer verkleidete Siedler enterten die Schiffe. Sie sperrten die Wachen ein, brachen die Laderäume auf, holten mehr als 300 Teekisten hervor und warfen diese über Bord. Dann verschwanden sie wieder. Ganz Boston lachte über diesen kühnen Streich, der als *Boston Tea Party* (Bostoner Teesturm) bezeichnet wurde.

Der englische König war über die offene Auflehnung empört und verhängte Strafmaßnahmen. Kriegsschiffe besetzten den Bostoner Hafen und die Selbstverwaltung der Kolonien wurde aufgehoben. Die Bürger sollten die Schuldigen ausliefern und Schadenersatz leisten. Die abtrünnigen Untertanen waren dazu jedoch nicht bereit. Bei Zusammenstößen mit den englischen Truppen gab es Tote und Verwundete.

M4 *Treffen der 13 Kolonien. Dem Präsidenten des Generalkongresses John Hacock (4) wurde von Thomas Jefferson (2), Benjamin Franklin (3) und John Adams (1) der Entwurf der Unabhängigkeitsurkunde überreicht. Gemälde von John Trumbull, 1787.*

Q1 *Die Unabhängigkeitserklärung (Auszug):*

Wir, die Vertreter der Vereinigten Staaten von Amerika, ... geben feierlich bekannt und erklären,
- dass diese Vereinigten Kolonien sind und von Rechts wegen frei sein sollen und unabhängige Staaten,
- dass sie von jeder Untertanenpflicht gegen die britische Krone befreit sind und
- dass sie als freie und unabhängige Staaten die volle Macht besitzen: Kriege zu führen, Frieden zu schließen, Bündnisse einzugehen, Handelsbeziehungen anzuknüpfen und
- alle ... Handlungen und Dinge vorzunehmen, die unabhängige Staaten von Rechts wegen tun dürfen.

Nach: Geschichte in Quellen, Bd. 4, S. 93 f.

Die Unabhängigkeitserklärung der englischen Kolonien

Die Boston Tea Party und die Gegenmaßnahmen des englischen Königs Georgs III. bildeten das Signal zur offenen Auflehnung der amerikanischen Siedler in Neuengland. Im Januar 1776 verkündete eine weit verbreitete Flugschrift: „England gehört zu Europa, Amerika jedoch zu sich selbst." Auf mehreren Versammlungen und Kongressen kamen Vertreter der 13 Kolonien zusammen und beauftragten den Rechtsanwalt Thomas Jefferson, einen Abgeordneten der ältesten Kolonie Virginia, eine Unabhängigkeitserklärung auszuarbeiten. Diese wurde am 4. Juli 1776 angenommen und Georg III. übersandt. Eine kriegerische Auseinandersetzung zwischen den Kolonien und dem Mutterland wurde somit unvermeidbar.

Q2 *Aus der Einleitung der Unabhängigkeitserklärung:*

Wir halten diese Wahrheiten für ausgemacht: Dass alle Menschen gleich geschaffen sind; dass sie von ihrem Schöpfer mit gewissen unveräußerlichen Rechten begabt worden, worunter sind Leben, Freiheit und das Streben nach Glückseligkeit; ... dass, sobald eine Regierungsform diesen Zielen schadet, es das Recht des Volkes ist, sie zu ändern oder abzuschaffen und eine neue Regierung einzusetzen, die auf solchen Grundsätzen aufbaut.

Nach: Geschichte in Quellen, Bd. 4, S. 93.

Arbeitsaufträge

1. Schildere Ursachen und Folgen der Boston Tea Party.
2. Fasse den Inhalt der Unabhängigkeitserklärung zusammen (Q1).
3. Bewerte die Bedeutung der amerikanischen Unabhängigkeitserklärung. Nutze dazu auch Q1 und Q2.

Die Verfassung der Vereinigten Staaten

i

Kapitulation: Unterwerfung unter eine stärkere militärische Macht.
Konvent: lat. Zusammenkunft.

M1 *„Join or Die". Holzschnitt von Benjamin Franklin, 1754.*

M2 *„We are one." Erste Münze der Vereinigten Staaten von Amerika.*

Der Unabhängigkeitskrieg

Bereits seit 1775 kämpfte die schlecht ausgerüstete Amerikanische Kontinentalarmee unter Führung von George Washington gegen eine Übermacht englischer Truppen, die die Vorherrschaft Englands verteidigen wollten. Erst die Unterstützung durch Franzosen, Spanier und Niederländer ermöglichte es den amerikanischen Truppen, das englische Heer 1781 zur *Kapitulation* zu zwingen. 1783 wurde ein Friedensvertrag unterzeichnet und der englische König erkannte seine ehemaligen Kolonien als unabhängige Staaten an.

„Join or Die" – vereinigen oder sterben

Schon 1754 hatte Benjamin Franklin mit seinem Holzschnitt „Join or Die" die Einheit der 13 Kolonien eingefordert. Gleich nach der Unterzeichnung der Unabhängigkeitserklärung schlossen sich die ehemaligen englischen Kolonien 1777 zu einem losen Bund aus 13 Staaten zusammen.

Gewaltenteilung als Verfassungsprinzip

Im Jahr 1787 erarbeiteten 55 Abgeordnete auf einem *Konvent* die Verfassung der Vereinigten Staaten von Amerika. Die Verfassung legte den Aufbau des neuen Staates sowie die Rechte und Pflichten der einzelnen Bundesstaaten fest. Um den Machtmissbrauch durch einen einzelnen Herrscher zu verhindern, teilten die Abgeordneten die Herrschaftsgewalt in die gesetzgebende Gewalt, die ausführende Gewalt und die richterliche Gewalt auf. Dieses, *Gewaltenteilung* genannte, Prinzip ging auf Schriften des englischen Philosophen John Locke und des französischen Staatstheoretikers Charles de Montesquieu („Vom Geist der Gesetze", 1748) zurück. Zusätzlich bauten die Abgeordneten Möglichkeiten der gegenseitigen Kontrolle der einzelnen Staatsorgane ein („checks and balances").

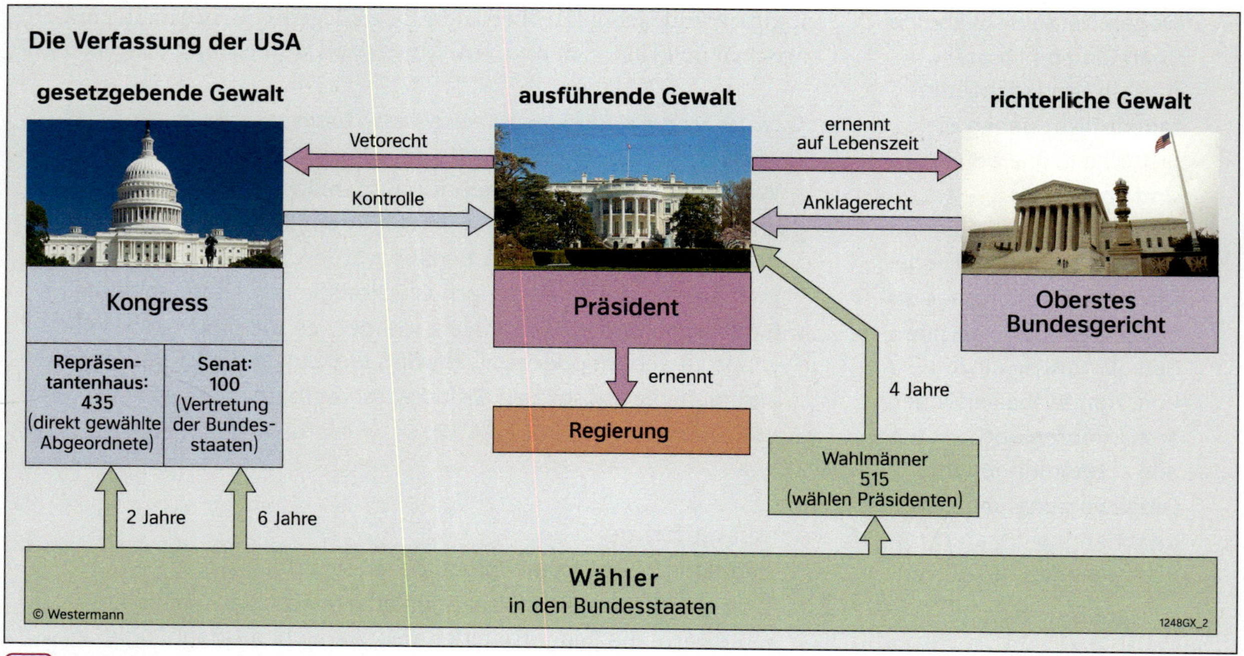

M3 *Die Verfassung der USA.*

i

Senat: Vertretung der Bundesstaaten. Jeder Bundesstaat entsendet, unabhängig von seiner Bevölkerungszahl, je zwei Senatoren in den Senat.
Repräsentantenhaus: Volksvertretung aus direkt gewählten Abgeordneten, deren Anzahl pro Bundesstaat sich nach dessen Bevölkerungszahl richtet.
Gründerväter: Bezeichnung für die Abgeordneten, die an der Erarbeitung der Verfassung beteiligt waren.
Virginia Bill of Rights: Grundrechterklärung, die am 12. Juni 1776 vom Konvent von Virginia verabschiedet wurde und großen Einfluss auf die Unabhängigkeitserklärung der Vereinigten Staaten hatte.
USA: Die Vereinigten Staaten von Amerika heißen auf Englisch *United States of America.* Von der englischen Bezeichnung wird die Abkürzung USA abgeleitet.

M4 *Die amerikanische Nationalflagge von 1777 enthielt 13 Streifen und 13 im Kreis angeordnete Sterne. Jeder Stern stand für eine Kolonie.*
Die Farben Rot, Weiß und Blau haben ihren Ursprung im „Union Jack", der Flagge des englischen Mutterlandes.
Im Sternenbanner ist jede Farbe ein Symbol: Weiß steht für Reinheit und Unschuld, Rot für Tapferkeit und Widerstandsfähigkeit, Blau für Wachsamkeit, Beharrlichkeit und Gerechtigkeit.

zu **2.**
Beachte die jeweilige Entstehungszeit.
zu **4.**
Lies dazu S. 15 dieses Lehrbuches.
zu **6.**
Die Verfassung sieht … Gewalten vor
Diese können … Gewählt werden …

Kongress, Präsident und Oberster Gerichtshof

Das Parlament (genannt *Kongress*), bestand aus dem *Senat* und dem *Repräsentantenhaus*. Es hatte das Recht, Gesetze zu erlassen.

Der für vier Jahre gewählte *Präsident* musste als Leiter der Regierung dafür sorgen, dass die vom Parlament beschlossenen Gesetze ausgeführt wurden. Er übte die ausführende Gewalt aus. Zum ersten Präsidenten der Vereinigten Staaten von Amerika wurde 1789 George Washington gewählt (1789–1797).

Um sicherzustellen, dass jeder Bürger, auch der Präsident oder die Abgeordneten und Minister, die Gesetze einhielt, wurde der *Oberste Gerichtshof* als höchste richterliche Gewalt ernannt.

Menschenrechte als Teil der Verfassung

In die Verfassung übernahmen die *Gründerväter* auch die Menschenrechte, die bereits in der *Virginia Bill of Rights* niedergeschrieben worden waren. Für Frauen, Indianer und Sklaven galten die Menschenrechte der Verfassung allerdings nicht. Bei Inkrafttreten der Verfassung waren nur weiße Männer mit Eigentum wahlberechtigt. Seit 1830 durften auch weiße Männer ohne Besitz wählen. Ehemalige Sklaven erhielten 1870, Frauen 1920 das Wahlrecht. Indianer wurden erst 1924 die Staatsbürger der *USA*.

Q1 *Der erste Zusatz zur Verfassung bezieht sich auf die Virginia Bill of Rights:*

I. Zusatzartikel:
Der Kongress darf kein Gesetz erlassen, das die Einführung einer Staatsreligion zum Gegenstand hat, die freie Religionsausübung verbietet, die Rede- oder Pressefreiheit oder das Recht des Volkes einschränkt, sich friedlich zu versammeln und die Regierung durch Petition um Abstellung von Missständen zu ersuchen.
II. Zusatzartikel:
Da eine gut ausgebildete Miliz für die Sicherheit eines freien Staates erforderlich ist, darf das Recht des Volkes, Waffen zu besitzen und zu tragen, nicht beeinträchtigt werden …
IV. Zusatzartikel
Das Recht des Volkes auf Sicherheit der Person und der Wohnung, der Urkunden und des Eigentums, vor willkürlicher Durchsuchung, Verhaftung und Beschlagnahme darf nicht verletzt werden …
Nach: http://usa.usembassy.de/regierung-verfassung.htm.

Arbeitsaufträge

1. Beschreibe das Bild M1 und erkläre die Bedeutung der Abkürzungen.
2. Arbeite die Bildaussage von M2 heraus und stelle diese M1 gegenüber. Bezeichne Gemeinsamkeiten und Unterschiede.
3. Erkläre die Symbolik der amerikanischen Nationalflagge (M4).
4. Der 4. Juli ist der Nationalfeiertag der USA. Zeige auf, weshalb.
5. Nenne die bis heute gültigen Menschen- und Bürgerrechte aus Q1.
6. Charakterisiere die Gewaltenteilung in der Verfassung der USA.
7. Vergleiche die amerikanische Verfassung mit der Frankreichs von 1791 und mit den englischen Bill of Rights von 1689. Beurteile den Grad des Mitbestimmungsrechts der Bürger in den drei Ländern.

M1 *Ludwig XVI. (1754–1792), Porträtgemälde von J.-S. Duplessis, 1770.*

Die Französische Revolution

Die Lage in Frankreich

Frankreich war im 18. Jahrhundert eines der wohlhabendsten Länder Europas. Seit 1770 aber erlebte das Land eine Wirtschaftskrise, unter der die Menschen in den Städten und auf dem Land litten. Aufgrund einer starken Bevölkerungszunahme und gleichzeitiger Missernten kam es zu Versorgungsengpässen. Diese führten zur Verteuerung der Lebensmittel und zu Hungerunruhen.

Staatsverschuldung und Wirtschaftskrise

Als König Ludwig XVI. im Jahre 1774 den Thron bestieg, übernahm er ein stark verschuldetes Land. Bedingt durch die Wirtschaftskrise konnte Ludwig XVI. nur über geringe Steuereinnahmen verfügen. Darüber hinaus hatten seine Vorgänger die Staatseinnahmen aufgebraucht, denn die Kosten für die königliche Armee und die Hofhaltung verschlangen ungeheuere Summen. Die Menschen, die gehofft hatten, unter Ludwig XVI. könnten sich die Verhältnisse ändern, wurden enttäuscht. Auch Ludwig XVI. ging lieber zur Jagd und gab das Geld weiter mit vollen Händen aus, anstatt die Staatsverschuldung zu stoppen.

Einnahmen:	503 Mio. Livres (französische Pfund)
Ausgaben:	629 Mio. Livres

Die Ausgaben verteilen sich auf folgende Bereiche:

Schuldendienst	318 Mio. Livres
Militär	165 Mio. Livres
Hof und Privilegierte	36 Mio. Livres
Wirtschaft	25 Mio. Livres
Öffentliche Bildung und Armenfürsorge	12 Mio. Livres
Weitere Ausgaben (Verwaltung, Straßen …)	73 Mio. Livres

Nach: Soboul, A.: Die große Französische Revolution, S. 75.

M2 *Der Staatshaushalt Ludwigs XVI. 1788.*

Der Ruf nach Reformen wird laut

Vor allem Philosophen, Gelehrte, Rechtsanwälte und Schriftsteller begannen, über das Zusammenleben der Menschen nachzudenken. Sie fragten sich: Was ist eigentlich der Staat? Worauf beruhen die Herrschaft und die Macht des Adels?

Bei der Suche nach Antworten kamen sie zu der Überzeugung, dass alle Menschen frei und gleich geschaffen seien. Ihrer Ansicht nach mussten für alle Menschen gleiche „natürliche“ Rechte gelten: die Menschenrechte. Der Staat war in ihren Augen lediglich ein Mittel, das Zusammenleben der Menschen zu regeln. Damit nicht ein Einzelner die anderen bevormunden und ausnutzen konnten, sollten die „Gewalten“ geteilt werden *(Gewaltenteilung)*. Immer mehr Flugblätter griffen diese Gedanken auf und verbreiteten sie in der Bevölkerung.

i

Gewaltenteilung: Aufteilung der Herrschaftsgewalt in die drei Gewalten Gesetzgebung, Vollziehung (Regierung) und Rechtssprechung. Die Trennung der drei Gewalten und deren wechselseitige Kontrolle sollen Machtmissbrauch verhindern.

Vertreter des ersten und zweiten Standes:
600 000 Menschen
Vertreter des dritten Standes:
24 Millionen Menschen
Einwohner in Paris:
500 000 Menschen

M3 *Die französische Bevölkerung um 1780.*

i

Direkte und indirekte Steuern: Direkte Steuern müssen als Abgaben direkt an den Staat gezahlt werden. Indirekte Steuern werden z. B. auf die Preise von Lebensmitteln o. Ä. aufgeschlagen und beim Kauf dieser Waren gezahlt.

Die Ständegesellschaft

Die Bevölkerung Frankreichs gliederte sich im 18. Jahrhundert in drei Stände: die *Geistlichkeit* bildete den ersten, der *Adel* den zweiten und Bürger sowie Bauern den *dritten Stand.* Der erste und zweite Stand wurden bei der Vergabe von Ämtern am Hofe, in der Armee, Verwaltung oder Kirche bevorzugt. Einkünfte aus ihrem Grundbesitz und aus den Diensten in Staat und Kirche waren ihre Einnahmequellen. Die ersten beiden Stände profitierten außerdem von vielen Vorrechten: Sie zahlten z. B. keine *direkten Steuern* und besaßen das alleinige Jagd- und Fischereirecht. Auf dem dritten Stand lagen fast ausschließlich die Lasten der Abgaben und Dienste für die ersten zwei Stände.

Alle drei Stände gliederten sich allerdings in höchst unterschiedliche Gruppen auf. Sie reichten bei der Geistlichkeit vom adligen Erzbischof bis zum Landpfarrer, der aus dem Bauern- oder Kleinbürgertum stammte. Zum Adel zählten die reichen Höflinge in Versailles ebenso wie die verarmten Landadligen. Die Mitglieder des dritten Standes reichten vom Staatsbeamten oder Großkaufmann über Handwerker und selbstständige Bauern bis hin zu den Manufakturarbeitern in den Städten oder den Gutsarbeitern auf dem Land. Vor allem reiche Kaufleute, Rechtsanwälte oder Bankiers übertrafen den Adel an Reichtum und Besitz. Diese Gruppen fühlten sich eher zum Adel als zu ihrem rechtlichen Stand hingezogen.

Die Bauern bildeten den größten Anteil des dritten Standes. Sie waren zwar persönlich frei, leisteten neben den Abgaben und Diensten aber noch den Kirchenzehnt und *indirekte Steuern.* Oftmals reichten die Erträge ihres Land deshalb nicht aus, um die Familie zu ernähren.

Q1 *Brief zur Lage in den Provinzen:*

Alle diese Abgaben sind so seltsam, dass ich solche vom vierten bis zum vierzigsten Teil der Ernte kenne. Was soll man zu all den Abgaben sagen, die in Gestalt von Korn, Hülsenfrüchten, Geld, Geflügel, ... Früchten, Kerzen entrichtet werden? ... Es gibt noch eine zahllose Menge anderer herrschaftlicher Rechte. Warum hat man Frankreich nicht von all diesen übertriebenen Abgaben befreit? ...

Nach: Alexis de Tocqueville: Der alte Staat und die Revolution, S. 229–231.

Wachsende Armut in den Städten

Im 18. Jahrhundert lebten bereits 15 Prozent aller Franzosen in einer Stadt. Wie in Paris gab es auch in Lyon, Marseille oder Bordeaux Viertel, in denen die Arbeiter in kleinen Wohnungen ohne Toiletten und Kochstellen hausten. Die Schar der Armen wurde durch die Landflüchtlinge noch vergrößert, die glaubten, in den Städten Arbeit zu finden.

zu **2.**
Beachte die Staatseinnahmen und -ausgaben sowie die Verteilung der Ausgaben.
zu **3.**
Wähle einen passenden Maßstab.
zu **4.**
Gehe auf Vertreter, Rechte und Pflichten ein. Verwende die Farben von Arbeitsauftrag 3.

Arbeitsaufträge

1. Beschreibe die Lage in Frankreich um 1774.
2. Untersuche den Staatshaushalts Ludwigs XVI. (M2).
3. Gestalte zu M3 ein farbiges Kreis- oder Säulendiagramm und werte es anschließend aus.
4. Stelle die Ständegesellschaft Frankreichs in Form einer Mindmap dar.
5. Gestalte ein Rollenspiel: Ein Bauer beschwert sich beim König.

Die Generalstände werden einberufen

Wahlverfahren für die General-ständeversammlung:
Jeder Stand wählte seine Vertreter.

Erster Stand:	300 Abgeordnete
Zweiter Stand:	300 Abgeordnete
Dritter Stand:	600 Abgeordnete

M1 *Die Generalständeversammlung.*

Das Zusammentreten der Generalstände

Die Kassen des französischen Staates waren leer. Da die Versuche gescheitert waren, vom ersten und zweiten Stand Geldzahlungen zu verlangen, berief der König die *Generalstände* für den 1. Mai 1789 nach Versailles ein. Die Generalstände waren eine Versammlung von Vertretern aller drei Stände. Nur mit ihrer Hilfe konnte der König neue Steuern oder Steuererhöhungen durchsetzen.

Seit 165 Jahren, seitdem die französischen Könige mit absoluter Macht über das Land herrschten, hatte die Vertretung der Stände nicht mehr getagt. Nun, in der finanziellen Notlage, bemühte sich der König um ihre Unterstützung. Ursprünglich war in den Generalständen jeder Stand mit 300 Abgeordneten vertreten. Auf Drängen seines Finanzministers ließ Ludwig XVI. dem dritten Stand 600 Abgeordnete zubilligen. Das Abstimmungsverfahren sollte jedoch gleich bleiben: Jeder Stand sollte eine einzige Stimme abgeben.

Durch die Städte und Dörfer, die Schlösser und Abteien Frankreichs ging eine ungeheure Aufregung, als überall Plakate des Königs zur Wahl der Generalstände aufriefen. Wählen durften allerdings nur die Männer, die ein Amt ausübten oder dem Staat jährlich hohe Steuern zahlten. Mehr als die Hälfte der französischen Bevölkerung blieb so im Frühjahr 1789 von der Wahl der Abgeordneten für die Generalstände ausgeschlossen. Zu den gewählten Vertretern der Stände gehörten Adlige, Geistliche, Schriftsteller, Rechtsanwälte und Gelehrte. Unter den Gewählten gab es keinen einzigen Bauern, Handwerker oder Manufakturarbeiter.

M2 *Die Generalständeversammlung am 5. Mai 1789. Zeichnung von Charles Monnet, 1789.*

Q1 *Der Ballhausschwur, gesprochen von dem Astronom Bailly:*

Die Nationalversammlung beschließt, dass es ihr Auftrag ist, die Verfassung des Königreiches festzulegen, die öffentliche Ordnung wieder herzustellen und die wahren Grundsätze der Monarchie aufrechtzuerhalten, und dass sie nichts hindern kann, ihre Beratungen fortzusetzen, wo auch immer man sie zu tagen zwingt. Ferner beschließt die Nationalversammlung, dass überall dort, wo ihre Mitglieder versammelt sind, die Nationalversammlung ist: (Sie schwört) Dass alle ihre Mitglieder auf der Stelle einen feierlichen Eid leisten, sich niemals zu trennen und sich überall, wo die Umstände es notwendig machen, zu versammeln, solange bis die Verfassung des Königreiches geschaffen und auf feste Grundlagen gestellt worden ist.

Nach: Geschichte in Quellen, Band 4, S. 177 f.

i

Revolution: (lat. Umwälzung) der rasche und oft gewaltsame Umsturz der bestehenden Staats- und Gesellschaftsordnung.

zu **1.**

Betrachte M2 aufmerksam und achte auf die vom Zeichner dargestellten Einzelheiten.

zu **3.**

Nutze die Form einer Tabelle. Gehe auf Datum, Ereignis und Ergebnis ein. Beachte das Verhalten des Königs und der drei Stände.
Du kannst die Tabelle später erweitern.

Die Zusammenkunft in Versailles

Am 4. Mai 1789 traten die Generalstände erstmalig in Versailles zusammen: die Geistlichen und der Adel in leuchtenden Gewändern, die Abgeordneten des dritten Standes in schlichtem Schwarz. Während der erste und zweite Stand den Versammlungssaal durch die prächtige Flügeltür betreten durften, wurde der dritte Stand durch eine kleine Seitentür eingelassen. Dessen Vertreter waren mit großen Hoffnungen angereist und glaubten fest, der König wolle ihre Lage verbessern. Um jedoch zu zeigen, dass die Zeit der Unterwürfigkeit vorbei war, begrüßten die Bürger den König stehend und behielten ihre Kopfbedeckung auf.

Doch schon in seiner Begrüßungsrede wies König Ludwig XVI. die Forderungen nach Reformen zurück, tadelte den Ungehorsam und erinnerte an das Gottesgnadentum. Dann sprach der Finanzminister Necker drei Stunden lang über die Finanzen des Staates ohne dabei die Höhe der Schulden Frankreichs zu nennen. In den Gesichtern des dritten Standes wuchs die Enttäuschung. Es fiel kein Wort über einen Anteil der Stände an der Regierung des Landes, über Hilfen für das hungernde Volk oder gleiche Rechte und Pflichten für alle drei Stände. Den König interessierten nur neue Steuergelder, die Vertreter von Adel und Geistlichkeit dagegen die Erhaltung ihrer Vorrechte. Diese Forderung hatten sie Ludwig XVI. in Briefen mitgeteilt. Eine Änderung der politischen Verhältnisse in Frankreich stand offensichtlich nicht auf der Tagesordnung.

Der Ballhausschwur

Dies ließen sich die Vertreter des dritten Standes nicht gefallen. Sie forderten, gemeinsam über die Reformen zu beraten, nicht nach Ständen getrennt und an verschiedenen Orten. Außerdem riefen sie dazu auf, die abgegebenen Stimmen nach Köpfen abzuzählen.

Als der König und die anderen beiden Stände ablehnten, erklärten die Abgeordneten des dritten Standes am 17. Juni 1789: „Wir sind die Vertreter von 24 Millionen Franzosen. Wir sind die einzigen Vertreter des gesamten französischen Volkes. Wir sind die versammelte Nation, die Nationalversammlung!“

Sie forderten die anderen zwei Stände auf, sich ihnen anzuschließen. Viele Landpfarrer, die die Lage des dritten Standes kannten, liefen zu ihnen über. Auch einige Adlige schlossen sich an. Dies war *ein erster Schritt* gegen die Macht des Königs, des Adels und der Geistlichkeit.

Als Antwort darauf ließ der König drei Tage später den Sitzungssaal sperren. Daraufhin zogen alle in die Halle des Ballhauses, wo sich sonst der Adel beim Ballspielen vergnügte. Hier leisteten die Abgeordneten am 20. Juni 1789 feierlich den sogenannten *Ballhausschwur*. Dies war *der zweite Schritt* auf dem Weg zur *Revolution*.

Arbeitsaufträge

1. Beschreibe Anlass und Teilnehmer des Geschehens in M2.
2. Erläutere das Wahlverfahren zur Generalständeversammlung (M1).
3. Fasse erste wichtige Schritte auf dem Weg zur Revolution zusammen.
4. Analysiere den Ballhausschwur (Q1). Wofür setzte sich der dritte Stand ein?
5. An welche später erklärten Menschenrechte fühlten sich die Vertreter des dritten Standes gebunden?

Die Revolution bricht offen aus

Die Ständeversammlung wird eine Nationalversammlung

Noch einmal versuchte Ludwig XVI., den Verlauf der Ereignisse zu steuern. Er befahl eine gemeinsame Sitzung aller Stände am 23. Juni 1789. Dort erklärte er alle bisherigen Beschlüsse für ungültig und endete mit den Worten: „Ich befehle Ihnen, sich sofort zu trennen und sich morgen früh in den für jeden Stand bestimmten Saal zu begeben und dort Ihre Sitzungen wieder aufzunehmen". Dann verließ er den Saal.

Nur ein Teil der Vertreter der ersten beiden Stände folgte diesem Befehl. Der Graf Mirabeau verkündete: „Wir werden nur der Macht der Bajonette weichen!". Diese offene Auflehnung gegen den König war *der dritte Schritt* auf dem Weg zur Revolution.

Rings um Versailles standen die Truppen des Königs zum Angriff bereit. Doch die Entschlossenheit des dritten Standes beeindruckte Ludwig XVI. und er sagte nur: „Sie wollen bleiben? Nun gut, lasse man sie dort." Der Monarch war zu schwach, um Widerstand zu leisten. Er forderte die Vertreter des ersten und zweiten Standes am 27. Juni 1789 auf, sich mit dem dritten Stand und seinen Anhängern zu vereinigen. Aus der Ständeversammlung wurde jetzt eine wirkliche *Nationalversammlung – der vierte Schritt* zur Revolution.

i

Nationalversammlung: verfassungsgebende Versammlung von Abgeordneten, die die ganze Nation repräsentiert.
Bastille: französisches Staatsgefängnis in Paris. Der 14. Juli ist der französische Nationalfeiertag – zum Gedenken an den Sturm auf die Bastille.
Dreschflegel: hölzerner Stiel, an dem ein Knüppel mit einem Riemen beweglich befestigt ist. Mit diesem Knüppel wurden die Getreidekörner aus den Ähren geschlagen.
Veto: (lat. „ich verbiete") Einspruch.

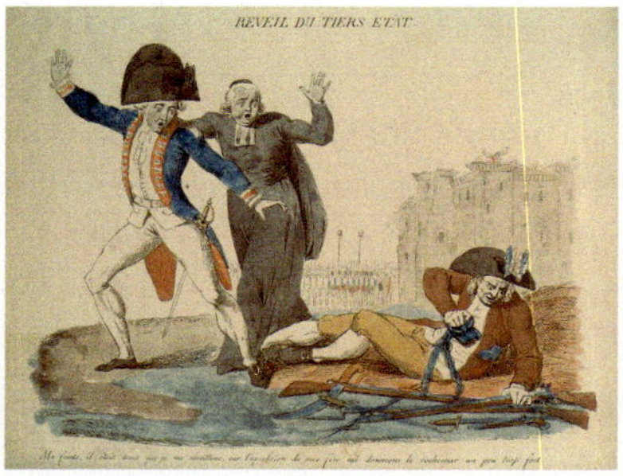

M1 *„Das Erwachen des dritten Standes." Zeitgenössische Radierung, koloriert.*

Der Sturm auf die Bastille am 14. Juli 1789

Bald wurden die Ereignisse von Versailles auch in Paris bekannt. Der Revolutionsfunke sprang auf die nahe gelegene Hauptstadt über. Dort litt die Bevölkerung unter Hunger, da die Missernten die Versorgung in den Städten noch verschlimmert hatten. Die ersten Hungertoten hatten die Pariser schon begraben, die Mehlvorräte wurden immer knapper und es gab Gerüchte, die Adligen würden Getreide zurückhalten, um den dritten Stand zu erpressen. Vor den Toren der Stadt Paris waren fast 20 000 Soldaten zusammengezogen worden. Die Pariser fühlten sich bedroht. Als sie erfuhren, dass die Generalständeversammlung keines der gewünschten Ergebnisse brachte, trafen sich immer mehr erregte Menschen auf den Straßen von Paris. Der Ruf: „Zu den Waffen, Volk von Paris! In den Kampf für Freiheit, Gleichheit und Brüderlichkeit!" wurde immer lauter.

Tausende stürmten zu den Waffenhäusern des Heeres in der Stadt, bewaffneten sich mit Gewehren und sogar mit Kanonen. Es erscholl der Ruf: „Zur *Bastille*!". Die Bastille war das verhasste alte Staatsgefängnis, ein festigungsartiger Bau mit Türmen, Wassergräben und rund 30 Meter hohen Mauern. Sie galt als ausbruchs- und einnahmesicher. Nun zogen die Pariser gegen dieses Sinnbild königlicher Herrschaft und Unterdrückung. Es gab nur geringen Widerstand. Nach einem kurzen Schusswechsel kapitulierte der Kommandant der Bastille und die Aufständischen nahmen das Gebäude ein. Im Gefängnis befanden sich nur sieben Gefangene, die nun befreit wurden. Der Kommandant wurde geköpft. Die Aufständischen trugen seinen Kopf durch Paris. Es war der 14. Juli 1789, der offene Ausbruch der Revolution – *der fünfte Schritt.*

Daraufhin zog Ludwig XVI. seine Truppen vollständig aus Paris ab. Am 17. Juli 1789 kam er selbst nach Paris. Im Rathaus steckte er sich das Abzeichen der Revolutionäre an, die blau-weiß-rote Kokarde. So wollte er seine Verbundenheit mit den Revolutionären ausdrücken.

M2 *Die Kokarde, das Abzeichen der Revolutionäre.*

Q1 *Ludwig XVI. in einem Brief an den Bischof von Arles:*

Ich bin mit diesem edlen und großmütigen Schritt der beiden ersten Klassen des Staates zufrieden. Sie haben der allgemeinen Verständigung, ihrem Vaterlande, dem König bedeutende Opfer gebracht ... Das Opfer ist schön, aber ... ich werde nie einwilligen, meine Geistlichkeit, meinen Adel um ihr Vermögen zu bringen ... Ich werde meine Zustimmung Dekreten verweigern, welche sie berauben würden; sonst würde mich einst das französische Volk der Ungerechtigkeit oder der Schwäche bezichtigen können. Ich werde alles, was nur in meinen Kräften steht, aufbieten, um meinen Klerus, meinen Adel aufrechtzuerhalten ... Wenn mich Gewalt nötigte, meine Zustimmung zu geben, dann würde ich nachgeben, aber dann würde es auch in Frankreich weder eine Monarchie noch einen Monarchen geben ... Die Zeiten sind ernst ...

Nach: Histoire parlementaire, Bd. 2, S. 24 f.

Adelssitze werden gestürmt

Die Revolution ergriff ganz Frankreich. Von überall her strömten Bauern zusammen, die sich mit *Dreschflegeln*, Mistgabeln und Jagdgewehren bewaffnet hatten. Sie stürmten Herrensitze, holten die Besitzpapiere für Grund und Boden aus den Ämtern und verbrannten diese. Sie jagten die Steuerbeamten davon und stellten die Steuerzahlungen ein. In den Städten vertrieben die Anhänger der Revolution die Beamten ebenso. Viele französische Adlige flohen aus Angst um ihr Leben vor den Revolutionären ins Ausland.

Währenddessen arbeitete die Nationalversammlung in Versailles an einer neuen Verfassung für Frankreich. Folgende Punkte der alten Ordnung sollten abgeschafft werden:

- die adligen Steuerprivilegien,
- die Frondienste,
- die gutsherrliche Gerichtsbarkeit,
- das alleinige Jagd- und Fischereirecht des ersten und zweiten Standes,
- die Käuflichkeit der Staats- und Kirchenämter.

Aufgrund der Ereignisse in Paris beantragten die ersten beiden Stände selbst die Aufhebung ihrer Vorrechte. Die Ständegesellschaft und die Vorrechte des ersten und zweiten Standes waren in Frankreich somit endgültig beseitigt. Dies waren *der sechste* und *der siebte Schritt* der Revolution. Der König wollte diese Beschlüsse jedoch nicht unterzeichnen. Immer wieder gab es Nachrichten über Maßnahmen des Adels gegen die Revolution. Beeinflusst vom Adel und von den anderen europäischen Monarchen, ließ der König weiter Truppen zusammenziehen.

Der Zug der Frauen nach Versailles

Da die Versorgung mit Lebensmitteln in Paris immer noch schwierig war, entschlossen sich jetzt die Frauen zu handeln. Am Morgen des 5. Oktober 1789 zogen 6000 Frauen, darunter Marktfrauen, Arbeiterinnen und Bürgerliche nach Versailles. Dort stürmten einige Hundert von ihnen die Nationalversammlung und forderten eine Debatte über ihre Notlage. Vom König verlangten sie Brot, die Unterzeichnung der Beschlüsse und seinen Umzug in das Pariser Stadtschloss.

Wenig später hob der König sein *Veto* gegen die Menschenrechte und die Aufhebung der Feudalrechte auf und versprach Maßnahmen zur Verbesserung der Versorgung der Hauptstadt.

Am folgenden Tag musste die königliche Familie gemeinsam mit den Frauen und einer Getreidelieferung nach Paris umziehen. Daraufhin verlegte die Nationalversammlung ihren Sitz ebenfalls dorthin.

Arbeitsaufträge

1. Beschreibe die Stimmung der Bevölkerung im Juli 1789. Inwiefern trug der König zur Verschärfung der Lage in Frankreich bei?
2. Ergänze deine Tabelle aus der vergangenen Stunde zu den weiteren Schritten der Revolution.
3. Erläutere anhand von Q1 die Haltung des Königs.
4. Bewerte die Abschaffung der Vorrechte des ersten und zweiten Standes.
5. Vergleiche die Ursachen des königlichen Machtverlustes in Frankreich mit dem in England und Nordamerika.

zu **4.**
Bedenke die Vorteile der althergebrachten Vorrechte für den ersten und den zweiten Stand.

Die Erklärung der Menschenrechte

Begründung der Demokratie

Am 27. August 1789 verabschiedete die französische Nationalversammlung nach vielen Diskussionen die *Erklärung der Menschen- und Bürgerrechte*. Diese Menschenrechte wurden – wie in der Verfassung der *Vereinigten Staaten von Amerika* – die Grundlage der französischen Verfassung.

M1 *Ausschnitt aus einem Gemälde zur Erklärung der Menschenrechte, 1789.*

Q1 *Aus der Erklärung der Menschenrechte:*

1. Die Menschen werden frei und gleich an Rechten geboren und bleiben es.
2. Der Zweck jeder staatlichen Vereinigung ist die Erhaltung der natürlichen und unverjährbaren Menschenrechte. Das sind die Rechte auf Freiheit, Eigentum, Sicherheit und Widerstand gegen Unterdrückung.
3. Der Ursprung jeder Herrschaft liegt im Volk.
4. Die Freiheit besteht darin, alles tun zu können, was einem anderen nicht schadet ...
5. Alle Bürger haben das Recht, beim Zustandekommen des Gesetzes entweder persönlich oder durch ihre Vertreter mitzuwirken. Das Gesetz muss dasselbe für alle sein ... Alle Bürger sind vor dem Gesetz gleich.
6. Niemand darf außer in den durch das Gesetz bestimmten Fällen angeklagt, verhaftet oder gefangen gehalten werden ...; aber jeder Bürger, der Kraft des Gesetzes vorgeladen oder ergriffen wird, muss auf der Stelle gehorchen; durch Widerstand macht er sich strafbar.
7. Jeder Mensch ist als schuldlos anzusehen, solange kein Schuldspruch erfolgt ist.
8. Niemand darf wegen seiner Überzeugung, auch nicht wegen seiner religiösen, belangt werden.
9. Die freie Äußerung der Gedanken und Meinungen ist eines der wertvollsten Rechte der Menschen; daher darf jeder Bürger frei sprechen, schreiben, denken.
10. Die allgemeine Steuer muss auf alle Bürger nach ihrem Vermögen gleich verteilt werden.

Nach: Quellen zur Geschichte der Neuesten Zeit, Zürich 1966, S. 12 ff.

i

Vereinigte Staaten von Amerika: Am 4. Juli 1776 erklärten die englischen Kolonien in Nordamerika ihre Unabhängigkeit vom Mutterland und die Gründung eines souveränen Staatenbundes, der Vereinigten Staaten von Amerika. Der Wortlaut der französischen Erklärung der Menschenrechte vom 27. August 1789 stimmt überein mit dem Text zu den Menschenrechten in der amerikanischen Unabhängigkeitserklärung.

Olympe de Gouges: Die im Jahr 1748 geborene französische Revolutionärin und Frauenrechtlerin setzte sich während der Französischen Revolution für die rechtliche Gleichstellung der Frau ein. Mit ihrer „Erklärung der Rechte der Frau und der Bürgerin“ von 1791 machte sie auf den Ausschluss der Frauen von den Menschenrechten aufmerksam. 1793 wurde sie während der Schreckensherrschaft der Jakobiner verhaftet und wenig später hingerichtet.

Q2 *Aus der „Erklärung der Rechte der Frau und der Bürgerin" der Frauenrechtlerin Olympe des Gouges, 1791:*

Artikel I: Die Frau wird frei geboren und bleibt dem Mann an Rechten gleich ...
Artikel II: Das Ziel jeder politischen Vereinigung ist die Bewahrung der natürlichen und unverjährbaren Rechte von Frau und Mann: diese Rechte sind Freiheit, Eigentum, Sicherheit und vor allem Widerstand gegen Unterdrückung. ...

Nach: Burmeister, K. H.: Olympe de Gouges.

Die Verfassung von 1791

Die 17 Artikel der Menschenrechte leiteten die Verfassung ein, die im September 1791 von der Nationalversammlung verabschiedet wurde. Darin war – wie in der Verfassung der Vereinigten Staaten von Amerika (siehe S. 16 f.) – die Teilung der Gewalten festgelegt. Dieser Gewaltenteilung war von nun an auch der König unterworfen.

Die ausführende Gewalt (Exekutive) wurde dem König sowie den von ihm ernannten Ministern und Beamten übertragen.

Die gesetzgebende Gewalt (Legislative) lag allein bei dem Parlament, der Nationalversammlung. Es setzte sich aus Abgeordneten zusammen, die von Wahlmännern bestimmt wurden.

Die richterliche Gewalt (Judikative) erhielten die Richter der Gerichtshöfe, die ebenfalls durch Wahlmänner gewählt wurden.

Nach der bereits 1789 festgelegten Wahlordnung gab es allerdings kein allgemeines Wahlrecht, sondern das Wahlrecht war an den Besitz gebunden. Wählen durften nur ca. vier Millionen Aktivbürger, die eine bestimmte Steuersumme entrichteten. Dazu zählten z.B. Bürger mit Grundbesitz und hohen Einkünften. Von der politischen Mitbestimmung ausgeschlossen blieben rund drei Millionen Passivbürger sowie alle Männer unter 25 Jahren und Frauen.

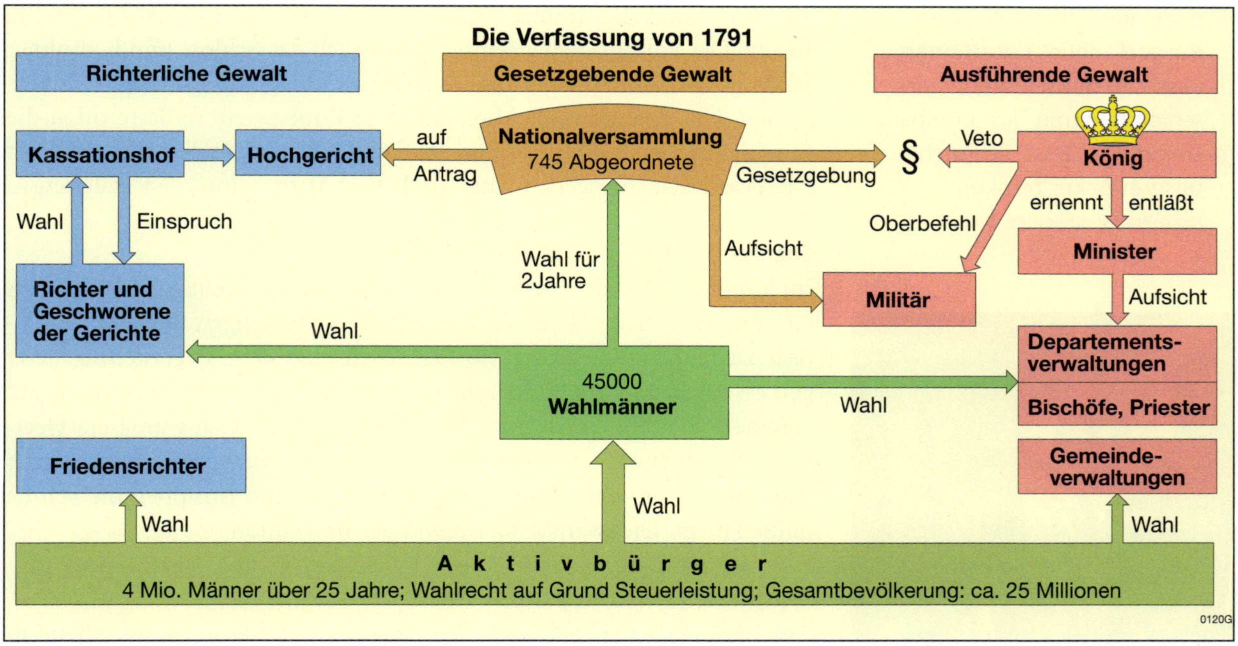

M2 *Die französische Verfassung von 1791 verwirklichte die Idee der Gewaltenteilung und machte sie zu ihrem Grundsatz. Aus diesem Grund wurde sie zum Vorbild für viele Verfassungen in Europa.*

Arbeitsaufträge

1. Beschreibe M1 und deute die Bildsymbolik.
2. Erkläre die einzelnen Menschenrechte und ihre Bedeutung (Q1).
3. Charakterisiere die Wahlordnung vor dem Hintergrund der Erklärung der Menschenrechte.
4. Vergleiche die in Q1 wiedergegebenen Menschenrechte von 1789 mit denen der amerikanischen Verfassung von 1776.
5. Beurteile mithilfe von M2 das System der Gewaltenteilung.

zu **3.**
Nutze Q1. Bedenke z.B. Artikel 1, 3 und 5 der Erklärung der Menschenrechte.

zu **4.**
Nutze S. 16 f. dieses Lehrbuchs. Notiere Gemeinsamkeiten und Unterschiede in einer Tabelle.

Das Ende Ludwigs XVI.

i

Jakobiner: Mitglieder eines radikalen politischen Vereins während der Französischen Revolution, die sich nach ihrem ersten Treffpunkt, dem Kloster Sankt Jakob in Paris, benannten.

Q1 *Die Marseillaise (Lied der Freiwilligen, heute die Nationalhymne Frankreichs):*

Auf, Kinder des Vaterlandes, der Tag des Ruhmes ist da! Gegen uns wurde der Tyrannei blutiges Banner erhoben. Hört ihr im Land das Brüllen der grausamen Soldaten? Sie rücken uns auf den Leib, Eure Söhne, Eure Frauen zu erwürgen. Zu den Waffen, Bürger! Schließt die Reihen, Lasst uns marschieren, marschieren, damit das unreine (feindliche) Blut die Furchen unserer Äcker tränke!

Nach: Nationalhymnen, S. 48.

M1 *Der Sänger Simon Chenard (1758–1832) auf dem Fest der Freiheit Savoyens am 14. Oktober 1792 in der langen Hose der Revolutionäre. Gemälde von Louis Leopold Boilly.*

Das Ansehen des Königs sinkt

Mit der Erklärung der Menschenrechte und der Verabschiedung der Verfassung waren Hunger und Not in Frankreich längst nicht beseitigt. Das Ansehen König Ludwigs XVI. war gesunken. Obwohl der Monarch jetzt in Paris lebte, hoffte er auf eine Veränderung der Verhältnisse zu seinen Gunsten. Heimlich sandte er Hilferufe an die europäischen Königshöfe, vor allem an den deutschen Kaiser, den Bruder der Königin Marie Antoinette. Im Juni 1791 wagte die Königsfamilie schließlich die Flucht. Aber der König wurde in einem kleinen Dorf in Lothringen erkannt und von der Nationalgarde nach Paris zurückgebracht. Von nun an lebte er in seinem Stadtschloss wie ein Gefangener.

Abkehr von der konstitutionellen Monarchie

Die Nationalversammlung wollte mit der Verfassung eine ähnliche Staatsform wie in England, eine konstitutionelle Monarchie, einführen. Der König sollte in dieser Staatsform an der Spitze des Staates stehen, seine Macht jedoch durch die Verfassung und die Nationalversammlung stark eingeschränkt werden.

Die Stimmung im Land wurde nach dem Fluchtversuch des Monarchen allerdings radikaler. Immer mehr Franzosen forderten einen Staat ohne König. Die Volksmassen stürmten schließlich das Schloss und bedrohten Ludwig XVI. Auch in der Nationalversammlung gab es erregte Diskussionen. Der Rechtsanwalt Maximilien de Robespierre forderte offen die Beseitigung der Monarchie und fand viele Anhänger. Für ihn war klar: Der Feind sitzt im eigenen Land, im Pariser Stadtschloss, den Tuilerien.

Die Freiheit ist in Gefahr

Im Sommer 1792 rückten Heere aus Österreich und Preußen in Frankreich ein, um die „schändliche Volksherrschaft" zu beseitigen und das Königspaar zu retten. Da erfasste die Franzosen eine neue Begeisterung. Jetzt galt es, das Land nach außen gegen die verhassten Fürsten zu verteidigen. „Freiheit oder Tod" hieß nun der Ruf. Ganz Frankreich wurde ein Heerlager. Die Freiwilligen sangen die Marseillaise, die spätere französische Nationalhymne. Bei Valmy schlugen die Revolutionstruppen die Feinde in die Flucht. Dies war *der achte Schritt* der Revolution.

Frankreich wird Republik

Am 10. August 1792 gelang es den radikalen *Jakobinern*, die Oberhand in der Nationalversammlung zu gewinnen. Sie setzten den König ab. Als „Bürger Louis Capet" (Ludwig XVI. stammte aus dem Haus der Capetinger) wurde er gemeinsam mit seiner Gemahlin Marie Antoinette und seinen Kindern eingekerkert. Damit wurde Frankreich zur *Republik*: Ein Staat ohne einen König an der Spitze, ein Staat, in dem die Teilung der Gewalten durchgeführt war. Die Ausrufung der Republik am 21. September 1792 war *der neunte Schritt* der Revolution.

Die Vertreter der Nationalversammlung berieten im Dezember 1792 über das Schicksal Ludwigs XVI. und seiner Familie. Die Meinungen, wie mit dem König verfahren werden solle, waren sehr unterschiedlich. In einem Staatsprozess wurde der König wegen Staatsverrates angeklagt.

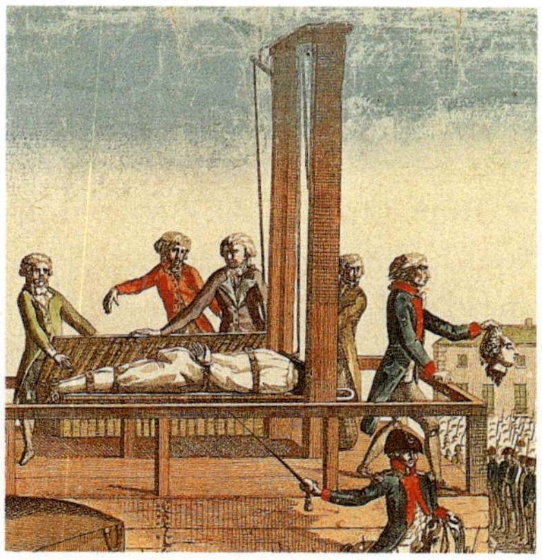

M2 *Hinrichtung des Königs am 21. Januar 1793. Zeitgenössischer Stich.*

M3 *Marie Antoinette auf dem Weg zur Hinrichtung. Zeichnung von Jacques Louis David, 1793.*

Q2 *Der Jakobiner Maximilien de Robespierre in seiner Anklagerede:*

Hier ist kein Prozess zu führen. Ludwig ist kein Angeklagter, Ihr seid keine Richter. Ihr seid nun Staatsmänner und Vertreter der Nation. Ihr habt kein Urteil für oder gegen einen Menschen zu fällen, sondern eine Maßnahme der öffentlichen Wohlfahrt zu treffen, einen Akt nationaler Vorsehung zu vollziehen. Was schreibt eine gesunde Politik vor, um die werdende Republik zu stärken? Den Herzen einen tiefen Abscheu vor dem Königtum einzuflößen ...

Hartig, I. und P.: Die Französische Revolution, Stuttgart 1980, S. 75.

Die Hinrichtung des Königspaares

Nach sechswöchiger Verhandlung und scharfen Auseinandersetzungen zwischen königstreuen Abgeordneten und den radikalen Anhängern der Revolution wurde Ludwig XVI. zum Tode durch das Fallbeil (*Guillotine*) verurteilt. Am 21. Januar 1793 vollstreckte der Henker das Urteil und der Kopf des Königs fiel vor den Augen der Pariser Bevölkerung. Damit schien die Gefahr einer Gegenrevolution durch Anhänger des Königs beseitigt.

Königin Marie Antoinette, die Tochter der österreichischen Kaiserin Maria Theresia, wurde am 16. Oktober 1793 hingerichtet. Die Franzosen weinten ihr keine Träne nach. Sie hatten sie immer als Ausländerin, nie als französische Königin, betrachtet. Die Königin hatte im Volk den Ruf, oberflächlich und hochmütig zu sein. Ihre verschwenderische Hofhaltung selbst in Zeiten, in denen große Teile der Bevölkerung hungerten, steigerte ihre Unbeliebtheit beim Volk.

Q3 *Ein Augenzeuge über die Hinrichtung Ludwigs XVI.:*

Die Stufen zum Schafott waren äußerst steil. Dem König bereitete das Steigen Mühe. Oben angekommen, brachte er mit einem einzigen Blick die zwanzig Trommler, die ihm gegenüberstanden, zum Schweigen und sprach: „Ich bin unschuldig an den Verbrechen, die man mir vorwirft. Ich bitte Gott, das Blut, das Sie vergießen werden, möge niemals über Frankreich kommen."

Paschold, Chris E. u. a.: Die Französische Revolution, Stuttgart 1989, S. 262.

Arbeitsaufträge:

1. Ergänzt weitere Schritte der Revolution in eurer Tabelle.
2. Erkläre den Begriff „konstitutionelle Monarchie".
3. Lest die Marseillaise (Q1) und hört sie euch an. Erklärt, weshalb sie heute die Nationalhymne Frankreichs ist.
4. Untersuche, ob man nach dem 10. August 1792 von einer „Zweiten Revolution" sprechen kann?
5. Erläutere den Standpunkt Robespierres in seiner Anklagerede (Q2) und nimm anschließend Stellung zu dessen Haltung.
6. Beurteile die Äußerung des Königs vor seiner Hinrichtung (Q3).
7. Diskutiert, ob die Hinrichtung des Königspaares im Hinblick auf die Schaffung einer republikanischen Ordnung notwendig war.

zu **4.**
Bedenke auch die 1789 verkündeten Menschenrechte.

zu **5.**
Erinnere dich dazu an die Rolle des Königs in der absolutistischen Monarchie.

Q1 *Die Erziehung der Kinder:*

Die Kinder gehören der Mutter bis zum 5. Lebensjahr, danach gehören sie bis zum Tode der Republik ... Die Disziplin der Kinder muss streng sein...Die Kinder...brauchen ... nicht zu spielen, sondern sollen Übungen machen. Die Jungen werden vom 5. bis zum 16. Lebensjahr vom Staat erzogen ... die Kinder von 5 bis 10 lernen Lesen, Schreiben und Schwimmen. Man darf die Kinder weder schlagen noch liebkosen ... Sie schlafen auf Matten ... Sie essen gemeinschaftlich. Ihre Nahrung besteht aus Wurzeln, Früchten, Gemüsen, Milchspeisen, Brot und Wasser ... Die Erziehung der Kinder zwischen 10 und 16 Jahren liegt auf militärischem und landwirtschaftlichem Gebiet ... Von 16 bis 20 Jahren lernen sie ein Gewerbe und erwählen einen Beruf. Sie werden bei den Bauern, in den Manufakturen oder im Handel und Verkehr ausgebildet. ... Die Mädchen werden von ihren Müttern erzogen.

Nach: Schmid, H. D.: Fragen an die Geschichte, Bd. 3, S. 144.

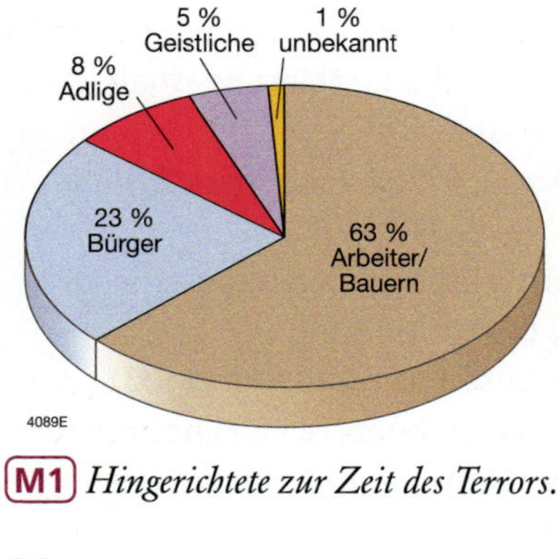

M1 *Hingerichtete zur Zeit des Terrors.*

Die Schreckensherrschaft der Jakobiner

Die Jakobiner setzen sich durch

Mit der Hinrichtung des Königspaares war die Revolution keinesfalls beendet. Trotz des Rückzuges feindlicher Truppen blieb die Republik in Gefahr. Noch immer herrschten in Frankreich Hunger und Elend. Lebensmittelkarten wurden eingeführt. Das ganze Land litt unter einer *Inflation.* Hinzu kam, dass sich Königstreue und Anhänger der Republik über den politischen Kurs nicht einig waren. Letztere zerfielen in verschiedene Parteien und bekämpften sich gegenseitig. Schließlich setzten sich die radikalen Jakobiner unter Führung des Rechtsanwaltes Robespierre durch.

Die Umgestaltung der Lebensverhältnisse

Die Jakobiner wollten alles, was an die Königszeit erinnerte, ausmerzen und neu gestalten. Sie teilten das Land in neue Bezirke und führten eine neue Zeitrechnung ein. Sie zählten die Jahre der Republik nicht „... nach Christi Geburt“, sondern ersetzten die bisherigen Monatsnamen z. B. durch „Regen-“ oder „Früchtemonat“. Jeder zehnte Tag galt als freier „Ruhetag“.

Eine neue Kleidermode verdrängte den Reifrock und die Kniehose der Adligen. Zur „Revolutionsmode“ wurde die lange Hose.

Für Kinder änderte sich vieles. So führten die Jakobiner die lange geforderte allgemeine Schulpflicht ein, die jedoch im November 1794 wieder aufgehoben wurde. Die Väter hatten nun dafür zu sorgen, dass die Kinder ab dem fünften Lebensjahr die Schule besuchten. Im Mittelpunkt aller Veränderungen stand die Erziehung der Jugend nach strengen Regeln.

Auch für die Bauern änderten sich die Lebensverhältnisse. So wurden sie 1793 zu freien Eigentümern des von ihnen bebauten Bodens, ohne den Kaufpreis zahlen zu müssen. Jeder Kleinbauer oder Tagelöhner konnte Land aus dem enteigneten Adels- und Kirchenbesitz dazukaufen. So wurden sie unabhängig und abgabenfrei: ein bedeutender Fortschritt.

Unterdrückung und Verfolgung

Zur Lösung der Probleme, die schon vor der Revolution bestanden hatten, richteten die Jakobiner zwei Ausschüsse ein: Der *Wohlfahrtsausschuss* war für die Versorgung der Bevölkerung sowie Organisation des Militärs und der Polizei zuständig. Der *Sicherheitsausschuss* verfolgte, verhaftete und bestrafte die „Republikfeinde“. Die Kleinbürger unterstützten diese Ausschüsse. Von 1793 bis 1794 füllten sich die Gefängnisse mit Adligen und Geistlichen sowie mit Bürgern, die anders als die Jakobiner dachten.

Revolutionsgerichte werden eingerichtet

Der Wohlfahrtsausschuss, ursprünglich zum Wohle des Volkes eingerichtet, entwickelte sich zum zentralen Machtorgan der Jakobiner. Im Sommer 1793 erließ er das „Gesetz gegen die Verdächtigen“, mit dem wahlloses Verdächtigen und Beschuldigen freien Lauf nahm.

Neu gebildete Revolutionsgerichte verurteilten Beschuldigte als sogenannte „Feinde der Republik“, ohne dass ein Einspruch gegen das Urteil möglich war. Zeugen und Verteidiger waren vor den Revolutionsgerichten nicht zugelassen. Die Angeklagten waren vor den Tribunalen ganz auf sich allein gestellt. Dieser revolutionäre Terror stellte *den zehnten Schritt* im Verlauf der Revolution dar.

M2 *Revolutionsgericht. Zeitgenössische Zeichnung.*

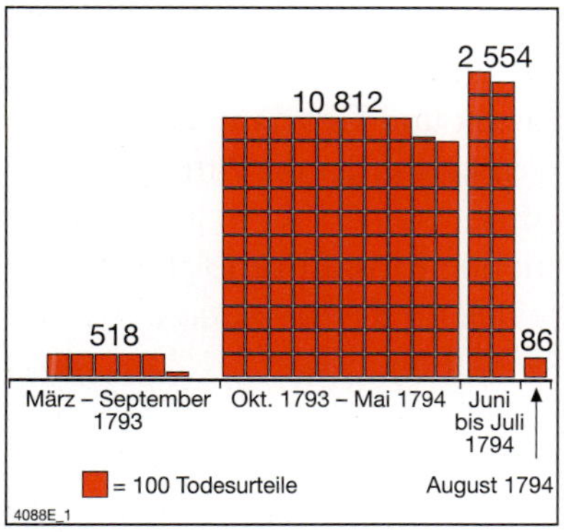

M3 *Todesurteile der Revolutionsgerichte.*

Spitzelsystem und Todesurteile

Die Spitzel der Jakobiners waren überall: in allen Häuserblocks, Manufakturen und auf den Straßen. Schon eine andere Meinung reichte aus, um verhaftet und zum Tode verurteilt zu werden. Die Guillotine arbeitete Tag für Tag. In dieser Zeit wurden ca. 500 000 Menschen verhaftet und über 10 000 von ihnen hingerichtet. In den Gefängnissen wurden weitere Tausende ermordet, darunter auch Kinder im Alter von zehn bis zwölf Jahren. Hinter vorgehaltener Hand sagte die Menschen: „Die Revolution frisst ihre Kinder". Keiner traute dem anderen, jeder beschuldigte jeden. Die Herrschaft der Jakobiner wurde eine wahre Zeit des Schreckens.

Schließlich wurde ihr Anführer Robespierre verhaftet und schon einen Tag später, am 28. Juli 1794, guillotiniert. Die Nationalversammlung beschloss seine Hinrichtung, weil sie keinen Sinn mehr in der Fortsetzung des Terrors der Jakobiner sah. Deren Schreckensherrschaft hatte ein Ende – dies war der *der elfte Schritt* der Revolution.

i

Inflation: Geldentwertung.

Frankreich nach dem Tod von Robespierre

Im Jahr 1795 führten die Abgeordneten der Nationalversammlung mit der dritten Verfassung die Gewaltenteilung wieder ein. Ein *Direktorium* übernahm die Regierung. Um den Machtmissbrauch einer Einzelperson zu verhindern, standen jetzt fünf Männer an der Spitze des Staates. Sie ernannten Minister, Generäle und die Spitzen der Verwaltung. Kurzfristig beruhigte sich die Lage in Frankreich.

zu **2.**
Bedenke heutige Erziehungsgrundsätze.

zu **3.**
Nutze M1 und M2. Beachte, wie die Jakobiner ihre Schreckensherrschaft errichteten und wer ihr zum Opfer fiel.

zu **4.**
- Betrachte M2 aufmerksam.
- Als ich vor Gericht vorgeführt wurde, empfing mich …

Arbeitsaufträge

1. Schildere die Umgestaltung des Lebens unter den Jakobinern.
2. Beschreibe die Erziehung der Kinder aus heutiger Sicht (Q1).
3. Charakterisiere die Schreckensherrschaft der Jakobiner.
4. Verfasse anhand von M2 den inneren Monolog eines Angeklagten.
5. Vergleiche das Verfahren vor den Revolutionsgerichten mit dem an einem heutigen Gericht in Deutschland.

Die Herrschaft Napoleons

Napoleons Aufstieg zum Kaiser

Die Menschen in Frankreich sehnten sich nach Ruhe und Ordnung, doch das Gegenteil war der Fall. Deshalb zogen sich die Menschen immer mehr ins Privatleben zurück. Ihr Interesse an der Politik sank. Fast unbemerkt begann das Direktorium, *diktatorisch* zu herrschen. Die einzige Kraft, die eingreifen konnte, war das Militär. Seine Macht und sein Ansehen in der Bevölkerung waren während der Revolution kontinuierlich gestiegen. Im Jahr 1799 gelang ein *Staatsstreich* von Generälen, der die Regierungszeit des Direktoriums beendete. Einer dieser Generäle war Napoleon Bonaparte.

i

diktatorisch: ohne Machteinschränkungen.
Staatsstreich: (zumeist gewaltsamer) Regierungsumsturz.

Aufstieg durch Bildung und Militär

Napoleon Bonaparte wurde 1769 als Sohn eines Rechtanwaltes auf Korsika geboren. Seine Eltern waren verarmte Adlige. Nur durch ein königliches Stipendium konnten sie ihren Sohn ausbilden lassen. Wegen seiner armseligen Kleidung wurde Napoleon von Mitschülern oft verspottet. Bereits als Kind träumte er von einer Karriere beim Militär. Der Wechsel an die Militärschule von Brienne in der Champagne brachte ihn seinem Traum 1779 ein Stück näher. An der Militärschule beschäftigte er sich besonders gern mit Geschichte, Mathematik und Geografie und war ein guter Schüler. Aufgrund seiner Leistungen kam er an die Artillerieschule in Paris, wo er 1785 Artillerieleutnant wurde.

Napoleon lebte während der Revolution in Paris. Er verfolgte die politischen Ereignisse genau und begeisterte sich für die Revolution. Als Mitglied der Jakobiner kämpfte er für die Revolution.

Die Heirat mit der Adligen Josephine de Beauharnais 1796 ermöglichte ihm den Zutritt zur einflussreichen Pariser Gesellschaft. Mit knapp 27 Jahren wurde er zum General und Führer der Italienarmee ernannt. Es gelang ihm, seine Soldaten zu motivieren und erfolgreich schnelle Feldzüge zu führen. Er besiegte die Österreicher in Italien. Danach zog er in Ägypten gegen die Engländer, um ihre Vormachtstellung im Mittelmeer zu brechen. Dies misslang jedoch im Jahre 1798. Noch in Ägypten erfuhr Napoleon von den Machtbestrebungen des Direktoriums. Er eilte zurück nach Paris, wo er versuchte, der Lage Herr zu werden.

M1 *Napoleon Bonaparte (1769–1821). Gemälde von J.-A.-D. Ingres, 1804.*

M2 *Der Druck von Horace Vernet (1789–1863) zeigt den etwa 14-jährigen Kadetten Napoleon bei einer Schneeballschlacht in der Militärschule von Brienne.*

M3 *Die Kaiserkrönung von Napoleon Bonaparte 1804. Das Gemälde von Jacques Louis David von 1806 ist 9,30 m breit und 6,10 m hoch.*

Vom General zum Kaiser der Franzosen

Am 9. November 1799 stürzte Napoleon das Direktorium und vertrieb die Volksversammlung mithilfe des Militärs. Damit hatte er sein ehrgeiziges Ziel erreicht: Napoleon stand an der Spitze des französischen Staates. Aufgrund seiner militärischen Erfolge vertrauten ihm die Franzosen. Sie hofften, mit ihm würden Ruhe, Stabilität und Ordnung eintreten.

Napoleon verkündete die neue Verfassung, die keine Menschen- und Bürgerrechte mehr enthielt. Er selbst wurde erster Konsul und stand somit an der Spitze der Republik. Das reichte ihm aber nicht.

Der Titel eines Kaisers sollte Napoleons Stellung den äußeren Glanz verleihen. 1804 fand in der Pariser Kathedrale Notre Dame schließlich die prunkvolle Kaiserkrönung statt. Als die Kaiserkrone zum ehemaligen Feldherrn getragen wurde, hielten die Anwesenden den Atem an. Nicht der extra angereiste Papst setzte Napoleon und seiner Frau Josephine die Krone auf, sondern Napoleon tat es selbst. Mit dieser Geste setzte er sich eindeutig über die Macht der Kirche hinweg.

Arbeitsaufträge

1. Fertige einen Steckbrief zu Napoleon an. Gestalte ihn mit Skizzen oder Abbildungen.
2. Nenne die Gründe für den Aufstieg Napoleons.
3. Beschreibe das Bild M2. Wie wird Napoleon dargestellt?
4. Schildere Gedanken und Beobachtungen eines Anwesenden zum bedeutsamen Moment in M3.
5. Erläutere, weshalb sich Napoleon nicht vom Papst zum Kaiser krönen ließ.
6. Napoleon nannte sich „Kaiser der Franzosen". Der König Ludwig XIV. erklärte, er sei „von Gottes Gnaden König von Frankreich". Erörtere die unterschiedliche Begründung ihrer Herrschaft.

zu **1.**
Gehe ein auf Name, Geburtstag, Todestag, Schulbildung, Karriere und Interessen.
Du kannst auch weitere Stichpunkte hinzufügen.

zu **2.**
Bedenke die Haltung der Franzosen zum Staatsstreich Napoleons.

Frankreich unter Napoleon

Der Code Civil

Seinen Traum, auch nach dem Tod nicht in Vergessenheit zu geraten, verwirklichte Napoleon 1804 mit der Schaffung eines neuen Gesetzeswerkes, dem Code Civil. Mit 2281 Artikeln bildete es die Grundlage für viele weitere europäische Gesetzeswerke im 19. Jahrhundert, unter anderem für das Bürgerliche Gesetzbuch, nach dem bis heute die Rechtssprechung in Deutschland erfolgt.

Der Code Civil garantierte den Bürgern Frankreichs den Bestand des Eigentums als Privateigentum. Darüber hinaus schrieb er die Gleichheit aller Menschen vor dem Gesetz fest und sicherte die Freiheit des Einzelnen zu.

Neu war die gesetzlich festgeschriebene Trennung von Staat und Kirche. Künftig durften nur Bürgermeister Eheschließungen durchführen. In einem neuen staatlichen Geburts- und Sterberegister, das die Kirchenbücher ersetzte, wurden alle Geburten und Todesfälle vermerkt.

M1 *Trauung vor dem Bürgermeister. Zeitgenössische Darstellung.*

i

Emigranten: Auswanderer. Hier: Menschen, die vor der Revolution ins Ausland geflohen sind.

Kredit: verliehenes Geld.

Konkordat: Staatsvertrag zwischen der katholischen Kirche und einem Staat.

Zensur: Kontrolle und Überwachung von Zeitungen, Zeitschriften und Büchern. Die Veröffentlichung von der Regierung nicht gewünschter Kritik soll so verhindert werden.

Opposition: Gegner, Menschen mit anderer Meinung.

Der Staat, die Verwaltung und die Wirtschaft

Napoleon bot allen *Emigranten* die Möglichkeit, nach Frankreich zurückzukehren. Sie erhielten ihre Adelstitel zurück, nicht aber ihren Besitz. Menschen mit besonderen, vor allem militärischen Verdiensten, ernannte er zu Adligen. Adlige Vorrechte und Privilegien blieben bestehen, aber die Steuern wurden auf alle Franzosen gleichmäßig verteilt. Die Bauern blieben Besitzer des Landes der Adligen.

Napoleon organisierte den Staat straff. Mit einer Währungsreform und der Gründung der Bank von Frankreich unterstützte er die Wirtschaft und den Handel. Heeresaufträge, Straßenbau und *Kredite* beförderten das Wachstum der Wirtschaft ebenso. Zudem schützte Napoleon die französische Wirtschaft durch hohe Einfuhrzölle auf ausländische Produkte.

(M2) *Napoleon im Krönungsgewand. Gemälde von F. Gérard, 1805.*

(M3) *Der Triumphbogen in Paris am 14. Juli.*

Die Festigung der Macht

Die Machtstellung der katholischen Kirche war während der Revolution stark beeinträchtigt worden. Deshalb bemühte sich Napoleon um die Wiederherstellung ihres Ansehens. Er war der Meinung, dass ein Volk eine Religion brauche. Das *Konkordat* von 1801 mit Pius VII. bestätigte die Stellung der Religion und erkannte den Papst als Oberhaupt der katholischen Kirche an. Da der Papst und die Kirche nachträglich die Enteignung des Kirchengutes während der Revolution und den französischen Staat anerkannten, erhielten die Geistlichen künftig Gehälter vom Staat.

Es gelang Napoleon, die Ordnung im Staat wiederherzustellen. Der Kaiser lenkte und leitete alles, was im Staat geschah. Beamte sorgten für die Umsetzung seiner Befehle und Gesetze. Spitzel, Spione und das Militär überwachten die innere Ordnung. Neben der *Zensur* der Presse wurden selbst Theateraufführungen kontrolliert. Dadurch unterdrückte Napoleon jede *Opposition*.

Kunst und Propaganda

Napoleon nutzte die Kunst, um seine Herrschaft möglichst positiv darzustellen. Überall im Land entstanden prachtvolle Bauwerke, die dauerhaft an seine Herrschaft erinnern und den Aufschwung und den Reichtum des Landes zeigen sollten.

1806 gab Napoleon z. B. den Bau des Triumphbogens in Paris in Auftrag. Das 49 Meter hohe Gebäude mit vielen Reliefs und Figuren erinnert an die Siege des Feldherrn und zählt heute zu den bekanntesten Wahrzeichen der französischen Hauptstadt.

Das ehemalige Königsschloss, den Louvre im Zentrum der Hauptstadt, gestaltete Napoleon zum Napoleon-Museum um. Es sollte das größte Museum Europas werden. Daher brachte der Feldherr von seinen Kriegszügen zahlreiche Kunstwerke wie Bilder, Statuen und Manuskripte aus allen Teilen Europas mit, die er in Paris ausstellen ließ. Aus seinem Privatbesitz stiftete Napoleon dem Louvre ein Gemälde, das heute weltberühmt ist: die Mona Lisa von Leonardo da Vinci.

Napoleons Hofmaler Jacques-Louis David (1748–1825), ein Anhänger der Revolution und ehemaliger Jakobiner, stellte Napoleon in Gemälden immer wieder als heldenhaften Feldherrn oder erhabenen Kaiser dar. Viele seiner Gemälde hängen heute im Louvre, darunter das monumentale Werk von der Kaiserkrönung Napoleons.

Arbeitsaufträge

1. Stelle eine Liste der Maßnahmen zusammen, mit denen Napoleon seine Macht sicherte.
2. Nenne Bestimmungen aus dem Code Civil, die für uns noch heute Gültigkeit haben.
3. Zeige auf, welche Bedeutung Kunst und Architektur für Napoleon hatten.
4. Informiere dich über den Künstler Jacques-Louis David.
5. Untersuche die Darstellung Napoleons in Gemälden. Was könnte das Ziel dieser Art der Darstellung gewesen sein?
6. Erörtere, ob die Herrschaft Napoleons im Vergleich zu den Idealen der Revolution „Freiheit, Gleichheit, Brüderlichkeit" ein Fortschritt war.

zu 2.
Arbeite mit Stichworten.

zu 3.
Bedenke die Absicht, die Napoleon z. B. mit der Errichtung des Triumphbogens in Paris verfolgte.

zu 5.
Du kannst folgende Gemälde analysieren: M1 auf S. 30, M3 auf S. 31 und/oder M2 auf S. 33 dieses Lehrbuchs.

Kampf um die Vorherrschaft in Europa

Napoleons Ziele in Europa

Frankreich war unter Napoleons Herrschaft zum bedeutendsten Staat in Europa geworden. Die Macht des Kaisers reichte längst über die Grenzen Frankreichs hinaus. Jetzt kannte der Kaiser nur noch ein Ziel: die Vorherrschaft in Europa.

Q1 *Napoleon umriss seine Ziele so:*

> Europa wird nicht zur Ruhe kommen, bevor es nicht unter einem einzigen Oberhaupt steht, unter einem Kaiser, der Könige als seine Beamten hat und der seinen Generälen Königreiche gibt. Wir brauchen ein europäisches Gesetz, einen europäischen Gerichtshof, eine einheitliche Münze, die gleichen Maße und Gewichte … Aus allen Völkern muss ich ein Volk machen und aus Paris die Hauptstadt der Welt.
>
> Nach: Kircheisen, F. M. „Gespräche Napoleons", Stuttgart 1912, S. 63.

Drei Millionen Deutsche wechseln die Herrscher

Europa war für Napoleon ein Schachbrett. Er betrachtete die Fürsten als Figuren, die er hin- und herschieben konnte. In Deutschland hatte das Machtspiel bereits 1797 begonnen, als Napoleon den deutschen Kaiser zwang, dessen Militär vom linken Rheinufer abzuziehen.

Für ihre Gebiete, die die Fürsten an Frankreich verloren hatten, sollten sie mit rechtsrheinischen Gebieten entschädigt werden. Dies führte zu einer völligen Umgestaltung Deutschlands. Viele kleine Herrschaftsgebiete verschwanden, um Teil neuer Königreiche zu werden.

M1 *Die Neuordnung Deutschlands durch Napoleon.*

Der Rheinbund

So kam es, dass Fürsten, die zu Napoleon hielten, sich auf Kosten der kleineren und geistlichen Herrschaftsgebiete bereichern konnten. Fast 160 Zwergstaaten verschwanden von der Landkarte, darunter 48 Reichsstädte. Gewinner der Neuordnung waren die neuen Königreiche Bayern und Württemberg sowie das neue Großherzogtum Baden. Damit war ein Gegengewicht zu Österreich und Preußen entstanden.

1806 schlossen sich zunächst 16 Fürsten in Süd- und Westdeutschland mit Frankreich zum Rheinbund zusammen. Sie erklärten feierlich ihren Austritt aus dem *Heiligen Römischen Reich Deutscher Nation.*

i

Heiliges Römisches Reich Deutscher Nation: Seit dem 15. Jahrhundert bis 1806 die Bezeichnung für den Herrschaftsbereich des Kaisers, der sich als Nachfolger des römischen Kaisers verstand. Das Kerngebiet der Territorien des Reiches lag im heutigen Deutschland.
Proklamation: Ausrufung.
Allianz: Bündnis.

Q2 *Aus den Bestimmungen des Rheinbundes:*

Artikel 1: Folgende Staaten [Aufzählung der 16 vertragsschließenden Staaten] trennen sich für immer vom Deutschen Reich und schließen unter sich einen Sonderbund mit dem Namen Rheinbund.
Artikel 2: Jedes deutsche Reichsgesetz ... soll künftig ... nichtig und ohne Wirkung sein ...
Artikel 3: Jeder der Verbündeten und Fürsten wird auf diejenigen seiner Titel verzichten, die irgendwelche Beziehungen zum deutschen Reich ausdrücken; und er wird am nächsten 1. August seine Trennung vom Reich in der Reichstagssitzung bekanntmachen lassen ...
Artikel 12: Seine Majestät, der Kaiser der Franzosen, wird als Beschützer des Rheinbundes *proklamiert*.
Artikel 35: Zwischen dem französischen Volk und den Rheinbundstaaten wird ... eine *Allianz* geschlossen, in deren Folge jeder Krieg auf dem Kontinent, den eine der vertragsschließenden Mächte führen muss, sofort für alle zur gemeinsamen Sache wird ...
Artikel 38: Das Kontingent, das jeder der Verbündeten im Kriegsfalle stellen muss, wird wie folgt festgelegt:
Frankreich stellt 200 000 Mann aller Waffen, das Königreich Bayern: 30 000 Mann, Königreich Württemberg: 12 000 Mann, das Großherzogtum Baden: 8 000 Mann, das Großherzogtum Hessen-Darmstadt: 4 000 Mann. Ihre Hoheiten und der Fürst von Nassau stellen mit den anderen verbündeten Fürsten ein Kontingent von 4 000 Mann ...

Nach: Geschichte in Quellen, Bd. 4, S. 549 f.

Arbeitsaufträge

1. Nenne Napoleons Ziele und beschreibe sie anhand von Q1.
2. Zähle mithilfe von M1 die Staaten auf, die dem Rheinbund angehörten.
3. Erläutere, wie es zum Ende des Heiligen Römischen Reich Deutscher Nation kam und welche Rolle Napoleon dabei spielte.
4. Diskutiert, inwieweit die Rheinbundstaaten selbstständige oder von Frankreich abhängige Staaten waren.
5. Stelle die langfristigen Auswirkungen der Bildung der Rheinbundstaaten auf die territoriale Gliederung Deutschlands dar.

zu **2.**
Ordne nach Königreich, Großherzogtum und Herzogtum.

zu **3.**
Bedenke die Interessen Napoleons und der Fürsten, die über die neuen Rheinbundstaaten herrschten.

zu **4.**
Überlege, welche Bestimmungen in Q2 Abhängigkeiten begründen.

Frankreichs Gegner Preußen

Die Auflösung des Heiligen Römischen Reiches

Franz II., Kaiser des Heiligen Römischen Reiches Deutscher Nation, hatte sich bereits 1804 zum Kaiser von Österreich ausgerufen. Auf diese Weise wollte er die Ranggleichheit zu Napoleon bewahren, der sich noch im selben Jahr zum Kaiser von Frankreich krönte. Auf die Gründung des Rheinbundes im Jahr 1806 und den Zerfall des Heiligen Römischen Reiches Deutscher Nation reagierte Franz II. mit einer Verzichtserklärung. Damit war das Ende des jahrhundertealten Heiligen Römischen Reiches Deutscher Nation besiegelt.

Auf deutschem Territorium gab es nun das Kaiserreich Österreich, das Königreich Preußen, das dritte Deutschland, zu dem viele kleine Staaten zählten, und die Rheinbundstaaten.

Q1 *Franz II. ließ am 1. August 1806 verkünden:*

> Wir erklären ..., dass wir das Band, das uns bis jetzt mit dem deutschen Staatskörper vereinigt, als aufgelöst und das Amt und die Würde eines Kaisers als erloschen betrachten; dass wir uns dadurch als aller Verbindlichkeiten gegen das Deutsche Reich entledigt ansehen, dass wir hierdurch die Kaiserkrone, die wir bisher getragen haben, niederlegen und auf die Regierung, mit der wir im Namen des Reiches beauftragt waren, verzichten.
>
> Nach: Geschichte in Quellen, Band 4, S. 550 f.

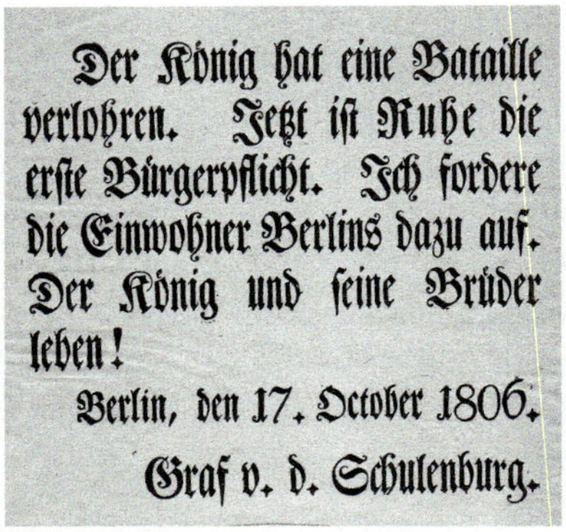

Der König hat eine Bataille verlohren. Jetzt ist Ruhe die erste Bürgerpflicht. Ich fordere die Einwohner Berlins dazu auf. Der König und seine Brüder leben!

Berlin, den 17. October 1806.

Graf v. d. Schulenburg.

M1 *Maueranschlag des Berliner Polizeipräsidenten nach der Niederlage der preußischen Armee bei Jena und Auerstedt, 1806.*

i

kapitulieren: sich ergeben bzw. sich geschlagen geben.

Der preußische König und der französische Kaiser

Bis zum Jahr 1805 hatte sich Preußen aus dem Kampf um die Vorherrschaft in Europa zurückgehalten. Dies war nun nicht mehr möglich. Preußen ging ein Bündnis mit Russland ein, um nicht wie die Rheinbundstaaten von Frankreich abhängig zu werden. Danach forderte Preußen den Abzug aller französischen Truppen rechts des Rheins und die Auflösung des Rheinbundes. Damit war der Krieg zwischen Frankreich und Preußen unvermeidbar.

Am 14. Oktober 1806 kam es zur entscheidenden Doppelschlacht bei Jena und Auerstedt. Die preußischen Truppen verloren, weil sie der französischen Armee zahlenmäßig und in Fragen der Taktik unterlegen waren. Die preußische Armee hielt an ihrer starren Linientaktik fest. Das napoleonische Heer kämpfte dagegen in kleineren flexibleren Gruppen und war auf diese Weise in Schlachten beweglicher. Darüber hinaus war es kriegserfahren und durch vorangegangene Siege hochmotiviert. Es bestand aus jährlich eingezogenen Rekruten, also Wehrpflichtigen.

Überrascht von der schnellen Niederlage, floh der preußische König Friedrich Wilhelm III. nach Ostpreußen und *kapitulierte*. Napoleon zog in Berlin ein und die preußischen Staatsbeamten erklärten ihre Bereitschaft, mit Napoleon zusammenzuarbeiten. Obwohl Napoleon die Auflösung Preußens forderte, konnte Preußens Bündnispartner Russland dies im *Frieden von Tilsit* (1807) verhindern. Russland blieb so die Grenze zu Frankreich erspart. Preußen sollte 120 Millionen Francs Kriegsentschädigung an Frankreich zahlen.

M2 *Übergabe des Schlüssels der Stadt Berlin an Napoleon am 27. Oktober 1806. Die bronzene Siegesgöttin Quadriga wurde später in Einzelteile zerlegt und nach Paris verschafft. Sie sollte in den Triumphbogen eingebaut werden. Erst 1815 kehrte sie zurück an die Spree. Kupferstich nach einer Zeichnung von Jacques Swebach, 1806, koloriert.*

i

Kontinentalsperre: Wirtschaftsblockade, in der der Handel mit England verboten wurde. Das gesamte europäische Festland wurde für englische Waren gesperrt.

Napoleons Politik gegenüber England

Um England, die bedeutendste Seemacht der Zeit, auszuschalten, verhängte Napoleon die *Kontinentalsperre.* Auf diese Weise wollte er den strategischen Vorteil der Insellage gegen England einsetzen. Hierin sah er die einzige Möglichkeit, den ungeliebten Nachbarn zu unterwerfen.

Q2 *Die Kontinentalsperre:*

§1 Die Britischen Inseln werden zum Blockadegebiet erklärt.
§2 Jeder Handel und Verkehr mit England ist verboten.
§3 Jedes Geschäft, jede Ware und jeder Besitz eines englischen Untertans werden zur Beute erklärt.
§4 Der Handel mit englischen Waren ist verboten. Jede Ware aus England und seinen Kolonien wird zur Beute erklärt.
§7 Kein aus England oder seinen Kolonien kommendes Schiff darf einen unserer Häfen anlaufen.

Nach: Geschichte in Quellen, Bd. 4, S. 591.

Zahl der in Lübeck entladenen Schiffe:

1805:	1 572 Schiffe
1808:	51 Schiffe

M3 *Auswirkungen der Kontinentalsperre auf den Schiffsverkehr am Beispiel Lübecks.*

Arbeitsvorschläge

1. Schildere, wie Napoleon seine Macht in Europa ausbaute.
2. Ordne die Erklärung Franz II. in diesen Zusammenhang ein (Q1).
3. Beschreibe die Situation in M2 aus der Sicht eines Anwesenden.
4. Erläutere den Begriff „Kontinentalsperre".
5. Diskutiert heutige Beispiele, in denen mit Wirtschaftsblockaden politische Ziele verfolgt werden.

zu **3.**
Bedenke dabei, wie der Einzug Napoleons in Berlin auf die Zeitgenossen gewirkt hat.

zu **4.**
Nutze Q2.

M1 *Die preußischen Reformer Gerhard von Scharnhorst (1755–1813), Karl August Freiherr von Hardenberg (1750–1822) und Heinrich Friedrich Karl Reichsfreiherr vom und zum Stein (1757–1831). Holzstich von 1860, nachträglich koloriert.*

i

Elite: (lat. ausgelesen) durch Tradition herrschende bzw. aufgrund ihres Könnens einflussreiche Schicht einer Gesellschaft.

Q1 *Aus der Reformdenkschrift Hardenbergs „Über die Reorganisation des preußischen Staates“, 1807:*

Der Wahn, dass man der Revolution am sichersten durch Festhalten am Alten und durch strenge Verfolgung der durch solche geltend gemachten Grundsätze entgegenstreben könne, hat besonders dazu beigetragen, die Revolution zu befördern und derselben eine stets wachsende Ausdehnung zu geben. ...
Also eine Revolution im guten Sinn, hinführend zu dem großen Zwecke der Veredelung der Menschheit durch Weisheit der Regierung ... – das ist unser Ziel, unser leitendes Prinzip. Demokratische Grundsätze in einer monarchischen Regierung: dieses scheint mir die angemessene Form für den gegenwärtigen Zeitgeist.

Nach: Deutsche Geschichte in Quellen und Darstellung, Bd. 6, S. 87 f.

Die Preußischen Reformen

Großmacht in der Krise

Die Erfolge Napoleons lösten vielfältige Veränderungen auf der Landkarte Europas aus. Die Niederlage Preußens im Jahr 1806 bei Jena und Auerstedt führte dazu, dass Preußen etwa die Hälfte seines Territoriums verlor.

Preußen stand vor dem Niedergang. In dieser Situation regten sich aus der *Elite* des Landes heraus Reformgedanken, um den riesigen Gebietsverlusten, den erdrückend wirkenden Tributzahlungen an Frankreich entgegenwirken und den Status als europäische Großmacht zurückerlangen zu können. So begann ein Teil der preußischen Staatsführung ab 1807 auf der Grundlage der Ideen der Aufklärung und im Kontext einer gesamteuropäischen Entwicklung Preußen zu modernisieren.

Die Reformer Stein, Hardenberg und Scharnhorst

Männer wie Heinrich Friedrich Karl Reichsfreiherr vom und zum Stein, Karl August Freiherr von Hardenberg und Gerhard von Scharnhorst schickten sich an, Veränderungen in der Verwaltung, die Bauernbefreiung und eine Reform des Militärwesens auf den Weg zu bringen. Alle Beteiligten waren sich darüber im Klaren, dass ausschließlich radikale Reformen ein Überleben Preußens und somit auch der Monarchie zu sichern vermochten. Man war überzeugt, nur so die Bereitschaft der Bevölkerung wecken zu können, sich im Gegenzug für ihr Vaterland Preußen einzusetzen.

Bereits im Jahr 1807 hatte der preußische Staatsmann Hardenberg in einer Schrift an seine Landsleute appelliert, dass man durch ein Festhalten an alten Vorstellungen und Vorgehensweisen die Signale der Französischen Revolution von 1789 nicht aufhalten könne. Im Gegenteil! Dies würde den Niedergang Preußens geradezu befördern. Er schlug „demokratische Grundsätze in einer monarchischen Regierung“ vor.

Publicandum

betreffend die,

durch das sub dato Memel den 9. October 1807,

ergangene Edikt,

erfolgte

Auflösung der persönlichen

Erbunterthänigkeit

in der

Provinz Schlesien und in der Grafschaft Glatz.

De Dato Königsberg den 8ten April 1809.

Breslau,
gedruckt bey Wilhelm Gottlieb Korn.

M2 *Aufhebung der personengebundenen Erbuntertänigkeit der Bauern, Edikt vom 9. Oktober 1807.*

Bauernbefreiung und Gewerbefreiheit

Am 9. Oktober 1807 wurde das durch den preußischen Beamten Stein auf den Weg gebrachte „Gesetz über die Bauernbefreiung“, auch Oktoberedikt genannt, verabschiedet. Das Ziel dieser Reform bestand darin, dass die sogenannte *Erbuntertänigkeit* in Preußen abgeschafft werden sollte. Bis zu diesem Zeitpunkt mussten alle hand- und spannfähigen Bauern, die einem Gutsherrn unterstanden, diesen z. B. um Erlaubnis für Heirat und Wegzug fragen. Die damit verbundene Entschädigungsverpflichtung an den Grundherrn konnten jedoch viele Bauern nicht zahlen.

Gleichzeitig war in diesem Gesetz die freie Berufswahl für alle Stände verankert worden.

Heeresreform kontra Söldnerarmee

Die vernichtende Niederlage der preußischen Truppen gegen die französische Revolutionsarmee bei Jena und Auerstedt hatte gezeigt, welche Rolle Motivation und Verbundenheit mit dem Vaterland für eine Armee zu Beginn des 19. Jahrhunderts spielten. Adelsprivilegien, Prügelstrafen und das berüchtigte Spießrutenlaufen hatten unter anderem dazu geführt, dass die preußischen Söldner bei erstbester Gelegenheit flohen. Ziel der von dem preußischen General Scharnhorst eingeleiteten *Preußischen Heeresreform* war daher der Aufbau eines Volksheeres. Prügel- und Stockstrafen wurden abgeschafft, die Privilegien des Adels bei der Besetzung von Offiziersstellen aufgegeben und die Anwerbung von Ausländern verboten. Im Jahr 1813 wurde die allgemeine Wehrpflicht eingeführt und die Preußische Landwehr gebildet. Da die preußische Armee durch den Frieden von Tilsit (1807) auf 42 000 Mann beschränkt worden war, baute man langfristig durch kürzere Dienstzeiten (Krümpersystem) ein Reserveheer auf.

Der Gedanke der städtischen Selbstverwaltung

Im November 1809 wurde in Preußen eine Städteordnung verkündet. Sie sollte aus den ehemaligen Untertanen nunmehr verantwortungsvolle Bürger werden lassen und das Engagement der Einwohner Preußens befördern.

Q2 *Auszug aus der Städteordnung von Preußen, 1808:*

§ 17 Das Bürgerrecht darf niemandem versagt werden, welcher in der Stadt, worin er solches zu erlangen wünscht, sich häuslich niedergelassen hat und von unbescholtenem Wandel ist.

§ 19 Stand, Geburt, Religion und überhaupt persönliche Verhältnisse machen bei Gewinnung des Bürgerrechts keinen Unterschied. …

§ 191 Jeder Bürger ist schuldig, öffentliche Stadtämter zu übernehmen und solche, womit kein Diensteinkommen verbunden ist, unentgeltlich zu verrichten.

Nach: http://www.lwl.org/steinmobil/.

zu 1.
Wiederhole die Situation nach der Niederlage Preußens 1806. Nutze jetzt die Stichworte: Gebietsverlust, Tributzahlungen, …

zu 2.
Nutze dazu ein Lexikon, das Internet oder die Schulbibliothek.

Arbeitsaufträge

1. Benenne die Gründe für den Reformdruck in Preußen um 1806/07.
2. Wähle eine Reform aus und informiere dich eingehender darüber.
3. Projiziere ausgewählte Reformideen auf die Gegenwart.

M1 *Marsch der „Großen Armee" 1812/13.*

Napoleons Russlandfeldzug

Spannungen mit Russland

Die Kontinentalsperre wurde durch das russische Eingreifen wirkungslos. Der russische Zar ließ die englischen Waren auf seinen Schiffen oder unter seiner Flagge segeln. Damit gelangten englische Waren und Produkte aus den Kolonien nach Europa. Napoleon beschloss, den Zaren für seine Politik zu bestrafen und plante einen Feldzug gegen Russland.

Der Einfall in Russland

Regiment für Regiment überschritt im Juni 1812 die Grenze zu Russland. Zu der 500 000 Mann starken „Großen Armee" zählten neben den Franzosen verbündete Soldaten aus ganz Europa. Die Sonne brannte, der Staub stand wie eine Wolke über den Marschwegen. Vom Feind war wenig zu sehen. Die Soldaten plünderten Dörfer, schlachteten das Vieh, zündeten die Holzhütten der Menschen an und versorgten ihre Pferde mit dem Nötigsten. Aber als der Herbstregen einsetzte, wurde der Weg beschwerlicher. Die Straßen verwandelten sich in Schlamm und der Zug der Soldaten bewegte sich immer langsamer vorwärts.

Endlich in Moskau

Am 14. September 1812 sahen die Soldaten endlich die zahlreichen Kuppeln und Türme Moskaus! Jetzt musste der Zar aufgeben, die alte Hauptstadt war in Gefahr. Die Truppen Napoleons marschierten ungehindert in die Stadt ein. Zu ihrer Überraschung mussten sie feststellen, dass die Stadt menschenleer war. Es gab keinen Proviant für die Soldaten und die Tiere. Die Soldaten konnten nur die leeren Häuser als Schutz gegen die beginnende Kälte nutzen. Plötzlich loderten überall kleine Feuer auf und bald brannte ganz Moskau. Da die russische Hauptstadt hauptsächlich aus Holzhäusern bestand, breitete sich schnell ein riesiges Flammenmeer aus. Napoleon war ratlos, damit hatte er nicht gerechnet. Er wartete einen ganzen Monat auf die Unterwerfung des Zaren, doch dieser antwortete ihm nicht einmal. Schließlich musste der Kaiser mit seiner Armee den Rückzug antreten.

Zur „Großen Armee" Napoleons gehörten verschiedene Nationalitäten:

240 000	Franzosen
70 000	Polen
35 000	Österreicher
30 000	Italiener
30 000	Bayern
30 000	Württemberger
25 000	Sachsen
20 000	Preußen
15 000	Rheinbundstaatler
10 000	Portugiesen, Spanier
10 000	Dänen
7 000	Schweizer
4 000	Sonstige

M2 *Die „Große Armee" Napoleons.*

Der Rückzug der „Großen Armee"

Der Rückzug sollte die Soldaten südwärts durch unzerstörte Gebiete führen. Diesen Weg aber versperrten die russischen Truppen. Nach mehreren Versuchen befahl der Kaiser notgedrungen den Rückzug auf dem alten Weg über Borodino – Smolensk – Wilna. Hier aber hatte er beim Vormarsch Obdach, Lebensmittel und Futtervorräte vernichten lassen. Schon bald begann der gefürchtete russische Winter. Am 6. November 1812 gab es den ersten Schneesturm. Dem folgte der harte Frost. Die Lage war aussichtslos. Hunger, Angst und Tod begleiteten die Soldaten. Täglich gab es Hunderte von Erfrorenen. Außerdem bedrängten die Reiterei der Kosaken und russische Bauern immer wieder die Armee. In Smolensk bestand die Armee nur noch aus 50 000 Mann.

Napoleon marschierte auf dem Rückweg über lange Strecken vor seinen Soldaten. Trotz seines persönlichen Einsatzes konnte Napoleon die Niederlage nicht abwenden. Sie wurde am Fluss Beresina besiegelt. Nur 25 000 Mann konnten sich über den Fluss retten, der bereits mit Eisschollen bedeckt war. Am 14. Dezember 1812 verließen lediglich 18 000 Soldaten völlig erschöpft, verletzt, verstümmelt und niedergeschlagen russischen Boden.

M3 *Offizier mit Ehefrau während des Rückzugs der „Großen Armee". Zeichnung des württembergischen Offiziers Wilhelm von Faber du Faur (1780–1857).*

M4 *Der Rückzug der „Großen Armee" aus Russland (Nov./Dez. 1812). Gemälde von Johann Adam Klein, 1812.*

Arbeitsaufträge

1. Nenne Gründe für den Russlandfeldzug.
2. Berichte über den Feldzug und seine Ergebnisse. Beziehe dabei M1 bis M4 mit ein.
3. Arbeite die Ursachen heraus, die zum Scheitern des Russlandfeldzuges Napoleons führten.
4. Setze dich mit der Strategie des russischen Zaren auseinander.
5. Schildere in einem Brief die Leiden, die die Soldaten der „Großen Armee" auf dem Rückzug durch das winterliche Russland durchlebten.
6. Erörtert die Folgen der Niederlage der „Großen Armee" für den Einfluss Napoleons und die Stellung Frankreichs in Europa.

zu **3.**
Bedenke die militärische Taktik Napoleons und das Verhalten Russlands.

zu **5.**
Versetze dich dazu in eine Person aus M3 oder M4. Was mag sie denken oder fühlen?

Die Freiheitskriege

Der Widerstand in Europa wächst

Der Widerstand gegen Napoleon, dessen Familie und die französische Armee in den besetzten Gebieten Europas wuchs ständig.

Um die Kontinentalsperre gegen England zu schließen, hatte Napoleon 1808 kurzerhand Spanien besetzt, den spanischen König zur Abdankung gezwungen und seinen eigenen Bruder zum König von Spanien ernannt. Im gleichen Jahr begann der Aufstand der Spanier und Portugiesen gegen die französischen Besatzer. Da dieser *Guerillakrieg* aus dem Untergrund geführt wurde, konnte Napoleon ihn nicht siegreich beenden.

Auch in Berlin wandelte sich die Stimmung der Bevölkerung gegenüber Napoleon.

Q1 *Spottlied von Berliner Jungen, 1812/13:*

Warte,
Bonaparte.
Warte nur, warte, wir kriegen dich schon.
Ja der Russ'
Hat uns gezeigt, wie man's machen muss:
Im ganzem Kreml
Nicht eine Semmel
Und auf den Hacken
Immer nur Hunger und *Kosaken*.

Ja der Russ
Hat uns gezeigt, wie man's machen muss.
Hin ist der Blitz
Deiner Sonne von *Austerlitz*,
Unterm Schnee
Liegen all deine Corps de Armée.
Warte,
Bonaparte.
Warte nur, warte, Napoleon
Warte, warte, wir kriegen dich schon.

Nach: Eggs, E./Fischer, H. (Hg.): Napoleon. Europäische Spiegelungen im Mythos, S. 98.

Aufstände in Preußen

Nach Napoleons schwerer Niederlage in Russland erscholl in Preußen der Aufruf zum Widerstand. Ganz gleich, ob sie Studenten, Bürger, Bauern, Handwerker, Beamte, Bauern oder Bergleute waren – aus allen Schichten der Bevölkerung meldeten sich Freiwillige. Sammelstellen nahmen Spenden für die Ausrüstung der Soldaten entgegen. Die Menschen opferten ihre letzten Habseligkeiten, denn sie wollten die Freiheit für das „ganze Deutschland" erkämpfen. Das Ziel der Freiwilligen war die Beseitigung der französischen Vorherrschaft in Europa und die Gründung eines einheitlichen deutschen Staates. Aufgrund des Drängens der Bevölkerung musste der preußische König im März 1813 Frankreich den Krieg erklären.

Q2 *Brief des 18-jährigen Wilhelm Alberti an seine Mutter:*

In diesen kritischen Zeitläufen kann und darf der Mann von Kopf und Herz nicht verzweifeln ... Dass ich nun wahrscheinlich die *Muskete* werde ergreifen müssen, freut mich sehr; denn es gilt Freiheit und Existenz [zu verteidigen] ... es ist unser erhabenstes Ziel und muss unser höchstes Ideal sein, fürs Vaterland zu kämpfen und zu siegen – oder das Feld der Freiheit und Ehre zu bedecken helfen.

Nach: Kleßmann, E.: Die Befreiungskriege in Augenzeugenberichten, S. 2.

Die Völkerschlacht bei Leipzig

Dem Kampf Russlands und Preußens gegen Napoleon schlossen sich Schweden und Österreich an. Es bildete sich eine „Armee der Verbündeten", die durch englische Geldzahlungen unterstützt wurde. Nur in den Rheinbundstaaten fand der Aufruf gegen Napoleon zunächst kein Echo.

Napoleon hatte in Frankreich und den Rheinbundstaaten neue Soldaten geworben und auf den Kampf vorbereitet. Die Entscheidung zwischen der „Armee der Verbündeten" und der „Großen Armee" Napoleons fiel vom 16. bis 19. Oktober 1813 in der Völkerschlacht bei Leipzig. 200 000 Soldaten kämpften auf Napoleons Seite gegen die 320 000 Mann starken Truppen seiner Gegner. Die Verbündeten siegten. Als Napoleon am 1. Januar 1814 den Rhein in Richtung Frankreich überquerte, verließ er für immer deutschen Boden. Ein halbes Jahr später zogen die siegreichen preußischen und russischen Truppen in Paris ein.

i

Guerillakrieg: Kleinkrieg. In der Regel Kampf nicht-regulärer Einheiten und „Untergrundkämpfer" gegen eine reguläre Armee.
Kosaken: russische Reitersoldaten.
Austerlitz: Stadt in der heutigen Tschechischen Republik, bei der Napoleon 1805 die russischen und österreichischen Truppen besiegte (Dreikaiserschlacht).
Muskete: Gewehr der Fußsoldaten.

M1 *„Napoleons Stufenjahre". Deutsche Karikatur aus dem Jahr 1814.*

M2 *Das Eiserne Kreuz. Der Orden wurde vom preußischen König Friedrich Wilhelm III. in der Zeit der Befreiungskriege gegen Napoleon gestiftet.*

Der Sieg über Napoleon

Am 6. April 1814 musste Napoleon als Kaiser abdanken. Er wurde auf die Mittelmeerinsel Elba verbannt, die sein neuer Aufenthaltsort werden sollte. In Frankreich übernahm König Ludwig XVIII., ein Bruder des während der Französischen Revolution hingerichteten Ludwig XVI., die Macht.

Allerdings versuchte Napoleon mit der Unterstützung treuer Anhänger nur ein Jahr später, die Macht erneut an sich zu reißen. Die Entscheidungsschlacht fand im Juni 1815 bei Waterloo im heutigen Belgien statt. Napoleon und sein Heer wurden hier durch die Engländer und Preußen vernichtend geschlagen.

Die Engländer verbannten ihn auf die Insel St. Helena im südlichen Atlantischen Ozean. Dort starb er im Jahr 1821. Sein Sarg wurde 1840 nach Paris geholt und mit einem feierlichen Zug unter Anteilnahme der Bevölkerung im Invalidendom beigesetzt.

Arbeitsaufträge

1. An welche Ereignisse des Russlandfeldzuges erinnert das Spottlied der Berliner Jungen 1812/13 (Q1)?
2. Schildere, wie es zu den Freiheitskriegen gegen Napoleon kam.
3. Bezeichne die Ursachen des Sieges der Verbündeten über Napoleon.
4. Erkläre, weshalb Napoleon in die Verbannung geschickt wurde.
5. Charakterisiere mithilfe der Karikatur M1 den Werdegang Napoleons.
6. Interpretiere den Zweck der Stiftung des Eisernen Kreuzes durch den preußischen König im Jahr 1813 (M2).
7. Diskutiert, ob Napoleon ein „großer" Herrscher war. Begründet eure Meinung.
8. Nach dem Ende der Herrschaft Napoleons wurde Frankreich wieder eine Monarchie. Erörtert vor diesem Hintergrund die Behauptung: „Die Französische Revolution war vergeblich."

zu **1.**
Arbeite die Grundaussagen heraus.

zu **3.**
Bedenke die Ereignisse des Jahres 1812 und wer sich mit wem gegen Napoleon verbündete.

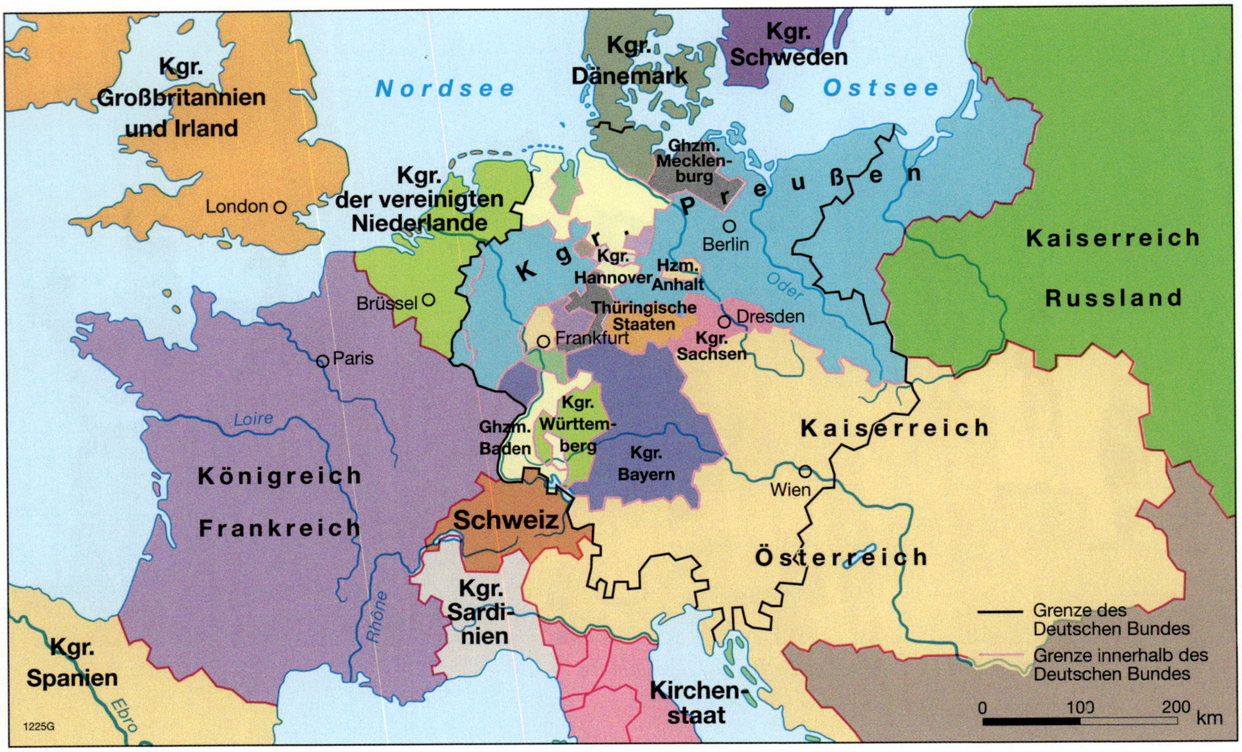

M1 *Europa 1815.*

Der Wiener Kongress und seine Folgen

Europa und Frankreich ohne Napoleon

Napoleon war seiner Macht enthoben. In Wien trafen sich die verbündeten europäischen Fürsten und ihre Minister zu einer prunkvollen Zusammenkunft, dem *Wiener Kongress*, um die Grenzen der europäischen Länder festzulegen. Napoleons Eingriffe hatten die politische Ordnung schließlich stark beeinflusst. Alles sollte so werden wie vor der Französischen Revolution und vor der Herrschaft Napoleons. Revolutionäre Ideen und Bewegungen sollten eingedämmt werden. Das Ziel hieß *Restauration*, d. h. die Wiederherstellung der alten Ordnung.

Es setzte ein übles Schachern um Länder und Menschen ein. Jeder Machthaber wollte etwas anderes, das Meiste natürlich für sich. Endlich, am 9. Juni 1815, unterzeichneten die Teilnehmer die Abschlussakte feierlich. Frankreich erhielt die Grenzen von 1789 zurück, musste keine Teile seines alten Staatsgebietes abtreten und blieb eine europäische Großmacht. Ludwig XVIII., ein Bruder Ludwigs XVI., wurde neuer französischer König.

Preußen konnte seine Besitzungen im Rheinland und in Westfalen ausbauen und erhielt Gebiete des napoleontreuen Sachsens, was seine Machtposition stärkte. Österreich behielt seine Vormachtstellung auf dem Balkan und in Oberitalien. Es beharrte außerdem auf seinem Führungsanspruch gegenüber Preußen im neu gegründeten Deutschen Bund. Gleichzeitig schlossen der Zar von Russland, der Kaiser von Österreich und der König von Preußen ein Bündnis zum Schutz der wiederhergestellten Ordnung: die *Heilige Allianz*.

M2 *Zeitgenössische Darstellung der Heiligen Allianz mit Zar Alexander I., Kaiser Franz I. und König Friedrich Wilhelm III.*

Der Aufbau des Deutschen Bundes

Das Heilige Römische Reich Deutscher Nation war durch Napoleons Politik endgültig untergegangen. So entschlossen sich die führenden Mächte 1815, einen lockeren Staatenbund zu gründen. Diesen nannten sie den *Deutschen Bund.*

Ihm gehörten das Kaiserreich Österreich und das Königreich Preußen (mit ihren deutschen Gebieten), die Königreiche Bayern, Württemberg, Sachsen, Hannover sowie die übrigen 29 Kleinstaaten Deutschlands an. Hinzu kamen die letzten vier selbstständigen Städte Frankfurt am Main, Hamburg, Lübeck und Bremen. Die kleinsten dieser „souveränen Staaten" hatten nur etwa 5 000 Einwohner.

Die einzelnen Staaten blieben in diesem Staatenbund politisch selbstständig. Zur gemeinsamen Beratung von politischen Fragen wurde in Frankfurt am Main ein Bundestag geschaffen, auf dem sich die Vertreter der Länder unter Vorsitz von Österreich versammelten.

Ein Traum bleibt: die Einheit Deutschlands

Durch die Befreiungskriege gegen Napoleon war im deutschen Volk das Zusammengehörigkeitsgefühl gewachsen. Nicht nur Preußen, Sachsen oder Bayern wollten sie sein, sondern Deutsche! Aber die Teilnehmer des Wiener Kongresses wollten von diesem neuen Gemeinschaftssinn nichts wissen. Ein geeintes Deutschland mit einer Verfassung oder gar ein Mitbestimmungsrecht des Volkes war für sie unvorstellbar. Sie trennten und zerstückelten die deutschen Länder erneut.

M3 *Sitzung des Bundestages in Frankfurt am Main 1815. Kolorierte Radierung, 1816.*

zu 1.
- Napoleon war …
- Das Ziel war …
- Preußen …

zu 3.
Bedenke die Gestalt des Deutschen Bundes und die Hoffnungen während der Befreiungskriege (siehe S. 42 f.).

Arbeitsaufträge

1. Beschreibe die Auswirkungen der Beschlüsse des Wiener Kongresses auf Frankreich und Europa.
2. Charakterisiere den Aufbau des Deutschen Bundes.
3. Erläutere, weshalb die Menschen in Deutschland über die Gründung des Deutschen Bundes enttäuscht waren.
4. Stelle die territorialen Veränderungen in Europa zwischen 1789 und 1815 und deren politische Konsequenzen dar.

Eine Geschichtserzählung

Befreiungskriege in Stralsund

M1 *Undatiertes Porträt des preußischen Offiziers Ferdinand von Schill (1776–1809).*

i

Patriotismus: Vaterlandsliebe, die Verehrung, Hingabe und gefühlsmäßige Bindung an Werk, Traditionen und die Gemeinschaft des eigenen Volkes.

Nach der preußischen Niederlage bei Jena und Auerstedt flüchteten versprengte Truppen vor den Franzosen nach Mecklenburg. Kaum wehrfähig wurde das Land jedoch rasch französisch besetzt. So kapitulierten im Oktober 1806 5 000 Stettiner vor 800 französischen Kavalleristen und die Stadt musste 10 Millionen Francs an die Sieger zahlen. Auch wirtschaftlich knechtete Napoleons Kontinentalsperre die Mecklenburger. Sämtliche englische Waren lagerten in einem Schweriner Depot. Sogar die Ostseefischerei war verboten und der Hafen in Warnemünde gesperrt. Viele Gutsbesitzer mussten ihr Land verkaufen. Das Ende dieser belastenden sogenannten „Franzosenzeit" verdanken wir nicht nur den mecklenburgischen Herzögen, die 1813 als erste aus dem Rheinbund austraten, sondern auch dem jungen Major der preußischen Armee Ferdinand von Schill, der sein Leben für Freiheit und Vaterland gab.

Von ihm erzählt Georg, der als Pferdeknecht in den Befreiungskriegen Schill begleitete.

Unser Zug durch Norddeutschland

Als wir im Mai 1809 plötzlich im mecklenburgischen Dömitz auftauchten, konnten unsere 60 *Patrioten* die stark besetzte Festung fast widerstandslos einnehmen. Die Söldner Napoleons waren eben zweifelhafter Herkunft, kriminell und durch ihre schlechte Kampfmoral kaum kriegstauglich. Auch in Damgarten schafften wir es binnen kürzester Zeit die gesamten Schweriner Truppen Frankreichs auseinanderzusprengen, wobei noch Dutzende zu uns überliefen. Lag es an der Ausstrahlung des erst 34-jährigen Majors, dass uns so viele Freiwillige folgten?

Als Sohn eines Kavalleristen war Ferdinand schon mit 14 Jahren in die preußische Armee eingetreten und bald zum Offizier im pommerschen Dragonerregiment befördert worden. In der Schlacht bei Jena und Auerstedt wurde er durch einen Säbelhieb am Kopf schwer verwundet. Schill rettete sich über Stettin bis nach Kolberg, bei dessen Verteidigung er sich schnell einen Namen machte. Der preußische König ernannte ihn danach zum Premierleutnant. Doch neuerdings überschätzte Schill sein militärisches Können. Ich erinnere mich an den Einmarsch unserer Truppen in Berlin im Dezember 1808. Die Berliner jubelten, doch Schill missachtete alle Befehle der Vorgesetzten und auch unsere Bedenken. Eigenmächtig verließ er schon im April 1809 mit dem Regiment die Stadt und zog über Dessau und Magdeburg in den Norden weiter. In einem Aufruf „An die Deutschen" warb er um patriotische Anhänger und machte durch weitere Erfolge gegen die Franzosen von sich reden.

Inzwischen hatte er nicht nur Fürsprecher, denn der preußische König wandte sich scharf gegen seine eigenmächtige Tat. Man erzählte sich, dass Jerome Bonaparte, der Bruder Napoleons und König von Westfalen, sogar ein Kopfgeld von 10 000 Francs auf ihn ausgesetzt hätte. Doch Schill warb fest entschlossen um weitere Soldaten für sein Regiment und zog in Richtung Ostsee. Wir folgten ihm treu, nicht ahnend, wie schnell der Siegeszug unseres Helden vorbei sein könnte.

Ein Vaterlandskämpfer stirbt

Am 25. Mai 1809 zog unser Major gegen 10 Uhr mit den Truppen durch das Tribseer Tor in die Stadt Stralsund ein. Nach dem Sieg in Damgarten hoffte er hier auf die endgültige Befreiung von der französischen Fremdherrschaft. Seit fast zwei Jahren litten die Stralsunder unter dieser Knechtschaft. Die Franzosen hatten das Gymnasium im Katherinenkloster kaserniert, in St. Marien und St. Jakobi Magazine eingerichtet und zwei weitere Kirchen zu Stallungen gemacht. Einquartierungen französischer Soldaten waren an der Tagesordnung. Doch trotz eines schnellen Siegs in der Mönchsstraße und den Wiederaufbau der Festungsanlage wurden wir nicht von allen Stralsundern begeistert begrüßt. Weniger patriotisch gesinnt stöhnten sie über die erneuten militärischen Belastungen. Schill aber warb weitere 3000 Mann aus dem Umland an und wartete siegesgewiss auf den französischen Angriff. Am 31. Mai 1809 war es soweit. Neben einem Ablenkungsmanöver am Triebseer Tor wartete die französische Hauptmacht auf uns am Kniepertor mit einer Stärke, die unseren Truppen kaum eine Chance gab. Nach verzweifelter Gegenwehr starben die meisten im Kampf, nur wenige flüchteten durch das Frankentor. Unser Major selbst fiel, abseits und unbemerkt, in der Fährstraße, in der Stirn einen Schwerthieb, im Hinterkopf eine Kugel.

Seinen Kopf sandte man zu unserem Erschrecken als Trophäe dem König von Westfalen. Sein Körper wurde eines Vaterlandskämpfers unwürdig nachts auf dem Kniepérfriedhof der Stadt wie ein Hund verscharrt.

Q1 *Befehl des Majors von Schill vom 27. Mai 1809:*

Ein wohllöblicher Magistrat zu Barth erhält hier durch den Befehl, alle Maurer, die sich da selbst aufhalten, sowie allen dort vorrätigen Kalk sogleich nach Empfang dieser Ordre mit Postpferde hierher zu schicken. Ich nehme schlechterdings keine Einwendungen an, und das begehrende Kommando ist instruirt, alle Widerspenstigen auf der Flucht zu arretieren. Über diesen soll alsdann nach geschehener Untersuchen das Todesurteil gefällt werden. Ich bin überzeugt, dass diese Maßregel nicht nur zum Besten der Festung sondern auch zum Vorteil der ganzen hiesigen Lande gereichen wird.

Nach: Illustrierte Geschichte Mecklenburg-Vorpommerns, S. 201.

Q2 *„Das Lied vom Schill" des Dichters Ernst Moritz Arndt, 1812 (Auszug):*

So ziehet der tapfere, der mutige Schill,
Der mit den Franzosen sich schlagen will.
Ihn sendet kein Kaiser, kein König aus,
Ihn sendet die Freiheit, das Vaterland aus.

In: Illustrierte Geschichte Mecklenburg-Vorpommerns, S. 201.

M2 *Schills Tod am 31. Mai 1809. Zeichnung von Richard Knötel (1857–1914), nachträglich koloriert.*

Arbeitsaufträge

1. Berichte über den Freiheitskampf des Ferdinand von Schill.
2. Begründe die unterschiedlichen Reaktionen auf sein Vorgehen.
3. Begebt euch anhand der Ortsangaben im Text auf Spurensuche durch Stralsund. Präsentiert eure Ergebnisse vor der Klasse.

zu **1.**
Bedenke dabei, aus wessen Sicht die Ereignisse geschildert werden.

zu **2.**
Unterscheide zwischen Königen, Militärs und einfacher Bevölkerung.

METHODE

Eine Karikatur interpretieren

Karikaturen gestern und heute

Karikaturen begegnen dir nicht nur im Geschichtsunterricht oder in anderen Schulfächern, sondern auch im Alltag. Das kann beim Lesen der Tageszeitung sein, in Zeitschriften, im Internet oder auf Plakaten. Karikaturen stellen politische Ereignisse oder Personen einer Zeit übertrieben dar. Sie kritisieren z. B. politische Entscheidungen, zeigen gesellschaftliche Probleme auf oder machen sich über die dafür verantwortlichen Personen lustig.

Trotz der überspitzten Darstellung stecken in Karikaturen immer viele Informationen über die jeweilige Zeit – und meist viel Wahrheit. Diese Doppelseite gibt dir Tipps, wie sich Karikaturen allgemein erschließen lassen.

M1 *Karikatur aus dem Jahre 1789. Die Bildunterschrift lautet: „Man muss hoffen, dass dies Spiel bald ein Ende hat."*
Weitere Inschriften: In der Hacke steht: „Von Tränen getränkt", im Degen: „Gerötet von Blut" und auf dem Papier, das aus der Hose der untersten Person heraushängt, werden „Salzsteuer, Tabaksteuer, Grundsteuer, Kirchenzehnt, Fron- und Militärdienst" genannt.

i

Karikaturist: Zeichner einer Karikatur.

Schritte für die Erschließung einer Karikatur

1. Wie wurde die Karikatur benannt?
2. Wer war der Zeichner / *Karikaturist*?
3. Aus welcher Zeit stammt die Karikatur?
4. Was genau ist auf der Karikatur abgebildet?
5. Welche Zeichen oder Symbole werden verwendet? Wofür könnten sie stehen?
6. Was stellte der Zeichner übertrieben dar?
7. Welches Ereignis oder welche Person stellt die Karikatur dar?
8. Zu welchem Zweck zeichnete der Karikaturist diese Karikatur? Was wollte er aussagen?

Und so könnte eine Lösung aussehen

1. Unter der Abbildung heißt es: „Man muss hoffen, dass dies Spiel bald ein Ende hat."
2. Der Name des Karikaturisten ist unbekannt. Vielleicht wollte er sich vor einer möglichen Verfolgung schützen.
3. Die Karikatur entstand im Jahre 1789, also in dem Jahr, in dem die Französische Revolution ausbrach.
4. Die Karikatur zeigt einen alten Bauern, der sich auf seine Hacke stützt. Auf seinem Rücken sitzen ein Geistlicher und ein Adliger, die sich von ihm tragen lassen. Im Hintergrund sind Vögel und Kaninchen zu sehen, die Saatkörner und Feldfrüchte fressen. Auf der Hacke des Bauern steht geschrieben „Mit Tränen getränkt" und auf dem Schwert des Adligen „Gerötet von Blut". Die Zettel, die aus den Hosentaschen des Bauern hängen, verweisen auf Steuern, Dienste und Abgaben, die er leisten muss.
5. Die drei Männer symbolisieren den ersten, zweiten und dritten Stand und sind deutlich an ihrer Kleidung zu identifizieren. Der Adlige ist am Degen und an seiner prachtvollen Kleidung zu erkennen, der Geistliche an dem Kreuz, das er an einer Kette trägt. Die Kleidung des Bauern ist im Gegensatz zu der der anderen beiden Ständevertreter sehr einfach. Die Tiere schädigen die spätere Ernte des Bauern, weil der sie nicht jagen darf. Sie weisen darauf hin, dass die Jagd zur Zeit des Absolutismus ein Privileg des Adels war.
6. Sehr übertrieben ist besonders die Darstellung der drei Personen, denn in der Wirklichkeit ist diese Szene so nicht vorstellbar.
7. Die Karikatur zeigt beispielhafte Vertreter der drei Stände. Sie macht auf die Mühen und Leiden des dritten Standes aufmerksam. Der dritte Stand wird von der Last der Abgaben für den ersten und zweiten Stand erdrückt.
8. Der Karikaturist wollte mit seiner Darstellung zeigen, dass sich der erste und zweite Stand auf der Arbeit, den Steuern, den Diensten und den Abgaben des dritten Standes ausruhen. Der dritte Stand dagegen arbeitet hart und muss die gesamten Steuerlasten des Staates tragen. Der Karikaturist kritisiert die Verhältnisse in der französischen Gesellschaft und ergreift Partei für den dritten Stand.

PROJEKT

Marie Antoinette – Bilder einer Königin

M1 *Marie Antoinette von Österreich. Porträt von Louis-Marin Bonnet (1743–1793).*

Eine Österreicherin am französischen Hof

Auch Frauen haben oft den Lauf der Geschichte beeinflusst. Ihr öffentliches Auftreten ist ein Spiegelbild gesellschaftlicher Entwicklung. Ein solches Spiegelbild verkörpert das Leben Marie Antoinettes. Ihre Lebensgeschichte zeigt wie keine andere den Wandel vom französischen Absolutismus bis zur bürgerlichen Revolution.

Am 2. November 1755 als fünfzehntes Kind der österreichischen Kaiserfamilie geboren, wurde Marie wie ihre Geschwister auch sittenstreng erzogen, aber auch vielseitig gebildet. So wurde sie zum perfekten Spielball der Heiratspolitik ihrer Mutter Maria Theresia und landetet schon fünfzehnjährig als Braut am französischen Hof. Die Zweckehe blieb anfangs kinderlos. Marie Antoinette wurde inzwischen bekannt für ihren verschwenderischen Lebensstil. Ihre jeweils aktuelle Haarpracht diente als Vorbild für die gesamte europäische Frisurenmode. Im Hunger und Not leidenden französischen Volk war die Königin unbeliebt. Während der Revolution wurde sie öffentlich ausgebuht, die Königsfamilie zum Umzug von Versailles nach Paris gezwungen. Ihre Bekehrung zu einem einfacheren Leben kam zu spät. Am 16. Oktober 1793 wurde Marie Antoinette auf dem Revolutionsplatz in Paris enthauptet.

Q1 *Marie Antoinette wird frisiert:*

Der … unübertreffliche Figaro des Rokoko. Als großer Herr fährt er sechsspännig von Paris nach Versailles, um mit Kamm, Haarwässern und Salben seine … Kunst an der Königin zu erproben. Mit riesigen Haarnadeln und kräftiger Verschwendung von starrer Pomade werden zunächst die Haare von der Wurzel her über der Stirn kerzengerade aufgebäumt, etwa doppelt so hoch wie eine preußische Grenadiermütze … nicht nur ganze Landschaften und Panoramen mit Früchten, Gärten, Häusern und Schiffen … wird … mit dem Kamm modelliert, sondern um die Mode recht abwechslungsreich zu machen, bilden diese Plastiken jederzeit das Geschehnis des Tages symbolisch nach … Diese Kunstbauten über leeren Köpfen übersteigern sich immer toller.

Nach: Zweig, S.: Marie Antoinette, S. 124 f.

M2 *Marie Antoinette, Zeichnung 1783.*

M3 *Schaufensterpuppe im Stil von Marie Antoinette im Kaufhaus Bloomingdale's, New York.*

Arbeitsaufträge

1. Erstellt eine Biografie in Tabellenform über das Leben der Marie Antoinette.
2. Sucht im Internet Fotos und ordnet sie den einzelnen Lebensstationen zu.
3. Informiert euch über den Tod und die Bestattungsgeschichte der Königin. Leitet daraus ab, wie sich das gesellschaftliche Urteil über Marie Antoinette gewandelt hat.
4. Gestaltet in Gruppen eine Präsentation zu Marie Antoinette.

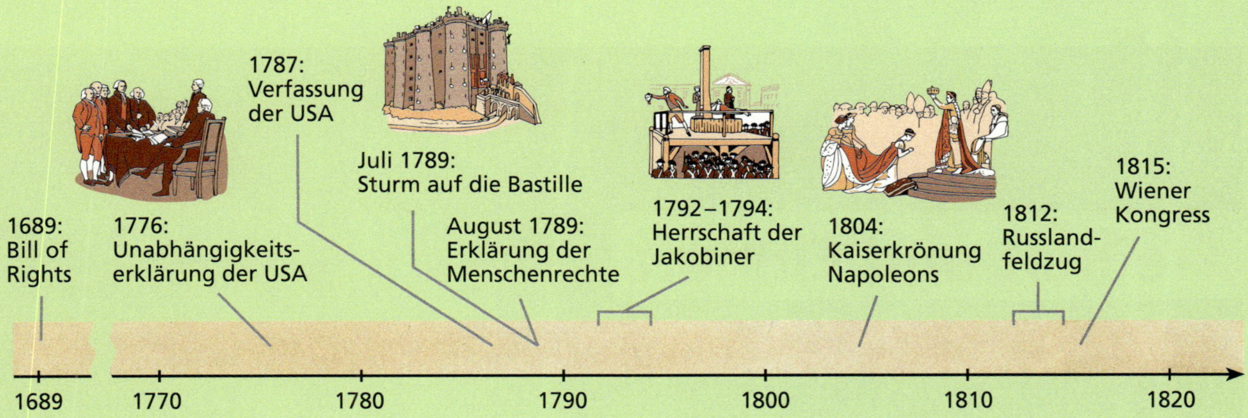

IN KÜRZE

Wichtige Begriffe:

Bill of Rights
Code Civil
Deutscher Bund
Erklärung der Menschen- und Bürgerrechte
Generalstände
Gewaltenteilung
Jakobiner
Kontinentalsperre
Magna Charta
Napoleon
Nationalversammlung
Rheinbund
Unabhängigkeitserklärung
Verfassung
Völkerschlacht bei Leipzig
Wiener Kongress

Seit 1215 verhinderten die Bestimmungen der *Magna Charta* eine Willkürherrschaft des englischen Königs. Mit der Festschreibung der *„Bill of Rights"* 1689 erreichten die Bürger, dass der König vom Parlament abhängig wurde. Es entstand eine *konstitutionelle Monarchie.*

Die *13 Kolonien* in Nordamerika erkämpften im *Unabhängigkeitskrieg* 1776 – 1783 als *Vereinigte Staaten von Amerika* (USA) ihre Selbstständigkeit vom Mutterland England. In ihrer *Verfassung* (1787) verwirklichten die USA die *Gewaltenteilung.*

Absolutismus und *Ständegesellschaft* prägten die europäischen Staaten im 18. Jahrhundert. Der französische König Ludwig XVI. herrschte 1789 über die *drei Stände* des Landes: die Geistlichkeit, den Adel und den *dritten Stand.* Aus den *Generalständen* bildete sich die *Nationalversammlung.*

Mit dem *Sturm auf die Bastille* am 14. Juli 1789 begann die *Französische Revolution. „Freiheit, Gleichheit, Brüderlichkeit!"* lautete die Losung der Revolutionäre. Die Verabschiedung der *Menschen- und Bürgerrechte* brachte sie diesem Ziel näher. König Ludwig XVI. wurde gestürzt und hingerichtet. Danach begann die *Schreckensherrschaft der Jakobiner.*

1799 riss *Napoleon* die Macht an sich und krönte sich 1804 selbst zum *Kaiser.* Durch viele Kriege errang Napoleon die Vorherrschaft Frankreichs in Europa. Napoleons Niederlage in Russland 1812 leitete das Ende seiner Herrschaft ein, die 1815 in der *Schlacht bei Waterloo* besiegelt wurde.

Der *Wiener Kongress* beschloss 1815 die Wiederherstellung der alten Ordnung *(Restauration).* In Frankreich bestieg wieder ein König den Thron.

Freiheit und Einheit

Barrikadenkämpfe am Alexanderplatz in Berlin in der Nacht vom 18. zum 19. März 1848 zwischen revolutionären Bürgern und

königlichen Truppen. Zeitgenössische Kreidelithographie von Anton Klaus, koloriert.

Die gute alte Zeit

Biedermeier als Zeitgeist des Bürgertums

i

Biedermeier ist eine Stilbezeichnung für die Dichtkunst, Kleidermode, Wohnkultur und Malerei zwischen 1815 und 1848. Benannt wurde diese Zeit nach einer literarischen Figur, dem schwäbischen Schullehrer Gottlieb Biedermeier. Biedermeier war ein Spießbürger, der eine sehr beschränkte Sichtweise auf das Leben hatte. Er kümmerte sich nur um sein Privatleben und war nicht an Politik interessiert.

Nach dem Ende der napoleonischen Kriege wünschten sich viele Deutsche endlich wieder Ruhe und Sicherheit. Die Ergebnisse des Wiener Kongresses schienen diesen Wünschen gerecht zu werden. Es war Frieden in Europa, die Landesherren saßen wieder fest auf ihren Thronen und der Adel auf seinen Schlössern und Gütern konnte sich bei der Verwaltung seiner Gebiete ganz auf seine Beamten verlassen.

M1 *Die Familie Hauschild. Gemälde von Eduard Gärtner, 1843.*

M2 *Biedermeiereinrichtung.*

Trautes Heim – Glück allein

Nach den unruhigen Zeiten zogen sich besonders bürgerliche Kreise ganz ins Privatleben zurück. Wichtig waren ihnen die Familie, die Wohnung und ein wenig Wohlstand. Zum weit verbreiteten Traum gehörten ein Haus im Grünen, am besten gelb gestrichen und mit grünen Fensterläden, und irgendwo ein luftiges Gartenhaus.

Die Bürger legten sehr viel Wert auf ein geselliges Leben im Familienkreis. Den Sonntag hielten sie sich zum Beispiel für gemeinsame Aktivitäten frei. Wichtig war außerdem ein behagliches Wohnzimmer, in dem sich die Familie sonntags oder bei festlichen Anlässen wie Ostern oder Weihnachten versammelte. Künstler wurden beauftragt, von den Kindern oder der gesamten Familie Porträts zu malen.

Wer wohlhabend war, stellte für seine Kinder Hauslehrer ein. Weiterführende Schulen waren allerdings den Jungen vorbehalten. Sie sollten dort zu rechtschaffenen, tüchtigen Bürgern erzogen werden.

Die Aufgabenteilung zwischen Männern und Frauen war klar festgelegt. Während der Mann als Familienvorstand mit seiner Arbeit das Geld verdiente, war es Aufgabe der Frau, Hausfrau und Mutter zu sein. Der Hausputz, die Erziehung der Kinder, Kochen, Backen, Nähen und Stopfen gehörten zu den Pflichten der Hausfrau. Ihre geringe Freizeit verbrachte sie mit Handarbeiten wie Sticken, Stricken und Weben oder mit Musizieren. Lesen und Studieren galt für Frauen als ebenso unschicklich wie die Stellungnahme zu politischen Fragen.

Es war einmal ...

Auch die Kunst spiegelte den Zeitgeist des Biedermeier wider. Von den politischen Verhältnissen enttäuscht, setzten sich viele Schriftsteller mit der Vergangenheit auseinander. Die Künstler der *Romantik* wollten vor allem Gefühle zum Ausdruck bringen. Dunkle Nacht, Mondschein, Einsamkeit und die Schönheit der Natur waren immer wiederkehrende Themen in Malerei und Literatur.

M3 *Kreidefelsen auf Rügen. Gemälde von Caspar David Friedrich, um 1818.*

M4 *Der Sonntagsspaziergang. Gemälde von Carl Spitzweg, 1841.*

Q1 *Das romantische Gedicht „Mondnacht“ von Joseph von Eichendorff, 1835:*

Es war, als hätt der Himmel die Erde still geküsst,
dass sie im Blütenschimmer von ihm nun träumen müsst.
Die Luft ging durch die Felder, die Ähren wogten sacht,
es rauschten leis die Wälder, so sternklar war die Nacht.
Und meine Seele spannte weit ihre Flügel aus,
flog durch die stillen Lande, als flöge sie nach Haus.

Das Gedicht vom Mittelalter bis zum 20. Jahrhundert, S. 296.

i

Romantik war eine von Deutschland ausgehende Stilrichtung der Kunst von 1790 bis 1830. Wesentliche Merkmale der Romantik sind die Beschreibung von Gefühlen oder geheimnisvollen Fantasien sowie die Rückbesinnung auf die Natur und Vergangenheit. Die Kunst schuf auf diese Weise Fluchträume vor der Wirklichkeit.

Grimms Märchen

Die Sprachwissenschaftler Jacob und Wilhelm Grimm, bekannt als die Gebrüder Grimm, meinten, dass Märchen die Seele eines Volkes seien. Sie sammelten daher die deutschen Volksmärchen und veröffentlichten sie.

Arbeitsaufträge

1. Nenne Gründe, warum sich viele Bürger ganz in ihr Privatleben zurückzogen.
2. Erkläre, was typisch für die Biedermeierzeit war.
3. Charakterisiere das Familien- und Frauenbild der Biedermeierzeit.
4. Diskutiert, ob sich die damaligen Rollenbilder bis heute erhalten haben. Begründet eure Meinung.

zu 2.

Nutze M1 bis M4. Betrachte die Bilder aufmerksam. Notiere deine Eindrücke. Bedenke die Unterschiede in Einrichtung und Nutzung der Zimmer M1 und M2 zu heutigen Wohnungen

Vormärz – die Ruhe trügt

Das Wartburgfest 1817

i

Vormärz: politische Bezeichnung für die Zeit zwischen dem Wiener Kongress 1815 und dem Beginn der bürgerlichen Revolution in Deutschland im März 1848.
Burschenschaft: studentische Verbindung mit festen Regeln für das Zusammenleben der Studenten an einer Universität.

Nicht alle Deutschen zogen sich in die Ruhe des Privatlebens zurück. Menschen, die in den Befreiungskriegen gegen Napoleon ihr Leben riskiert und gehofft hatten, dass der Adel ihnen mehr Rechte einräumen würde, waren enttäuscht. Besonders die Studenten waren mit den politischen Verhältnissen unzufrieden. Sie hatten 1815 aus Begeisterung über die Befreiungskriege in Jena eine *Burschenschaft* gegründet. Als Farben dieser Deutschen Burschenschaft wählten sie Schwarz-Rot-Gold.

Im Oktober 1817 lud die Deutsche Burschenschaft gleich gesinnte Studenten aus ganz Deutschland auf die Wartburg ein. Hier sollte ein Fest an die Völkerschlacht bei Leipzig und den 300. Jahrestag der Reformation erinnern. Etwa 500 Studenten und einige Professoren reisten aus allen Teilen des Deutschen Bundes an. Sie forderten mehr politische Rechte für das Volk und den Zusammenschluss aller deutschen Länder. Durch patriotische Reden ermutigt, verbrannten sie typische Zeichen der Adelsherrschaft. Dazu zählten Teile preußischer Uniformen und der Perückenzopf als Symbol der preußischen Armee sowie der Feudalherrschaft. Außerdem verbrannten sie sogenannte „undeutsche" Werke von Autoren, die die Ziele der Burschenschaften nicht unterstützen.

Das Wartburgfest endete mit der Verabschiedung der Grundsätze der Burschenschaften unter der Losung „Ehre – Freiheit – Vaterland".

M1 *Fahne der Jenaer Burschenschaft: Schwarz-Rot mit goldenem Eichenlaub und goldenen Fransen. Die Farben leiteten sich aus der Uniform ab, die die Lützower Jäger, eine Freiwilligeneinheit, während der Befreiungskriege gegen Napoleon trugen.*

M2 *Das Wartburgfest. Holzstich, um 1880.*

M3 *Fürst Metternich (1773–1859) war seit 1809 Außenminister Österreichs und führte den Vorsitz beim Wiener Kongress 1814/15. Er war ein Gegner der Demokratie. Die Karlsbader Beschlüsse gingen auf seine Initiative zurück. 1821 wurde Metternich österreichischer Hof- und Staatskanzler. Porträt von Thomas Lawrence, 1815.*

Restauration: Die Adelsordnung soll erhalten bleiben

Der Adel mit seinen Höflingen und Beamten wollte nach den Befreiungskriegen gegen Napoleon seine politische Führung festigen. Die Voraussetzungen dafür schuf der Wiener Kongress. Die Forderungen der Burschenschaften nach Freiheit und einem geeinten Vaterland stellten für den Adel eine Gefahr dar, denn dadurch hätte er einen großen Teil seiner Macht verloren.

Als ein einzelner Theologiestudent den Schriftsteller August von Kotzebue erstach, reagierten die Fürsten. Kotzebue war ein Gegner der Burschenschaften gewesen. Der Täter Carl Ludwig Sand hatte als Mitglied einer Burschenschaft am Wartburgfest teilgenommen und war überzeugt, mit der Ermordung Kotzebues Deutschlands Weg in die Freiheit zu ebnen. Die Minister des Deutschen Bundes nutzen diesen Zwischenfall als Anlass, um die Burschenschaften zu verbieten. 1819 erließen sie die *Karlsbader Beschlüsse*, die folgende Einschränkungen festlegten:

- Verbot der Burschenschaften
- Polizeiaufsicht über Universitäten
- Einführung strenger Zensur
- Unterdrückung und Verfolgung nationaler, freiheitlicher Kräfte.

Zensoren prüften künftig bei Zeitungen, Zeitschriften oder Büchern, ob sie das Gedankengut von Einheit und Freiheit verbreiteten. Hunderte von Professoren, Studenten oder Schriftstellern wurden wegen ihrer politischen Überzeugung vor Gericht gestellt und zu langjährigen Haftstrafen verurteilt. Viele demokratisch gesinnte Deutsche wanderten daher in die Vereinigten Staaten von Amerika aus.

Q1 *Aus den Karlsbader Beschlüssen:*

Es soll bei jeder Universität ein landesherrlicher Bevollmächtigter angestellt werden. Das Amt dieses Bevollmächtigten soll sein, über die strenge Vollziehung der bestehenden Gesetze und Disziplinarvorschriften zu wachen und den Geist, in welchem die akademischen Lehrer bei ihren öffentlichen und Privatvorträgen verfahren, sorgfältig zu beobachten ...

Nach: Das bürgerliche Zeitalter 1815–1914, bearb. v. G. Schönbrunn, S. 86 f.

M4 *Der Denker-Club. Anonyme Karikatur. Oben steht die Frage: „Wie lange möchte uns das Denken noch erlaubt bleiben?". Radierung, 1825.*

Arbeitsaufträge

1. Nenne Gründe für das Treffen der Studenten auf der Wartburg.
2. Beschreibe die Abbildung M2.
3. Erkläre, warum die Burschenschaften das Motto „Ehre – Freiheit – Vaterland" wählten.
4. Charakterisiere die Folgen der Karlsbader Beschlüsse (Q1, M4).
5. Diskutiert, ob politische Motive einen Mord rechtfertigen.

zu **2.**
Bedenke das symbolische Handeln der Studenten.

Das Hambacher Fest 1832

„Die Gedanken sind frei …"

Die Karlsbader Beschlüsse 1819 konnten den mit den Befreiungskriegen erstarkten Wunsch der Bevölkerung nach Freiheit und politischen Rechten nicht unterdrücken. Immer mehr Deutsche lehnten sich gegen ihre Fürsten auf. Wegen ihres Strebens nach Freiheit wurden sie *Liberale* und die entstehende politische Bewegung *Liberalismus* genannt.

Die Liberalen traten für eine freie wirtschaftliche und persönliche Entfaltung der Menschen ein. Zu den Hauptzielen gehörte der Schutz der Freiheit und der Rechte der einzelnen Person vor der Macht des Staates: z. B. Meinungs- und Versammlungsfreiheit. Weiter forderten sie eine Verfassung und damit die Abschaffung der Vorrechte des Adels. Statt der Fürsten sollte ein vom Volk gewähltes Parlament über Gesetze und Steuern entscheiden.

Q1 *Zwei Strophen aus einem Volkslied, das zwischen 1820 und 1848 sehr populär war (Textfassung um 1800):*

Die Gedanken sind frei,
Wer kann sie erraten?
Sie fliehen vorbei
Wie nächtliche Schatten;
Kein Mensch kann sie wissen,
Kein Kerker verschließen
Wer weiß was es sei?
Die Gedanken sind frei!
…
Und fesselt man mich
Im finsteren Kerker,
So sind das doch nur
Vergebliche Werke.
Denn meine Gedanken
Zerreißen die Schranken
Und Mauern entzwei:
Die Gedanken sind frei.

Nach: http://de.wikipedia.org/wiki/Die_Gedanken_sind_frei.

„Frisch, fromm, fröhlich, frei" – die Turnbewegung

Der Lehrer Friedrich Ludwig Jahn war fest davon überzeugt, dass eine national-patriotische, bürgerlich-demokratische Erziehung der Jugend ein „Gleichmaß von Leib und Seele" erfordere. Er führte deshalb Turnen und Leibesübungen als Mittel der Volksbildung ein.

1811 eröffnete er unter dem Motto „Frisch, fromm, fröhlich, frei" bei Berlin den ersten Turnplatz. Zum Turnen der Knaben und jungen Männer zählten Übungen an Geräten, sportliche Aktivitäten wie Laufen und Springen, Stemmen, Klettern, Fechten, Schwimmen und Ringen sowie verschiedene Spiele. Turngeräte wie der Bock, das Pferd oder der Barren wurden zu dieser Zeit erfunden.

Nach Inkrafttreten der Karlsbader Beschlüsse wurde in Preußen das Turnen verboten, da der Adel die Turnbewegung als Bedrohung empfand. Jahn, der „Turnvater", wurde verfolgt und sechs Jahre eingekerkert.

Nach seiner Freilassung lebte er ab 1825 unter Polizeiaufsicht in Freyburg. Erst 1840 rehabilitierte König Friedrich Wilhelm IV. Jahn und hob 1842 das Turnverbot an preußischen Schulen auf.

M1 *Von Jahn 1811 angelegter Turnplatz in Berlin. Stahlstich, um 1850.*

Von Paris nach Hambach

Die durch den Wiener Kongress erzwungene politische Ruhe in Deutschland und Europa hielt nicht lange. Im Juli 1830 wehrte sich das Volk von Paris in blutigen Straßenkämpfen gegen den Versuch, seine verfassungsmäßigen Rechte einzuschränken. Die Revolutionäre forderten die Abschaffung der Monarchie und die Errichtung einer Republik. Schließlich wurde in Frankreich eine konstitutionelle Monarchie eingeführt.

i

Hambach: Ort im heutigen Rheinland-Pfalz.

Ermutigt durch die revolutionären Erhebungen in verschiedenen Teilen des Landes, versammelten sich im Mai 1832 etwa 25 000 Menschen aus allen Bevölkerungsschichten und allen Landesteilen auf der Burgruine in *Hambach*. Von dem Versammlungsverbot, das die Polizei ausgesprochen hatte, ließen sie sich nicht beeindrucken. In mehr als 20 Reden forderten die Demonstranten einen einheitlichen deutschen Staat, die Aufhebung der Zensur und mehr persönliche Freiheit.

M2 *Diese Fahne wurde an der Spitze des Zuges zum Hambacher Schloss getragen. Sie zeigt die politischen Ziele der Teilnehmer.*

M3 *Hambacher Fest. Stahlstich, Mai 1832, koloriert.*

Q2 *Ein Teilnehmer auf dem Hambacher Fest:*

... Es lebe das freie, das einige Deutschland! ... Hoch lebe jedes Volk, das seine Ketten bricht und mit uns den Bund der Freiheit schwört! Vaterland – Volkshoheit – Völkerbund hoch!
Wir selbst ... müssen vollenden das Werk, und ich ahne, bald, bald muss es geschehen, soll die deutsche, soll die europäische Freiheit nicht erdrosselt werden von den Mörderhänden der Aristokratie ...

Nach: Krieger, H.: Materialien für den Geschichtsunterricht, Bd. 4, S. 263.

zu **1.**
Bedenke die Gestaltung heutiger Sportstätten.

zu **3.**
Nutze ein Liederbuch oder das Internet.

zu **4.**
Lies S. 56 f. dieses Lehrbuchs. Gehe auf Ziele, Teilnehmer, Verlauf und Stimmung ein.

Arbeitsaufträge

1. Beschreibe das Bild M1.
2. Erkläre und bewerte die Ziele des Turnvaters Jahn.
3. Stelle den Liedtext Q1 einer heutigen Fassung gegenüber. Arbeite die Unterschiede heraus und beurteile diese.
4. Vergleiche das Hambacher Fest mit dem Wartburgfest und prüfe, was sich zwischen 1817 und 1832 politisch verändert hat.
5. Interpretiere die Stimmung auf dem Hambacher Fest (Q2, M3).

Der Deutsche Zollverein

Kleinstaaterei behindert den Warenverkehr

Die Gründung des Deutschen Bundes hatte die politische Zersplitterung Deutschlands nicht beseitigt. Der Deutsche Bund blieb ein loser Staatenbund ohne politisches Oberhaupt. Ein „Flickenteppich“ aus 36 Staaten und vier freien Städten (1830) behinderte die wirtschaftliche Entwicklung Deutschlands. *Zollschranken* und *Schlagbäume* trennten sowohl die deutschen Staaten untereinander, als auch Provinzen und Städte. Durch *Binnenzölle* verteuerten sich die Waren zusätzlich. Dies erschwerte aber nicht nur den Handel innerhalb Deutschlands, sondern behinderte allgemein die Entwicklung der deutschen Industrie. Europäische Nachbarstaaten wie Frankreich und England verfügten über ein einheitliches Staatsgebiet. Binnenzölle entfielen hier, lediglich Außenzölle mussten gezahlt werden. So konnte z. B. England Stoffe oder andere industrielle Erzeugnisse daher weitaus günstiger anbieten als deutsche Unternehmer.

Die ersten Zollschranken fallen

Einen ersten Schritt zur Vereinheitlichung der Wirtschaft und des Handels machte Preußen. Hier wurden 1818 alle Abgaben an Wegen, Brücken oder Stadttoren im Landesinneren aufgehoben. An allen preußischen Außengrenzen galten nun einheitliche Zollverordnungen. Für einen freien Warenverkehr innerhalb des Königreiches gründete Preußen 1828 gemeinsam mit Hessen-Darmstadt den Preußisch-Hessischen Zollverein. Dem Vorbild Preußens folgten die süddeutschen Staaten und Nord- und Mitteldeutschland mit jeweils eigenen Zollvereinen.

Dennoch war die wirtschaftliche Zersplitterung Deutschlands auch weiterhin nicht überwunden. Das von dem Wirtschaftswissenschaftler *Friedrich List* (1789–1846) schon 1819 geforderte einheitliche Zollgebiet im Deutschen Bund wurde nach vielen Streitigkeiten erst 1834 mit der Gründung des *Deutschen Zollvereins* verwirklicht. Unter Preußens Führung schlossen sich 18 Staaten zu einer Wirtschaftseinheit zusammen.

i

Zoll: Gebühren für die Ein- oder Ausfuhr von Waren in ein anderes Land.
Schlagbaum: Schranke an einer Grenze.
Binnenzoll: Gebühren für den Handel mit Waren innerhalb eines Staates.
Friedrich List: Der Wirtschaftswissenschaftler verfasste 1819 eine Bittschrift an den Bundestag in Frankfurt, alle deutschen Staaten in einem einheitlichen Zollgebiet zu vereinigen. Seine Ideen wurden als gefährlich angesehen. List wurde verfolgt und zu Festungshaft verurteilt. Nach dieser Haftstrafe wanderte er nach Amerika aus.

Q1 *Aus einer Denkschrift von Friedrich List, 1819:*

Achtunddreißig Zoll- und Mautlinien in Deutschland lähmen den Verkehr im Inneren und bringen ungefähr dieselbe Wirkung hervor, wie wenn jedes Glied des menschlichen Körpers unterbunden wird, damit das Blut ja nicht in ein anderes überfließe. Um von Hamburg nach Österreich, von Berlin in die Schweiz zu handeln, hat man zehn Staaten zu durchschneiden, zehn Zollordnungen zu studieren, zehnmal Durchgangszoll zu bezahlen … Trostlos ist dieser Zustand für Männer, welche wirken und handeln möchten; mit neidischen Blicken sehen sie hinüber über den Rhein, wo ein großes Volk vom Kanal bis an das Mittelländische Meer, vom Rhein bis an die Pyrenäen, von der Grenze Hollands bis Italien auf freien Flüssen und offenen Landstraßen Handel treibt, ohne einem Mautner zu begegnen.

Nach: List, F.: Schriften, Reden und Briefe, Bd. 5, S. 50.

M1 *„Gränzverlegenheit. Die Bildunterschrift zu dieser Karikatur von 1849 lautet: „Sie sehen, Herr Gränzwächter, dass ich nix zu verzollen hab; denn was hinten auf'm Wagen ist, hat die Lippische Gränz noch nit überschritten, in der Mitt' is nix, und was vorn drauf ist, ist schon wieder über die Lippische Gränze drüber.“*

M2 *Der Deutsche Zollverein.*

Handel ohne Grenzen auf neuen Wegen

Begeistert jubelten die Menschen, als sich am 1. Januar 1834 um 0.00 Uhr die Schlagbäume an den Grenzen hoben und die wartenden Händler ohne Behinderung über die Grenzen fahren konnten. Die bisherigen Binnenzölle gab es von nun an nicht mehr. Auch die Maße und Gewichte wurden vereinheitlicht. Endlich war ein freier Handel möglich. Dafür brauchte man allerdings ein modernes Transportsystem. Bereits unter Napoleons Herrschaft war das Straßennetz ausgebaut worden. Jetzt erlebte der Straßenbau einen weiteren Aufschwung. Zwischen 1817 und 1828 wurden in Preußen viele neue Straßen gebaut. Auch der Bau von Kanälen wurde beschleunigt.

Der Ausbau der Handelswege und der Bau von Eisenbahnen leiteten den wirtschaftlichen Aufschwung ein.

Arbeitsaufträge

1. Nenne Hemmnisse für den Wirtschaftsaufschwung im Deutschen Bund.
2. Zeige auf, auf welche Missstände die Karikatur M1 anspielt.
3. Erkläre, welche Handelshindernisse Friedrich List beschreibt und welche Änderungen er fordert.
4. Stelle die Vor- und Nachteile des Zollvereins für die Wirtschaft dar.
5. Erörtert die Bedeutung der Gründung des Deutschen Zollvereins auf dem Weg zu einem einheitlichen deutschen Staat.

zu **1.**
– Der Deutsche Bund …
– … und … trennten …

zu **4.**
Arbeite mit einer Tabelle.

Die Revolution 1848/49

Aufstände und Barrikadenkämpfe

Im Februar 1848 erhoben sich in Frankreich Arbeiter, Bürger und die Nationalgarde gemeinsam gegen den „Bürgerkönig" Louis Philippe, der weder die Hungersnot, noch das Elend der Arbeiter und der Landbevölkerung beseitigt hatte. Auch ein von ihm 1830 zugesagtes gerechtes Wahlrecht gab es noch immer nicht. Da der König die Forderungen der Bürger nicht erfüllte, kam es zu Demonstrationen und Straßenkämpfen. Schließlich stürmte die Bevölkerung wie 1789 das Pariser Stadtschloss. Der König musste fliehen und eine Republik wurde ausgerufen.

Diese Ereignisse gaben in mehreren europäischen Ländern das Signal zu revolutionären Erhebungen.

Unruhen in Wien und Berlin

Auch im Deutschen Bund wurden durch die soziale Not *liberale, demokratische* und *nationale* Forderungen immer lauter. Dabei leistete der Adel zumeist kaum Widerstand und berief zur Beruhigung der Situation Bürger in die Landesregierungen.

In Wien dagegen spitzte sich die Situation zu, da der Staatskanzler Österreichs, Fürst Metternich, sich weigerte, den Forderungen der Bürger nachzugeben. Am 13. März 1848 kam es zu blutigen Straßenschlachten. Fürst Metternich – das Symbol der Restauration – floh daraufhin ins Ausland und der österreichische Kaiser musste die Ausarbeitung einer Verfassung versprechen.

Wie anderswo, hatte das französische Vorbild auch in Berlin zahlreiche politische Versammlungen und Demonstrationen ausgelöst. Als die Nachricht von der Flucht Fürst Metternichs Berlin erreichte, versammelten sich am 18. März 1848 schätzungsweise 10000 Berliner Bürger vor dem Schloss des preußischen Königs Friedrich Wilhelm IV. Die Demonstranten überbrachten ihm ihre Forderungen: Pressefreiheit, Redefreiheit, Begnadigung aller wegen politischer und Pressevergehen Verurteilten und Verfolgten, Versammlungs- und Vereinigungsrecht, gleiche politische Berechtigung aller, Unabhängigkeit des Richterstandes und eine allgemeine deutsche Volksvertretung.

Barrikaden gegen den preußischen König

Als Friedrich Wilhelm IV. vom Balkon seines Schlosses bekannt gab, dass er die Forderungen annehme, fielen plötzlich Schüsse. Das Volk begann darauf wie in Paris *Barrikaden* zu errichten. Rasch entwickelte sich in der Berliner Innenstadt bis in den Morgen des 19. März 1848 ein erbitterter Straßenkampf, in dem die Aufständischen gegen Soldaten des Königs kämpften. Aus Angst vor einem Bürgerkrieg rief Friedrich Wilhelm IV. schließlich seine Truppen zurück und begnadigte alle nach den Karlsbader Beschlüssen Verurteilten. Der zugleich veröffentlichte Aufruf „An meine lieben Berliner" des Königs sollte die Lage weiter beruhigen, löste jedoch bei vielen Menschen Verbitterung aus. 254 Aufständische hatten in dieser Nacht ihr Leben verloren. Als die Gefallenen aufgebahrt wurden, musste der König persönlich erscheinen, um sich vor den Toten zu verneigen.

i

liberal: freiheitlich.
demokratisch: nach den Prinzipien der Demokratie, d. h. unter Beteiligung der Bürger.
national: vaterländisch, auf die Interessen der eigenen Nation ausgerichtet.
Barrikade: Straßensperre.
Umritt: Der Umritt eines Königs war im Mittelalter ein wichtiges Instrument, um den Untertanen seine politische Macht und die politischen Ziele zu demonstrieren.

Q1 *Erinnerungen an den 18. und 19. März 1848 in Berlin:*

Bald waren in allen Richtungen die Straßen mit Barrikaden gesperrt. Die Pflastersteine schienen von selbst aus dem Boden zu springen und sich zu Brustwehren aufzubauen, auf denen dann schwarz-rot-goldene Fahnen flatterten – und hinter ihnen Bürger aus allen Klassen, Studenten, Kaufleute, Künstler, Arbeiter, Doktoren, Advokaten – hastig bewaffnet mit dem, was eben zur Hand war – Kugelbüchsen, Jagdflinten, Pistolen, Spießen, Säbeln, Äxten, Hämmern usw. Es war ein Aufstand ohne Vorbereitung, ohne Planung, ohne System. Jeder schien nur dem allgemeinen Instinkt zu folgen ... Und hinter den Barrikaden waren die Frauen geschäftig, den Verwundeten beizustehen und die Kämpfenden mit Speis und Trank zu stärken, während kleine Knaben eifrig dabei waren, Kugeln zu gießen oder Gewehre zu laden ...

Nach: Schurz, C.: Lebenserinnerungen, Bd. 1, S. 123 f.

Von den bei den Barrikadenkämpfen in Berlin Getöteten waren etwa:
- 20 % Arbeiter und Angestellte,
- 70 % Handwerker,
- 2,5 % mittlere Beamte,
- 3,5 % Wissenschaftler, Studenten und Künstler und
- 4 % höhere Beamte, Kaufleute und Gutsbesitzer.

M1 *Die Märzgefallenen.*

Q2 *Proklamation des preußischen Königs „An meine lieben Berliner":*

... An Euch, Einwohner meiner geliebten Vaterstadt, ist es jetzt, größerem Unheil vorzubeugen. Erkennt, Euer König und treuster Freund beschwört Euch darum, bei Allem, was Euch heilig ist, den unseeligen Irrtum. Kehrt zum Frieden zurück, räumt die Barrikaden, die noch stehen, hinweg, und entsendet an mich Männer, voll des echten alten Berliner Geistes mit Worten wie sie sich Eurem König gegenüber geziemen, und ich gebe Euch mein Königliches Wort, dass alle Straßen und Plätze sogleich von den Truppen geräumt werden sollen und die militärische Besetzung nur auf die notwendigen Gebäude ... Zeit beschränkt werden wird. Hört die väterliche Stimme Eures Königs, Bewohner meines treuen ... Berlins und vergesset das Geschehene, wie ich es vergessen will ...

Nach: Geschichte in Quellen, Bd. 5, S. 153.

M2 *Aufbahrung der Märzgefallenen am 22. März 1848 auf dem Gendarmenmarkt in Berlin. Unvollendetes Gemälde von Adolph von Menzel, 1848.*

Q3 *Der Zeitzeuge Karl August Varnhagen von Ense erinnert sich:*

Zuerst wurden sechs bis sieben Leichen von der Breiten Straße her nach dem Schloss angefahren, die blutigen Wunden aufgedeckt, bekränzt mit Blumen und Laub. Die begleitende Volksmenge sang Lieder ... der König soll die Leichen sehen, hieß es. Auf den gebieterischen Ruf hin erschien der König auf dem ... [Balkon] ... Alles hatte den Kopf entblößt, nur der König die Mütze auf; da hieß es gebieterisch: „Die Mütze herab!" und er nahm sie ab. Die Leichen wurden dann durch das Schloss durch nach dem Dom gefahren. Alle folgenden ebenso; diese machten aber auf dem inneren Schlosshof Halt, und hier musste der König ebenfalls wiederholt auf der Galerie erscheinen, die Leichen grüßen und vieles anhören ...

Nach: Geschichte in Quellen, Bd. 5, S. 154.

Ein König wechselt die Farben

Bereits am 21. März 1848 war Friedrich Wilhelm IV. bei einem *Umritt* durch Berlin einer schwarz-rot-goldenen Fahne gefolgt und ließ einen weiteren Aufruf „An mein Volk und an die deutsche Nation" verbreiten. Darin verkündete er, dass er sich an die Spitze der deutschen Bewegung für Freiheit und Einheit stellen würde. Außerdem sicherte der König die Umbildung der Regierung zu. Später machte er weitere Zugeständnisse und musste der Bildung einer preußischen Nationalversammlung zustimmen.

Arbeitsaufträge

1. Schildere die Ereignisse vom 18. und 19. März 1848 in Berlin (Q1, M1).
2. Formuliere aus der Sicht der Zeitgenossen eine Antwort auf den Aufruf des preußischen Königs an die Berliner (Q2).
3. Analysiere Q3 und bewerte das Verhalten des Königs.

zu **1.**
Betrachte auch S. 52 f.

Die Nationalversammlung

Wahlen zum ersten deutschen Parlament

Die Angst vor weiteren Aufständen veranlasste die Fürsten, in allen Einzelstaaten des Deutschen Bundes nach einem festgelegten Verfahren Wahlen für eine gesamtdeutsche Nationalversammlung zu gestatten. In allen Staaten sollten „Selbstständige" die Mitglieder zur Nationalversammlung wählen dürfen. Jeder Staat legte diese Idee in seinem Wahlgesetz jedoch anders aus: Teilweise durften Arbeiter und Dienstboten nicht wählen. Direkte Wahlen gab es nur in sechs Einzelstaaten. In allen anderen Staaten wählten die Wahlberechtigten zunächst Wahlmänner, die ihre Stimme dann stellvertretend für sie abgaben.

Am 18. Mai 1848 versammelten sich die Abgeordneten des deutschen Volkes in der *Paulskirche* in *Frankfurt am Main*.

M1 *Der Einzug der Parlamentarier in die Paulskirche. Druck, um 1848.*

Aufgaben der Nationalversammlung

Die Aufgabe der Nationalversammlung war die Ausarbeitung einer Reichsverfassung, welche die Grundrechte der Bürger festschreiben sollte.

Mit Zuversicht und Stolz verfolgten die Abgeordneten die Eröffnungsrede des zuvor von ihnen gewählten Präsidenten der Nationalversammlung. Dieser betonte die *Souveränität* der Nation sowie ihr Recht auf eine Verfassung. Er betonte aber auch, dass dieses Vorhaben nur gemeinsam mit der Regierung zu verwirklichen sei. Daraus ergaben sich weitere Streitfragen, die das Parlament zu lösen hatte:

- Wie sollte das zukünftige einheitliche Deutschland regiert werden?
- Sollte Österreich dem neuen deutschen Nationalstaat angehören?

Bisher gehörte nur der deutschsprachige Teil des Vielvölkerstaates Österreich zum Deutschen Bund. Da Österreich die Auflösung seiner staatlichen Einheit ablehnte und eine selbstständige europäische Großmacht bleiben wollte, entschied sich die Nationalversammlung für eine *kleindeutsche* Lösung ohne Österreich unter Führung Preußens.

i

Frankfurt am Main: Die Stadt war seit dem Wiener Kongress Sitz des gesamtdeutschen Bundestages, einer Versammlung der deutschen Fürsten und freien Städte. Da es kein Parlamentsgebäude gab, versammelten sich die Abgeordneten in der neu erbauten Paulskirche, die den größten und modernsten Saal in der Stadt hatte.

Für die Plätze auf der Galerie der Paulskirche konnten Zuschauer Eintrittskarten erwerben, um die Beratungen zu beobachten. Für Frauen, die nur als Zuschauer an den Beratungen teilnehmen durften, gab es extra eine Damenloge.

Souveränität: Herrschergewalt, Oberhoheit.

M2 *Die Nationalversammlung tagt in der Paulskirche in Frankfurt. Stich, 1848.*

Gleiche Ideen verbinden

In der Nationalversammlung gab es noch keine Parteien, wie wir sie heute aus dem Bundestag kennen. Meist wurden Personen mit angesehenen Ämtern wie Richter, Rechtsanwälte, Beamte, Lehrer oder auch adlige Gutsbesitzer als Volksvertreter gewählt. Doch Abgeordnete mit ähnlichen politischen Ideen und Zielen schlossen sich schnell zu festeren politischen Gruppen, sogenannten *Fraktionen*, zusammen, um sich gegenseitig zu unterstützen. Diese Gruppen benannten sich nach ihren Treffpunkten, die sich in Gasthäusern in Frankfurt befanden. Jede der Gruppierungen wählte einen Vorstand, hatte eine eigene Zeitung und beschloss ein Programm. Damit waren sie die Vorläufer unserer modernen Parteien.

i

Fraktion: Gruppe von Abgeordneten einer Partei im Parlament.
konservativ: bewahrend, an Althergebrachten festhaltend. Jemand der das Alte erhalten will, hat eine konservative Einstellung.

Linke und Rechte

Die Sitzverteilung in der Frankfurter Paulskirche orientierte sich an der Sitzordnung in anderen europäischen Parlamenten. Schon im englischen Parlament saß der vermeintlich niederere Stand links. Auch die Republikaner in der französischen Nationalversammlung saßen links vom Rednerpult.

Entsprechend der von den verschiedenen Fraktionen eingenommenen Sitzplätze im Parlament, wurden die Fraktionen daher als Linke, als Mitte bzw. Zentrum und als Rechte eingestuft. Die Bezeichnungen Linke, Rechte und Mitte haben bis heute Gültigkeit, wenn politische Grundrichtungen beschrieben werden.

Die mehr als 800 Abgeordneten und ihre Stellvertreter gehörten zu folgenden Berufsgruppen (Auswahl):

Richter, Staatsanwälte, Anwälte:	226
Beamte:	152
Professoren:	94
Lehrer, Ärzte, Schriftsteller, Geistliche, Akademiker:	157
Landwirte:	46
Kaufleute:	35
Offiziere:	18
Fabrikanten:	14
Handwerker:	4
Arbeiter:	0

M3 *Die Zusammensetzung der Nationalversammlung.*

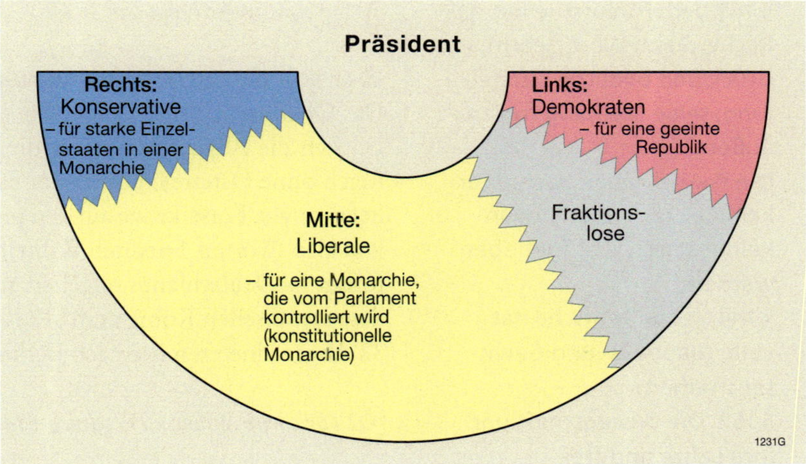

M4 *Sitzverteilung in der Paulskirche. Die Abgeordneten waren nicht an eine Fraktion gebunden, sondern konnten diese wechseln. Daher können keine genauen Fraktionsstärken angegeben werden.*

Arbeitsaufträge

1. Nenne die Aufgaben, die die Nationalversammlung lösen sollte.
2. Beschreibe das Bild M2, dass die tagende Nationalversammlung in der Paulskirche in Frankfurt am Main zeigt.
3. Erläutere die Gründe für eine „kleindeutsche Lösung".
4. Vergleiche die soziale Herkunft der Abgeordneten der Nationalversammlung mit der sozialen Stellung der Märzgefallenen.
5. Diskutiert, ob die Nationalversammlung ein Parlament für alle Deutschen war.

zu **2.**
Achte auf die Sitzordnung und den Wandschmuck.
zu **3.**
Bedenke die Zusammensetzung der Mitglieder des Deutschen Bundes.
zu **4.**
Nutze Q1 und M1 auf S. 62 f.

Das Scheitern der Revolution

Delegation: Abordnung.
Hohenzollern: Adelsgeschlecht der preußischen Könige.
Luder: Aas.
legitim: rechtmäßig.

Q1 *Grundrechte der Paulskirchenverfassung:*

§ 137. Vor dem Gesetz gilt kein Unterschied der Stände. Der Adel als Stand ist aufgehoben. Alle Standesvorrechte sind abgeschafft. Die Deutschen sind vor dem Gesetze gleich …
§ 138. Die Freiheit der Person ist unverletzlich.
§ 140. Die Wohnung ist unverletzlich.
§ 142. Das Briefgeheimnis ist gewährleistet …
§ 143. Jeder Deutsche hat das Recht, durch Wort, Schrift, Druck und bildliche Darstellung, seine Meinung frei zu äußern. Die Pressefreiheit darf unter keinen Umständen und in keiner Weise … aufgehoben werden.
§ 144. Jeder Deutsche hat volle Glaubens- und Gewissensfreiheit.
§ 152. Die Wissenschaft und ihre Lehre sind frei.
§ 153. Das Unterrichts- und Erziehungswesen steht unter der Oberaufsicht des Staates …
§ 161. Die Deutschen haben das Recht, sich friedlich und ohne Waffen zu versammeln; einer besonderen Erlaubnis dazu bedarf es nicht.
§ 162. Die Deutschen haben das Recht, Vereine zu bilden.

Nach: Informationen zur politischen Bildung, Heft 239, S. 9.

Die Grundrechte werden festgeschrieben

Bevor eine endgültige Verfassung erarbeitet werden sollte, beriet die Nationalversammlung die Grundrechte, welche allen Deutschen die Freiheitsrechte sichern sollten. Das neue Deutschland sollte ein Rechtsstaat sein. Im Dezember 1848 einigte sich die Nationalversammlung auf die wesentlichen Grundrechte der Bürger. Im März 1849 verabschiedete die Nationalversammlung die Verfassung für einen einheitlichen deutschen Staat. Erstmals schrieb die Verfassung das Prinzip der Gewaltenteilung fest.

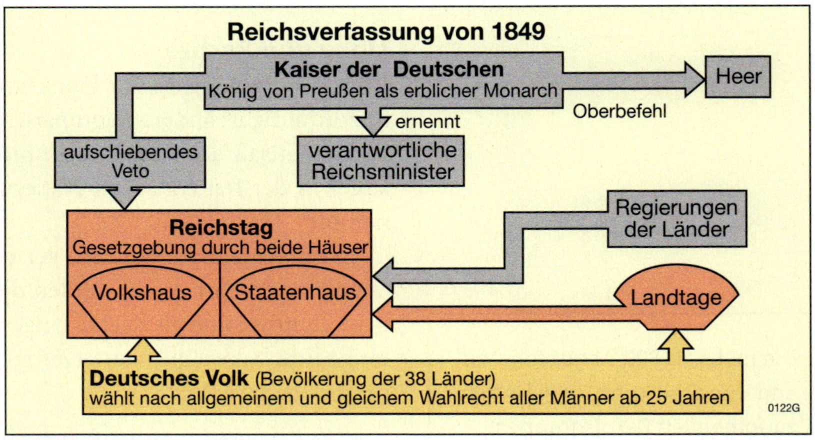

M1 *Verfassungsschema von 1849.*

Wer soll deutscher Kaiser werden?

Das Oberhaupt des Reiches sollte ein Kaiser sein, dessen Titel erblich war. Da sich die Abgeordneten für die kleindeutsche Lösung – ein deutsches Reich ohne Österreich unter der Führung Preußens – entschieden hatten, lief die neue Kaiserkrone auf den preußischen König zu. Noch beeindruckt von den Worten Friedrich Wilhelms IV. aus dem Vorjahr, dass Preußen fortan in Deutschland aufgehen solle, wählte die Nationalversammlung den preußischen König zum „Kaiser der Deutschen". Eine *Delegation* von 32 Abgeordneten reiste nach Berlin, um ihm die Kaiserkrone anzutragen.

Q2 *Friedrich Wilhelm IV. schrieb 1849 zuvor an einen Freund:*

Die Krone, die ein *Hohenzoller* nehmen dürfte, … ist keine … wenn auch mit fürstlicher Zustimmung eingesetzte …, sondern eine, die den Stempel Gottes trägt … Diese Krone … ist verunehrt mit dem *Ludergeruch* der Revolution von 1848, der albernsten, dümmsten, schlechtesten, wenn auch, Gottlob, nicht der bösesten dieses Jahrhunderts … Einen solchen … Reif … soll ein *legitimer* König von Gottes Gnaden und nun gar der König von Preußen sich geben lassen …? Soll die tausendjährige Krone deutscher Nation … wieder einmal vergeben werden, so bin ich es und meinesgleichen, die sie vergeben; und wehe dem, der sich anmaßt, was ihm nicht zukommt.

Nach: Ranke, L.: Briefwechsel Wilhelms IV. mit Bunsen, S. 233 f.

Q3 *Aus der Proklamation des preußischen Königs „An mein Volk und die deutsche Nation“ vom 21. März 1848:*

> Ich übernehme heute die Leitung für die Tage der Gefahr. Ich habe heute die alten deutschen Farben angenommen und mich und das Volk unter das ehrwürdige Banner des Deutschen Reiches gestellt. Preußen geht fortan in Deutschland auf.
>
> Nach: Görtemaker, M.: Deutschland im 19. Jahrhundert, S. 107 f.

Alles bleibt beim Alten

Mit der Ablehnung der Kaiserkrone durch den preußischen König war die Arbeit der Nationalversammlung gescheitert. Die Nationalversammlung löste sich selbst auf. Einige Abgeordnete wichen nach Stuttgart aus, um dort weiter an einer politischen Lösung zu arbeiten, doch sie wurden vom Militär vertrieben.

28 Bundesstaaten nahmen die Verfassung zwar an, doch die Regierungen fast aller größeren Länder wie Preußen, Sachsen oder Bayern lehnten sie ab. Diese Entwicklung trieb die Menschen 1849 in vielen Teilen Deutschlands wieder auf die Straße, um die demokratischen Ziele vom März 1848 einzufordern. Der Adel schreckte jedoch nicht davor zurück, diese Aufstände mit Waffengewalt niederzuschlagen.

Viele *Landtage* wurden aufgelöst, Verfassungen für ungültig erklärt und liberale Minister durch konservative ersetzt. Liberale und Demokraten, die sich an den Kämpfen beteiligt hatten, wurden verfolgt, zu Gefängnisstrafen verurteilt oder standrechtlich erschossen. Viele flohen in die USA, weil sie in Deutschland keine Zukunft für die Umsetzung ihrer politischen Ziele sahen. Der Adel hatte die Herrschaft zurückerobert. 1851 hob der Deutsche Bund die „Grundrechte des deutschen Volkes“ wieder auf.

i

Landtag: Am 26. Februar 1849 wurde die neu gewählte preußische Kammer, der Landtag, eröffnet.

M2 *„Andere Zeiten, andere Sitten“. Bildunterschrift: Am 22. März 1848: Hut ab! Am 26. Februar 1849: Hüte ab! Karikatur, 1849.*

zu **2.**
- Oberhaupt war …
- Er konnte …
- Das Volk konnte …

zu **4.**
Bedenke die Lage, in der sich Friedrich Wilhelm IV. am 21. März 1848 befand.

zu **5.**
Beachte die historische Situation am jeweiligen Tag.

Arbeitsaufträge

1. Erkläre den Inhalt ausgewählter Grundrechte anhand von Q1.
2. Charakterisiere das Verfassungsschema M1.
3. Arbeite aus Q2 die Gründe Friedrich Wilhelms IV. für die Ablehnung der Kaiserkrone heraus.
4. Stelle die Gründe für die Ablehnung seine Aussage in Q3 gegenüber.
5. Interpretiere die Karikatur M2.
6. Vergleiche die Grundrechte von 1848/49 mit den Grundrechten im Grundgesetz der Bundesrepublik Deutschland.
7. Stelle die Ergebnisse der Revolution von 1848/49 dar.

Auf dem Weg zum Nationalstaat

Einheit ohne Freiheit?

Die Revolution von 1848 / 49 war gescheitert – und damit die Schaffung eines einheitlichen deutschen Nationalstaates. Die nationale Einheit blieb jedoch ein wichtiges Ziel der Mehrheit der Deutschen.

Zwei Wege zu einem deutschen Nationalstaat

Die Revolutionsereignisse von 1848 / 49 hatten zwei Wege zu einem einheitlichen Nationalstaat gezeigt: die Schaffung eines einheitlichen Nationalstaates von unten durch die Bürger oder von oben durch die Fürsten. Die Einigung von unten war jedoch gescheitert. Die Einigung von oben war aber nur denkbar, wenn sie von Österreich und Preußen als den mächtigsten Mitgliedern des Deutschen Bundes befürwortet wurde.

M1 *Otto von Bismarck (1815 – 1898). Foto, 1862.*
Bismarck entstammte einer alten Adelsfamilie aus der Mark Brandenburg. Er war als konservativer Abgeordneter ein Gegner der Revolution 1848/49. 1859 – 1862 diente Bismarck Preußen als Gesandter in Russland.

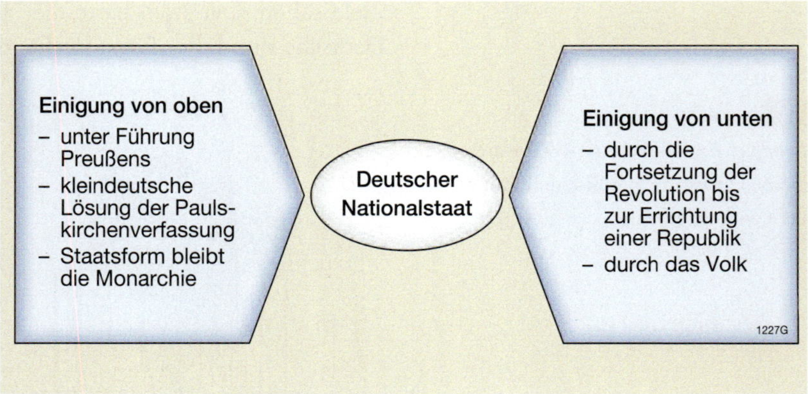

M2 *Wege zum deutschen Nationalstaat.*

König und Parlament streiten über die Heeresreform

1858 übernahm Wilhelm I. – ein Bruder Friedrich Wilhelms IV. – die Herrschaft in Preußen, anfangs als Regent, seit 1861 als König. Er hatte das Ziel, die Macht Preußens im Deutschen Bund durch eine Heeresreform zu stärken. Für deren Finanzierung benötigte er die Zustimmung des preußischen Landtages. Dessen liberale Mehrheit weigerte sich aber, die Gelder für die Heeresreform zu bewilligen, da die Abgeordneten über die Verwendung des von ihnen zu bewilligenden Geldes kein Mitspracherecht haben sollten. Auch fürchtete der Landtag, dass durch die Reform das stehende Heer und damit die Stellung des Königs ausgebaut würden.

Als der schwelende Konflikt ungelöst blieb, ernannte Wilhelm I. im Oktober 1862 Otto von Bismarck zum preußischen Ministerpräsidenten. Der König versprach sich von dem konservativen Politiker die Durchsetzung seiner Interessen in der Auseinandersetzung mit dem Parlament. Bismarck wollte die Macht seines Königs und Preußens in Deutschland sichern und appellierte an die nationalen Gefühle der Landtagsabgeordneten. Als dies ohne Wirkung blieb, setzte Bismarck die Heeresreform unter Bruch der Verfassung ohne Zustimmung des Landtags durch.

Österreich sah Bismarck als Rivalen um die Vorherrschaft in Deutschland an. Zielgerichtet steuerte er daher auf einen Bruch mit Österreich zu.

Preußen erringt die Vorherrschaft

Als 1863 Dänemark Anspruch auf das Herzogtum Schleswig erhob und es von Holstein abtrennen wollte, führten Preußen und Österreich gemeinsam erfolgreich Krieg gegen Dänemark. Gegensätzliche Interessen bei der gemeinsamen Verwaltung Schleswig-Holsteins ließen jedoch aus den Kriegsverbündeten Kriegsgegner werden.

Im sogenannten *Deutschen Krieg* von 1866 konnte das preußische Heer Österreich und die übrigen Staaten des Deutschen Bundes vernichtend schlagen, obwohl Preußen nur von den kleineren norddeutschen Staaten unterstützt wurde. Damit hatte Preußen den Machtkampf gegen Österreich für sich entschieden. Österreich musste aus dem Deutschen Bund ausscheiden, aber keine Gebiete abtreten.

Preußen gründete daraufhin ohne Österreich mit allen Staaten nördlich des Mains den Norddeutschen Bund. An der Spitze des Bundes stand der preußische König Wilhelm I. Bismarck wurde sein Bundeskanzler. Die süddeutschen Staaten Bayern, Baden, Württemberg und Hessen-Darmstadt wurden mit einem geheimen Schutzvertrag an den Norddeutschen Bund gebunden. 1867 erhielt der Norddeutsche Bund eine Verfassung, die Preußen die Vormachtstellung garantierte.

Q1 *Otto von Bismarck vor preußischen Abgeordneten:*

Nicht auf Preußens Liberalismus sieht Deutschland, sondern auf seine Macht. Preußen muss seine Kraft zusammenfassen und zusammenhalten ... Preußens Grenzen nach den Wiener Verträgen sind zu einem gesunden Staatsleben nicht günstig. Nicht durch Reden und Majoritätsbeschlüsse werden die großen Fragen der Zeit entschieden – das ist der große Fehler von 1848 gewesen – sondern durch Eisen und Blut.

Bismarck, Otto von: Die gesammelten Werke, Bd. 10, S. 140.

Q2 *Otto von Bismarck zum Frieden mit Österreich:*

... Österreich darf nicht gedemütigt werden. Man muss für die Zukunft seine Freundschaft gewinnen, sonst wird es der Bundesgenosse Frankreichs ...
Wir wollen die Anbahnung der deutschen Einheit unter dem König von Preußen ins Auge fassen ...

Bismarck, Otto von: Gesammelte Werke, Band 5, Berlin 1942, S. 95 ff.

M3 *Der Norddeutsche Bund.*

Arbeitsaufträge

1. Erkläre die möglichen Wege zu einem deutschen Nationalstaat.
2. Analysiere Q1 und begründe Bismarcks Ansichten zu Preußen.
3. Lest Q2 und diskutiert, warum Bismarck diese Haltung gegenüber Österreich vertrat.
4. Werte die Karte M3 aus und bewerte die Stellung Preußens im Norddeutschen Bund.
5. Prüfe, ob die deutschen Bürger die von Preußen voran gebrachte Einheit mit der Freiheit bezahlen mussten.

zu **1.**
Beziehe M2 ein.

zu **4.**
Nutze einen Vergleich von M3 mit der Karte M1 auf S. 44 dieses Lehrbuchs.

Reichsgründung von oben

Der Deutsch-Französische Krieg 1870/71

M1 *Die 1864–1873 errichtete Siegessäule in Berlin wurde am dritten Jahrestag der siegreichen Schlacht bei Sedan (Sedanstag), dem 2. September 1873, als Nationaldenkmal der Einigungskriege eingeweiht. Sie erinnerte an die siegreichen Kriege Preußens gegen Dänemark 1864 (Deutsch-Dänischer Krieg), während des Deutschen Krieges 1866 gegen Österreich und gegen Frankreich 1870/71 (Deutsch-Französischer Krieg). Foto, 1905.*

Seit dem Sieg Preußens über Österreich fürchtete Frankreich um seine europäische Vormachtstellung. Als ein Mitglied der preußischen Königsfamilie den spanischen Thron besteigen sollte, fühlte sich Frankreich massiv bedroht und protestierte. Obwohl Preußen seine Kandidatur zurückzog, führte ein diplomatischer Schachzug Bismarcks, die *Emser Depesche*, direkt in den Krieg.

Als Frankreich Preußen den Krieg erklärte, fühlten sich alle Deutschen angegriffen. Die süddeutschen Staaten stellten ihre Truppen ebenso wie die Staaten des Norddeutschen Bundes unter den preußischen Oberbefehl. Der Aufmarsch der vereinten deutschen Truppen an der französischen Grenze verlief dank der neuen Eisenbahnstrecken sehr rasch. Im September 1870, wenige Wochen nach Bismarcks Emser Depesche, musste sich Kaiser Napoleon III. mit etwa 80 000 Soldaten nach der Schlacht bei Sedan ergeben.

Die Bürger von Paris waren allerdings nicht bereit, kampflos aufzugeben. Sie setzen Napoleon III. ab und riefen eine Republik aus. Daraufhin marschierten die deutschen Truppen nach Paris. Mit Granatbeschuss und einer Blockade zwangen sie die Pariser Bürger im Frühjahr 1871 aufzugeben.

Das Deutsche Reich wird in Versailles gegründet

Noch während deutsche Truppen Paris belagerten, versammelten sich die Herzöge und Könige der deutschen Staaten am 18. Januar 1871 im Spiegelsaal von Versailles. Bei der Ausrufung des Kaiserreiches und der Ernennung des Königs von Preußen zum *Deutschen Kaiser*, hier im alten Machtzentrum der französischen Monarchie, waren ausschließlich deutsche Fürsten und hochrangige Angehörige des Militärs anwesend.

i

Emser Depesche: Bismarck ließ ein Telegramm des preußischen Königs, der sich zur Kur in Bad Ems aufhielt, verkürzt und verändert veröffentlichen. Diese Emser Depesche war so formuliert, dass das deutsche Volk sich beleidigt fühlte und die Franzosen sich angegriffen sahen. Als Reaktion war eine Kriegserklärung Frankreichs zu erwarten.

M2 *Proklamation des Deutschen Kaiserreiches in Versailles. Holzstich nach einer Zeichnung von Anton von Werner, 1888.*

M3 *König Wilhelm I. von Preußen wird Deutscher Kaiser. Er steht links erhöht, hinter ihm sind die Reichsfürsten versammelt. Unten im Saal stehen Generäle und hohe Beamte. Bismarck in weißer Uniform ist im Zentrum des Bildes platziert.*
Gemälde von Anton von Werner, 1885. Dieses Gemälde wurde von Kaiser Wilhelm I. in Auftrag gegeben und war ein Geschenk zum 70. Geburtstag Bismarcks.

M4 *Die neue Nationalflagge des Kaiserreiches bestand aus den Farben Preußens (Schwarz-Weiß) und dem Rot der Freien Städte.*

Preußen prägt das Deutsche Reich

Die Bürger der deutschen Staaten, die 1848/49 für die Reichseinigung gekämpft hatten, waren bei der Reichsgründung in Versailles ohne Bedeutung. Dies spiegelte sich auch in der neuen Nationalflagge des Reiches wider. Die Farben Schwarz-Rot-Gold, unter denen die Bürger 1848 für ein einiges und freies Deutschland gekämpft hatten, wurden strikt abgelehnt. Die neue Flagge war Schwarz-Weiß-Rot.

Die oberste Staatsgewalt im neu gegründeten Reich ging vom Kaiser und von den Fürsten aus. Der preußische König war gleichzeitig Deutscher Kaiser. Der preußische Ministerpräsident sollte als Reichskanzler die Regierungsgeschäfte führen. Der Reichskanzler war nur dem Kaiser rechenschaftspflichtig. Dieser konnte ihn ernennen und entlassen. Vertreter der Länderregierungen bildeten den Bundesrat. Ihm mussten alle Gesetze und der Haushalt vorgelegt werden. Daneben gab es das Parlament, den Reichstag. Da die Außen- und Bündnispolitik vorrangig vom Kaiser bestimmt wurde, beschränkte sich der Einfluss des Reichstags auf die Innenpolitik des Deutschen Reiches.

Damit war die Gründung eines einheitlichen deutschen Reiches vollzogen. Aus 22 Einzelstaaten und drei Freien Städten wurde ein einheitlicher Bundesstaat.

i

Preußen war der größte Bundesstaat im Deutschen Reich. Es nahm zwei Drittel des Reichsgebiets ein. Drei Fünftel der Bevölkerung lebte in Preußen.

Arbeitsaufträge

1. Nenne Gründe, die im Jahr 1870 zum Ausbruch des Deutsch-Französischen Krieges führten.
2. Beschreibe die Bilder M2 und M3. Begründe, warum der gleiche Sachverhalt unterschiedlich dargestellt wurde.
3. Erörtert, welche Bedeutung die Ausrufung des Kaiserreiches für die deutschen Fürsten, die deutschen Bürger, Preußen und Frankreich hatte.

zu **2.**
Achte jeweils auf den Blickpunkt des Betrachters sowie Einzelheiten des Bildes.

METHODE

Historische Lieder als Quelle untersuchen

M1 *Hoffmann von Fallersleben (1798 – 1874). Radierung nach einer Zeichnung von E. Fröhlich, 1841.*

i

Trutz: Gegenwehr, Widerstand.

Hoffmann von Fallersleben: Das Lied der Deutschen, 1841

1. Deutschland, Deutschland über alles,
über alles in der Welt,
Wenn es stets zum Schutz und *Trutze*
Brüderlich zusammenhält,
Von der Maas bis an die Memel,
Von der Etsch bis an den Belt –
Deutschland, Deutschland über alles,
Über alles in der Welt!

2. Deutsche Frauen, deutsche Treue,
Deutscher Wein und deutscher Sang
Sollen in der Welt behalten
Ihren alten schönen Klang,
Uns zu edler Tat begeistern
Unser ganzes Leben lang –
Deutsche Frauen, deutsche Treue,
Deutscher Wein und deutscher Sang!

3. Einigkeit und Recht und Freiheit
Für das deutsche Vaterland!
Danach lasst uns alle streben
Brüderlich mit Herz und Hand!
Einigkeit und Recht und Freiheit
Sind des Glückes Unterpfand –
Blüh im Glanze dieses Glückes,
Blühe, deutsches Vaterland!

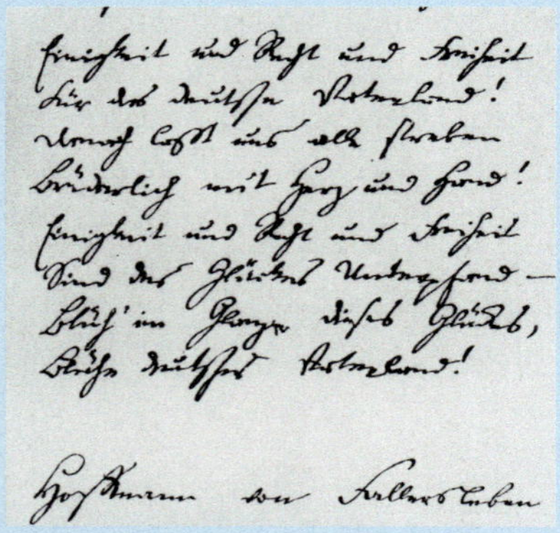

Einigkeit und Recht und Freiheit
Für das deutsche Vaterland!
Danach lasst uns alle streben
Brüderlich mit Herz und Hand!
Einigkeit und Recht und Freiheit
Sind des Glückes Unterpfand –
Blüh' im Glanze dieses Glückes,
Blühe, deutsches Vaterland!

Hoffmann von Fallersleben

M2 *Auszug aus dem „Lied der Deutschen". Hoffmann von Fallersleben dichtete das dreistrophige Lied 1841 zu einer Melodie von Joseph Haydn.*

Liedtexte können Auskunft geben, wie Menschen in bestimmten Situationen lebten, fühlten und dachten. Damit sind besonders Lieder, die sich schon bei ihrer Entstehung auf politische Ereignisse bezogen, wichtige Quellen für unser Geschichtswissen.

Im 19. Jahrhundert waren Lieder eine viel genutzte Möglichkeit, die politischen Ideen und Gedanken der Menschen zu beeinflussen. Besonders in der Zeit nach dem Sturz Napoleons verbreiteten Studenten und Handwerker ihre politischen Ideen in Liedern. Musik und das gemeinsame Singen von Liedern weckt das Zusammengehörigkeitsgefühl, drückt Gefühle aus und verbreitet schnell Ideen und Informationen.

Viele der politischen Lieder des Vormärz wurden zu Melodien bekannter traditioneller Volkslieder gesungen. Die Texte wurden jedoch in politischem Sinne verändert. Dichter veröffentlichten mutige Gedanken von Freiheit und Einheit als Liedtexte.

Bei der Analyse eines Liedes ist es wichtig, nicht nur den Text, sondern auch die musikalischen Mittel zu untersuchen, sie nachzuempfinden und in Beziehung zum Text zu setzen. Wende folgende Schritte an, um ein historisches Lied als Quelle auszuwerten:

Schritte für die Analyse eines Liedes

1. Höre dir das Lied an.
2. Welche musikalischen Elemente fallen besonders auf?
3. Zu welcher Liedart gehört das Lied? (Sakrallied, Marschlied, Hymne, Arbeiterlied ...)
4. Wie ist der Text formuliert? (sachlich, anklagend, humorvoll ...)
5. Wie unterstützt die Musik den Text?
6. Was weißt du über die Entstehungszeit des Liedes?
   a) Wann ist es entstanden?
   b) Wer ist Texter, wer ist Komponist?
   c) Welches Ereignis, welche Zeit oder Person wird im Liedtext behandelt?
7. Singt das Lied gemeinsam. Welche Wirkung könnte das Lied bei seiner Entstehung gehabt haben? Welche Wirkung hat es heute?

i

Nationalhymne: Nach 1848 wird das „Lied der Deutschen" als Hymne gesungen. Von 1918 bis 1933 ist das Lied die alleinige Nationalhymne Deutschlands. 1952 bestätigt der Bundespräsident die dritte Strophe des Liedes als Nationalhymne der Bundesrepublik.

Die erste Strophe mit den Zeilen „Deutschland, Deutschland über alles, über alles in der Welt" wird heute nicht mehr gesungen. Auch die zweite Strophe, die sich auf ein Lied aus dem Mittelalter von Walther von der Vogelweide bezieht, wird nicht mehr gesungen. Seit 1991 ist die dritte Strophe des Liedes der Deutschen die Nationalhymne für das gesamte deutsche Volk.

Ergebnisse der Analyse des „Liedes der Deutschen":

1. Beim Hören des Liedes erkennst du dieses Lied. Es ist heute die *Nationalhymne* unseres Landes.
2. Die Melodie ist langsam, feierlich und getragen.
3. Das „Lied der Deutschen" ist eine Hymne.
4. Der Verfasser des Textes beschreibt mit Begeisterung seine Erwartungen und Hoffnungen.
5. Die Musik trägt den Text. Die wachsenden Erwartungen im Text untermalt die Melodie mit höheren Tönen. Durch die Musik wirkt der Text fast wie eine eindringliche Aufforderung.
6. Hoffmann von Fallersleben war Germanist, Schriftsteller und Dichter. Das Lied entstand 1841 auf der Insel Helgoland, die zu dieser Zeit im Besitz Großbritanniens war. Ein politisch einheitliches Deutschland existierte noch nicht. Es gab den Deutschen Bund, der aus 39 eigenständigen Staaten bestand und in dem Österreich eine führende Rolle hatte. Die Macht der Fürsten wurde durch strenge Gesetze und Zensur durchgesetzt. Viele Deutsche forderten ein einheitliches Deutschland und politische Rechte und Freiheiten, die auf einer Verfassung basierten. Das spiegelt sich in der dritten Strophe wider.
7. Als ich das Lied sang, empfand ich ...

Wusstest du, dass weltweit etwa jede dritte Nationalhymne europäischen Ursprungs ist?

Arbeitsaufträge

1. Nennt Anlässe, bei denen die Nationalhymne heute gespielt wird.
2. Erläutert, warum wir heute nur die dritte Strophe des „Liedes der Deutschen" singen. Diskutiert darüber.
3. Diskutiert, ob ein Staat eine Nationalhymne braucht.
4. In den USA ist es üblich, dass bekannte Künstler bei besonderen Sportereignissen die Nationalhymne singen. Auch in der Schule wird morgens teilweise die Nationalhymne gesungen. Soll Deutschland diesem Vorbild folgen? Begründe deine Meinung.

PROJEKT

Mecklenburg und Pommern 1870/71

Bleibt alles beim Alten?

In Mecklenburg soll ja bekanntlich alles 100 Jahre später passieren. Doch wenn auch die Chronik Mecklenburgs für das Jahr 1871 neben der Reichsgründung nur die Einrichtung der Mecklenburgischen Hypotheken- und Wechselbank AG in Schwerin vermerkt, nahmen auch die beiden Großherzogtümer Mecklenburg-Schwerin und Mecklenburg-Strelitz an der nationalstaatlichen Entwicklung Deutschlands teil.

Das heutige Vorpommern gehörte als Teil Pommerns ja schon lange zum Königreich Preußen. Seit dem Wiener Kongress 1815 war auch Schwedisch-Pommern preußisch geworden.

Die beiden Mecklenburgs wurden 1866/67 Mitglieder des von Preußen angeführten Norddeutschen Bundes und waren am Deutsch-Französischen Krieg 1870/71 mit gleicher Begeisterung wie ihre Landsleute beteiligt.

Im Reichstag wurde ihr Einfluss auf nur 7 mecklenburgische und 14 pommersche Sitze begrenzt. Während sich in Mecklenburg-Schwerin und Mecklenburg-Strelitz innenpolitisch wenig veränderte, bekam Pommern eine umfassende Verwaltungsreform mit Handlungsfreiheiten im sozialen und verkehrstechnischen Bereich.

Q1 *Graf Hahn von Roga und Pleetz im Mecklenburg-Strelitzschen vor der ersten Wahl des Reichstags des Norddeutschen Bundes, 1867:*

Ihr habt völlige Freiheit in eurer Wahl, aber früher ist das Verhältnis das gewesen, dass die Leute dem Wunsche der Gutsherrschaft gern entsprochen haben und ich wünsche, dass meine Leute ihre Wahl auf den Kammerherrn von Oertzen auf Kotelow lenken möchten.

Nach: Illustrierte Geschichte Mecklenburg-Vorpommerns, S. 260.

M1 *Der Großherzog von Mecklenburg-Schwerin Friedrich Franz II. besichtigt während des Deutsch-Französischen Krieges am 2. Dezember 1870 mecklenburgische Truppen in der Nähe des französischen Ortes Poupry. Gemälde von Emil Hünten, 1870.*

Arbeitsaufträge

1. Vergleicht historische Karten von 1815, 1848/49, 1866/67 und 1870/71 miteinander.
2. Informiert euch in Ortschroniken, im Heimatmuseum oder im Stadtarchiv über die Jahre 1870/71.
3. Geht auf Spurensuche in eurer Umgebung und gestaltet eine Fotowand zu Gebäuden, Straßen, Denkmälern und Parks aus dieser Zeit.
4. Beurteilt abschließend, ob in Mecklenburg wirklich alles beim Alten blieb.

IN KÜRZE

Wichtige Begriffe:

- Biedermeier
- Deutscher Zollverein
- Hambacher Fest
- Karlsbader Beschlüsse
- Kleindeutsche Lösung
- Liberalismus
- Nationalversammlung
- Norddeutscher Bund
- Paulskirche
- Reichsgründung von oben
- Restauration
- Revolution 1848/49
- Romantik
- Vormärz
- Wartburgfest
- Zensur

Der Wiener Kongress 1814/15 festigte wieder die Herrschaft des Adels in Europa. Die nationalen, demokratischen und liberalen Ziele der Bürger wurden im *Deutschen Bund* nicht verwirklicht. Die Fürsten versuchten, die bürgerlichen Kräfte durch *Zensur* und Verfolgung zu unterdrücken.

Durch die revolutionären Ereignisse in Frankreich ermutigt, gingen 1848 auch in Deutschland die Menschen für Freiheit und Demokratie auf die Straße. Nach Kämpfen in Berlin stimmte der preußische König Wahlen zu einer gesamtdeutschen *Nationalversammlung* zu.

Die in allen Ländern gewählten Abgeordneten der Nationalversammlung tagten in der Frankfurter *Paulskirche*. Sie sollten eine gesamtdeutsche *Verfassung* erarbeiten, die *demokratische Grundrechte* für die Bürger festschrieb. Da der preußische König die Kaiserkrone jedoch ablehnte, waren die Arbeit der Nationalversammlung und die *Revolution* gescheitert.

Preußen trieb die Schaffung eines einheitlichen deutschen Staates voran. Der Sieg über Österreich, die Gründung des *Norddeutschen Bundes* und der Deutsch-Französische Krieg führten zu einer „Reichsgründung von oben". 1871 wurde in Versailles das *Deutsche Kaiserreich* gegründet. Die deutschen Landesherren ernannten den preußischen König dort zum *Deutschen Kaiser*.

Die Verfassung stärkte die Position des Kaisers und des von ihm berufenen *Reichskanzlers*. Die in allgemeinen, gleichen und geheimen Wahlen gewählten Abgeordneten des *Reichstages* hatten dagegen einen geringeren Einfluss auf die Politik.

Die Industrielle Revolution

„Das Eisenwalzwerk". Das Gemälde von Adolph von Menzel, das auch unter dem Namen „Moderne Cyklopen" bekannt wurde,

entstand 1872–1875.

Die Industrialisierung in England

Die Anfänge der Industriellen Revolution

Bereits im 16. und 17. Jahrhundert erforschten Wissenschaftler die Natur und entwickelten viele neue technische Errungenschaften, z.B. das Mikroskop, das Fernrohr, die Luftpumpe oder den Blitzableiter.

Im 18. Jahrhundert markiert die Erfindung der Dampfmaschine den Beginn des Zeitalters der Technik und Naturwissenschaften, der *Industriellen Revolution*.

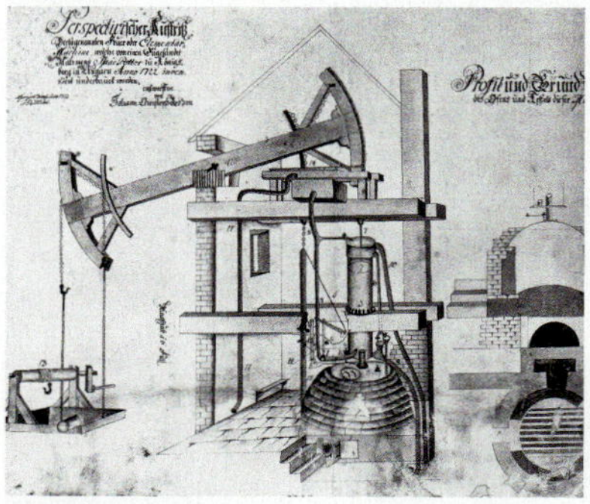

M1 *Englische Dampfpumpe, 1715.*

England wird zum Vorreiter

In England waren die Voraussetzungen für die Industrielle Revolution besonders günstig. Die Produktion von Nahrungsmitteln in der Landwirtschaft stieg an, unter anderem dank der Erfindung der Sämaschine durch Jethro Tull. Mit der neuen Maschine wurde die Saat nicht länger auf den Acker gestreut, sondern in ein Loch gelegt und anschließend mit Erde bedeckt. Außerdem bearbeitete die Maschine drei Reihen gleichzeitig. Aus den Kolonien kamen neue Lebensmittel wie Kartoffeln, Tomaten oder Mais auf die Insel, die dort bislang unbekannt gewesen waren. Insgesamt verbesserte sich die Versorgung der Menschen und die Bevölkerungszahl wuchs.

Englands bedeutendster Wirtschaftszweig war die Tuchherstellung. Die Heimarbeit konnte die gestiegene Nachfrage nach Stoffen allerdings nicht mehr stillen. Nicht nur der Preis der Tuchwaren, auch ihre Qualität musste sich ändern. Um die Produktion zu verbessern, wurden Forscher, Erfinder und Techniker beauftragt und viel Geld *investiert*. Das Geld dafür stammte aus den Kolonien, vor allem aus Einnahmen aus dem Sklavenhandel.

Forscher erkannten bald, dass die bekannten Kräfte der Wasser-, Wind-, Tier- und Menschenkraft nicht mehr ausreichten, um die Produktion voranzutreiben. Diese natürlichen Kräfte waren begrenzt und nicht ständig verfügbar.

i

investieren: aufwenden, einbringen.
exportieren: Waren in andere Länder ausführen.

M2 *James Watt (1736–1819). Gemälde von C. F. von Breda, 1792.*

Die neue Kraft: die Dampfkraft

Schon um 1700 begannen Tüftler und Wissenschaftler in England, den Wasserdampf für den Menschen nutzbar zu machen. 1715 erfanden sie die Dampfpumpe, die Wasser aus einem Bergwerksschacht pumpte. Die Zeitgenossen nannten sie oft „Feuerteufel“, weil ihr Dampfkessel häufig explodierte und Arbeiter verletzte.

James Watt aus Glasgow schaffte es schließlich, aus der Dampfpumpe eine brauchbare Maschine zu machen. Watt baute einen druckfesten Zylinder und leitete abwechselnd Dampf von oben oder unten in den Zylinder. Durch die Kraft des Dampfes hob und senkte sich der Kolben. Somit gelang es, die Kolbenbewegung in eine drehende Bewegung umzuwandeln. Außerhalb des Zylinders sorgte ein Kondensator für das Abkühlen des Dampfes.

Da die Arbeit an der neuen Dampfmaschine sehr aufwendig war, musste Watt seine Tätigkeit an der Universität aufgeben. Die Fertigstellung seiner Erfindung und die Anmeldung eines Patentes konnten 1769 nur durch die finanzielle Unterstützung eines Unternehmers gelingen.

1 Dampfmaschine = ca. 40 PS (PS = Pferdestärke)
1 Pferd = Kraft von 5–6 Menschen
100 PS = 74 kW
100 kW = 136 PS

M3 *Leistungsfähigkeit der Dampfmaschine um 1819.*

M4 *Schemazeichnung. Die Dampfkraft wird von einer Antriebsmaschine auf Arbeitsmaschinen übertragen.*
Die einzelnen Schritte: Ein Ofen (a) erhitzt Wasser im Kessel (b). Der entstehende Wasserdampf wird so in den Zylinder (c) geleitet, dass er dort den Kolben (d) auf und ab drückt. Diese Bewegung wird durch das Gestänge (e) auf zwei Zahnräder (f) übertragen. Diese treiben das große Schwungrad (g) an. Von dort wird die Energie über Treibriemen an die Maschinen geleitet.

Q1 *James Watt über die Vorzüge seiner Erfindung:*

Nun vermag die Maschine in unseren Fabriken, Mühlen und anderen Betrieben die Wasser-, Wind- und Pferdekraft zu ersetzen. Jetzt braucht die Fabrik nicht mehr zur Kraft gehen, sondern diese geht überall hin, wo es dem Unternehmer am zweckmäßigsten ist.

Nach: Carnegie, A: James Watt, S. 94 f.

Die Dampfmaschine revolutioniert die Wirtschaft

Mit der Dampfmaschine von James Watt gab es nun eine künstliche Kraft, die als Antriebsmaschine eingesetzt werden konnte. Wellen, Achsen und breite Lederriemen übertrugen die Kraft auf Arbeitsmaschinen, die die eigentliche Arbeit verrichteten. Die Dampfmaschine entwickelte eine enorme Kraft, die jederzeit verfügbar war. Im Unterschied zum Menschen ermüdete sie nicht. So war es möglich, jederzeit und in großen Mengen Kohle und Erz abzubauen oder Waren herzustellen.

Die Dampfmaschine kam in Baumwollspinnereien und Webereien ebenso zum Einsatz wie im Bergbau, in Hüttenwerken oder in Brauereien. Trotz der Verringerung der Herstellungskosten und der Preise erhöhte sich der Gewinn, da schneller produziert werden konnte.

Großbritannien hütete seine technische Errungenschaft. Seit 1800 war es unter Androhung schwerer Strafe verboten, die Dampfmaschinen zu *exportieren*. Den Erfindern und den Arbeitern an den Maschinen war es verboten, das Land zu verlassen.

Arbeitsaufträge

1. Benenne die günstigen Voraussetzungen in England für die Industrialisierung im 18. Jahrhundert.
2. Erläutere mithilfe von M4 das Prinzip der Dampfmaschine.
3. Informiere dich über den Erfinder James Watt. Notiere die wichtigsten Informationen und halte einen Kurzvortrag über sein Leben.
4. Diskutiert die Chancen und Risiken einer aktuellen, in ihrer Bedeutung mit der Dampfmaschine vergleichbaren, Erfindung für Mensch und Umwelt.

zu **1.**
- Die Produktion von Nahrungsmitteln …
- Die Saat …
- Die Maschine …

Einsatzgebiete der neuen Kraft

Die Textilindustrie

Die Textilindustrie war der bedeutendste Produktionszweig Englands. Mit dem Wachstum der Bevölkerung stieg der Bedarf an Kleidung. Außerdem blühte der Export von Stoffen in die überseeischen Kolonien, in denen keine Manufakturen errichtet werden durften. Gleichzeitig versuchten Erfinder immer wieder, in der Textilindustrie Arbeitskräfte einzusparen und die Produktion *effektiver* zu machen.

James Hargreaves gewann 1764 mit seiner „Spinning Jenny" einen Wettbewerb der „Gesellschaft zur Förderung des Handwerks und der Manufakturen". Seine Maschine konnte acht Fäden gleichzeitig spinnen, d. h. die Arbeit von acht Menschen verrichten. Während die „Spinning Jenny" noch mit menschlicher Muskelkraft angetrieben wurde, übernahmen bei späteren Spinnmaschinen Wasserräder den Antrieb. Mit dem Einsatz der Dampfmaschine konnten sogar mehrere Spinnmaschinen gleichzeitig von einer Antriebsmaschine versorgt werden.

i

effektiv: schnell, günstig, gewinnbringend, lohnend.
Fabrik: Betrieb, in dem menschliche Arbeitskräfte vorwiegend zur Bedienung und Steuerung von Arbeitsmaschinen eingesetzt werden.
Manufaktur: Betrieb, in dem Waren arbeitsteilig und in Handarbeit hergestellt werden.

M1 *Baumwollspinnerei im Jahr 1830.*

M2 *Heimarbeit an einem Handspinnrad. Radierung, um 1750.*

Die Veränderung in der Produktion

Die neue Kraft ersetzte nicht nur den Menschen. Sie veränderte auch den Produktionsstandort. Um effektiv zu arbeiten, mussten die vielen Maschinen in großen Gebäuden untergebracht werden. So entstanden neue *Fabriken*, die die Heim- und *Manufakturarbeit* verdrängten. Den ersten Spinnmaschinen folgten bessere und leistungsfähigere, die bis zu 1 000 Spindeln in Bewegung setzen konnten. Nach den Spinnfabriken kamen Webfabriken, in denen eine einzige Dampfmaschine viele Webmaschinen antrieb.

Zur Bedienung der Maschinen waren weiterhin Arbeitskräfte erforderlich, wenn auch weniger als in der maschinenlosen Zeit. Jetzt stellten Hunderte von Arbeitern große Mengen Baumwoll-, Leinen- und Wollstoffe gemeinsam in einer Fabrikhalle her, anstatt kleine Mengen in Heimarbeit zu produzieren.

England:	
Um 1770:	6 Mio. Tonnen Kohle
Um 1825:	21 Mio. Tonnen Kohle
Um 1845:	45 Mio. Tonnen Kohle
Deutschland:	
1830:	1,8 Mio. Tonnen Kohle
1840:	3,2 Mio. Tonnen Kohle

M3 *Kohleförderung in England.*

Um 1740:	20 000 Tonnen Eisenerz
Um 1825:	500 000 Tonnen Eisenerz
Um 1845:	2 Mio. Tonnen Eisenerz

M4 *Eisenerzförderung in England.*

Die Dampfmaschine im Bergbau

Die Dampfmaschine ersetzte außerdem die Dampfpumpen in Bergwerken, da sie das Grundwasser besser und schneller abpumpte. Die Bergwerkschächte konnten so 36 Meter tiefer als bisher getrieben werden. Dieser Fortschritt war wichtig, weil England für den Betrieb der Dampfmaschine viel Kohle benötigte. Zwischen 1820 und 1840 förderte England mehr Kohle als alle anderen europäischen Länder zusammen.

Eisenerzeugung und Maschinenbau

Die „Spinning Jenny" bestand zum Großteil aus Holz. Dies hielt der Beanspruchung jedoch nicht lange stand. Watts Dampfmaschine dagegen war aus Eisen hergestellt und auch die neuen Arbeitsmaschinen wurden aus Eisen gefertigt. Die Herstellung der Maschinen war also nicht ohne andere Maschinen möglich, z. B. nicht ohne Walzen und Bohrmaschinen. Somit entwickelte sich die Maschinenbauindustrie. Zur Herstellung der Maschinen benötigte man Eisenerz, deshalb stieg die Förderung und Verarbeitung von Eisenerz an.

M5 *Einsatz der Dampfmaschine im Kohlenbergwerk. Gemälde aus dem Jahr 1792.*

Arbeitsaufträge

1. Nenne Einsatzgebiete der Dampfmaschine.
2. Erläutere den Aufbau und das Funktionieren einer Fabrik im Vergleich zu den bisher vorherrschenden Manufakturen.
3. Beschreibe die Auswirkungen der Erfindung der Dampfmaschine auf den Bergbau.
4. Stelle die PS-Zahl heutiger Autos, Maschinen und Flugzeuge fest. Notiere deine Ergebnisse in einer Tabelle. Vergleiche die Zahlen mit M3 auf S. 79. Formuliere dein Ergebnis.
5. Diskutiert die möglichen Folgen einer solchen Veränderung zu produzieren für Mensch und Umwelt.

zu 1.
Dampfmaschinen fanden ihren Einsatz in …

zu 2.
Wiederhole zunächst die Hauptmerkmale einer Manufaktur. Suche nun Gemeinsamkeiten und Unterschiede zur Fabrik.

Veränderungen im Leben der Menschen

1685:	6 000 Einwohner
1760:	30 000 Einwohner
1801:	72 275 Einwohner
1851:	303 382 Einwohner

M1 *Bevölkerungswachstum in Manchester.*

Industriestädte und Industriegebiete entstehen

Die neue Form der Produktion veränderte das Zusammenleben der Menschen. Um 1700 lebten in England noch etwa 85 Prozent der Menschen auf dem Lande, um 1850 nicht mehr als 40 Prozent

Viele Menschen waren in die neuen Städte gegangen mit der Hoffnung, hier Arbeit und Lohn zu finden. Neue große Städte schossen vor allem in den Kohlegebieten wie Pilze aus dem Boden. Aber auch bereits bestehende Kleinstädte wuchsen, weil sich mit den Fabriken dort Tausende Fabrikarbeiter ansiedelten. Die ursprünglich bäuerlich geprägte Landschaft, d. h. Felder und Ackerflächen mit einzelnen Dörfern, verringerte sich im Laufe der Jahre und wurde durch eine Industrielandschaft mit Städten und Fabriken ersetzt.

Diese Entwicklung traf nicht nur auf englische Industriestädte wie zum z. B. Manchester zu, sondern auf Gebiete in ganz Europa.

In Deutschland entwickelte sich das Ruhrgebiet aufgrund seiner Kohlevorkommen zu einem industriellen Ballungsraum. Aber auch in den Industrieregionen in Sachsen und Oberschlesien entstanden neue Fabriken und die Städte wuchsen.

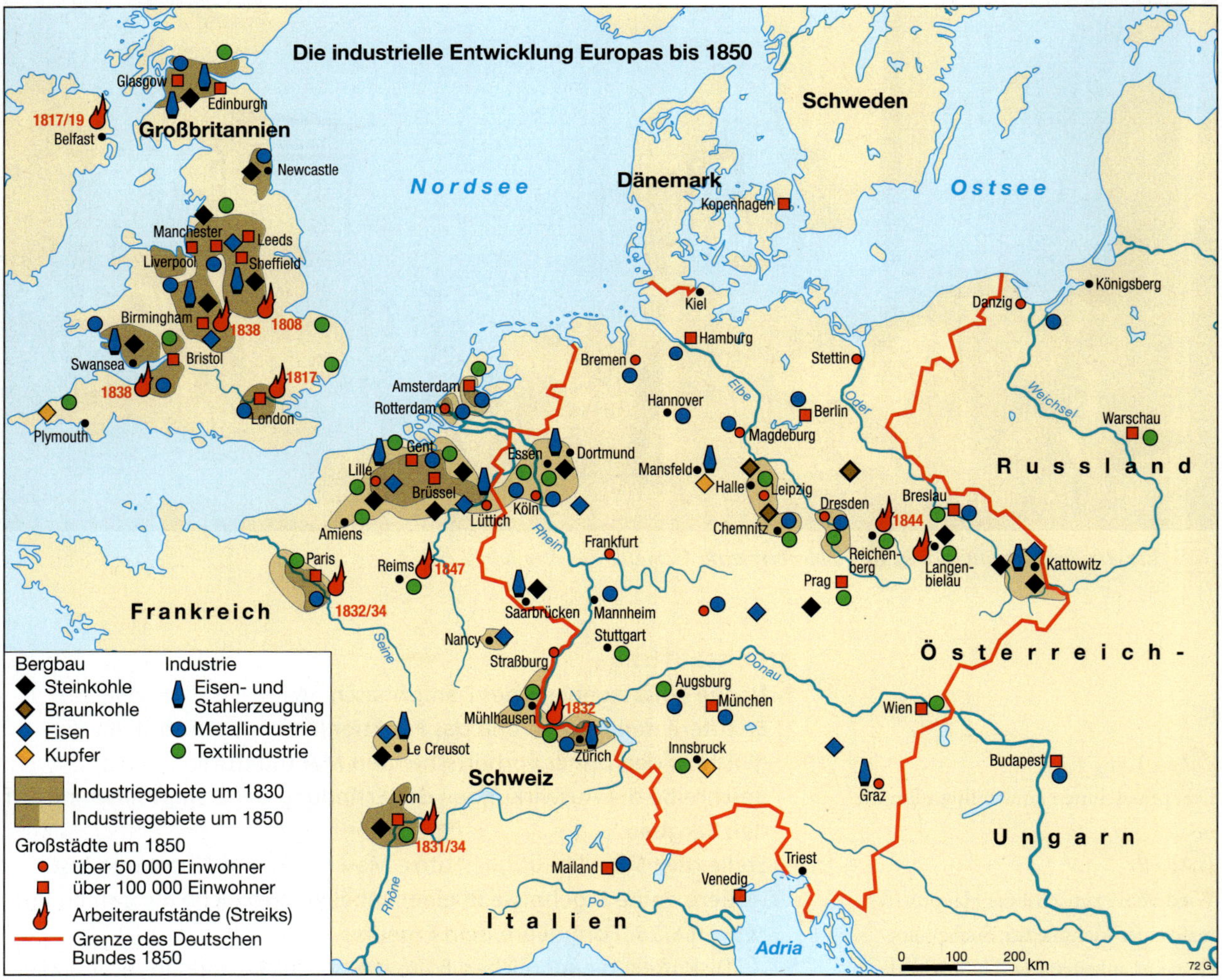

M2 *Die industrielle Entwicklung und Städteentwicklung in Europa bis 1850.*

(M3) *Manchester in der Zeit der Industrialisierung. Holzschnitt, um 1850.*

Die Folgen der Industrialisierung

Das größte Problem während der Industrialisierung stellte die Arbeitslosigkeit dar, vor allem die der Männer. Sie waren in die Industriestädte gegangen, um Arbeit zu finden, die sie durch den Fortschritt in der Landwirtschaft verloren hatten. Die neuen Unterkünfte in der Stadt waren eng und feucht. Krankheiten wie Gicht oder Rheuma traten häufig auf. Wegen der niedrigen Löhne reichte der Verdienst der Männer oft nicht aus, um eine Familie zu ernähren. Wenn die Auftragslage schlecht war, kam es häufig zu Entlassungen. Das bedeutete, dass die Familien keinen Lebensunterhalt mehr hatten, denn es gab keine Arbeitslosen-, Unfall- und Krankenversicherung. Oft glaubten die Arbeiter, dass die Maschinen an ihrer Lage schuld seien, weil sie die menschliche Arbeitskraft ersetzten, und zerstörten sie mutwillig.

Ein weiteres Problem waren die Arbeitsunfälle und die schlechte medizinische Versorgung. Die Wellen, Achsen und Lederriemen, die die Antriebsmaschinen (Dampfmaschinen) mit den Arbeitsmaschinen verbanden, waren nicht geschützt und wurden nicht auf Abnutzungen geprüft. Durch diesen fehlenden Arbeitsschutz und aufgrund der Übermüdung der Arbeiterinnen und Arbeiter kam es oft zu Unfällen. Wenn jemand verletzt war, verlor er seine Arbeit.

Arbeitsaufträge

1. Zeige die Hauptmotive der Menschen für eine zunehmende Stadtflucht in England auf.
2. Nenne mithilfe von M2 europäische Großstädte, die sich bis 1850 zu Industrienzentren entwickelten.
3. Beschreibe mithilfe von M3 das Leben und die Probleme der Menschen in den Städten.
4. Fertige eine Tabelle mit Industriegebieten Europas in der ersten Hälfte des 19. Jahrhunderts an (M2).
5. Beurteilt die Reaktion der Arbeiter, den Maschinen die Schuld an ihrer Lage zu geben und diese deshalb zu zerstören.

zu **1.**
Sie verbanden mit einem Weggang aus den ländlichen Regionen vor allem …

zu **3.**
Bilde dir einen ersten Eindruck von dem Bild. Achte auf die Bildinhalte. Lies nun den Text des Lehrbuches.

Ausbeutung ohne Rücksicht: Kinderarbeit

Kinder sind billige Arbeitskräfte

Die ersten Maschinen waren sehr einfach gebaut. Ungelernte Kräfte, Frauen und sogar Kinder konnten die einfachen Handgriffe ausführen, um sie zu bedienen. Das machten sich die Fabrikbesitzer, die Unternehmer, zunutze. Um Kosten zu sparen, stellten sie vor allem Frauen und Kinder ein. Weil die ungelernt und angeblich weniger leistungsfähig als Männer waren, erhielten sie einen geringeren Lohn.

Mit ihrem kärglichen Verdienst mussten die Frauen und Kinder oft ihre Familien ernähren, denn viele Väter und Männer waren arbeitslos. Häufig mieteten die Unternehmer sogar Kinder aus Waisenhäusern an und ließen sie für sich in den Fabriken schuften.

Die Arbeit in Fabriken und Bergwerken blieb für die Kinder und Jugendlichen nicht ohne Folgen. Viele erkrankten, weil sie den unmenschlichen Arbeitsbedingungen nicht gewachsen waren. Andere zogen sich durch die harte Arbeit oder durch Arbeitsunfälle lebenslange körperliche Schäden zu.

1853 verbot die preußische Regierung, Kinder unter zwölf Jahren in Fabriken zu beschäftigen. 1891 wurde die Kinderarbeit in ganz Deutschland verboten. In der Landwirtschaft und der Heimarbeit war sie jedoch noch lange weiter üblich.

Kinderarbeit im Bergwerk

Wegen ihrer geringen Körpergröße waren die Kinder in Bergwerken gefragte Arbeitskräfte. Besonders schlimm erging es den Kindern in den englischen Kohle- und Eisenbergwerken. Sie mussten z. B. in den engen Stollen Kohlewagen schieben. Dabei galten für sie die gleichen Arbeitszeiten wie für Erwachsene. Für die Schule blieb ihnen keine Zeit.

M1 *Kinderarbeit in einem englischen Kohlebergwerk. Druck aus dem Jahr 1844, koloriert.*

Q1 *Friedrich Engels bereiste 1845 England und wurde Zeuge der dortigen Kinderarbeit:*

In den Kohle- und Eisenbergwerken arbeiteten Kinder von 4, 5, 7 Jahren; die meisten sind indes über 8 Jahre alt. Sie werden gebraucht, um das losgebrochene Material von der Bruchstelle nach dem Pferdeweg oder dem Hauptschacht zu transportieren, und um Zugtüren, welche die verschiedenen Abteilungen des Bergwerks trennen, bei der Passage von Arbeitern und Material zu öffnen und wieder zu schließen. Zur Beaufsichtigung dieser Türen werden meist die kleinsten Kinder gebraucht, die auf diese Weise 12 Stunden täglich im Dunkeln einsam in einem engen, meist feuchten Gang sitzen müssen …

Der Transport der Kohlen und des Eisengesteins dagegen ist eine sehr harte Arbeit, da dies Material in ziemlich großen *Kufen* ohne Räder über den holprigen Boden der Stollen fortgeschleift werden muss, … oft steile Abhänge hinauf und durch Gänge, die zuweilen so eng sind, dass die Arbeiter auf den Händen und Füßen kriechen müssen. Zu dieser anstrengenden Arbeit werden daher ältere Kinder und heranwachsende Mädchen genommen.

Die gewöhnliche Arbeitszeit ist 11 bis 12 Stunden, oft länger, in Schottland bis zu 14 Stunden, und sehr häufig wird doppelte Zeit gearbeitet, sodass sämtliche Arbeiter 24, ja nicht selten 36 Stunden hintereinander unter der Erde und in Tätigkeit sind. Feste Stunden für Mahlzeiten sind meist unbekannt, so dass die Leute essen, wenn sie Hunger und Zeit haben …

Die Kinder und jungen Leute … klagen allgemein über große Müdigkeit … Es kommt jeden Augenblick vor, dass die Kinder, so wie sie nach Hause kommen, sich auf den steinernen Fußboden vor den Herde werfen und sogleich einschlafen, dass sie keinen Bissen Nahrung mehr zu sich nehmen können und im Schlaf von den Eltern gewaschen und zu Bette gebracht werden müssen …

Allgemein scheint es zu sein, dass diese Kinder den größten Teil des Sonntags im Bette zubringen, um sich einigermaßen von der Anstrengung zu erholen; Kirche und Schule werden nur von wenigen besucht, und bei diesen klagen die Lehrer über große Schläfrigkeit und Abstumpfung aller Lernbegierde …

Nach: Engels, Friedrich: Die Lage der arbeitenden Klasse in England, 1892.

i

Kufen: Kübel, Bottich.

Arbeitsaufträge

1. Beschreibe die Kinderarbeit in einem Bergwerk.

2. Errechne mit den Angaben aus dem Text des Lehrbuches die Dauer der wöchentlichen Arbeitszeit der Kinder. Vergleiche sie mit den Arbeitszeiten von Erwachsenen in der heutigen Zeit. Formuliere deine Erkenntnisse in Sätzen.

3. Schreibe aus der Sicht eines Kindes, das im 19. Jahrhundert in einem Kohlebergwerk arbeitet, einen Brief an dessen Eltern. Schreibe in der Ich-Form.

4. Diskutiert in eurer Klasse die Sachverhalte, die Friedrich Engels in Q1 darlegt.

zu **1.**

Die Kinder wurden wegen ihrer Körpergröße …

Das bedeutete, dass sie …

zu **2.**

Frage deine Eltern und / oder Verwandten dazu. Nutze eine Tabelle.

Die Industrialisierung in Deutschland

Hürden auf dem Weg zur Industrialisierung

i

Binnenhandel: Handel innerhalb einer Zollgrenze.

Um 1800 war Deutschland immer noch ein Agrarstaat, in dem etwa 75 Prozent der Bevölkerung von der Landwirtschaft lebte. Anders als in England und Frankreich zwängte die strenge Ständeordnung des Mittelalters die Menschen in alte Produktionsformen wie Manufakturen und Heimarbeit. Bis zu den Reformen von 1807/1811 unterstanden die Handwerker dem Zunftzwang. Das Gildewesen regelte Rechte und Pflichten der Kaufleute und die Landbevölkerung lebte weiter in Abhängigkeit vom Adel.

Die staatliche Zersplitterung existierte auch im Deutschen Bund weiter. 38 Zoll- und Mautstellen erschwerten den Handel zwischen den einzelnen Mitgliedsstaaten. Abgesehen von diesen Grenzen gab es mit unterschiedlichen Maßen, Währungen und Vorschriften weitere Hindernisse für jegliche industrielle Entwicklung. Erst der Zollverein von 1834 erleichterte den *Binnenhandel* im Deutschen Bund.

Mit der Eisenbahn kommt der Aufschwung

Nur ein Jahr nach der Gründung des Zollvereins wurde die erste Eisenbahnlinie in Deutschland eröffnet. Eine sechs Kilometer lange Strecke verband die Städte Nürnberg und Fürth. Die 12 PS starke Lokomotive, die in England gebaut worden war, schaffte diese Strecke in etwa sechs Minuten.

Mit dem Bau der Linie Nürnberg-Fürth war der Startschuss für den zügigen Bau weiterer Eisenbahnstrecken gefallen. Besonders Unternehmer erhofften sich davon einen großen wirtschaftlichen Aufschwung. Einer von ihnen, Friedrich Wilhelm Harkort, hatte England bereist und war von der industriellen Entwicklung dort begeistert.

Der Ausbau der Eisenbahn trieb die wirtschaftliche Entwicklung in Deutschland voran. Nicht nur für den Bau von neuen Eisenbahnstrecken, Lokomotiven und Wagons wurden jetzt mehr Eisen, Kohle und Arbeitskräfte gebraucht. Das schnelle Verkehrsmittel förderte die Möglichkeit, große Mengen Kohle und Erz preiswert zu transportieren. Das förderte den Bergbau, die Eisen- und Stahlproduktion sowie den Maschinenbau.

Q1 *Friedrich Wilhelm Harkort über seine Erwartungen an die Eisenbahn:*

Durch die rasche und günstige Fortschaffung der Güter wird der Wohlstand eines Landes bedeutend vermehrt ... Größere Vorteile wie die bisherigen Mittel (Kanäle, schiffbare Ströme und Straßen) scheinen Eisenbahnen zu bieten ... Eine Maschine von acht Pferdestärken würde innerhalb von zehn Stunden 1 000 Zentner Kohlen von Duisburg nach Arnheim schaffen; die Lastkähne liegen allein acht Tage in Ladung. Die sämtlichen Ruhr-Zechen erhielten durch eine Eisenbahn den unschätzbaren Vorteil eines raschen und regelmäßigen Absatzes ... Die Eisenbahnen werden manche Revolutionen in der Handelswelt hervorbringen.

Harkort, F. W.: Eisenbahnen, in: Hermann Nr. 26, 30. März 1825.

1835:	6 km
1845:	3 280 km
1860:	11 633 km
1870:	19 575 km

M1 *Entwicklung des Schienennetzes in Deutschland.*

M2 *Eröffnung der Eisenbahnlinie München-Augsburg 1839. Zeitgenössische Darstellung.*

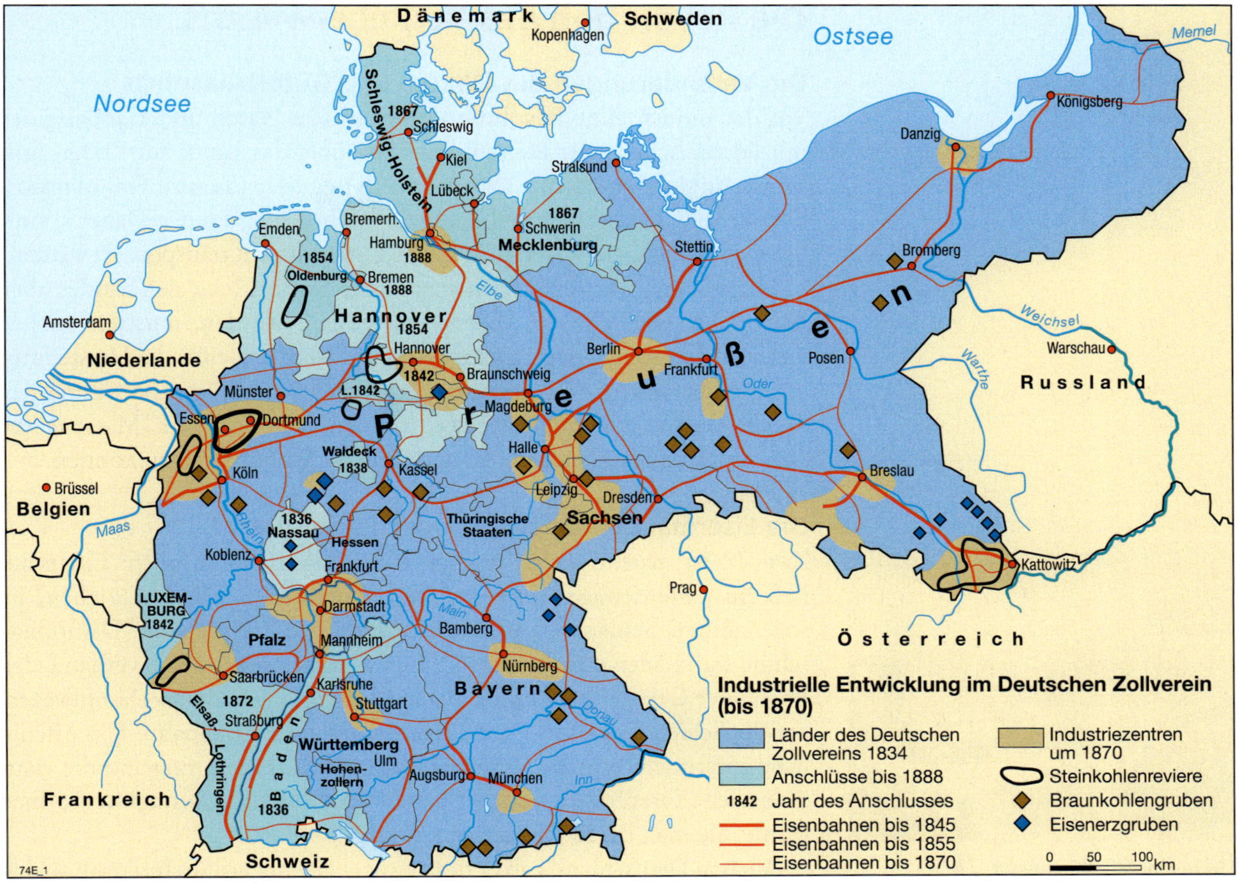

M3 *Die industrielle Entwicklung im Deutschen Zollverein bis 1870.*

Die Industrie setzt sich durch

Die Industrialisierung vollzog sich nicht in allen deutschen Gebieten gleichzeitig und gleich rasant. Mit den Kohlevorkommen im Ruhrgebiet, westlich von Köln und in Oberschlesien sowie mehreren Industriezentren war die industrielle Entwicklung in Preußen schnell führend.

Um das rasende Wirtschaftswachstum finanzieren zu können, entwickelte sich eine neue Art der Geldbeschaffung. Mit der Gründung von *Aktiengesellschaften* (AG) konnten wohlhabende Bürger Anteilsscheine (Aktien) an wirtschaftlichen Unternehmen erwerben. Damit waren sie an den Gewinnen, aber auch an möglichen Verlusten der Unternehmen beteiligt. Während von 1818 bis 1848 nur 18 Aktiengesellschaften gegründet worden waren, entstanden allein von 1850 bis 1859 251 neue AGs.

Arbeitsaufträge

1. Nenne die Hemmnisse für die Industrialisierung in Deutschland.
2. Analysiere die Bedeutung der Eisenbahn für die Industrialisierung in Deutschland.
3. Arbeite die Erwartungen Harkots, die er mit der Eisenbahn verband, aus der Quelle Q1 heraus.
4. Beurteile die industrielle Entwicklung im zersplitterten Deutschland von 1834–1870 unter Nutzung der Karte M3.
5. Überprüft mögliche und offensichtliche Wechselwirkungen mit der politischen Entwicklung Deutschlands im genannten Zeitraum.

zu **1.**
Es ist offensichtlich, dass Deutschland um 1800 …
Im Vergleich zu England und Frankreich …

zu **2.**
Lies zunächst den Text des Lehrbuches. Überlege anschließend, welche Funktion ein Schienennetz und die Eisenbahn selbst übernehmen können.

Die Revolution des Verkehrswesens

Die Veränderungen des Waren- und Gütertransports

Vor der Industriellen Revolution mussten alle Waren und Handelsgüter mit Postkutschen oder Pferdefuhrwerken über das Land, auf Ruder- und Segelschiffen über das Wasser oder durch den Menschen zu Fuß transportiert werden. Das kostete viel Zeit, war gefährlich und teuer. Daher konnten nicht allzu viele Waren über große Entfernungen transportiert werden.

Der Handel war für die wirtschaftliche Entwicklung des Landes aber notwendig. Die Mengen, die nun hergestellt wurden, mussten schnell den Handel erreichen, genauso wie die Rohstoffe, die für die Herstellung erforderlich waren. Also mussten die Verkehrs- und Transportmittel der neuen Herausforderung angepasst werden. Das Ziel war, Massengüter schnell und billig über weite Entfernungen transportieren zu können.

M1 *Pferdeschienenbahn, 1828.*

Die Eisenbahn – Fortschritt oder Teufelswerk?

Zwei Ideen machte die Entwicklung der Eisenbahn möglich: Einerseits ließ man Pferdewagen statt auf Wegen jetzt auf Schienen ziehen, in sogenannten Schienenbahnen. Andererseits setzte man die Dampfmaschine auf Räder und baute so einen Dampfwagen. 1825 verband der Engländer George Stephenson beide Ideen und setzte den Dampfwagen auf die Schienen. Das war die Geburtsstunde der Eisenbahn. Das öffentliche Interesse war groß, als am 27. September 1825 in England die erste öffentliche Eisenbahnstrecke zwischen Stockton und Darlington eröffnet wurde. Sie maß ca. 23 Kilometer.

Auch in Deutschland gab es trotz einiger Gegner großes Interesse an der Eisenbahn. Friedrich Wilhelm Harkort, ein Unternehmer, und Friedrich List, ein Wirtschaftswissenschaftler, setzten sich für dieses neue Transportmittel ein. Sie erkannten dessen Bedeutung für den schnellen Waren- und Gütertransport sowie für die Entwicklung des Handels. Die Gegner der Eisenbahn glaubten, dass durch das neue Transportmittel vor allem Stellmacher, Gastwirte, Schiffer und Schmiede arbeitslos würden. Aber aller Widerstand half nicht. Im Sommer 1835 begann der Bau der ersten deutschen, sechs Kilometer langen Eisenbahnstrecke zwischen Nürnberg und Fürth. Danach folgte 1839 die erste Fernstrecke von Leipzig über Oschatz und Riesa nach Dresden mit einer Länge von 120 Kilometern. Auf dieser Strecke fuhr die Lokomotive „Saxonia", die in Dresden gebaut wurde. Bis 1884 herrschte auf dieser Strecke, die von englischen Ingenieuren gebaut worden war, nach englischem Vorbild Linksverkehr.

M2 *Dampfwagen aus England, um 1800.*

Die Entwicklung der Schifffahrt

Aber auch der Verkehr auf den Flüssen und Meeren nahm zu, sodass es immer wieder Versuche gab, die Dampfmaschine dort ebenfalls einzusetzen. Im Juli 1816 überquerte das erste englische Dampfschiff den Ärmelkanal und fuhr bis nach Köln. Auch die Elbe wurde zunächst von englischen Dampfschiffen befahren. Die in Dresden gegründete „Sächsische Dampf-Schifffahrtsgesellschaft" finanzierte dann den Bau eines Personendampfers, der 1836 die erste Fahrt antreten konnte. Seit 1837 gibt es den Passagierverkehr auf der Elbe. Bis heute fahren mit der „Weißen Flotte" in Dresden jährlich mehr als eine halbe Million Touristen auf der Oberelbe. Sie ist damit die älteste und größte Raddampfer-Flotte der Welt.

M3 *Sächsisches Dampfschiff „Königin Maria", 1836.*

M4 *Jungfernfahrt des Dampfseglers „Great Britain" am 23. Januar 1845 in Bristol. Gemälde von Joseph Walter (1783–1856).*

Überseeverkehr New York – Westeuropa (5500 Kilometer):	
Dampfsegler (1819):	27 Tage
Schraubendampfer (1870):	12 Tage
Dampfer (1900):	5 Tage

M5 *Dauer des Überseeverkehrs.*

Dampfschiffe auf den Meeren

Seit 1841 verkehrten auf der Ost- und Nordsee Dampfschiffe. Postdampfschiffe verbanden Stralsund mit Hafenstädten in Schweden. Raddampfer übernahmen ebenso den Fährverkehr, z.B. zwischen Stralsund und der Insel Rügen.

Aber auch der Überseeverkehr nach Amerika setzte auf das Dampfschiff. Zunächst wurden zur Sicherheit nur Dampfsegler eingesetzt. Das waren Schiffe, die mithilfe von Segeln und dampfangetriebenen Schaufelrädern fuhren. 1843 lief der erste segellose, nur mit einer Schiffsschraube versehene Ozeandampfer in England vom Stapel. Die „Great Britain" war 98 Meter lang und doppelt so groß wie alle Schiffe, die es zu dieser Zeit gab. Ihr Rumpf bestand nicht mehr aus Holz, sondern aus Stahl. Im Juni 1845 benötigte sie für ihre erste Fahrt von Liverpool nach New York 15 Tage. Insgesamt konnten die Dampfer immer größere Lasten transportieren und Entfernungen immer schneller überwinden. Durch den zunehmenden Handel auf den Weltmeeren wuchsen Hamburg und Bremen zu Welthandelshäfen heran.

Arbeitsaufträge

1. Berichte über die Veränderungen des Verkehrswesens zur Zeit der Industriellen Revolution.
2. Erkläre die Gründe für diese Veränderungen.
3. Erörtert die Folgen dieser Entwicklung des Verkehrswesens für die Unternehmen (z.B. Eisenbahngesellschaften, Reedereien) und einzelne Berufsgruppen dieser Zeit (z.B. Kutscher, Schiffer, Gastwirte).

zu **1.**
Nachdem du den entsprechenden Text im Lehrbuch einmal gelesen hast, überlege, wie es vor und nach der Industrialisierung war. Nun beginne auch deinen ersten Satz so.

zu **2.**
Es kam zur Veränderung …, weil …

(M1) *Flugübung Otto Lilienthals vor den „Rauhen Bergen“ bei Berlin mit dem Doppeldecker-Hängegleiter. Koloriertes Foto, um 1891.*

Flugpionier und Agrarreformer

Ein Mann aus Anklam lernt das Fliegen

Für die einen gilt Otto Lilienthal nach wie vor als der erste Flieger der Menschheit, andere wiederum verweisen auf den Bau von Fesseldrachen vor mehr als 2 000 Jahren. Der Flugversuch des Schneiders von Ulm im Jahre 1811 konkurriert ebenso mit dem Flugpionier.

Die Flugapparate des am 23. Mai 1848 in Anklam geborenen Ingenieurs erinnern auf den ersten Blick an überdimensionale Fledermäuse. Dennoch wird er zu den entscheidenden Wegbereitern für die Umsetzung einer der ältesten Träume der Menschheit zeitlich noch vor den Brüdern Wright gezählt. Er war es, der als erster Mensch mit einem selbst konstruierten Fluggerät einen Gleitflug absolvierte. Bereits im Jahre 1889 erschien sein Werk „Der Vogelflug als Grundlage der Fliegekunst“. Hierin folgte er nicht dem Zeitgeist, wonach das Luftschiff den Ballon ablösen solle. Nach seiner Auffassung war auch dem Menschen die Nachahmung des Segelfluges der Vögel möglich. Besondere Bedeutung maß er dabei der Flügelform bei.

Sein erster gelungener Luftsprung gelang ihm von dem etwa 110 Meter hohen Gollenberg bei Stölln (gelegen zwischen Rathenow und Neustadt an der Dosse). Er flog bei diesem Versuch etwa 250 Meter weit und war überglücklich. In seinem Leben baute Otto Lilienthal wohl an die 21 Flugapparate. 1894 ging eines dieser Gleitflugzeuge, der sogenannte Normalsegelapparat, in Serienproduktion. 1895 schließlich flog der Vordenker in Sachen Flugwesen zwei verschiedene Doppeldecker mit ca. 5,5 bis 7 Meter Spannweite und ca. 25 Quadratmeter Tragfläche.

Knapp ein Jahr später kam es jedoch zur Katastrophe. Am 9. August 1896 misslang es Lilienthal, eine Windböe auszusteuern, so dass er aus fast 15 Metern Höhe abstürzte. Einen Tag später starb er in einem Berliner Krankenhaus an den sich dabei zugezogenen schweren Verletzungen.

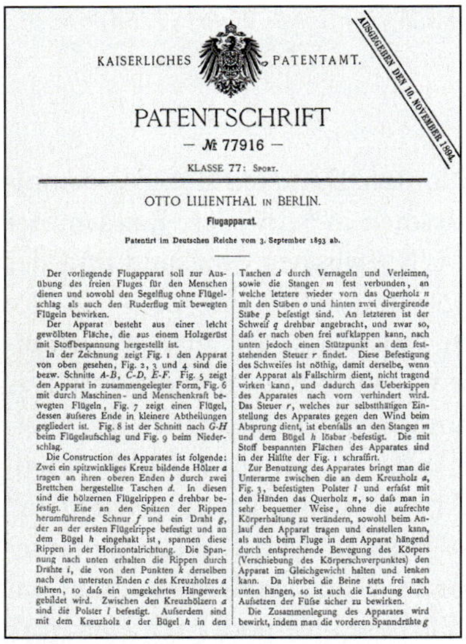

KAISERLICHES PATENTAMT.

AUSGEGEBEN DEN 10. NOVEMBER 1894.

PATENTSCHRIFT

— № 77916 —

KLASSE 77: SPORT.

OTTO LILIENTHAL IN BERLIN.

Flugapparat.

Patentirt im Deutschen Reiche vom 3. September 1893 ab.

Der vorliegende Flugapparat soll zur Ausübung des freien Fluges für den Menschen dienen und sowohl den Segelflug ohne Flügelschlag als auch den Ruderflug mit bewegten Flügeln bewirken.

Der Apparat besteht aus einer leicht gewölbten Fläche, die aus einem Holzgerüst mit Stoffbespannung hergestellt ist.

In der Zeichnung zeigt Fig. 1 den Apparat von oben gesehen, Fig. 2, 3 und 4 sind die bezw. Schnitte *A-B*, *C-D*, *E-F*. Fig. 5 zeigt den Apparat in zusammengelegter Form, Fig. 6 mit durch Maschinen- und Menschenkraft bewegten Flügeln, Fig. 7 zeigt einen Flügel, dessen äufseres Ende in kleinere Abtheilungen gegliedert ist. Fig. 8 ist der Schnitt nach *G-H* beim Flügelaufschlag und Fig. 9 beim Niederschlag.

Die Construction des Apparates ist folgende: Zwei ein spitzwinkliges Kreuz bildende Hölzer *a* tragen an ihren oberen Enden *b* durch zwei Brettchen hergestellte Taschen *d*. In diesen sind die hölzernen Flügelrippen *e* drehbar befestigt. Eine an den Spitzen der Rippen herumführende Schnur *f* und ein Draht *g*, der an der ersten Flügelrippe befestigt und an dem Bügel *h* eingehakt ist, spannen diese Rippen in der Horizontalrichtung. Die Spannung nach unten erhalten die Rippen durch Drähte *i*, die von den Punkten *k* derselben nach den untersten Enden *c* des Kreuzholzes *a* führen, so dafs ein umgekehrtes Hängewerk gebildet wird. Zwischen den Kreuzhölzern *a* sind die Polster *l* befestigt. Aufserdem sind mit dem Kreuzholz *a* der Bügel *h* in den Taschen *d* durch Vernageln und Verleimen, sowie die Stangen *m* fest verbunden, an welche letztere wieder vorn das Querholz *n* mit den Stäben *o* und hinten zwei divergirende Stäbe *p* befestigt sind. An letzteren ist der Schweif *q* drehbar angebracht, und zwar so, dafs er nach oben frei aufklappen kann, nach unten jedoch einen Stützpunkt an dem feststehenden Steuer *r* findet. Diese Befestigung des Schweifes ist nöthig, damit derselbe, wenn der Apparat als Fallschirm dient, nicht tragend wirken kann, und dadurch das Ueberkippen des Apparates nach vorn verhindert wird. Das Steuer *r*, welches zur selbstthätigen Einstellung des Apparates gegen den Wind beim Absprung dient, ist ebenfalls an den Stangen *m* und dem Bügel *h* lösbar befestigt. Die mit Stoff bespannten Flächen des Apparates sind in der Hälfte der Fig. 1 schraffirt.

Zur Benutzung des Apparates bringt man die Unterarme zwischen die an dem Kreuzholz *a*, Fig. 3, befestigten Polster *l* und erfafst mit den Händen das Querholz *n*, so dafs man in sehr bequemer Weise, ohne die aufrechte Körperhaltung zu verändern, sowohl beim Anlauf den Apparat tragen und einstellen kann, als auch beim Fluge in dem Apparat hängend durch entsprechende Bewegung des Körpers (Verschiebung des Körperschwerpunktes) den Apparat im Gleichgewicht halten und lenken kann. Da hierbei die Beine stets frei nach unten hängen, so ist auch die Landung durch Aufsetzen der Füfse sicher zu bewirken.

Die Zusammenlegung des Apparates wird bewirkt, indem man die vorderen Spanndrähte *g*

(M2) *Patenschrift vom 10. November 1894 über Lilienthals Erfindung des „Flugapparats“, die den Gleitflug und den Flügelschlag betraf.*

Der neue Mann auf Gut Tellow

Der studierte Landwirt Johann Heinrich von Thünen kaufte im Jahre 1810 das Gut Tellow in Mecklenburg. Später führte er eine für damalige Verhältnisse äußerst ungewöhnliche Gewinnbeteiligung der Arbeiter ein. Dies war aber nur ein Grund für seine baldige Popularität und seine wirtschaftlichen Erfolge. Thünen führte sehr genau Buch und kam so zu dem Schluss, dass die Entfernung des Marktes (Absatzort) vom Landgut (Standort der Produktion) Einfluss auf die Intensität der Bewirtschaftung habe. Auch die Wahl der Fruchtart und eine grundsätzlich rationelle landwirtschaftliche Tätigkeit hingen von dieser gewählten Entfernung ab. Hieraus entwickelte er verschiedene wirtschaftswissenschaftliche Theorien.

M3 *Der Wirtschaftswissenschaftler und Sozialreformer Johann Heinrich von Thünen (1783–1850). Lithographie, 1837.*

Q1 *Die Wochenzeitung „Die Zeit" über die Standort- und Produktivitätstheorie Thünens, 1999:*

„Der heutige Tag wird in meinem Leben einen bedeutenden und angenehmen Abschnitt machen", schrieb er in der Silvesternacht 1820. Er habe jetzt alle Daten zusammen, um sein Werk „Der isolierte Staat" zu beginnen.
Von Thünens Erbsenzählerei war kein Selbstzweck. Der Landwirt und Ökonom war auf der Suche nach der optimalen Nutzung landwirtschaftlicher Fläche – eine der wichtigsten Fragen seiner Zeit. Deutschland, zu Beginn des 19. Jahrhunderts noch stark agrarisch geprägt, steckte im Umbruch: Die Zeiten der bäuerlichen Selbstversorgung gingen zu Ende, die wachsende Bevölkerung in den Städten verlangte nach immer neuen Produkten vom Land, im Export winkten zusätzliche Gewinne. Die ehemaligen Rittergüter im Agrarstaat Preußen zum Beispiel machten glänzende Geschäfte mit dem Getreidehunger Englands. …
Im nächsten Gedankenexperiment gab Thünen den Bauern die Wahl unter Produkten und Anbaumethoden – und zeigte so, warum sich die Gutsherren je nach Entfernung von der Stadt unterschiedlich entscheiden. Wie Jahresringe an einem Baum entstehen Zonen unterschiedlicher Nutzungsart, manchmal *Thünensche Kreise* oder *Ringe* genannt. Die Intensivwirtschaft findet nicht mal immer in der größten Stadtnähe statt, eben weil die Transportkosten eine so wesentliche Rolle spielen. Im innersten Kreis werden bei von Thünen leichtverderbliche Güter hergestellt wie Milch und Gemüse, außerdem transportempfindliche wie Heu, Kartoffeln und Rüben. Dann folgt überraschend die Forstwirtschaft (wegen teurer Holztransporte), dann verschiedene Formen des Getreidebaus, schließlich extensive Viehzucht. … Erstmals sagte er voraus, nach welchen Regeln Flächen auch dann unterschiedlich genutzt werden, wenn sie gar keine natürlichen Unterschiede aufweisen.

Nach: http://www.zeit.de/.

M4 *Das Gutshaus Tellow beherbergt heute das Thünen-Museum.*

i

Die *Thünensche Kreise (Ringe)* beschreiben die landwirtschaftliche Nutzung des Bodens (Acker, Wiese usw.) in einem idealtypischen Modell.

zu **1.**
Nutze die Websites des Otto-Lilienthal-Museums (http://www.lilienthal-museum.de/) und des Thünen-Museums (http://www.thuenen.de/).

zu **2.**
Nutze dazu ein Lexikon, das Internet oder die Schulbibliothek.

Arbeitsaufträge

1. Informiere dich näher über Lilienthal und Thünen.
2. Erläutere mithilfe von Q1 den Begriff „Thünensche Kreise (Ringe)".
3. Projiziere die Gedanken Thünens auf Gegenwart und Zukunft.

Industrialisierung und Umwelt

M1 *Dörfliche Landschaft um 1800.*

Manchester, eine englische Industriestadt

Während der Zeit der Industriellen Revolution veränderten sich die Produktionsweisen und das Leben der Menschen unumkehrbar. Das größte Problem war die Luftverschmutzung. In den zahlreichen neuen Industriegebieten und Städten litten die Menschen sehr unter dem, was aus den Schornsteinen der Fabriken ungefiltert in die Luft gelangte.

Die Eingriffe der Menschen begannen, sich massiv auf die Umwelt auszuwirken. Diese Veränderungen beeinflussten auch das Leben der darauffolgenden Generationen.

Manchester war der Hauptort der Industriellen Revolution in England.

Q1 *Der Franzose Alexis de Tocqueville bereiste im Jahre 1835 die englische Industriestadt Manchester und beschrieb seine Eindrücke:*

Auf dem Gipfel der Hügel erheben sich 30 oder 40 Fabriken. Mit ihren sechs Stockwerken ragen sie hoch in die Luft. Ihr absehbarer Bereich kündet weithin von der Zentralisation der Industrie. Um sie herum sind gleichsam willkürlich die erbärmlichen Behausungen der Armen verteilet … Zwischen ihnen liegt unbebautes Land …

Unter diesen elenden Behausungen befindet sich eine Reihe von Kellern, zu der ein halb unterirdischer Gang hinführt. In jedem dieser feuchten und abstoßenden Räume sind zwölf bis fünfzehn menschliche Wesen wahllos zusammengestopft … Um dieses Elendsquartier herum schleppt einer der Bäche, die ich vorhin beschrieben habe, langsam sein stinkendes Wasser, das von den Industriearbeiten eine schwärzliche Farbe erhält. Er wird in seinem Lauf nicht durch Kaimauern eingeschlossen. Die Häuser sind willkürlich an seinen Ufern errichtet worden …

Ein dichter Qualm liegt über der Stadt. Durch ihn hindurch scheint die Sonne als Scheibe ohne Strahlen. In diesem verschleierten Licht bewegen sich unablässig 300 000 menschliche Wesen. Tausend Geräusche ertönen unablässig in diesem feuchten und finsteren Labyrinth. Aber es sind nicht die gewohnten Geräusche, die sonst aus den Mauern großer Städte aufsteigen.

Die Schritte einer kleinen geschäftigen Menge, das Knarren der Räder, … das Zischen des Dampfes, der dem Kessel entweicht, das gleichmäßige Hämmern des Webstuhles, das schwere Rollen der Wagen – dies sind die einzelnen Geräusche, die das Ohr unentwegt treffen. Nirgends ist der Hufschlag von Pferden zu hören … Nirgends der Ausbruch von Freude, fröhliche Rufe … Nirgends begegnet das Auge der glücklichen Behäbigkeit, die ihre Muße in den Straßen der Stadt spazieren führt oder auf dem nahen Land einfache Freuden sucht. Ständig drängt sich die Menge in dieser Stadt, aber ihre Schritte sind hart, ihre Blicke zerstreut, ihr Ausdruck finster und roh …

Nach: Treue/Pönicke/Manegold: Quellen zur Geschichte der Industriellen Revolution, S. 126–129.

M2 *Industrielandschaft im 19. Jahrhundert. Das Gemälde des belgischen Malers Constantin Meunier (1831–1905) trägt den Titel „Im schwarzen Land".*

M3 *„Das Wasser bringt den Tod".*
Karikatur, 1866.

Die neuen Rohstoffe

Das Naturprodukt Holz war wegen seiner Stabilität und Haltbarkeit Jahrtausende lang ein begehrter Bau- und Brennstoff. Für ihn holzten die Menschen ganze Landstriche und Wälder ab, ohne sie wieder aufzuforsten. Dadurch wurde der Rohstoff Holz rar und verteuerte sich.

Mit der Industrialisierung stiegen der Rohstoff- und Energieverbrauch in Europa sprunghaft an. Die Steinkohle, die unter Tage in Bergwerken gefördert wurde, löste den alten Brennstoff Holz bzw. die Holzkohle ab. Ihr hoher Brennwert lieferte die notwendige Energie zum Befeuern der Hochöfen und eignete sich zur Herstellung von Eisen und Stahl wesentlich besser. Bei der Verbrennung der Kohle wurde das sogenannte Rauchgas freigesetzt. Dieses Gas belastete die Luft und verursachte unwiderrufliche Schäden an den Wäldern.

Durch den Abbau von Kohle oder Eisenerz entstanden am Rande der Städte riesige Abraumhalden. Insgesamt bauten die Menschen die Rohstoffe ab, ohne darüber nachzudenken, dass sie nicht erneuerbar waren.

Die Folgen der Industrialisierung

Die Enge der Städte und das Nebeneinander von Wohnhäusern und Fabriken verursachten ein neues Problem: die Wasserverschmutzung. Farbstoffe der Baumwollfabriken, Düngemittel und Fäkalien gelangten unkontrolliert in die Flüsse, sodass das Wasser verschmutzt und ungenießbar wurde. Aber auch giftige Chemikalien aus den zu Beginn des 20. Jahrhunderts entstandenen chemischen Industrien taten ihr Übriges. Trotzdem entnahmen die Menschen den Flüssen weiter täglich ihr Trink- und Nutzwasser. Die Folgen waren Krankheiten wie *Cholera*, *Typhus* und *Tuberkulose*, die oft tödlich verliefen.

Auch die Fischer und Bauern bemerkten die zunehmende Umweltverschmutzung. Rückstände aus der chemischen Industrie verseuchten Flüsse und Böden mit Schadstoffen. Die Fische in den Gewässern starben und die Fangerträge gingen zurück. Die Bauern verzeichneten geringere Ernteerträge, obwohl widerstandsfähigere Pflanzen angebaut und die Felder besser bewirtschaftet werden konnten.

Die Menschen beklagten den Lärm in den Städten, die schmutzigen Gewässer und die Luftverschmutzung. Sie betrachteten diese Umweltprobleme allerdings als Begleiterscheinungen der neuen Zeit und machten sich keine Gedanken darüber, dass sie selbst für die Veränderungen der Umwelt verantwortlich waren.

i

Cholera: schwere Darmerkrankung mit Brechdurchfall.
Typhus: Infektionskrankheit des Verdauungstraktes, die mit Fieber und Schmerzen verbunden ist. Sie wird meist durch Bakterien in Nahrungsmitteln oder im Trinkwasser übertragen
Tuberkulose: oft tödlich verlaufende Infektionskrankheit der Lunge oder Knochen, die volkstümlich Schwindsucht genannt wurde.

Arbeitsaufträge

1. Beschreibe mithilfe von Q1 die Auswirkungen der Industrialisierung auf das Leben in der Stadt Manchester.
2. Stelle dir vor, du kommst im 19. Jahrhundert von einem Dorf in die Stadt Manchester. Schildere deine Eindrücke in einem Brief an deine Eltern.
3. Erläutere die auftretenden Umweltprobleme, die durch den Prozess der Industrialisierung ausgelöst wurden.
4. Analysiere vor diesem Hintergrund die Karikatur M3.
5. Setzt euch mit der Haltung der Menschen zur Zeit der Industrialisierung gegenüber deren Begleiterscheinungen auseinander.
6. Erörtert die Situation von Mensch und Umwelt im 21. Jahrhundert.

zu **1.**
Lies die Quelle Q1 aufmerksam. Bedenke die Vorgehensweise beim Umgang mit schriftlichen Quellen im Lehrbuch. Suche Schlüsselbegriffe zum Thema „Auswirkungen der Industrialisierung".

zu **2.**
Nutze dein Wissen aus der Auswertung von Q1 und überlege, wie mag ein Kind dies an seine Eltern formuliert haben.

Fortschritte in der Medizin

Die Anzahl der Menschen wächst

Die Einwohnerzahl Europas stieg Jahrhunderte lang gleichmäßig an. Obwohl im Mittelalter Familien mit mehr als zehn Kindern der Normalfall waren, wuchs die Bevölkerung nur langsam. Viele Kinder starben sehr früh, oft vor ihrem ersten Geburtstag. Hunger, Seuchen, Kriege und schwere körperliche Arbeit führten dazu, dass auch Erwachsene oft nicht älter als 30 bis 40 Jahre wurden.

Im 19. Jahrhundert wuchs die Bevölkerung jedoch um mehr als das Doppelte an. Diese Entwicklung hatte verschiedene Ursachen.

Krankheitserregern auf der Spur

Vom schnellen Fortschritt in der Industrie und Wissenschaft angespornt, suchten Ärzte nach den Ursachen für die verhängnisvollen Seuchen und Krankheiten. Ihr Ziel war es, wirksame Gegenmittel zu schaffen und damit Menschenleben zu retten.

Der französische Chemiker Louis Pasteur war nach langen Forschungen der Überzeugung, dass winzige Lebewesen die Verwesung in der Natur hervorrufen. Er war sich sicher, dass diese auch für die Übertragung von Krankheiten verantwortlich sind, konnte es aber nicht nachweisen.

Jahr	Einwohner in Mio.
800	3
um 1200	10
um 1500	12
um 1600	15
um 1700	15
um 1800	24
1850	34
1900	56
1914	65

M1 *Bevölkerungsentwicklung in Deutschland.*

M2 *Louis Pasteur (1822–1895) in seinem Labor. Holzschnitt aus dem späten 19. Jahrhundert.*

Robert Koch entdeckt Bakterien

Der deutsche Arzt Robert Koch verfolgte Pasteurs Ideen weiter und konnte für seine Forschungen ein besseres, mathematisch berechnetes Mikroskop nutzen. Nach vielen Versuchen entdeckte er unter seinem Mikroskop nur ein Tausendstel Millimeter große Stäbchen, die sich rasend schnell vermehrten. Er hatte *Bakterien* entdeckt, die Erreger für die hoch ansteckende und für die Menschen tödliche Krankheit Milzbrand waren.

Um sicher zu sein, dass diese Bakterien die Seuche übertragen, spritzte Koch diese Erreger in eine Maus, die kurze Zeit später an dieser Krankheit starb.

M3 *Robert Koch (1843 – 1910) in seinem Labor. Er war als erster Wissenschaftler in der Lage, Bakterien zu isolieren, auf Nährböden zu züchten und sie schließlich abzutöten.*

Damit war klar, dass ansteckende Krankheiten nicht durch mysteriöse Substanzen erzeugt werden, sondern durch spezifische *Mikroorganismen* wie Bakterien.

Im Jahr 1881 begann Robert Koch seine Studien über *Tuberkulose*, eine ansteckende Lungenkrankheit, an der viele Menschen starben. Ein Jahr später entdeckte er den Erreger, isolierte den gefürchteten „Bacillus" und tötete ihn ab.

Koch fand außerdem den Erreger der Darmerkrankung *Cholera*. Er konnte nachweisen, dass die Krankheitserreger hauptsächlich mit Wasser aufgenommen werden. Sauberes Trinkwasser, gute Hygiene bei der Nahrungsaufnahme und wenig Kontakt mit schmutzigen Abwässern konnten den Ausbruch der Krankheit verhindern, so seine Erkenntnis. Für seine wichtigen Endeckungen erhielt Koch 1905 den Nobelpreis für Medizin.

i

Mikroorganismus: mikroskopisch kleine, meist einzellige Lebewesen.
Tuberkulose: ansteckende Lungenkrankheit, die durch Tröpfcheninfektion über die Atemwege übertragen wird.
Cholera: Darmerkrankung, deren Anzeichen starker Brechdurchfall und Bauchschmerzen sind.

Händewaschen gegen den Tod

Um 1840 starb etwa ein Drittel aller Frauen, die ihr Kind im Krankenhaus zur Welt brachten, an Kindbettfieber, einer – wie wir heute wissen – bakteriellen Infektion. Frauen, die bei der Geburt zu Hause blieben, waren hingegen viel weniger von Kindbettfieber betroffen.

Dem Arzt Ignaz Semmelweis fiel auf, dass die Sterblichkeitsrate von Frauen wesentlich höher lag, wenn sie von Medizinstudenten untersucht worden waren, die ihre Hände nicht gewaschen hatten. Als dann ein Kollege an einer Infektion starb, die von einem Schnitt mit dem Skalpell herrührte, war für Semmelweis klar, dass es sich bei dieser Krankheit um eine gefährliche ansteckende Krankheit handelte. Er machte das Händewaschen mit gechlortem Kalk daher vor jeder Untersuchung zur Vorschrift. Durch diese Maßnahme verminderte er die Sterblichkeitsrate in seiner Abteilung innerhalb von zwei Jahren von 12,24 Prozent auf 1,27 Prozent.

Die Menschen lernten, dass sie durch gezielte Hygiene bei der Krankenpflege, im Haushalt, bei der Ernährung und bei der Arbeit viele Krankheiten verhindern konnten. Sie achteten immer mehr auf Sauberkeit. Auch die Ernährungssituation verbesserte sich allgemein. Folglich stieg die Lebenserwartung an. Immer mehr Neugeborene erreichten das Kindesalter und immer mehr Kinder das Erwachsenenalter.

Jahr	Lebenserwartung	Tod durch Infektion (auf 1 000 Einwohner)
1875	37 Jahre	800
1895	38 Jahre	600
1910	46 Jahre	350

M4 *Durchschnittliche Lebenserwartung in Deutschland.*

Arbeitsaufträge

1. Beschreibe mithilfe von M1 die Entwicklung der Bevölkerung in Deutschland im 19. Jahrhundert.
2. Suche nach Ursachen für die eben beschriebene Entwicklung der Bevölkerung.
3. Arbeite die Lebensleistungen der beiden Ärzte Robert Koch und Ignaz Semmelweis anhand konkreter Bespiele heraus.
4. Stellt aktuelle Bedrohungen der Menschheit und ihren Kampf gegen Krankheiten und Seuchen im 21. Jahrhundert dar.

zu **1.**
Die Einwohnerzahl stieg zunächst …
Im 19. Jahrhundert jedoch …

zu **2.**
Nutze M4. Bedenke die medizinischen Forschungen z. B. Pasteurs und Kochs.

Soziale Probleme und Lösungsversuche

Arbeiter – nur Rädchen im Getriebe

M1 *Mechanische Werkstatt der Krupp-Werke in Essen. Foto, um 1900.*

Mit der Hoffnung auf Arbeit und ein besseres Leben zogen Tausende Landarbeiter und Handwerker in die Industriestädte. Sie besaßen kaum Geld, kein Land und keine Werkzeuge, um ihren Lebensunterhalt zu sichern. Die einzige Möglichkeit zu überleben war der Verkauf ihrer Arbeitskraft. Die Menschen suchten daher Arbeit in den Fabriken.

Viele Arbeiten an den Fabrikmaschinen konnten selbst ungelernte Arbeitskräfte erledigen. Die Handgriffe an den Maschinen wiederholten sich immer und waren daher schnell erlernt. Nur für wenige Arbeitsgänge wurden ausgebildete Arbeitskräfte benötigt. Diese erhielten eine bessere Bezahlung als die Mehrheit der *Arbeiter*.

Da ungelernte Kräfte leicht zu ersetzen waren, ließen die Unternehmer sie bis zur Erschöpfung arbeiten. Unfallschutz und Erholungspausen gab es nicht. Für den Unternehmer waren die Maschinen wertvoller als die Arbeiter. Schließlich stand eine „industrielle Reservearmee" bereit, die Kranke, Unwillige oder Protestierende jederzeit ersetzen konnte.

i

Arbeiter: Schon um 1880 waren etwa 10 Millionen Menschen, d. h. die Hälfte aller Erwerbstätigen, Arbeiter. Dabei gab es große Unterschiede. Arbeiter in manufakturähnlichen Werkstattbetrieben und handwerklich vorgebildete Facharbeiter hatten günstigere Arbeitsbedingungen als die Arbeiter im Bergwerk, in der Stahlhütte oder die ungelernten Arbeiterinnen in der Textilindustrie.

Q1 *Der Leipziger Unternehmer Alberti über Arbeiter:*

... Ich will Arbeiter, die von früh bis Abend schuften wie die Maschinen, die ihr bisschen mechanische Tätigkeit auch mechanisch verrichten, die Essen und Schlafen auch wie rein mechanische Verrichtungen abwickeln, die mir abends wie tot vom Stuhl auf die Streu sinken und morgens nicht eine Minute früher aufstehen als nötig ist, um Schlag acht auf dem Posten zu sein. Nur so ist ein ersprießlicher dauernder Betrieb möglich. Der Einzelne muss zum Nutzen des Gesamtwerkes zur Maschine werden wie der Soldat im Heer.

Alberti, Conrad: Maschinen, Leipzig 1895.

i

Proletariat: Arbeiter, die nichts als ihre Arbeitskraft besitzen. Da diese Schicht neu entstand, wurde sie als „vierter Stand“ bezeichnet.
Kapitalist: Unternehmer, der seinen Besitz an Geld, Maschinen und Grundbesitz (Kapital) einsetzt, um Gewinne zu erwirtschaften.

1800:	70 Stunden
1820:	78 Stunden
1840:	96 Stunden
1870:	73 Stunden
1900:	70 Stunden
2000:	38,5 Stunden

M2 *Entwicklung der durchschnittlichen Wochenarbeitszeit in Deutschland.*

Das Proletariat, der „vierte Stand“

Mit der Abwanderung in die Städte entstand aus der Masse der Arbeiter eine neue soziale Schicht, das *Proletariat*. Obwohl die Arbeiter in den Fabriken aus verschiedenen Berufen kamen und unterschiedliche Arbeiten und Arbeitsbedingungen hatten, gab es Gemeinsamkeiten. Sie alle waren vom Fabrikherrn, dem *Kapitalisten*, abhängig, der allein über die Art der Arbeit, die Dauer des Arbeitstages und den Lohn entscheiden konnte.

In Fabrikordnungen legten die Unternehmer ohne Einschränkung fest, welche Regeln in ihrer Fabrik gelten sollten.

Q2 *Die Fabrikordnung der Maschinenfabrik Haubold in Chemnitz, 1834:*

…
2. Während des zwischen Michaelis und Ostern ablaufenden Halbjahres wird wöchentlich 72 volle Stunden gearbeitet …
6. Jeder hat sorgfältig auf das ihm anvertraute Werkzeug zu achten und die gehörige Aufmerksamkeit bei dessen Gebrauch anzuwenden … Findet sich bei der wöchentlich einmal stattfindenden Untersuchung zerbrochenes Handwerkszeug oder ergibt es sich, dass desgleichen gänzlich abhanden gekommen ist, ohne dass es vorher gehörig gemeldet wurde, so muss es der betreffende Arbeiter nach seinem wahren Wert vergüten …
8. … Sollte ein Arbeiter erst während der Arbeit die Unbrauchbarkeit des Materials bemerken, so hat er solches sofort … zu melden, unterlässt er das eine oder andere, so hat er den Verlust des Lohnes auf einen Tag hinzunehmen …
11. Niemand darf sich bei Verlust eines Wochenlohnes rohe Materialien, welche er bedarf, selbst nehmen …
13. … Wer sich dem Trunk ergibt, andere zur Unzufriedenheit verleitet und in der Arbeit stört oder sich den Vorschriften seines Vorstehers widersetzt, ist des Lohns von einem und im Wiederholungsfall von mehreren Tagen verlustig, hat auch bei ferneren Ungebürnissen der Art sofortiger Entlassung aus der Arbeit ohne alle Aufkündigung oder Vergütung zu gewärtigen und sich gefallen zu lassen; Letzteres findet unbedingt dann statt, wenn ein Arbeiter sich Entwendungen zu Schulden kommen lässt …

Nach: http://www.historisches-chemnitz.de/.

Arbeitsaufträge

1. Beschreibe die Situation der Arbeiter im 19. Jahrhundert in den Industriestädten und Unternehmen.
2. Untersuche die Ansichten des Leipziger Unternehmers Alberti, die dieser von einem Arbeiter hat (Q1).
3. Ordne in diese Zeit den Begriff „Proletariat“ als sogenannten „vierten Stand“ ein.
4. Analysiere vor diesem Hintergrund die Fabrikordnung der Maschinenfabrik Haubold in Chemnitz (Q2).
5. Erörtere die daraus längerfristig resultierenden sozialen Spannungsfelder für Deutschland.

zu **1.**
Man sah sie nur als ein … an. Sie waren mit der Hoffnung auf …

zu **2.**
Bedenke die beiden ersten Worte sowie den Vergleich am Ende der Quelle Q1.

M1 *Berliner Hinterhof Ende des 19. Jahrhunderts.*

Das Leben in der Industriestadt

Wohnen in einer Mietskaserne

Die Hoffnung auf Arbeit trieb immer mehr Menschen in die Industriestädte wie Berlin, Halle oder Leipzig. Doch die Städte konnten die Menschen kaum aufnehmen. Überall herrschte Wohnungsmangel. Arbeiter suchten mit ihren Familien in Kellern, Ställen oder auf Dachböden einen notdürftigen Unterschlupf. In Halle z. B. wuchs die Einwohnerzahl von 1840 bis 1900 von 28 000 auf 150 000 an.

Seit 1850 entstanden in unmittelbarer Nähe der Fabriken Arbeitersiedlungen mit Mietskasernen, sodass die Beschäftigten der Fabriken nur einen kurzen Weg zur Arbeit hatten. Einen öffentlichen Personennahverkehr gab es zu dieser Zeit noch nicht. Der Nachteil dieser Siedlungen war, dass sie wegen der großen Nachfrage oft hoffnungslos überteuert und schnell überbelegt waren.

Die große Wohnungsnot ermöglichte es den Vermietern, z. B. eine Wohnung mit Küche und einem Zimmer für den Wochenlohn eines Fabrikarbeiters zu vermieten. Um diese Kosten aufbringen zu können, vermieteten die Arbeiterfamilien ihr Bett oder auch nur einen Schlafplatz im Bett an Schlafgänger, die im „Schichtsystem" schliefen. Schlafgänger wurden jene Menschen genannt, die keine eigene Wohnung besaßen und sich nur einen Platz zum zeitweisen Schlafen mieten konnten. Oft vermietete eine Familie in einem Bett mehrere Schlafplätze gleichzeitig. Sie war auf diese Einnahmen angewiesen, weil sie die Miete für die Wohnung sonst nicht bezahlen konnte.

Um 1900 gab es in Berlin etwa 20 000 überbelegte Wohnungen mit mehr als sechs Personen je Raum. Reiche Bürger wollten unter diesen Bedingungen nicht leben und zogen in „bessere Viertel", die abseits der Fabriken lagen.

M2 *Eingang zu einer Mietskaserne in Berlin. Typisch sind die hintereinanderliegenden Hinterhöfe.*

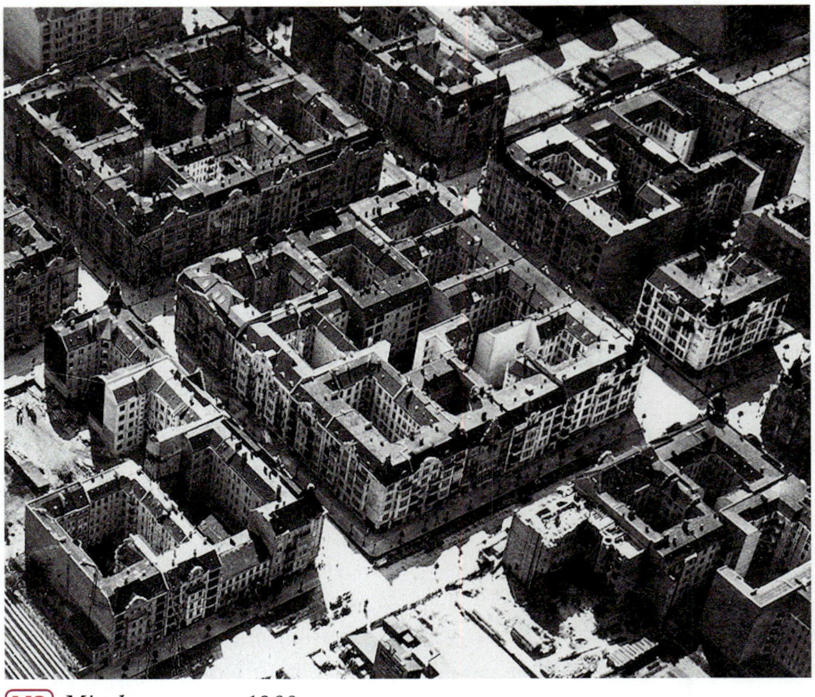

M3 *Mietskasernen um 1900.*

Q1 *Eine Fabrikarbeiterin berichtet über ihre Wohnungssuche (um 1880):*

Aus allen Zimmern der Stockwerke, die ich passieren musste, ertönten Kindergeschrei, Flüche und Gekeife ... Ich trat ein; das Gemach, in dem ich stand, war klein, viereckig, an den Wänden standen drei Betten, in der Mitte des Zimmers ein Tisch, an dem fünf Männer saßen, die aus einer gemeinsamen großen Blechschüssel löffelten. Wohin ich blickte, lagen, standen und schliefen Kinder in allen Größen, Knaben, Mädchen, eines zerlumpter als das andere.
Und in diesem Raum bot man mir an, mit Mann, Frau und zehn Kindern zu schlafen, von denen das älteste etwa acht Jahre und das jüngste ein halbes Jahr sein konnte ...

Aus: Beimel, M./Mögenburg, H.: Industrialisierung – das deutsche Beispiel, S. 135.

M4 *Zeichnung von Heinrich Zille.*

M5 *Zeichnung „Der späte Schlafbursche" von Heinrich Zille. Der Berliner Maler und Fotograf (1858–1929) hielt in seinen Bildern das Leben der Arbeiter in Berlin um 1900 fest. Er veröffentlichte seine Zeichnungen in verschiedenen Berliner Zeitschriften und wurde 1924 in die Preußische Akademie der Künste aufgenommen.*

Arbeitsaufträge

1. Beschreibe mithilfe von M1 bis M5 die Lebensverhältnisse in den Industriestädten im 19. Jahrhundert.
2. Analysiere Q1: Erkläre die Folgen einer Entscheidung der Arbeiterin für oder gegen diese Wohnung.
3. Ordne in diesen Kontext die Zeichnungen Heinrich Zilles (M4 und M5) ein.
4. Versetze dich in eine der in M5 dargestellten Personen und schreibe einen inneren Monolog zu deren Situation.
5. Setzt euch mit unterschiedlichen Wohnsituationen in eurem unmittelbaren Umfeld und deren Wirkungen auf die Menschen auseinander.

zu 1.
Von der Hoffnung auf Arbeit getrieben … Überall herrschte jedoch … Ein Hinterhof in Berlin …

zu 2.
Lies die Quelle Q1 aufmerksam durch. Gib zunächst den Inhalt mit eigenen Worten wieder.

zu 3.
Bedenke die dargestellten Missstände.

Politische Ideen und Forderungen

(M1) *Karl Marx (1818–1883) stammte aus einer Juristenfamilie und arbeitete als Journalist. Da er in seinen Veröffentlichungen die gesellschaftlichen Verhältnisse in Deutschland kritisierte, musste er das Land verlassen. In ärmlichen Verhältnissen lebte er in London.*

Das Elend wächst

Große Teile der Bevölkerung lebten in immer stärkerem Elend. Ein einzelner Lohn reichte nicht aus, um eine Familie zu ernähren und schon gar nicht, um Geld für Notzeiten (Arbeitslosigkeit, Krankheit, Unfall) anzusparen. Menschen aus allen Teilen der Gesellschaft überlegten daher, wie diese Probleme gelöst werden könnten. Sie diskutierten Fragen wie:

- Kann der Unterschied zwischen Armen und Reichen abgeschafft werden?
- Wie kann den ausgebeuteten Arbeitern mehr Gerechtigkeit zuteil werden?
- Wie soll für Arme, Kranke und Schwache gesorgt werden?

„Die Proletarier haben nichts ... zu verlieren als ihre Ketten"

In den 1840er Jahren bildeten sich in den deutschen Ländern auf Initiative des Bürgertums erste Arbeiterbildungs- und Handwerkervereine. Die wandernden Gesellen lernten dabei verschiedenste Ideen zur Lösung der sozialen Frage kennen.

Karl Marx und Friedrich Engels gehörten zu den schärfsten Kritikern der sozialen Probleme. Marx führte die Probleme auf die neue Produktionsform der Fabrikarbeit zurück. Er kritisierte, dass die Arbeiter durch die starke Arbeitsteilung ihrer Arbeit immer mehr entfremdet und nur noch für den kargen Lohn arbeiten würden. Gemeinsam entwickelten Marx und Engels in ihren Schriften mögliche Lösungsangebote, die in Arbeitervereinen stark beachtet und diskutiert wurden.

In London hatten Marx und Engels den „Bund der *Kommunisten*" mitgegründet. In der Programmschrift des Bundes versuchen sie, die gesellschaftlichen Verhältnisse wissenschaftlich zu erklären. Beide waren überzeugt, dass sich die Arbeiter (das Proletariat) zusammenschließen müssten. Von der Unterdrückung durch das Bürgertum (die Bourgeoisie) könnte sich das Proletariat nur durch eine Revolution befreien, um dann die politische und wirtschaftliche Macht zu übernehmen.

(M2) *Friedrich Engels (1820–1895) war Sohn eines reichen Unternehmers und Kaufmann. In England sah und studierte er die Arbeits- und Lebensbedingungen der Fabrikarbeiter.*

(Q1) *Aus dem „Kommunistischen Manifest" von Marx und Engels:*

Die Geschichte aller bisherigen Gesellschaft ist die Geschichte von Klassenkämpfen ..., kurz: Unterdrücker und Unterdrückte standen in stetem Gegensatz zueinander, führten einen ununterbrochenen, bald versteckten, bald offenen Kampf, einen Kampf, der jedes Mal mit einer revolutionären Umgestaltung der ganzen Gesellschaft endete oder mit dem gemeinsamen Untergang der kämpfenden Klassen ...

Die Kommunisten verschmähen es, ihre Ansichten und Absichten zu verheimlichen. Sie erklären es offen, dass ihre Zwecke nur erreicht werden können durch den gewaltsamen Umsturz aller bisherigen Gesellschaftsordnung. Mögen die herrschenden Klassen vor einer kommunistischen Revolution zittern. Die Proletarier haben nichts in ihr zu verlieren als ihre Ketten. Sie haben eine Welt zu gewinnen. Proletarier aller Länder, vereinigt euch!

Manifest der kommunistischen Partei. Zitiert aus Borkenau, F. (Hg.): Marx, Frankfurt am Main, S. 98ff.

i

Kommunismus: Im 19. Jahrhundert entstandene politische Bewegung, die eine Gesellschafts- und Wirtschaftsordnung ohne Privateigentum schaffen wollte, in der die Gegensätze zwischen den sozialen Klassen aufgehoben sein sollten.

1848:	49 Arbeitskämpfe
1869:	152 Arbeitskämpfe
1871:	158 Arbeitskämpfe
1872:	352 Arbeitskämpfe
1881:	15 Arbeitskämpfe
1884:	60 Arbeitskämpfe
1890:	390 Arbeitskämpfe

M3 *Anzahl der Streiks und Arbeitskämpfe in Deutschland. Im Jahr 1878 wurde das „Gesetz wider die gemeingefährlichen Bestrebungen der Sozialdemokratie" erlassen. Das sogenannte „Sozialistengesetz" war bis 1890 gültig.*

i

1863: Gründung des Allgemeinen Deutschen Arbeitervereins in Leipzig (ADAV)

1869: Gründung der Sozialdemokratischen Arbeiterpartei in Eisenach (SDAP)

1875: Vereinigung von ADAV und SDAP zur Sozialistischen Arbeiterpartei Deutschlands in Gotha

1890: Umbenennung dieser Partei in Sozialdemokratische Partei Deutschlands (SPD)

M4 *Traditionsbanner der SPD mit dem Handschlag, dem alten Symbol der Arbeiterverbrüderung.*

„Alle Räder stehen still, wenn dein starker Arm es will ..."

Die Arbeiter versuchten, ihre Forderungen nach kürzerer Arbeitszeit, höheren Löhnen oder besseren Arbeitsbedingungen an den Maschinen mit Arbeitsniederlegungen gegenüber den Unternehmern durchzusetzen. Dabei wurde schnell deutlich, dass die Forderungen einzelner Beschäftigter zu Entlassungen dieser „Störenfriede" führten. Stellten dagegen alle gemeinsam diese Forderungen, waren sie stark genug, ihre Ziele durchzusetzen. So schlossen sich viele Arbeiter in Arbeiterbildungs- und Gewerkevereinen zusammen.

1869 schlossen sich die verschiedenen Gewerkevereine zu einer zentralisierten Gewerkschaft zusammen. Zwei Jahre später wurde das Streikrecht der Arbeiter gesetzlich festgeschrieben und 1873 die Gewerkschaften in ganz Deutschland gesetzlich anerkannt.

Q2 *Die Gründung eines Arbeitervereins in Leipzig 1848:*

Was bewegte die Arbeiter? Sie beschlossen die Errichtung von Kassen zur gegenseitigen Hilfeleistung bei Krankheit und Unglücksfällen und zur Unterstützung bei der Kindererziehung. Sie beschlossen ferner, Volksbibliotheken und Sonntagsschulen zu begründen, um sich zu einer besseren Bildung zu verhelfen und ihren Meistern und Arbeitgebern gegenüber nicht länger als einfältig und ungebildet dazustehen und vor allem in Zukunft als vollwertige Staatsbürger angesehen zu werden.

Pönicke, H.: Die sozialen Theorien im 19. Jahrhundert in Deutschland, S. 86f.

„Mann der Arbeit aufgewacht und erkenne deine Macht ..."

Die Forderungen nach besseren Arbeits- und Lebensbedingungen gingen für Teile der Bevölkerung nicht weit genug. Arbeitervereine wurden ursprünglich gegründet, um mit gemeinsamen Kassen, in welche die Mitglieder kleinste Beträge einzahlten, Arbeitern und ihren Familien bei Krankheit oder Unfällen zu helfen. Die Arbeiter formulierten auch politische Forderungen. Mit der Durchsetzung des Wahlrechts unabhängig vom Einkommen wollten die Arbeiter ihre eigenen Abgeordneten wählen, die dann im Parlament ihre Interessen vertreten sollten. Arbeitervereine waren die Vorläufer von Arbeiterparteien.

Arbeitsaufträge

1. Informiere dich über das Leben von Karl Marx oder Friedrich Engels und stelle den jeweiligen Lebenslauf in der Klasse vor.
2. Erkläre unter Nutzung der Quelle Q1 die Sichtweise von Marx und Engels auf den Gang der Geschichte.
3. Setze dich mit der Statistik der Arbeitskämpfe in M3 vor dem Hintergrund der jeweiligen historischen Begleitumstände auseinander.
4. Vergleiche die Ziele der Arbeitervereine und der Gewerkschaften miteinander.
5. Erforsche die Ursachen und Beweggründe dafür, dass sich insbesondere Menschen aus gesicherten sozialen Verhältnissen um Lösungsansätze für die soziale Frage interessierten.
6. Überprüft das Vorhandensein einer sozialen Frage heute.

Q1 *Adolph Kolping über die Ursachen für das soziale Elend:*

Der allgemeine Zug der Gesellschaft fährt auf recht breiter Fahrstraße immer mehr aus der Übung des Christentums hinaus. Das ist das Ergebnis der Trennung der Religion von allen sogenannten bloßen irdischen Fragen; das ist die große allgemeine Versündigung an der Gesellschaft, und diese Versündigung hat uns das große soziale Elend bereitet.

Nach: http://www.kolping.de/.

Die „soziale Frage" verlangt Antworten

Kirchen gründen Hilfswerke

Im Mittelalter war die Sorge für Arme und Bedürftige als Gebot der Nächstenliebe eine wichtige Aufgabe für jeden Christen. In der Zeit der Industrialisierung betrachtete die Kirche das Elend der Menschen als unverschuldetes Massenschicksal. Die Ursache dafür war in ihren Augen die Gier und Maßlosigkeit einzelner Unternehmer. Geistliche versuchten deshalb, die ärgste Not mit sozialen Einrichtungen zu lindern.

1848 gründete der Priester Adolph Kolping in Köln den katholischen Gesellenverein. Hier fanden mittellose junge Männer eine Unterkunft und wurden mit Nahrung und Kleidung versorgt. Im gleichen Jahr gründete die evangelische Kirche ihr Hilfswerk, die Innere Mission. 1897 folgte die katholische Caritas.

Alle Organisationen unterstützten in Not geratene Arbeiterfamilien mit Lebensmitteln, Kleidung oder Wohnraum.

Unternehmer übernehmen Verantwortung

Auch einzelne Unternehmer wollten die Lage der Arbeiter verändern. Sie versuchten, die Arbeitsbedingungen zu verbessern und belohnten besonders fleißige und treue Arbeiter mit Vergünstigungen.

In der Nähe großer Fabriken ließen Unternehmer Werkswohnungen errichten, die sie an ihre Beschäftigten vermieteten. Diese Wohnungen waren oft besser gebaut als die Mietskasernen der Städte, aber trotzdem preiswerter. Andere Fabrikbesitzer gründeten Betriebskrankenkassen, richteten Kindergärten und Schulen ein oder eigene Betriebsküchen und Läden, in denen ihre Arbeiter Lebensmittel erwerben konnten.

Die Unternehmer verbesserten durch diese Maßnahmen nicht nur die Lebens- und Arbeitsbedingungen ihrer Arbeiter. Sie erreichten, dass sich die Arbeiter mit „ihrer" Fabrik verbunden fühlten. Mit einem besseren Arbeitsklima ließ sich außerdem die Arbeitsleistung in den Betrieben steigern, sodass beide Seiten von den Maßnahmen profitierten.

Gleichzeitig erwarteten die Unternehmer, dass der Staat durch Gesetze die Arbeitszeit und die Arbeitsbedingungen mitbestimmen sollte. Einheitliche Vorgaben für alle sollten Streiks gegen Bestimmungen in einzelnen Fabriken verhindern. Nur so ließ sich ihrer Ansicht nach der Einfluss der Gewerkschaften und der Arbeiterparteien begrenzen.

M1 *Werkswohnungen in Leverkusen Ende des 19. Jahrhunderts.*

Q2 *Der Unternehmer Harkort schrieb schon 1849 an seine Arbeiter:*

Ein Proletarier hat sein Handwerk nicht erlernt, heiratet ohne Brot und setzt seinesgleichen in die Welt, welche stets bereit sind, über anderer Leute Gut herzufallen ... Nicht aber rechne ich zu den Proletariern den braven Arbeiter, dem Gott durch die Kraft seiner Hände und den gesunden Menschenverstand ein Kapital verliehen hat, welches ihm niemand rauben kann, es sei denn Krankheit und Alter ... Diesen ehrenwerten Leuten muss geholfen werden durch ... Vorschusskassen, guten Unterricht für die Kinder und Sicherstellung gegen Krankheit und Invalidität.

Harkort, Friedrich: Schriften und Reden, S. 101f.

Q3 *Otto von Bismarck über die Ängste der Arbeiter:*

> ... Die Frage von Arbeitszeit und Lohnhöhe ist durch Gesetze außerordentlich schwierig zu lösen. Ich habe darüber auch nur sporadisch lokale Klagen gehört. Der eigentliche Beschwerdepunkt (des Arbeiters) ... ist die Unsicherheit seiner Existenz. Er ist nicht sicher, dass er immer Arbeit haben wird, er ist nicht sicher, dass er immer gesund ist, und er sieht voraus, dass er einmal alt und arbeitsunfähig sein wird. Verfällt er aber der Armut auch nur durch längere Krankheit, so ist er darin nach seinen eigenen Kräften völlig hilflos und die Gesellschaft erkennt ihm gegenüber bisher eine eigentliche Verpflichtung ... nicht an ... Solange der Staat ihm da nicht entgegenkommt und solange er zu dem Entgegenkommen kein Vertrauen hat, da wird er immer wieder zu dem sozialistischen Wunderdoktor laufen ...
>
> Bismarck, Otto von: Gesammelte Werke, Bd. 2, S. 319 f.

Der Staat greift ein: Sozialgesetze werden eingeführt

Sowohl die Forderungen von Unternehmern als auch die wachsende Unzufriedenheit der Arbeiter mit ihren Lebensbedingungen zwangen den Staat zum Handeln.

Kaiser Wilhelm I., Bismarck, verschiedene Parteien und Unternehmer hatten Angst, dass die offenen Missstände die Arbeiter in die Arme der Sozialdemokratie treiben könnten. Ab 1883 wurden daher Sozialgesetze verabschiedet, die die Arbeiter bei Krankheit, Unfall oder im Alter absichern sollten. Kaiser Wilhelm I. bezeichnete diese Gesetze als Beitrag zur „Heilung der sozialen Schäden" im Deutschen Reich.

Versicherungsart	Krankenversicherung	Unfallversicherung	Rentenversicherung
Einführung	1883	1884	1889
Beitragshöhe	2–3 % des Lohns	unterschiedlich	1 % des Lohns
Wer zahlt?	2/3 zahlt der Arbeiter, 1/3 der Unternehmer	der Unternehmer zahlt sie allein	Arbeiter und Unternehmer zahlen je die Hälfte
Welche Leistungen erhält der Arbeiter?	– Bezahlung der Arztbesuche und der Medikamente – Kosten für Krankenhausaufenthalt – bis zu 50 % des Durchschnittlohns als Krankengeld ab dem 3. Krankheitstag bis zu 26 Wochen	– Bezahlung der Heilungskosten – bei Erwerbsunfähigkeit Weiterzahlung von 2/3 des Einkommens – bei Unfalltod 1/5 des Lohns für Witwen	– Altersrente ab 70 Jahren und nach 30 Jahren Beitragszahlung

M2 *Übersicht über die Sozialgesetzgebung.*

Arbeitsaufträge

1. Stelle in einer Tabelle dar, wer die „soziale Frage" mit welchen Maßnahmen lösen wollte.
2. Nenne Maßnahmen, die die Unternehmer umsetzten, um die Arbeits- und Lebensbedingungen „ihrer" Arbeiter zu verbessern.
3. Diskutiert die Forderungen der Unternehmer an den Staat, Arbeitsbedingungen gesetzlich zu regeln.
4. Analysiert die Ansichten des Reichskanzlers Otto von Bismarck über die Ängste der Arbeiter (Q3).
5. Vergleicht die Bestimmungen der Sozialgesetzgebung in der Tabelle M2 mit den heute gültigen Regelungen.
6. Erörtert aktuelle Reformbemühungen der Politik, mit welchen man auf die Herausforderungen des 21. Jahrhunderts reagieren will.

zu 1.
Suche zunächst die Anzahl und die Vertreter der einzelnen Lösungsansätze heraus. Zeichne dementsprechend eine Tabelle.

zu 2.
Unternehmer ließen … bauen. Andere gründeten …

METHODE

Statistiken auswerten

Geschichte in Zahlen

Veränderungen in der Gesellschaft und Wissenschaft im 19. Jahrhundert führten dazu, dass Zahlen über verschiedene Bereiche des öffentlichen Lebens gesammelt wurden. Dabei können unterschiedliche Fragen berücksichtigt werden, beispielsweise:

- Wer verdient wie viel?
- Wie lange arbeitet ein Fabrikarbeiter?
- Wie alt werden die Menschen?
- Wie viele Kilometer Bahngleise gibt es in Deutschland?

Eine solche Zahlensammlung heißt *Statistik.*
Statistiken dienen zur schnellen Informations- und Wissensvermittlung. Sie sind für uns wichtige Quellen, die Auskunft über die Vergangenheit geben. Heute erscheinen Statistiken in jeder Nachrichtensendung oder Zeitung. Oft werden die Zahlen grafisch in Diagrammen dargestellt, um die Aussage einer Statistik zu veranschaulichen. Konkrete Fragestellungen lassen sich mit Statistiken schnell beantworten. Um eine Statistik richtig zu deuten, musst du genaue Fragen an sie stellen.

Eine Information aus Daten kann unterschiedlich dargestellt werden:

a) als Tabelle

Jahr	Bevölkerung (geschätzt in Millionen)
um 800	Unbekannt
um 1200	60
um 1500	80
um 1600	90
um 1700	120
1800	187
1850	266
1900	401

b) als Säulendiagramm

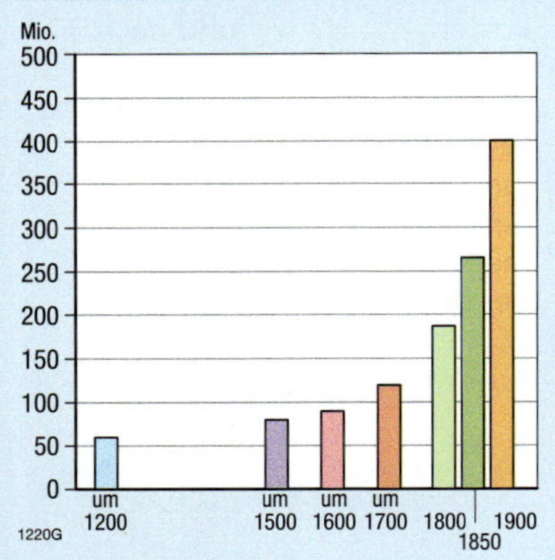

c) als Kurvendiagramm

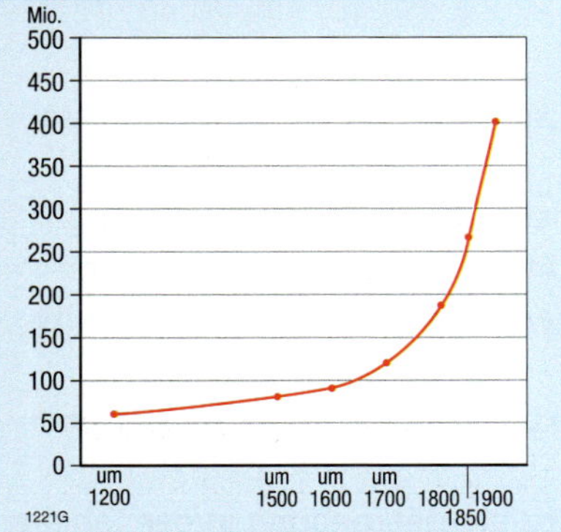

M1 *Bevölkerungsentwicklung in Europa.*

Fragen an Statistiken

1. **Was ist das Thema der Statistik?**
   (Lebenserwartung, Bevölkerungsentwicklung, Produktionsentwicklung usw.)
2. **Welche Werte werden in den Zeilen und in den Spalten erfasst?**
   (Datum, Zeitraum, Jahr, Jahrhundert, Maßeinheiten usw.)
3. **Was kannst du über die Herkunft der Daten aussagen?**
   Handelt es sich um geschätzte Zahlen oder genaue Erhebungen und sind diese zuverlässig? (Quellenangabe suchen)
4. **Was sagen die Einzeldaten der Statistik bei einem Vergleich untereinander aus?**
   (z. B.: Wie ist ein Merkmal zu verschiedenen Zeitpunkten ausgeprägt?)
5. **Welche Entwicklung wird mit der Statistik verdeutlicht?**
   (z. B.: Steigen die Zahlen? Ist ein Rückgang zu verzeichnen? Gibt es Brüche in der Kurve oder eine andere auffällige Entwicklung?)
6. **Wie glaubwürdig ist die Statistik?**
   Verfolgt der Herausgeber eine Absicht mit der Veröffentlichung?

Arbeit zieht die Menschen in die Stadt

1800 waren noch vier Bauern nötig, um einen Menschen zu ernähren. 100 Jahre später konnte ein Bauer vier Menschen ernähren. Gleichzeitig gab es auf dem Land nicht genügend Verdienstmöglichkeiten. Um Arbeit zu finden, zogen viele Menschen in die schnell wachsenden Industriestädte.

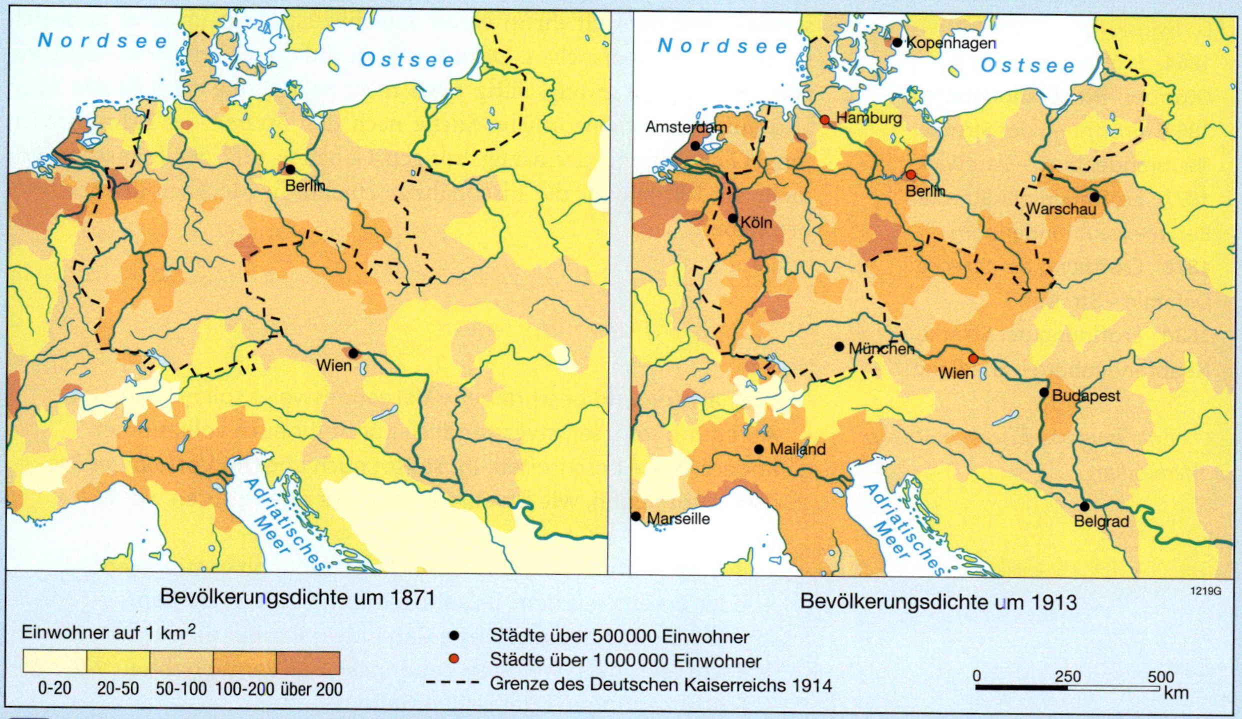

M2 *Bevölkerungsentwicklung in Deutschland.*

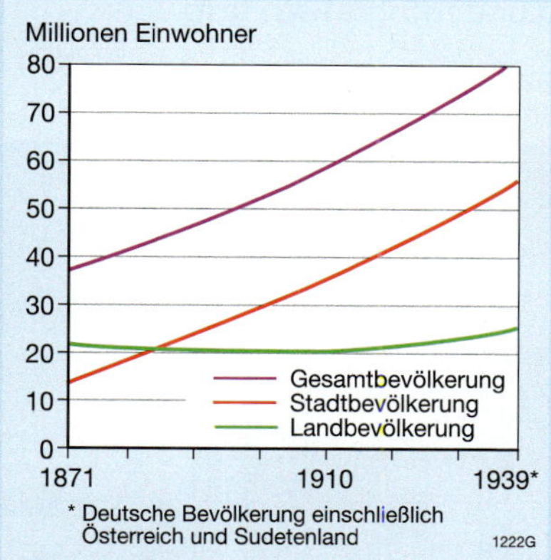

M3 *Verteilung der Bevölkerung in Deutschland.*

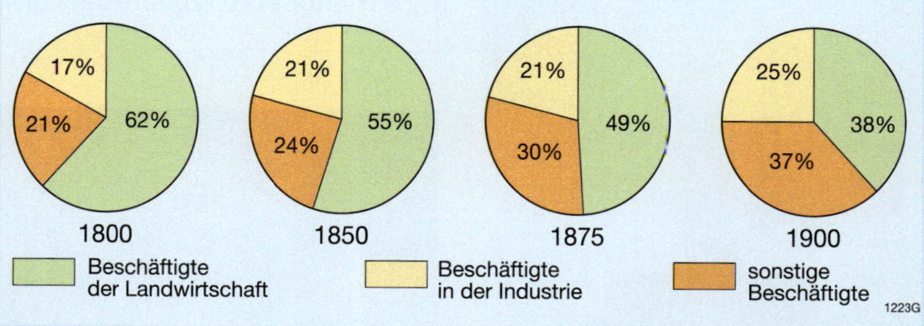

M4 *Kreisdiagramm zur Beschäftigungsverteilung in Landwirtschaft und Industrie.*

Um 1800 lebten etwa 75 Prozent der Einwohner der verschiedenen deutschen Staaten in Dörfern bis zu 200 Einwohnern. 1914 lebten 65 Prozent der Deutschen in Orten mit mehr als 2 000 Einwohnern.

	1800	1850	1880
Leipzig	40 000	63 000	149 000
Berlin	170 000	419 000	1 122 000
Halle	15 000	35 000	71 000

M5 *Einwohnerzahlen ausgewählter Städte.*

Arbeitsaufträge

1. Wende die Schritte zur Auswertung einer Statistik für M2 bis M5 an.
2. Vergleiche die verschiedenen Darstellungen in M1 (a–c). Nenne die Vor- und Nachteile der einzelnen Darstellungsformen der Werte.
3. Analysiere die Karten M2 und vergleiche das Ergebnis mit den Aussagen aus M3 und M5.
4. Stelle die statistischen Angaben aus M5 in einem Diagramm dar.

PROJEKT

Erste Eisenbahnen in Mecklenburg

Wir gehen auf historische Schienensuche

Den Mecklenburgern wird ja eine sprichwörtliche Rückständigkeit im Hinblick auf technischen Fortschritt oder sonstige Neuerungen nachgesagt. Ob dies im Falle der Einführung des neuen Verkehrsmittels Eisenbahn so auch zutrifft, sollt ihr in einem Geschichtsprojekt in eurer unmittelbaren Region untersuchen. Dazu findet ihr auf dieser Seite einzelne Anregungen, die aber zwangsläufig noch nicht vollständig sind. Macht euch also auf eine sprichwörtliche Suche nach den Spuren der Dampfrösser, ihrer Gleisanlagen, der dazugehörigen Gebäude und der Menschen vor mehr als 100 Jahren, die Eisenbahngeschichte in Mecklenburg geschrieben haben.

1846 Eröffnung der Strecke Berlin – Hamburg (über Ludwigslust)
1864 Eröffnung der Strecke Güstrow – Neubrandenburg
1867 Eröffnung der Strecke Neubrandenburg – Pasewalk
1877 Eröffnung der Strecke Berlin – Neubrandenburg
1878 Eröffnung der Strecke Demmin – Stralsund
1884 Eröffnung der Strecke Neubrandenburg – Friedland

M1 *Eröffnung von Eisenbahnstrecken in Mecklenburg.*

Tipps zur Vorgehensweise

Die nachfolgend beschriebene Vorgehensweise soll nur eine Anregung sein, selbstverständlich könnt ihr auch vollkommen andere Wege beschreiten. Ihr solltet euch aber im Vorfeld des Projektes überlegen, wie ihr eure Ergebnisse präsentieren wollt.

1. Recherchiert in eurer näheren Umgebung, ob es stillgelegte oder bereits seit dem 19. Jahrhundert existierende Bahnstrecken und dazugehörige Gebäude gab oder gibt.
2. Sucht jetzt nach weiteren Zeugnissen der Vergangenheit wie Fotos, Zeitungen oder realen Gegenständen.
3. Nutzt das Internet, die Bibliotheken, Archive, Museen und Eisenbahnclubs vor Ort für eure weitere Materialsammlung.
4. Haltet eure Ergebnisse schriftlich und fotografisch fest.

M2 *„Rasender Roland“ auf Rügen. Der erste Streckenabschnitt der über 100 Jahre alten Kleinbahn wurde im Jahr 1895 eröffnet.*

M3 *Reste der Elbbrücke bei Dömitz, die 1871–1873 als Teil der Bahnstrecke zwischen Wittenberge und Lüneburg erbaut wurde. Während des Zweiten Weltkrieges im April 1945 zerstört. Die später hier verlaufende innerdeutsche Grenze verhinderte einen Wiederaufbau.*

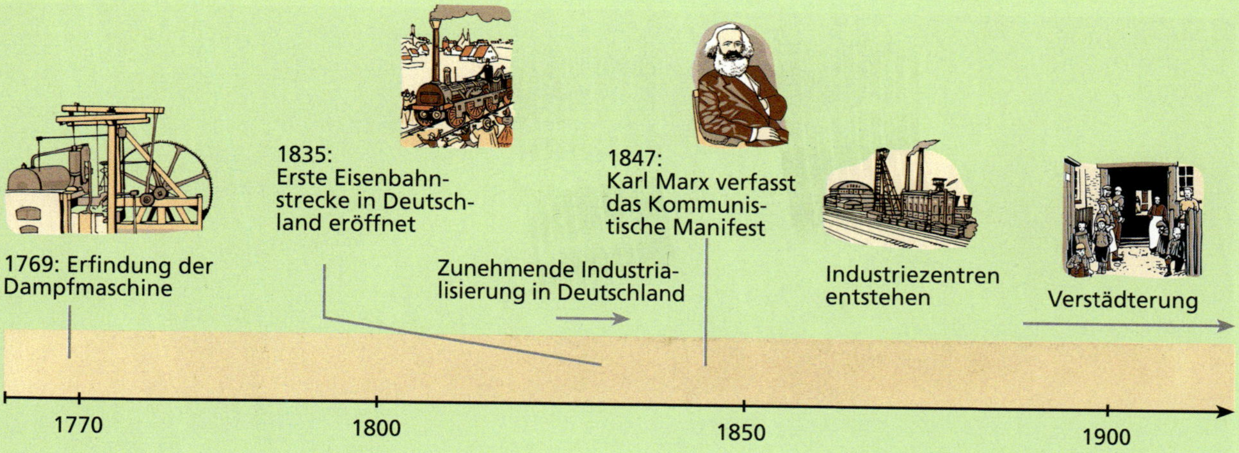

IN KÜRZE

Wichtige Begriffe:

Arbeiter
Dampfmaschine
Eisenbahn
Fabrik
Gewerkschaft
Industrialisierung
Industrielle Revolution
Kapital
Kapitalismus
Kinderarbeit
Kommunismus
Proletariat
Sozialdemokratie
Soziale Frage
Sozialgesetze
Verstädterung

Fortschritte in der Landwirtschaft, das Bevölkerungswachstum und die verstärkte Nachfrage nach Waren lösten zuerst in England und etwa 50 Jahre später in Deutschland die *Industrialisierung* aus. Erfindungen wie die Spinnmaschine „Spinning Jenny" förderten die Entwicklung der *Dampfkraft* als neue Energiequelle. Durch sie erlebte der Berg- und Maschinenbau einen enormen Aufschwung. Die Entwicklung der Eisenbahn war sowohl Triebkraft als auch Folge der Industrialisierung.

Immer mehr Menschen zogen vom Land in die Stadt, weil sie in der Landwirtschaft keine Arbeit mehr fanden.

In *Fabriken* setzte sich eine hohe *Arbeitsteilung* durch. Maschinen bestimmten den Arbeitsablauf und übernahmen den Großteil der Arbeit. Die *Unternehmer* stellten ungelernte *Arbeiter,* Frauen und Kinder ein, die alle einen sehr geringen Lohn erhielten. Die neu entstandene Bevölkerungsschicht wurde *Arbeiterklasse* bzw. *Proletariat* genannt.

Der Unterschied zwischen wenigen reichen Unternehmern und der Masse der armen Proletarier wurde immer größer. Deshalb suchten Vertreter der Kirchen, des Bürgertums und der Arbeiterklasse nach Lösungen der *sozialen Frage*. Die Arbeiter schlossen sich in *Gewerkschaften* und Arbeitervereinen zusammen, aus denen 1875 eine Arbeiterpartei hervorging.

Da die Industrialisierung alle Bereiche des Lebens grundlegend veränderte, wird diese Entwicklung als *Industrielle Revolution* bezeichnet.

Das Deutsche Kaiserreich

Eröffnung des Reichstages im Weißen Saal des Königlichen Schlosses zu Berlin durch Kaiser Wilhelm II. am 25. Juni 1888 anlässlich

seiner Thronbesteigung. Gemälde von Anton von Werner (1843–1915).

„Heil dir im Siegerkranz"

i

Dreiklassenwahlrecht: das 1849 eingeführte und bis 1918 gültige undemokratische Wahlrecht teilte die männlichen Stimmberechtigten Preußens abhängig von der Höhe ihrer Steuerleistungen in drei Klassen ein.

Q1 *Repräsentationslied für Thronjubiläen:*

Heil dir im Siegerkranz,
Herrscher des Vaterlands!
Heil Kaiser, dir!
Fühl in des Thrones Glanz
Die hohe Wonne ganz,
Liebling des Volkes zu sein!
Heil Kaiser dir!

Nach: http://de.wikipedia.org/wiki/Heil_dir_im_Siegerkranz.

Die Verfassung des Kaiserreiches

Kaiser Wilhelm I. ernannte Otto von Bismarck zum Reichskanzler des Deutschen Kaiserreiches. In dieser Funktion lagen die Geschicke der Reichspolitik in Bismarcks Verantwortung. Dieser war nur dem Kaiser Rechenschaft schuldig, der ihm beim Regieren sehr viel Freiraum ließ. Somit hatte der Reichskanzler eine außerordentlich starke Stellung.

Das Parlament des Kaiserreiches, der *Reichstag*, hatte in Abstimmung mit dem Bundesrat die Gesetze für das Reich zu beraten. Der Bundesrat setzte sich aus Regierungsvertretern der einzelnen Bundesstaaten zusammen, während der Reichstag aus allgemeinen, geheimen, gleichen und direkten Wahlen hervorging. Dies bedeutete, dass alle männlichen Bürger über 25 Jahre wählen, aber auch gewählt werden konnten (allgemein). Darüber hinaus gab es keine „Wahlmänner", wie z. B. in der amerikanischen Verfassung. Der Bürger wählte seine Abgeordneten direkt. Jeder Wähler konnte auf einem Wahlzettel den Namen eines gewünschten Abgeordneten ankreuzen, ohne das er dabei beobachtet wurde (geheim). Außerdem zählte die Stimme jedes Wählers gleich viel. Frauen besaßen im Kaiserreich jedoch weiterhin kein Wahlrecht.

M1 *Der Weg zum Deutschen Reich 1866–1871.*

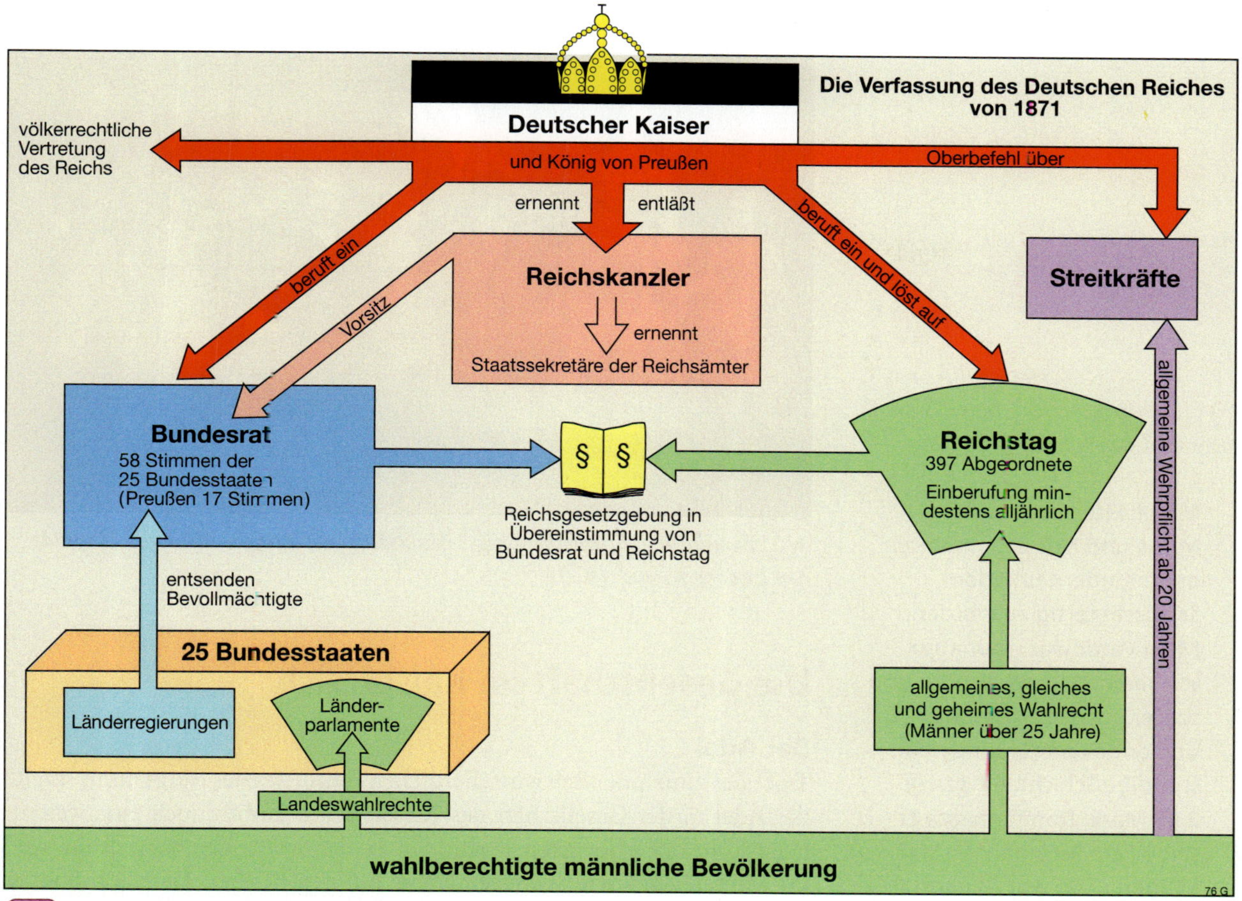

M2 *Die Verfassung des Deutschen Kaiserreiches von 1871.*

M3 *Das Wappen des Kaiserreiches: Reichsadler mit preußischem Wappenschild und der Krone des Heiligen Römischen Reiches Deutscher Nation.*

Q2 *Der Historiker Golo Mann über die Verfassung des Kaiserreiches:*

Die Verfassung des Norddeutschen Bundes ist von weltgeschichtlichem Gewicht, weil sie die Verfassung des neuen Deutschen Reiches bis 1918 blieb ... Über ... Menschen- und Bürgerrechte, Gewaltenteilung ... schwieg das Dokument sich aus, da sie den herrischen und praktischen Geist Bismarcks nicht interessierten ... Was er hier zu Wege brachte, war ein deutscher Nationalstaat ..., aber war beherrscht von dem alten, dynastischen, in seiner Herrschaftsschichtung unveränderten Preußen ... Neben dem Reichstag und in der gleichen Hauptstadt Berlin bestand der nach dem *Dreiklassenwahlrecht* gewählte preußische Landtag samt dem preußischen Herrenhaus weiter fort und besorgte die Gesetzgebung für das preußische Staatsgebiet ... Ein roh und praktisch gezimmerter, theoretisch schiefer Kompromiss. Bismarck schnitt die neue deutsche Verfassung auf sich selber zu.

Nach: Propyläen Weltgeschichte, Bd. 8, S. 564.

zu **1.**
Nutze M2.

zu **2.**
Gehe in einer Tabelle ein auf: Wahlberechtigung, Wählbarkeit, Wahlform.

Arbeitsaufträge

1. Erkläre die Verfassung des Kaiserreiches.
2. Vergleiche das damalige mit dem heutigen Wahlrecht.
3. Golo Mann nennt die Verfassung einen „schiefen Kompromiss". Überprüfe seine Meinung und begründe dein eigenes Urteil.

M1 *Familie des „Eisenbahnkönigs" Strousberg im Garten seiner Villa. Gemälde von Ludwig Knaus, 1870.*

Q1 *Der Bergarbeiter August Schmidt über seine Jugend:*

Meine Eltern hatten alle Mühe und Not, um mit ihren neun Kindern und dem Schicksal fertig zu werden. Mein Vater war – genauso wie meine älteren Brüder und später auch ich – Bergmann, und er bekam für eine neunstündige Schichtzeit ganze 2,66 Mark. Damit musste er seine Familie ernähren und kleiden ... So war es dann wohl kaum ein Wunder, dass wir Kinder keine Lederschuhe kannten, sondern im Sommer barfuss laufen mussten und in der kälteren Jahreszeit uns mit Holzschuhen ... begnügten. ... In einer Hose wuchsen aus Sparsamkeitsgründen gleich mehrere Kinder auf, denn ... die Kleidung vererbte sich von Kind zu Kind weiter. Es fehlte einfach an Geld, um richtig satt werden zu können. Erst lange nach meiner Jugendzeit lernte ich auch Butter in der Praxis kennen. Sie kostete damals 0,90 bis 1,00 Mark je Pfund und konnte auch bei bestem Willen und größter Sparsamkeit nicht auf unseren Familientisch gebracht werden.

Nach: Schmidt, A.: Lang war der Weg, S. 9–11.

Die Gesellschaft im Kaiserreich

Der Adel

Trotz des zunehmenden wirtschaftlichen Einflusses des Bürgertums spielte der Adel in der Gesellschaft des Kaiserreiches immer noch eine wesentliche Rolle. Die höchsten Positionen in der staatlichen Verwaltung und im Militär wurden überwiegend von Adligen besetzt. Der Grundbesitz bildete nach wie vor die wirtschaftliche Grundlage des Adels, vor allem in den preußischen Gebieten östlich der Elbe. Doch gab es inzwischen auch zahlreiche verarmte Adlige. Diese versuchten zumeist, ihren Lebensunterhalt mit einer Anstellung im Staatsdienst zu sichern.

Das Bürgertum

Das mit der Industrialisierung aufsteigende Bürgertum prägte immer stärker die Gesellschaft des Kaiserreichs. Dennoch strebten viele Angehörige des Bürgertums danach, sich dem Lebensstil der Adligen anzupassen. *Großbürger* kauften Güter von verarmten Adligen und bauten ihre Häuser wie adlige Herrensitze. Zudem bemühten sie sich, in den Adelsstand erhoben zu werden. Orden und Titel waren begehrt. Gebildete und vermögende Bürger legten großen Wert auf ihre erreichte gesellschaftliche Stellung und die Ausbildung ihrer Kinder *(Besitz- und Bildungsbürgertum)*. Die große Gruppe der *Kleinbürger*, oft Beamte, achtete insbesondere auf die sogenannten *bürgerlichen Tugenden* wie Ordentlichkeit, Fleiß und Pünktlichkeit. Der Offizier diente auch hier als Leitbild.

Die Unterschichten

Mehr als zwei Drittel aller Erwerbstätigen gehörten mit ihren Familien zu den *Unterschichten*. Diese mussten sich ihren Lebensunterhalt schwer erarbeiten. Der Lohn eines Einzelnen reichte oft nicht für die Ausgaben des täglichen Lebens. Da auch die Kinder zum Broterwerb der Familie beitragen mussten, war es ihnen oft nicht möglich, eine minimale oder gar umfassende Schulbildung zu genießen. Dementsprechend waren ein Studium oder politische Arbeit für die Unterschicht kaum denkbar.

i

Großbürgertum: Dazu gehörten z. B. reiche Industrielle und Kaufleute.
Zum *Besitz- und Bildungsbürgertum* zählten u. a. Architekten, Rechtsanwälte, Ärzte, Professoren, Gymnasiallehrer und höhere Beamte.
Das *Kleinbürgertum* setzte sich z. B. aus Gewerbetreibenden, Handwerksmeistern, Angestellten und Beamten zusammen.
Teil der *Unterschichten* waren u. a. Fabrikarbeiter, Bergleute, Heimarbeiter, Handwerksgesellen, Landarbeiter und Dienstboten.

M2 *Familie eines Berliner Arbeiters in der Wohnküche, die zugleich als Schlafraum dient. Foto, 1916.*

M3 *Villa eines Nürnberger Fabrikanten im Stil eines Renaissanceschlosses. Foto, 1890.*

M4 *Hofansicht im Berliner Stadtteil Alt-Moabit. Foto, 1903.*

Ehefrauen und Fabrikarbeiterinnen

Die Erziehung der Mädchen „aus gutem Hause" wurde ausschließlich auf ihre spätere Aufgabe als Ehefrau und Mutter ausgerichtet. Haushaltsführung, Gästebewirtung und Klavierspiel waren wichtige Inhalte der Mädchenbildung. Ein Studium oder gar die Teilnahme am politischen Leben blieben nach wie vor den Männern vorbehalten.

Da viele Frauen jedoch arbeiten mussten, um sich und ihre Familien zu ernähren, nahm die Zahl der Fabrikarbeiterinnen rasch zu. 1907 betrug sie schon 1,5 Millionen. Die Frauen waren häufig in der Textil- und Bekleidungsindustrie als Näherinnen, Spinnerinnen und Weberinnen beschäftigt. Fast immer bekamen die Frauen einen geringeren Lohn als die Männer. Daneben blieben die Frauen weiter für den Haushalt, die Kindererziehung und die Versorgung der Familie zuständig.

zu 1.
Bedenke die verschiedenen Bevölkerungsschichten und ihre Berufe.

zu 2.
Nutze M1 – M4 und Q1. Notiere in Tabellenform Äußeres, Wohnkultur, Lebenserwerb und Zukunftschancen.

Arbeitsaufträge

1. Gestalte eine Bevölkerungspyramide der Gesellschaft des Kaiserreichs.
2. Vergleiche das Leben von Bürgertum und Unterschichten miteinander.
3. Erörtert die Rolle der Frau in der damaligen Gesellschaft.

M1 *Reichskanzler Otto von Bismarck. Gemälde von Franz von Lenbach, 1884.*

Die Innenpolitik Bismarcks

Der eiserne Kanzler Otto von Bismarck

Otto von Bismarck wurde 1815 als Sohn niederer preußischer Adliger geboren. Nach seinem Jurastudium übernahm er die Verwaltung des landwirtschaftlichen Familienbetriebes.

Während der Revolution von 1848/49 vertrat Otto von Bismarck als Mitglied des Landtages einen sehr konservativen und königstreuen Standpunkt. Als es 1862 zum Machtkampf zwischen dem preußischen König und dem Landtag kam, bot Bismarck dem König an, das Amt des Ministerpräsidenten zu übernehmen. Wilhelm I. übertrug ihm dieses Amt und Bismarck nutzte seine politische Macht, um die Monarchie zu festigen.

Mit der Kaiserkrönung des preußischen Königs Wilhelms I. im Jahr 1871 nahm auch die Macht Bismarcks zu. Denn Wilhelm I. übertrug Otto von Bismarck das Amt des Reichskanzlers. In dieser Funktion war Bismarck nur dem Kaiser Rechenschaft schuldig und konnte das Kaiserreich von 1871 bis 1890 mit großer Handlungsfreiheit führen. „Bismarck ist wichtiger für das Reich als ich.“, soll Wilhelm I. über seinen Reichskanzler einst geäußert haben.

Spannungen zwischen den Parteien, dem Adel, dem Bürgertum und den Arbeitern blieben nicht aus. Bismarck gelang es aber immer wieder, die Parteien für sich zu gewinnen.

M2 *„Am Steuer“. Die Speichen des Steuerrades zeigen Abgeordnete der Konservativen, Liberalen und des Zentrums. Karikatur von 1879.*

Q1 *1878 äußerte sich Otto von Bismarck über sein Verhältnis zu den Parteien:*

Ich habe bestimmte, positive, praktische Ziele, nach denen ich strebe, zu denen mir mitunter die Linke, mitunter die Rechte geholfen hat. Ich gehe mit dem, der mit den Staats- und Landesinteressen nach meiner Überzeugung geht; die Fraktion, der er angehört, ist mir vollständig gleichgültig.

Bismarck, Otto von: Gesammelte Werke, Bd. 12, Berlin 1929, S. 12.

Der Kulturkampf

Ein Ziel Bismarcks war es, den Einfluss der Kirche, vor allem der katholischen, aber auch der evangelischen, im Staat zurückzudrängen. Bismarck unterstellte der Kirche, dass sie sich über die christlich geprägte Zentrumspartei in „einer den öffentlichen Frieden gefährdenden Weise“ in staatliche Angelegenheiten einmische. Zwischen dem Staat und der Kirche entwickelte sich eine ernste Auseinandersetzung, der *Kulturkampf*.

Bismarck entzog der Kirche die Aufsicht über die Volksschulen und übertrug sie dem Staat. 1874 wurde die zivile Eheschließung vor dem Standesamt eingeführt und erhielt alleinige rechtliche Gültigkeit. Der *Jesuitenorden* wurde verboten, genauso wie eine Stellungnahme zum Verbot. Bei Verstößen gegen diese Bestimmungen drohte eine Gefängnisstrafe.

Wer ein geistliches Amt anstrebte, musste eine staatliche Prüfung ablegen. Viele Geistliche stellten sich dagegen. Als Antwort auf ihren Widerstand ließ Bismarck sie ihres Amtes entheben. Da der Widerstand der Geistlichkeit jedoch nicht dauerhaft zu unterdrücken war, nahm er die meisten Maßnahmen schließlich zurück. Das Misstrauen zwischen katholischer Kirche und Staat blieb aber bestehen.

i

Jesuitenorden: Das Hauptziel des Ordens war und ist die Ausbreitung und Festigung des katholischen Glaubens durch Mission, Seelsorge, Unterricht, wissenschaftliche Arbeit u. a.

Partei	Wähler
Sozialdemokraten	Arbeiter
Fortschrittspartei	Bürger
Nationalliberale Partei	Unternehmer, Bürger
Zentrum	Katholiken

M3 *Parteien im Kaiserreich und ihre Wähler.*

Jahr	Stimmen
1877	0,5 Millionen
1890	1,5 Millionen
1912	4,3 Millionen

M4 *Wählerstimmen für die Sozialdemokraten.*

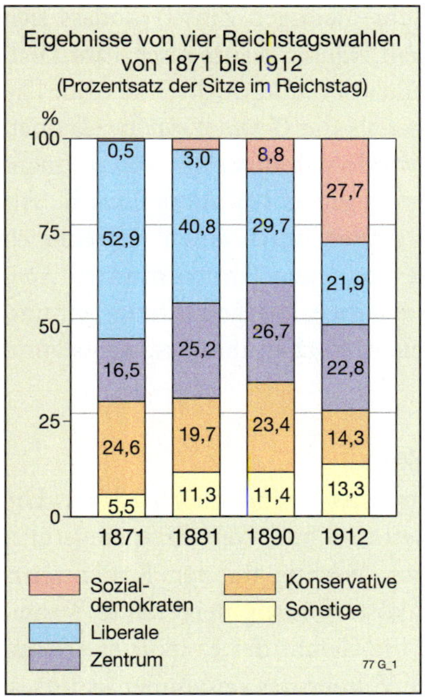

M5 *Zwischen 1871 und 1912 fanden insgesamt 13 Reichstagswahlen statt. Dargestellt sind die Ergebnisse der Reichstagswahlen von 1871, 1881, 1890 und 1912.*

zu **1.**

Nutze auch S. 68 f. Notiere die wichtigsten Daten seines Lebenslaufs in chronologischer Reihenfolge.

zu **2.**

Nutze politische Ereignisse zwischen 1871 und 1890 als Beispiele.

Der Kampf gegen die Sozialdemokratie

1875 gründete sich die Sozialdemokratische Arbeiterpartei und gewann schnell Wählerstimmen. Bismarck verfolgte ihre Politik mit Argwohn. Er glaubte, dass diese Partei den Umsturz der Kaiserherrschaft vorbereitete. Deshalb wollte er ihren Einfluss einschränken. Zwei Attentate auf den Kaiser gaben ihm dazu die Gelegenheit, obwohl eine Tatbeteiligung der Sozialdemokratie nicht nachgewiesen werden konnte.

Am 18. Oktober 1878 brachte Bismarck im Reichstag das „Gesetz gegen die allgemeingefährlichen Bestrebungen der Sozialdemokratie“ ein und stellte die Partei damit unter Ausnahmerecht. Besser bekannt ist das Gesetz unter dem Namen „Sozialistengesetz“. Mit ihm begann für die Sozialdemokraten eine Zeit der Verfolgung. Bald wurden sie als „Reichsfeinde“ und „vaterlandslose Gesellen“ bezeichnet.

Die Partei selbst verbot der Reichstag zwar nicht, aber Versammlungen und Parteimitglieder wurden strengstens überwacht, immer wieder sozialdemokratische Zeitungen und Zeitschriften beschlagnahmt. Zahlreiche Sozialdemokraten kamen ins Gefängnis oder wurden ausgewiesen.

Um das Gesetz zu umgehen, fanden Veranstaltungen der Partei getarnt als Kegelnachmittage oder Ausflüge in die Natur statt. Die verbotenen Zeitschriften ließ die Partei während dieser Zeit im Ausland drucken.

Um die Arbeiter für das Kaiserreich zu gewinnen, wurden staatliche Sozialgesetze eingeführt (siehe S. 103). 1890 musste der Reichstag das „Sozialistengesetz“ wieder aufheben, weil die Partei trotz aller Unterdrückung 1,5 Millionen Wählerstimmen erhielt.

Die wachsende Bedeutung des Reichstages

Neben der Sozialdemokratie entwickelten sich im Deutschen Reich auch bald andere einheitliche Parteien. Diese vertraten vor allem die Interessen bestimmter Bevölkerungsgruppen und zeigten deshalb wenig Bereitschaft zur Zusammenarbeit untereinander. Die liberalen Parteien als Vertreter des Bürgertums forderten den Schutz der Bürgerrechte, politische Mitsprache der Bevölkerung sowie mehr wirtschaftliche Freiheiten. Die Konservativen wurden von der königstreu eingestellten Bevölkerung gewählt und lehnten die Demokratie an sich ab. Das Zentrum war die Partei der Katholiken und kämpfte für deren Rechte im protestantisch geprägten Reich.

Die Parteien unterschieden sich stark von denen im heutigen Deutschland, doch blieben drei große Grundrichtungen bis heute erhalten: die liberale, die christlich-konservative und die sozialdemokratische. Seit Ende des 19. Jahrhunderts wurde immer deutlicher, dass politische Ziele im Kaiserreich kaum noch ohne das parlamentarische Mitwirken dieser Parteien durchzusetzen waren. Der Reichstag entwickelte sich zu einem einflussreichen Machtorgan neben Kaiser und Reichskanzler.

Arbeitsaufträge

1. Beschreibe den politischen Aufstieg Bismarcks.
2. Bismarcks Politik wird als „Zuckerbrot und Peitsche" bezeichnet. Erläutere diese Charakterisierung.
3. Interpretiere die Karikatur M2 mithilfe der Quelle Q1.
4. Erörtert Ziele, Mittel sowie Erfolg oder Misserfolg des „Sozialistengesetzes".
5. Beurteile Bismarcks Politik aus heutiger Sicht.

(M1) *Typische Bauten der Gründerzeit in Berlin, Ecke Unter den Linden – Friedrichstraße, Foto um 1900.*

Die wirtschaftliche Entwicklung

Die Mark wird einheitliches Zahlungsmittel

Mit der Gründung des Kaiserreiches im Jahre 1871 entstand ein Nationalstaat, aber die wirtschaftliche Einigung musste erst vollzogen werden. Überall im Land gab es verschiedene Währungen, Maße und Gewichte (Fuß, Zoll, Meter, Meile usw.). Das war für die wirtschaftliche Entwicklung von Nachteil. Ein erster wesentlicher Schritt zur Belebung der Wirtschaft und des Handels war das im November 1871 eingeführte Reichsmünzgesetz. Es vereinheitlichte die Währungen, sodass im Kaiserreich nur noch Mark, Groschen und Pfennige gültige Zahlungsmittel waren.

Gründerjahre und Gründerkrach

Der Krieg zwischen Frankreich und den deutschen Staaten von 1870 / 1871 bewirkte die Einigung Deutschlands. Das Deutsche Reich ging aus diesem Krieg als Sieger hervor und Frankreich musste Kriegsentschädigungen in Höhe von 5 Milliarden Goldfrancs an das Kaiserreich zahlen. Frankreich beglich diese Summe innerhalb von zwei Jahren. Dieses Geld war wichtig, um die Wirtschaft voranzutreiben.

Die Banken verliehen Kredite zu sehr niedrigen Zinsen, sodass sich zahlreiche Firmen gründeten und überall Häuser, Kaufhäuser, Fabrikhallen oder Banken gebaut wurde. Die Industriestädte wuchsen enorm. Die Zeit zwischen 1871 und 1873 wird daher als die *Gründerjahre* bezeichnet.

Dieser wirtschaftliche Aufschwung wurde vor allem mit *Aktien* finanziert. Viele Menschen verfielen einem regelrechten Aktienrausch. Als aber im Oktober 1873 die Werte der Aktien durch einen Börsenkrach fielen, kam es zum *Gründerkrach*. Viele der neuen Firmen mussten *Konkurs* anmelden. Die Folgen waren Massenarbeitslosigkeit, Kurzarbeit und Lohnsenkungen. Dadurch verloren viele Menschen ihre Ersparnisse und ihre finanzielle Lebensgrundlage.

i

Aktien: Wertpapiere, Anteilsscheine.
Konkurs: Zahlungsunfähigkeit.

(M2) *Aktie der Gesellschaft für Bergbau, Eisen- und Stahlindustrie aus dem Jahr 1872. Bereits 1873 brach die Firma zusammen.*

Konzerne, Kartelle und Großbanken

Vor allem die „einfachen" Menschen traf der Gründerkrach schwer. Die Unternehmer hingegen, die modernisiert und neue Verfahren eingeführt hatten, gingen aus ihm gestärkt hervor. Wichtig für den Konkurrenzkampf waren schnelle, preiswerte und kostengünstig hergestellte Waren. Trotzdem blieben der Preiskampf und die Gefahr des Konkurses enorm. Darum erkannten die Unternehmer die Vorteile des Zusammenschlusses. Sie bildeten Kartelle, im denen sie Preise, Produktionslinien und Absatzmärkte absprachen. Den Elektromarkt teilten sich Siemens und AEG.

Der Zusammenschluss von kleineren Unternehmen zu großen Verbänden nannte man Konzernbildung, wie z. B. im Fall von BASF oder Bayer. So erreichten Unternehmen die Marktbeherrschung und die Verdrängung kleinerer Firmen. Dadurch konnten sie die Marktentwicklung mitbestimmen und höhere Gewinne machen.

Die großen Konzerne und Kartelle benötigten aber auch Geldgeber, die Banken. Nur so konnten sie wettbewerbsfähig sein. Diese Geldgeber verlangten die Mitbestimmung in der Unternehmenspolitik, wenn sie ihr Geld zur Verfügung stellten. So verbanden sich die Banken mit der Industrie. Um die enormen Finanzmengen für die Wirtschaft aufzubringen, schlossen sich kleine Banken ebenso zu Großbanken zusammen.

M3 *Im Jahr 1900 erhob sich das erste von Zeppelin konstruierte Starr-Luftschiff. Im Jahr 1910 wurde in Deutschland ein planmäßiger Passagierdienst eingerichtet. Plakat, um 1905.*

M4 *Das Plakat warb im Jahr 1904 für Manöverspiele am Kurfürstendamm in Berlin. In einem großen Wasserbecken wurden mit Modellen von Kriegsschiffen Manöver auf hoher See nachgespielt. Die Kriegsschiffe wurden von in den Modellen versteckten Männern bewegt.*

Die Rüstungsindustrie

Das deutsche Kaiserreich war geprägt durch sein Militär. So war es nicht verwunderlich, dass der Staat auch die Rüstungsindustrie förderte.

Die technische Entwicklung im militärischen Bereich verlief rasant. Im Mittelpunkt stand dabei neben der Ausrüstung des Landheeres die Kriegsmarine, die ab Ende des 19. Jahrhunderts modernisiert und ausgebaut wurde. Neu entwickelte Schiffstypen wie der schwer gepanzerte, von Dampfturbinen angetriebene *Panzerkreuzer* verfügten über weit reichende Geschütze und glichen schwimmenden Festungen. *Unterseeboote* bewegten sich dagegen unterhalb der Wasseroberfläche und waren in der Lage, mit Torpedos Schiffe zu versenken. Diese Aufrüstung belebte die Wirtschaft in vielen Bereichen. Selbst das Auto stand künftig im Dienst des Militärs.

Luftschiffe und Flugzeuge

Eine ebenfalls bedeutsame Entwicklung war der Bau des Luftschiffes von Ferdinand Graf von Zeppelin. Die begeisterte Bevölkerung unterstützte Zeppelins Arbeit mit vielen Spenden.

Die Gleitflugversuche von Otto Lilienthal ermöglichten später die Entwicklung von Flugzeugen.

zu 1.
Bedenke die wirtschaftliche Entwicklung des Kaiserreichs zwischen 1871 und 1873.

zu 2.
Arbeite mit Stichworten

zu 4.
Nutze die Schulbibliothek, ein Lexikon oder das Internet.

Arbeitsaufträge

1. Erkläre die Begriffe „Gründerjahre" und „Gründerkrach".
2. Erläutere die Kartell-, Konzern- und Großbankenbildung.
3. Nenne Beispiele für neue technische Entwicklungen.
4. Informiere dich über eine neue technische Entwicklung dieser Zeit und stelle sie in einem Kurzvortrag vor.
5. Vergleiche die wirtschaftliche Entwicklung im Kaiserreich mit der Situation zu Beginn der Industrialisierung in Deutschland.

M1 *Festumzug zum Kaisergeburtstag am 27. Januar 1913 in Berlin.*

Der Kaiser und seine Untertanen

M2 *Kaiser Wilhelm II. (1859–1941). Gemälde von Max Koner, 1890.*

Das neue Nationalgefühl

Obwohl mit der Gründung des Kaiserreiches der Traum von 1848/49 in Erfüllung ging, entwickelte sich in Deutschland nur langsam ein Nationalgefühl. Da die Reichseinigung von oben erfolgte, fühlten sich viele der Menschen noch immer als Sachsen, Bayern oder Preußen. Der Kaiser entwickelte sich allmählich zur zentralen Figur, die zum Vorbild der Menschen wurde und ihr Leben positiv beeinflusste. Aber mit der Zeit begann die Bevölkerung mehr und mehr, sich als Teil des Kaiserreiches zu sehen.

Der Kaiserkult

Den Kaisergeburtstag feierten die Menschen als Nationalfeiertag. Es gab Gottesdienste zu Ehren der Majestät und die Kinder erhielten schulfrei. An diesem Tag veranstalteten Städte und Dörfer Festumzüge und Volksfeste mit Reden zu Ehren des Kaisers, seiner Politik und des Reiches. Die Straßen, Plätze und öffentlichen Gebäude der Städte und Gemeinden schmückten die Menschen mit Kaiserporträts oder mit Bildern ruhmreicher deutscher Feldherren oder anderer berühmter Deutscher.

Ein weiterer wichtiger Feiertag war der Tag der Schlacht bei Sedan. Den deutschen Sieg vom 2. September 1870 im Deutsch-Französischen Krieg feierte das Land jedes Jahr mit großer Pracht. Die Bevölkerung wurde so daran erinnert, dass sie auf ihr Land stolz sein konnte und stets bereit sein sollte, es zu verteidigen. Die Menschen im Kaiserreich begingen diese Feiertage gern und zogen für diese willkommene Abwechslung von ihrem Alltag ihre *Sonntagskleidung* an.

i

Sonntagskleidung: gute Kleidungsstücke, die nur an Sonn- und Feiertagen getragen wurden, damit sie nicht abnutzten.

M3 *Der kleine Fritz Naeter aus Jena im Jahr 1897.*

Uniformen überall

Das Militär war im Alltag des Kaiserreiches allgegenwärtig. Uniformen sah man auf der Straße überall. 1881 schrieb ein Däne über seinen Besuch in Berlin: „Man sieht es schon, wenn ein Regiment durch die Straßen marschiert. Nie geht es aus dem Weg; alles muss ausweichen und anhalten."

Damen zeigten sich gern in Begleitung von Offizieren. Diese genossen ein besonderes Ansehen in der Gesellschaft, denn sie standen in einem persönlichen Treueverhältnis zum König.

Viele Männer gehörten sogenannten *Kriegervereinen* an. Sie zeigten damit ihre Bereitschaft, Kaiser und Vaterland treu zu dienen. Die Armee galt als „Schule der Nation": Während ihrer drei- und später zweijährigen Dienstzeit wurde den Wehrpflichtigen unbedingte Kaisertreue sowie Patriotismus, Disziplin und Gehorsam vermittelt.

i

Militarismus: Denkweise, die militärische Prinzipien zur Grundlage von Staat und Gesellschaft macht.

Q1 *Der Historiker und Politiker Ludwig Quidde über die Bedeutung des Militärs im Kaiserreich, 1893:*

Die eigentümliche Stellung des *Militarismus* in der Gesellschaft beruht darauf, dass der größte Teil der männlichen Bevölkerung einige Jahre dem Heere angehören muss und dass das Heer ihn auch nach der Erfüllung seiner Dienstpflicht nicht völlig frei zu seinem Berufe zurückkehren lässt, sondern ihn in einer steten, wenn auch losen Verbindung mit dem Militärwesen hält. ... Die Wirkung davon ist die, dass speziell die militärischen Anschauungen und Rücksichten in alle Stände und Berufsklassen hineingetragen werden. ... Überall, wo dann die verschiedenen Auffassungen und Interessen nicht übereinstimmen, beansprucht der Militarismus die Vorherrschaft. Er wird damit zum Gegner aller Stände, die ihre Selbstständigkeit behaupten wollen, zum Gegner der bürgerlichen Gesellschaft. Am auffallendsten ist die Einwirkung, und zwar eine tief beklagenswerte Einwirkung des Militarismus, in den Kreisen der „guten Gesellschaft", der besitzenden und gebildeten Klassen.

Nach: Fenske, H. (Hg.): Unter Wilhelm II. 1890–1918, S. 77 f.

M4 *Volksschüler im Kaiserreich. Foto, 1906.*

Disziplin und Gehorsam

Eine achtjährige Schulpflicht sorgte im Kaiserreich dafür, dass die allermeisten Mädchen und Jungen schreiben und lesen konnten. Überwiegend besuchten die Kinder für acht Jahre die Volksschule. Hier hatten mehrere Jahrgänge gleichzeitig in einem Klassenraum Lesen, Schreiben, Rechnen und Religionsunterricht.

Daneben gab es auch eine Realschule und das *Realgymnasium*, in denen neben Mathematik und den neueren Sprachen auch die „Realien", d. h. die Naturwissenschaften und Geografie, unterrichtet wurden. *Humanistische Gymnasien* legten großen Wert auf die Fächer Latein und Griechisch.

Arbeitsaufträge

1. Erkläre den Begriff „Kaiserkult".
2. Erläutere mithilfe von Q1 Bedeutung und Ziele des Militärs im Kaiserreich als „Schule der Nation".
3. Informiert euch im Internet über den Hauptmann von Köpenick.

zu **1.**
Bedenke mögliche Beispiele für den Kaiserkult.

Fritz Reuter – ein Heimatdichter

Ein Dichter wird geehrt

Ein großer, älterer Mann mit breiten Schultern, Vollbart und leichtem Schmunzeln sitzt mit einem aufgeschlagenen Buch auf dem Schoß seit fast 100 Jahren mitten auf dem Marktplatz von Stavenhagen. Baulärm und Markttreiben ignorierend scheint er über die Geschichte Mecklenburgs nachzudenken. Er gilt als der Sohn dieser Stadt, die seit 1949 stolz seinen Namen trägt: Reuterstadt Stavenhagen. Pompös enthüllte Großherzog Friedrich Franz IV. anlässlich des 100. Geburtstages des Dichters 1911 besagtes Denkmal. Das ehemalige Rathaus der Stadt beherbergt heute das Fritz-Reuter-Literaturmuseum. In Neubrandenburg befindet sich der Sitz der Fritz-Reuter-Gesellschaft. Doch warum wird dieser urtümliche Mecklenburger deutschlandweit so hoch geehrt?

M1 *Das 1893 eingeweihte Denkmal des Dichters in Neubrandenburg wurde mit Spenden der Bürger finanziert.*

M2 *Das Fritz-Reuter-Literaturmuseum in Stavenhagen.*

Kindheit, Jugend und Studentenjahre

Am 7. November 1810 als Bürgermeistersohn in Stavenhagen geboren, wurde der junge Fritz besonders durch seine Mutter an Literatur, Glaube und Gesang herangeführt. Der strenge Vater schickte ihn 1824 auf die Gelehrtenschule in Friedland. Auf den frühen Tod der Mutter reagierte Fritz mit schulischem Desinteresse und musste nun auf das Gymnasium Parchim, wo er früher als erwartet 1831 das Reifezeugnis erhielt.

Auf väterlichen Wunsch begann er recht lustlos ein Studium der Rechtswissenschaften in Rostock. Durch einen Wechsel nach Jena lernte er die dortige Burschenschaft kennen und schloss sich ihr schnell an. Nach Verwicklungen in Schlägereien wurde Reuter 1833 in Berlin verhaftet und drei Jahre später wegen Hochverrat zum Tode verurteilt. Trotz Begnadigung auf sieben Jahre führte die Haftzeit zu Trunksucht und Depressionen.

Heirat und Dichterleben

Erst spät fand Fritz Reuter durch eine Lehre als Landwirtschaftsvolontär und die Heirat mit der Pastorentochter Louise Kuntze bei Stavenhagen zu einer bürgerlichen Existenz zurück.

Vom Vater faktisch enterbt, verdiente er ab 1850 seinen Lebensunterhalt als Lehrer in Altentreptow und veröffentlichte anonym satirische Beiträge. Mit dem Umzug der Familie nach Neubrandenburg im Jahr 1856 verbunden war das nun endlich eintretende gesellschaftliche Ansehen und der wachsende Ruhm als *niederdeutscher* Dichter in ganz Deutschland. Vom Verleger Carl Hinstorff verbreitet und der Universität Rostock zum Ehrendoktor gemacht, starb er am 12. Juli 1874 in seiner Villa in Eisenach.

i
Niederdeutsch: Plattdeutsch.

Q1 *In Reuters Worten:*

1. Allens bliwwt bi'n Ollen.

2. ... ich gestehe gerne ein, dass ich nie zu den sehr eifrigen Besuchern der Schule gehört habe ... (Meine Vaterstadt Stavenhagen, 1861)

3. ... treckte ick den Schaulmeister sinen Rock an, un was hei ok eng, so höll hei mi doch Wind un Weder von'n Liw'. (Ut mine Festungstid, 1862)

4. Wenn einer kümmt un tau mi seggt: „Ick mak dat allen Minschen recht." Denn segg ick: „Leiwe Fründ, mit Gunst, Oh, lihren S' mi doch des' swore Kunst." (Eisenach, 21. Oktober 1869)

Nach: Fritz Reuter. Leben, Werk und Wirkung, S. 10, 19, 40 und 87.

Q2 *Reuter über den Herzog von Mecklenburg 1866 in „Dörchläuchting":*

Nu regierte Dörchläuchten Adolf Fridrich von 1753 bet 1794 in einem Ritt furt tau'm Segen von sine Staaten; aewer nich tau sinen eigenen Segen, denn hei was en unglücklich Minsch, indem dat hei in sinen swacken Liw drei Grugels un drei Furchten hadd, de em kein Rauh leten. Hei hadd nämlich ierstens en groten Grugel vör de Arbeit, tweitens en noch grötern vör Späucken un Hexen, und drüddens den grötsten vör alle Frugenslüd; denn hadd hei ierstens 'ne grote Furcht vör en Gewitter, tweitens ne noch grötere vör den Dod und drüddens de grötste dorvör, dat em mal bi Weg 'lang sine Kron afhannen kamen künn, indem dat hei noch ümmer mit Schrecken an Vedder Liebden von Mecklenborg-Swerin dachte.

Nach: Illustrierte Geschichte Mecklenburg-Vorpommerns, S. 168.

Vom Burschenschaftler zum Vaterlandsdichter

Den Stoff für seine Volksdichtung fand Fritz Reuter im Auf und Ab seines eigenen Lebens. Als Burschenschaftler und Mitglied eines Reformvereins entwickelte er früh eine liberale Haltung und Sympathie für sozial Benachteiligte. Seine Figuren leiden unter der Willkür der Gutsbesitzer („Uns Hüsung") oder der Unmenschlichkeit preußischer Gefängnisse („Ut mine Festungstid"). Mit Mutterwitz und Bauernschläue bewältigen sie jede Situation und verkörpern unsterbliche Mecklenburger, die in der Volkskultur noch heute fortleben. Sie erinnern an Weggefährten Reuters und erreichen durch ihr Schicksal und ihre Güte die Sympathie des Lesers. Dabei zeigt Reuter neben Heimatliebe auch stets bissige Gesellschaftskritik. Er selbst sah sich nicht als seine Epoche prägenden Dichter. Doch traf er den Ton, der beim Volk und den Gebildeten zugleich anklang. Durch den Einsatz der plattdeutschen Mundart wurde er zu dem, was er sich immer gewünscht hatte, einem Vaterlandsdichter.

Arbeitsaufträge

1. Ordne die Lebensdaten Reuters in die deutsche Geschichte ein.
2. Übersetze und interpretiere die Aussprüche des Dichters in Q1.
3. Arbeite die merkwürdigen Gewohnheiten heraus, mit denen Reuter in Q2 seinen Landesfürsten bloßstellt.
4. Beurteile die Leistung Reuters für die deutsche Sprache und Literatur.

zu **1.**
Verwende einen parallelen Zeitstrahl.

zu **2.** und **3.**
Lass dir von einem Plattdeutsch sprechenden Mitglied deiner Familie helfen oder nutze ein plattdeutsches Wörterbuch.

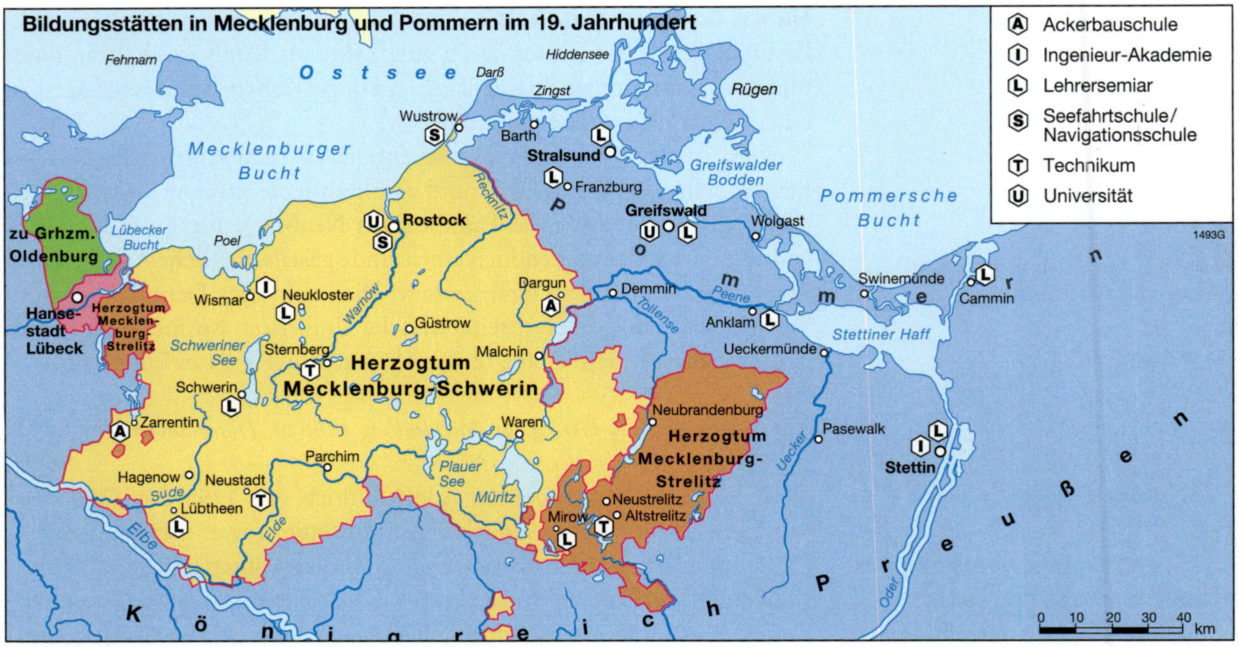

M1 *Bildungsstätten in Mecklenburg und Pommern im 19. Jahrhundert.*

Universitäten an der Ostsee

Wissenschaft in Rostock und Greifswald

Als Albert Einstein 1919 die Ehrendoktorwürde der Universität Rostock erhielt, reihte er sich in die Berühmtheiten der Wissenschaft ein, die ihre Karriere in Rostock begannen. Hier schrieb Ulrich van Hutten sein erstes bedeutendes Werk und auch der Astronom und Astrologe Tycho Brahe gehörte zu den Studenten der Hochschule. Als älteste Universität im Ostseeraum wurde die *Alma Mater Rostochiensis* schon 1419 auf Betreiben der mecklenburgischen Herzöge gegründet. Anfangs entstanden die juristische und medizinische Fakultät, später folgte Theologie. Die im Jahr 1569 gegründete Universitätsbibliothek entwickelte sich zu einer wahren Schatzkammer. Wertvolle Handschriften, alte gedruckte Bücher und Atlanten der Schweriner Herzöge wurden im 16. und 17. Jahrhundert zusammengetragen. Zu den besonderen Schätzen zählt bis heute ein Brief von Kolumbus an seinen Sohn, Handschriften von Luther und Goethe sowie seit 1831 der kleinste Atlas der Welt.

Auch in Greifswald entstand 1456 eine eigene Universität, zu deren ersten Rektor der Bürgermeister der Stadt ernannt wurde. Ihm zu Ehren gibt es noch heute jährlich einen Gedenktag, an dem neueste Forschungsergebnisse vorgestellt werden. Unter schwedischer Herrschaft wirkten sich an der Bildungsstätte die Impulse der Aufklärung anregend auf die Wissenschaft aus. Nach 1815 entwickelte sich durch Forscher wie Professor Ferdinand Sauerbruch insbesondere der medizinische Bereich. Seit 1908 durften auch Frauen hier studieren.

Zu den Studenten beider geistiger Zentren gehörten neben Mecklenburgern und Pommern auch Menschen aus anderen Hansestädten sowie dem gesamten Ostseeraum.

Heute gibt es an den Universitäten Rostock und Greifswald 14 500 bzw. 12 000 Studierende.

i

Alma Mater: lat. nährende Mutter. Gemeint ist, dass die Studenten an einer Universität mit Bildung und Wissen „genährt“ werden.

Fritz Reuter (1810–1874), niederdeutscher Schriftsteller, Ehrendoktor 1863

John Brinckman (1814–1870), niederdeutscher Schriftsteller, Jurastudium 1834–1838

Heinrich Schliemann (1822–1890), Archäologe, Doktorwürde 1869

Richard Wossidlo (1859–1939), Ethnologe, Studium der klassischen Philologie

M2 *Berühmte Persönlichkeiten der Universität Rostock.*

M3 *Seit 1933 trägt die Universität Greifswald auf Initiative der Nationalsozialisten den Namen des Dichters Ernst Moritz Arndt (1769–1860). Der Schriftsteller und Abgeordneter der Nationalversammlung 1848/49 ist für seine Lyrik in der Zeit der Befreiungskriege berühmt. Zugleich ist er jedoch wegen seiner zum Teil stark antifranzösischen, nationalistischen und antisemitischen Schriften heute umstritten. Undatiertes Porträt.*

Q1 *Professor Carl Stange, Rektor der Greifswalder Universität, 1911:*

Wer mit offenen Augen durch die Straßen Greifswalds wandert, der wird ... seine Freude haben an den trotz vielfacher Zerstörung noch immer vorhandenen Zeugnissen eines reichen geschichtlichen Lebens, wie sie in den Kirchen, Häusern und Plätzen der Stadt dem Beschauer entgegentreten. ... Woher kommt es, dass ... Greifswald die Herzen seiner Studenten so gefangen nimmt, dass sie die Liebe zur alten Alma Mater niemals vergessen können? Es hat darin seinen Grund, dass in die Stille der kleinen Stadt, die dem studentischen Leben die freiste Entfaltung gönnt, das Rauschen des Meeres und das Rauschen der Wälder hineintönt. Es hat darin seinen Grund, dass neben dem Reichtum des geistigen und geselleigen Lebens die Majestät der unberührten Natur mit tiefem Eindruck in die Herzen sich einprägt. Der frische Seewind und der würzige Duft der Tannen- und Buchenwälder geben nicht bloß gesunde Nerven und Lebensmut; die ... Größe des von der See umflossenen Landes weckt zugleich auch das Verständnis und den Sinn für die großen Maßstäbe des menschlichen Lebens.

In: Mecklenburg-Vorpommern. Ein Porträt für die Jugend, S. 149.

Studenten im Freiheitskampf

Der wissenschaftliche Fortschritt an den Universitäten Rostock und Greifswald ging einher mit dem Drang nach Freiheit und Nationalstaatlichkeit. Schon an den Kämpfen gegen Napoleon waren patriotisch gesinnte Rostocker Studenten als Lützower Jäger beteiligt und wurden bei ihrer Rückkehr 1814 gebührend empfangen und bejubelt. Sie kehrten in ihre Hörsäle zurück und organisierten sich in Burschenschaften und in Bildungsvereinen. Einem Streich Rostocker Studenten ist es auch zu verdanken, dass die Vaterstadt 1819 als erste ihrem Sohn Gebhard Leberecht von Blücher für seinen Sieg über Napoleon ein Denkmal setzte.

Stolz und Vaterlandsliebe bewies man in den Universitätsstädten aber auch durch die Bewahrung niederdeutscher Sprache und Literatur in ihren Bibliotheken oder die Sammlung von Schriften deutscher Dichter wie Ernst Moritz Arndt. Dieser war nicht nur selbst Student in Greifswald, sondern später auch außerordentlicher Professor dort.

Die unzähligen Gelehrten, die über die Jahrhunderte in Rostock und Greifswald forschten und lehrten, machten die beiden Universitäten zu wissenschaftlichen Leuchttürmen im Ostseeraum.

Arbeitsaufträge

1. Nenne mithilfe der Karte M1 die Bildungsstätten im 19. Jahrhundert in Mecklenburg und Pommern.
2. Suche Gründe für die Ansiedlung von Wissenschaftlern gerade in diesem Raum.
3. Charakterisiere und beurteile die Sichtweise des Rektors dazu in Q1.
4. Erläutere die Bedeutung der Universitäten Rostock und Greifswald für die wissenschaftliche Entwicklung Mecklenburgs und Pommerns.
5. Gestalte zu einem berühmten Wissenschaftler dieser Universitäten eine Präsentation.

zu 2.
Beachte die Lage und gesellschaftliche Bedeutung der jeweiligen Orte.

zu 4.
Bedenke die wissenschaftlichen Leistungen der Persönlichkeiten, die hier studierten und forschten.

Bismarcks Außenpolitik

Ein Großer unter Großen

Mit der Reichsgründung 1871 war aus dem zersplitterten, uneinigen, außenpolitisch schwachen Deutschland eine Großmacht geworden. Besonders Frankreich und Russland, aber auch andere europäische Staaten, fühlten sich durch Deutschland bedroht. Misstrauisch beobachteten alle die außenpolitischen Aktivitäten Bismarcks.

Reichskanzler Otto von Bismarck erklärte deshalb wiederholt, dass das Deutsche Reich eine friedliche Politik in Europa verfolge und keine Gebietsansprüche an andere europäische Staaten hätte. Mögliche Konflikte wolle er durch Verhandlungen lösen.

i

Die *Balkankrise* 1875–1878 löste den Russisch-Osmanischen Krieg (1877/78) aus: Gemeinsam mit Serbien, Rumänien und Montenegro führte Russland Krieg gegen das Osmanische Reich. Erst der Berliner Kongress 1878 beendete die Balkankrise.

„Ein Albtraum der Bündnisse"

Aufgrund der zentralen Lage des Deutschen Reichs in Europa fürchtete der Reichskanzler mächtige Bündnisse gegen Deutschland und im Kriegsfall einen Zweifrontenkrieg. Auslöser für diese Angst war die diplomatische Drohung Großbritanniens und Russlands, militärisch einzugreifen, sollte das Deutsche Reich einen erneuten Krieg gegen Frankreich beginnen. Diese Sorge und die tiefe Feindschaft zu Frankreich beeinflussten Bismarcks Suche nach Bündnispartnern.

Während eines Kuraufenthalts in Bad Kissingen im Juni 1877 diktierte Bismarck, der krank war, seinem Sohn ein Schriftstück zur *Balkankrise.* Dieses Kissinger Diktat beinhaltete zentrale Leitlinien der bismarckschen Außenpolitik für die Jahre nach der Reichsgründung.

M1 *Bismarck balanciert die Friedenspalme zwischen einem französischen und einem russischen Soldaten. Karikatur von 1888.*

Q1 *Aus dem Kissinger Diktat:*

> Wenn ich arbeitsfähig wäre, könnte ich das Bild vervollständigen und feiner ausarbeiten, welches mir vorschwebt: Nicht das irgendeines Ländererwerbes, sondern das einer politischen Gesamtsituation, in welcher alle Mächte außer Frankreich unser bedürfen und von Koalitionen gegen uns durch ihre Beziehungen zueinander nach Möglichkeit abgehalten werden.
>
> Bismarck, Otto von: Werke in Auswahl, Bd. VI, 1976, S.52.

Bismarck sucht Verbündete

In seiner Außenpolitik ließ Bismarck sich vom Grundsatz leiten: Versuche zu Dreien zu sein, solange die Welt durch ein unsicheres Gleichgewicht von fünf Großmächten bestimmt wird. Die Frage nach verlässlichen Bündnispartnern war für Bismarck allerdings nur schwer zu beantworten. Er musste das Problem lösen, Großmächte mit unterschiedlichen, teils gegensätzlichen politischen Interessen durch Bündnisverträge an das Deutsche Reich zu binden.

Wichtig für Bismarck war dabei besonders der Gedanke, Frankreich zu isolieren, denn er befürchtete, dass Frankreich nach der Niederlage im Deutsch-Französischen Krieg und den demütigen Friedensbedingungen von 1871 einen Vergeltungskrieg vorbereiten könnte. Nur mit starken Bündnispartnern könnte das Deutsche Reich in diesem Fall drohende Konflikte diplomatisch lösen.

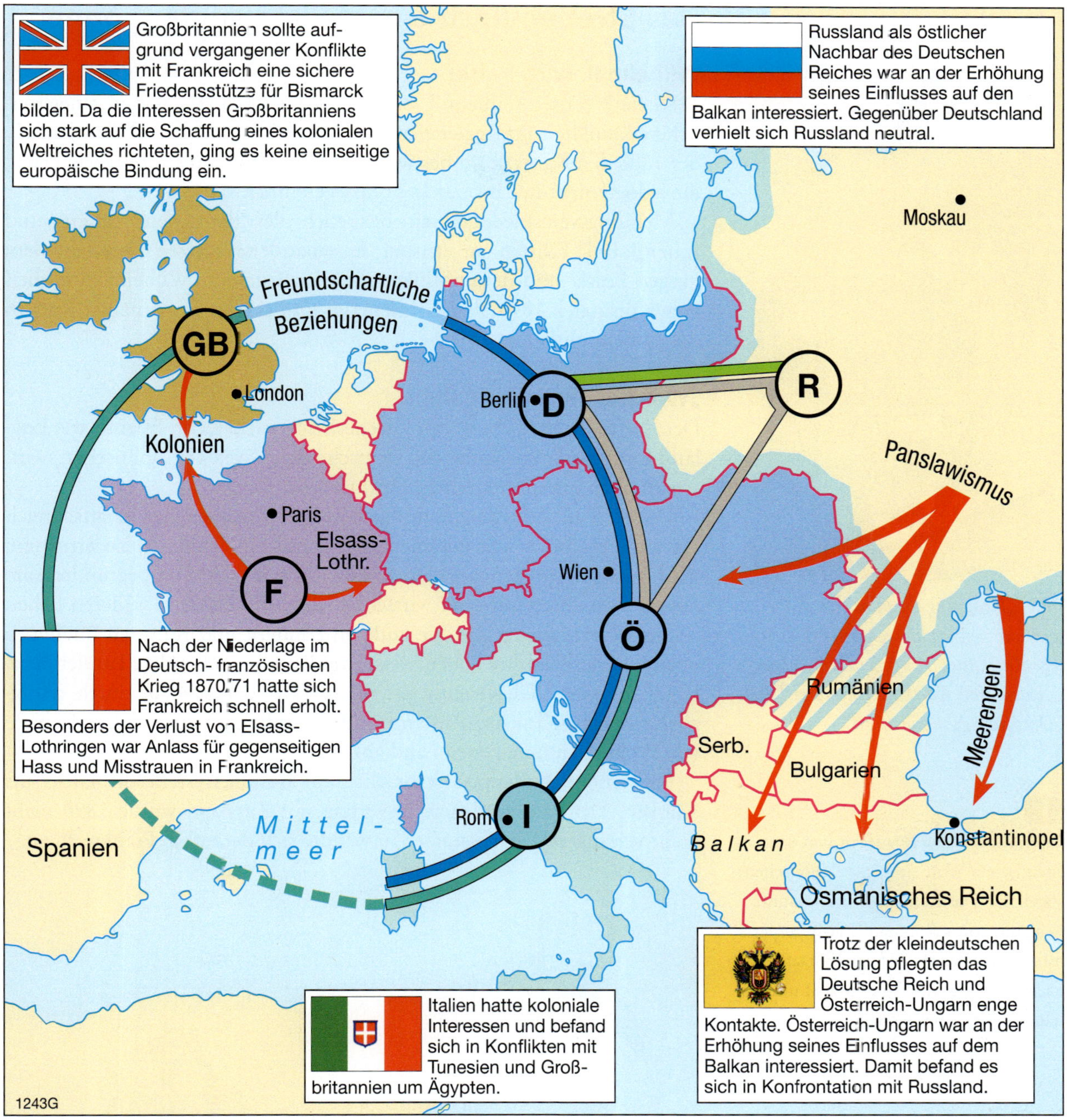

M2 *Das europäische Bündnissystem unter Otto von Bismarck.*

Das europäische Bündnissystem unter Bismarck

- Dreikaiserabkommen (1873)
- Zweibund (1879)
- Dreibund (1882)
- Dreibund-Erweiterung (1883)
- Rückversicherungsvertrag (1887)
- Mittelmeerabkommen (1887)
- Spannungen und offene Fragen

0 500 km

Arbeitsaufträge

1. Beschreibe, wie die europäischen Staaten die Gründung des Deutschen Reiches beurteilten.
2. Nenne die Staaten, mit denen das Deutsche Reich Bündnisverträge schloss.
3. Erkläre Bismarcks Ansicht zur deutschen Außenpolitik mithilfe von Q1 und M1.
4. Erläutere das Bündnissystem Bismarcks.
5. Charakterisiere die Stellung Frankreichs in Europa.
6. Bewerte die Außenpolitik Bismarcks.

Das Streben nach einem Platz an der Sonne

(M1) *„Dropping the pilot" (to drop someone = jemanden entlassen). Britische Karikatur, 1890. In Deutschland erschien diese Karikatur mit dem Titel: „Der Lotse geht von Bord".*

Wilhelm II. wird Kaiser

1888 starb Kaiser Wilhelm I. Sein Sohn Friedrich III., der an einer tödlichen Krankheit litt, regierte nur für kurze Zeit. Der Enkel Wilhelm II., der 1888 den Kaiserthron bestieg, hatte ehrgeizige außenpolitische Pläne, die jedoch nicht mit Bismarcks Politik vereinbar waren.

Meinungsverschiedenheiten bezüglich der deutschen Außen- und Innenpolitik führten zu ernsten Auseinandersetzungen zwischen dem jungen Kaiser und dem politikerfahrenen Bismarck. Wilhelm II. entließ daher Bismarck 1890 als Reichskanzler und schlug einen neuen Kurs in der Außenpolitik ein.

„Weltpolitik als Aufgabe ..."

Der Kaiser forderte ein weltpolitisches Mitspracherecht. Ebenso wie England und Frankreich sollte das Deutsche Reich weltweit politischen, wirtschaftlichen und militärischen Einfluss anstreben.

Diese Politik eines Staates mit dem Ziel, den eigenen Herrschaftsbereich auf andere Länder auszudehnen und damit ein Weltreich zu errichten, wird *Imperialismus* genannt. Die imperialistischen Staaten begründen ihre Politik zum einen mit ihrer wirtschaftlichen Macht. Zum anderen haben sie die Überzeugung, dass sie anderen Ländern und Kulturen überlegen seien und deshalb ihre Lebensweise und Religion auf andere Länder übertragen müssten. Gleichzeitig sahen sie eine Möglichkeit, durch erfolgreiche Machtpolitik im Ausland und die Inbesitznahme neuer Gebiete von Problemen im eigenen Land abzulenken.

Diese neue Außenpolitik brachte das Bündnissystem Bismarcks ins Wanken. Der Rückversicherungsvertrag mit Russland wurde 1890 nicht mehr verlängert. Der russische Zar wandte sich daraufhin Frankreich zu.

i

Imperialismus: Der Begriff ist von dem lateinischen Wort „imperare" (herrschen) abgeleitet. Das Römische Reich nannte sich „Imperium Romanum". Mit Imperialismus wird das Streben eines Staates nach Vergrößerung seiner Macht und seines Besitzes bezeichnet.

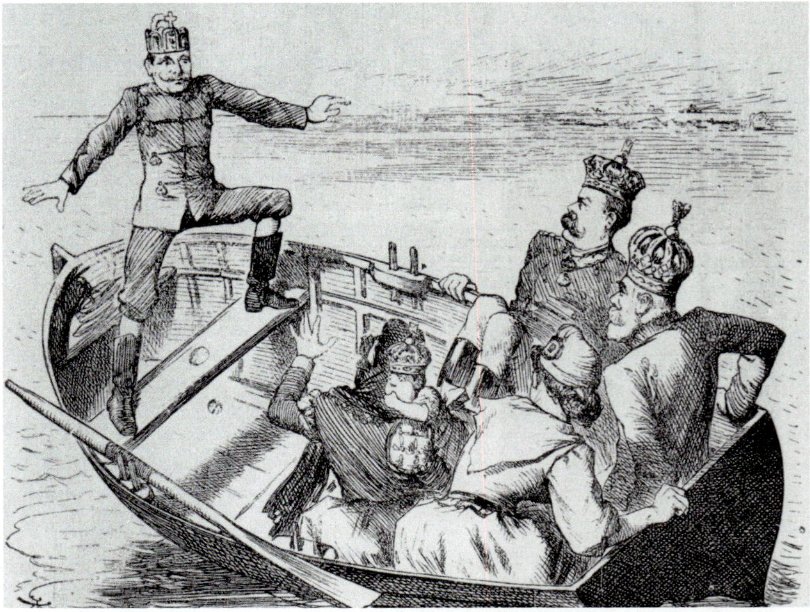

(M2) *„L'enfant terrible" – „Schreckliches Kind". Britische Karikatur, 1890. Links ist Wilhelm II. zu sehen. Die Personen rechts stellen die europäischen Großmächte dar: Großbritannien, Frankreich, Österreich-Ungarn und Russland.*

„... Weltmacht als Ziel ..."

Die europäischen Mächte hatten seit 1880 die Welt fast vollständig unter sich aufgeteilt. Um die noch freien Gebiete stritten sie heftig. Wilhelm II. wollte für das Deutsche Reich ebenfalls überseeische Gebiete erwerben.

	1905	1910	1913
F	991	1177	1327
GB	1263	1367	1491
D	1064	1377	2111
Ö/U	460	660	720
R	1069	1435	2050

M3 *Rüstungsausgaben in Millionen Reichsmark.*

	1889–1900	1900–1910	1910–1913
GB	38	36	20
D	12	25	13
F	15	11	11
R	15	6	4

M4 *Bau schwerer Kriegsschiffe.*

Q1 *Der spätere Reichskanzler Bernhard von Bülow 1897 vor dem Reichstag:*

Wir sind der Ansicht, dass es sich nicht empfiehlt, Deutschland in zukunftsreichen Ländern von vornherein vom Mitbewerb anderer Völker auszuschließen. (Zuruf der Abgeordneten: Bravo) Die Zeiten, wo der Deutsche dem einen seiner Nachbarn die Erde überließ, dem anderen das Meer und sich selbst den Himmel reservierte, ... diese Zeiten sind vorüber. Wir betrachten es als eine unserer vornehmsten Aufgaben, gerade in Ostasien die Interessen unserer Schifffahrt, unseres Handels und unserer Industrie zu fördern und zu pflegen ... Wir müssen verlangen, dass der deutsche Missionar und der deutsche Unternehmer, die deutschen Waren, die deutsche Flagge und das deutsche Schiff in China geradeso geachtet werden wie diejenigen anderer Mächte. (Lebhaftes Bravo) Mit einem Wort, wir wollen niemanden in den Schatten stellen, aber wir verlangen auch unseren Platz an der Sonne ...

Nach: Ritter, G. A. (Hrsg): Das Deutsche Kaiserreich 1871–1914, 1977, S. 136f.

M5 *Deutschland (links) und Großbritannien (rechts) halten die Arme voller Kriegsschiffe. „Wie sollen sie sich da die Hände geben?" fragt der Zeichner. Karikatur, 1912.*

„... Flotte als Instrument"

Um die angestrebte Weltmachtstellung zu erreichen, sollte eine deutsche Kriegsflotte aufgebaut werden. Kaiser Wilhelm II. war wie viele Deutsche davon überzeugt, dass sich die Stärke eines Landes an der Größe seiner Flotte maß. Daher setzte er um die Jahrhundertwende ein umfangreiches, von Admiral Alfred von Tirpitz entwickeltes Flottenbauprogramm durch. Das notwendige Geld dafür wurde durch zusätzliche Steuern und einen eigens gegründeten Flottenverein bereitgestellt. Die Werbung für die Flotte war allgegenwärtig. Selbst in der Kindermode spiegelte sich die Marinebegeisterung wider. So waren Matrosenanzüge beliebte Kleidungsstücke, die Kinder aus allen Schichten der Bevölkerung trugen.

Das Flottenbauprogramm belastete jedoch das Verhältnis zwischen dem Kaiserreich und der Seemacht Großbritannien. Das britische Königreich wollte seine Überlegenheit bezüglich seiner Seestreitkräfte nicht verlieren und baute nun ebenfalls weitere Kriegsschiffe. So begann zwischen beiden Staaten ein Rüstungswettlauf.

Arbeitsaufträge

1. Ordne M1 in die historische Entwicklung des Deutschen Reiches ein.
2. Charakterisiere mithilfe von M2, wie das Ausland die neue Politik Wilhelms II. bewertete.
3. Erkläre anhand von M3 und M4 den Begriff „Rüstungswettlauf".
4. Analysiere Q1. Arbeite heraus, was Bülow unter „einem Platz an der Sonne" verstand.
5. Interpretiere die Karikatur M5.
6. „Weltpolitik als Aufgabe, Weltpolitik als Ziel, Flotte als Instrument." Stelle dar, wie Wilhelm II. seine Aussage in der Praxis umsetzte.

zu **1.**
Bedenke den Titel der britischen Karikatur.

zu **3.**
Bedenke Gründe und Folgen der dargestellten Entwicklung.

zu **5.**
Beachte die Schrittfolge für die Erschließung einer Karikatur auf S. 49.

METHODE

Denkmäler analysieren

Denkmäler sind Zeugen ihrer Zeit

Denkmäler sind Bauwerke, die in einer bestimmten Zeit mit einem konkreten Auftrag und Ziel gebaut wurden. Es gibt sie in Städten, Gemeinden oder Parks. Als geschichtliche Quellen enthalten Denkmäler viele Informationen über die gesellschaftlichen Verhältnisse der damaligen Zeit.

In der Zeit des deutschen Kaiserreiches wuchsen der Nationalstolz und das Überlegenheitsgefühl der Deutschen stark an. So wurden viele Denkmäler errichtet, die es noch heute gibt: z.B. die Siegessäule in Berlin (1864–1873), das Kyffhäuserdenkmal im Harz (1889–1896), das Hermannsdenkmal im Teutoburger Wald (1838–1875), das Deutsche Eck in Koblenz (1897) oder das Hamburger Bismarck-Denkmal (1906).

Diese Seite bietet Hilfestellungen, wie sich die Informationen eines Denkmals erschließen lassen. Berücksichtigt werden müssen dabei z.B. der Auftraggeber, die Gestaltung und die Wahl des Ortes.

Das Völkerschlachtdenkmal

Am 18. Oktober 1913 wurde es in Leipzig nach 15-jähriger Bauzeit eingeweiht – zum 100. Jahrestag der Völkerschlacht, dem Sieg über den französischen Kaiser Napoleon. Das Denkmal sollte nach Auffassung des „Deutschen Patriotenbundes" drei Aufgaben erfüllen: Es sollte Ehrenmal für die Gefallenen, Ruhmesmal für das deutsche Volk und Mahnmal für kommende Generationen sein.

Die Finanzierung
Der Bau des Denkmals wurde durch Spenden von deutschen Bürgern, vom Kaiser, von vielen Fürsten und Unternehmern, Lotterien und den Mitgliedern des „Deutschen Patriotenbundes" finanziert.
Das Baugelände im Wert von einer halben Million Mark stellte die Stadt Leipzig zur Verfügung.

Die Gestaltung
Im Innern symbolisieren vier Kolossalfiguren von 9,5 m Höhe Opferfreudigkeit, Glaubensstärke, Tapferkeit und Volkskraft.
Das äußere Mittelteil des Denkmals zeigt ein Schlachtrelief mit der Figur des Erzengels Michael (60 m Breite, 19 m Höhe).

M1 *Völkerschlachtdenkmal in Leipzig. Luftaufnahme des größten Monumentaldenkmals Europas mit einer Gesamthöhe von 91 Metern. Das Wasserbecken ist 162 Meter lang und spiegelt das Denkmal in voller Größe wieder. Das Wasser symbolisiert die Tränen der Trauer um die Opfer des Krieges. Die künstlichen Wälle zwingen den Besucher auf einen vorgeschriebenen Weg zum Denkmal.*

Weitere Informationen
Internet: http://www.voelkerschlachtdenkmal.de
Buchtipp: Das Völkerschlachtdenkmal, Hrsg. vom Stadtgeschichtlichen Museum Leipzig, Altenburg 2003.

(M2) *Äußere Kuppel des Denkmals mit den 12 Freiheitswächtern – als Mahnmal für kommende Generationen. Die Figuren wurden im Steinbruch gemeißelt, dann zerlegt und auf der Kuppel wieder zusammengesetzt.*

Schritte zur Erschließung eines Denkmals

1. Wie lautet der Name des Denkmals?
2. Woran soll es erinnern?
3. An welchem Ort steht es?
4. Handelt es sich um ein Denkmal zur Erinnerung an Ereignisse oder an Personen?
5. Wann begann der Bau und wann wurde das Denkmal fertiggestellt?
6. In welcher Epoche wurde das Denkmal erbaut?
7. Wer hat den Bauauftrag erteilt?
8. Wer waren die Baumeister?
9. Wie wurde der Bau finanziert?
10. Gab es Probleme bei der Planung und beim Bau des Denkmals?
11. Welche Besonderheiten gibt es (Gestaltung, Inschriften, Größe, Figuren, Material usw.)?
12. Mit welchem Ziel wurde das Denkmal erbaut?
13. Wie wirkte es wohl auf die Zeitzeugen?
14. Wie wirkt das Denkmal heute auf dich?

Nicht immer wirst du alle Fragen zu einem Denkmal beantworten können. Zusätzliche Informationen gibt es in Museen, Zeitungen, Zeitschriften oder in Festreden zur Einweihung des Denkmals.

(M3) *Fürstenzelt und Besuchertribünen bei der Einweihung des Völkerschlachtdenkmals am 18. Oktober 1913. Kaiser Wilhelm II. und König Friedrich von Sachsen nahmen an der Denkmalsweihe teil.*
Die Entwürfe für das Denkmal stammten von den Architekten Bruno Schmitz (1858–1916) und Clemens Thieme (1861–1905). Die Figuren wurden von den Bildhauern Franz Metzner (1870–1919) und Christian Behrens (1852–1905) geschaffen.

PROJEKT

Bäderarchitektur an der Ostsee

Weiße Villen und Seebrücken

Ein Besuch von heutigen Badeorten an der Ostsee präsentiert dem Betrachter stets das gleiche Bild: mehrstöckige Pensionen und Villen mit einer vorgesetzten weißen Veranda oder weit ins Meer ragende bebaute Seebrücken, die Wellen und Stürmen trotzen. Sie entstammen der Wende vom 19. zum 20. Jahrhundert und werden wegen ihrer Farbe „weiße Perlen an der Ostsee“ genannt. Berühmte Beispiele dieser sogenannten Bäderarchitektur sind auf Rügen, Usedom, aber auch an der westlichen Ostsee zu finden. Heiligendamm gilt als ältestes deutsches Seebad. Heringsdorf, Ahlbeck und Bansin waren Sommerresidenzen für Aristokratie und Finanzwelt. Durch den jährlichen Besuch des Kaisers bekannt geworden, führten um das Jahr 1900 gebaute Bahnanschlüsse zu allgemein ansteigenden Gästezahlen in diesen „Kaiserbädern“, wie sie heute nostalgisch genannt werden.

M1 *Villa im Stil der Bäderarchitektur auf Rügen.*

M2 *Die Seebrücke des Ostseebades Sellin.*

Arbeitsaufträge

1. Informiert euch bei eurem Kunstlehrer über die architektonischen Merkmale der Bäderarchitektur.
2. Sammelt Fotos, Postkarten und Prospekte zu Baudenkmälern aus dieser Epoche und gestaltet in Gruppenarbeit eine Ausstellung.
3. Studiert auf der Website des Landesamtes für Kultur- und Denkmalpflege das Badeleben des frühen 20. Jahrhunderts.
4. Diskutiert, inwiefern dieses Leben in die Gesellschaft des Kaiserreiches passte.

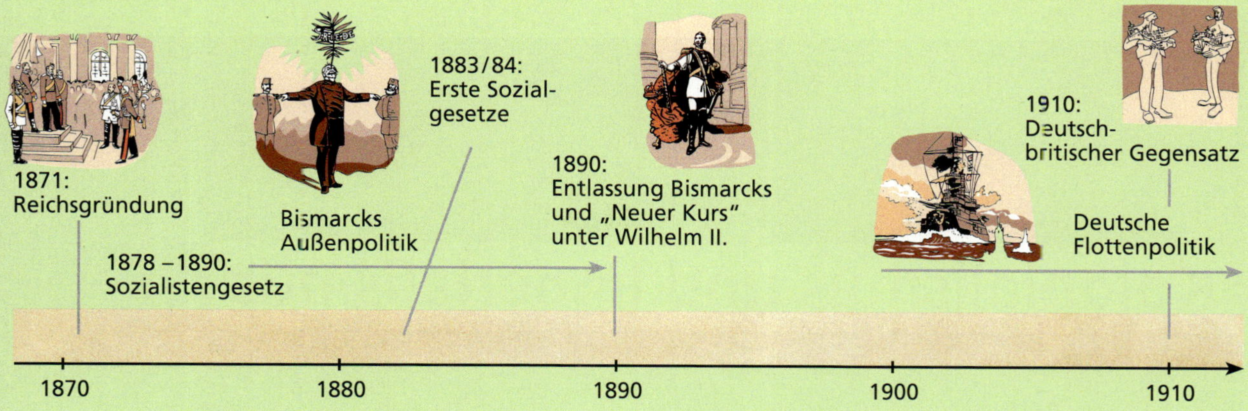

IN KÜRZE

Wichtige Begriffe:
Deutsches Kaiserreich
Flottenbauprogramm
Kulturkampf
Militarismus
Reichskanzler
Reichstag
Sozialdemokratie
Sozialgesetzgebung
Sozialistengesetz
Verfassung

Mit der Bildung des *Deutschen Kaiserreiches* war 1871 ein einheitlicher deutscher *Nationalstaat* entstanden. Die *Verfassung* sicherte dem vom Kaiser ernannten *Reichskanzler* Otto von Bismarck weitreichende Befugnisse zu, die er nutzte, um die Innenpolitik maßgeblich zu bestimmen. Vermeintliche Feinde bekämpfte Bismarck hart. Um die sich entwickelnde *Arbeiterbewegung* zu unterdrücken, erließ er 1878 das *Sozialistengesetz*. Gleichzeitig versuchte er, die Arbeiter für das Deutsche Reich zu gewinnen und führte 1883/84 die ersten *Sozialgesetze* ein. Dem deutschen Parlament, dem *Reichstag*, gelang es im Laufe der Zeit, sich neben Kaiser und Reichsregierung zu einem einflussreichen Machtorgan zu entwickeln.

Obwohl das *Bürgertum* wirtschaftlich erstarkte und sich die Zahl der *Arbeiter* rasch vergrößerte, bestimmten *Adel* und *Militär* weiter das gesellschaftliche Leben. Die Armee galt als „Schule der Nation". Disziplin und Gehorsam gegenüber dem Staat wurde den Kindern bereits in der Schule beigebracht.

Bis 1890 prägte Bismarck auch die *deutsche Außenpolitik*. Dabei wollte er durch Bündnisse mit anderen europäischen Staaten ein *politisches Gleichgewicht* schaffen und den Erzrivalen Frankreich politisch isolieren. Mit dem Regierungsantritt Kaiser *Wilhelms II.* zerfielen diese Bündnisse. Das Deutsche Reich begann ein ehrgeiziges *Flottenbauprogramm*. Zudem beteiligte es sich am *imperialistischen Weltmachtstreben* der europäischen Großmächte und beanspruchte einen „Platz an der Sonne".

Kolonialismus und Imperialismus

Reisen im „Kolonialstil". Das zeitgenössische Foto zeigt den deutschen Kolonialpolitiker Carl Peters (1856 – 1918), der als Begründer brutal jede Auflehnung gegen die deutsche Kolonialherrschaft. Unter den Afrikanern trug er den Beinamen „blutige Hand".

der deutschen Kolonie Deutsch-Ostafrika gilt. Bis zu seiner Rückbeorderung ins Deutsche Reich im Jahr 1892 unterdrückte Peters

Großmächte entstehen

Machtstreben, Militär und Handel

Ein Staat, der innerhalb einer bestimmten Region über eine herausragende Machtposition verfügt und diese gegenüber anderen Ländern durchsetzt, wird als *Großmacht* bezeichnet. Ein Grund für die herausragende Stellung kann die territoriale Größe sein. Um sich gegenüber anderen Staaten durchzusetzen, sind jedoch auch wirtschaftliche und militärische Stärke erforderlich. Zur Eroberung neuer Gebiete führten Herrscher im Laufe der Geschichte immer wieder Kriege oder kauften anderen Herrschern Territorien ab. Geschickte Heiratspolitik war ein weiteres Mittel, um die Macht des eigenen Herrschergeschlechts auszubauen.

Einnahmen aus Bodenschätzen, Handel oder Wirtschaft tragen ebenfalls zur Vormachtstellung eines Landes bei. Mit ihrer territorialen Ausdehnung beeinflusst eine Großmacht oft das kulturelle Leben in den eroberten Gebieten. Die Ausdehnung eines Kulturkreises über Ländergrenzen hinweg kann ein weiteres Zeichen für eine Großmachtstellung sein.

Großmächte sind keine starren Gebilde. Sie entstehen im Laufe von Jahrzehnten oder Jahrhunderten und können ebenso wieder zerfallen. Das Römische Reich, das spanische Kolonialreich oder das Osmanische Reich sind Beispiele für die Vergänglichkeit einer Großmacht.

Kolonialbesitz beeinflusst die Machtverhältnisse

In der zweiten Hälfte des 17. Jahrhunderts gab es in Europa fünf Großmächte: Spanien, Frankreich, England, Schweden und das Heilige Römische Reich Deutscher Nation.

Spanien und Portugal hatten sich als Seefahrernationen seit dem 15. bzw. 16. Jahrhundert auf dem bis dahin fremden Kontinent Amerika Gebiete angeeignet. Sie unterwarfen die einheimische Bevölkerung und beuteten sie aus. Bodenschätze wie Gold, Silber und Diamanten, die sie aus den Kolonien nach Europa einführten, mehrten den Reichtum dieser frühen Kolonialmächte. Handelsprodukte wie Holz und Früchte sowie die Ausbeutung der einheimischen Bevölkerung auf *Plantagen* oder im Bergbau trugen ebenfalls zu den Gewinnen bei.

i

Plantage: Landwirtschaftlicher Großbetrieb, der vor allem in den tropischen Gebieten Amerikas und Afrikas vorkommt. Hier werden Produkte wie Tabak, Baumwolle, Kaffe oder Tee angebaut.

Das bestehende Kräfteverhältnis in Europa ließ keine großen Veränderungen an der Gebietsverteilung zu. Zwischen England, Frankreich und Österreich herrschte ein gewisses Mächtegleichgewicht. Nur, wer seinen Besitz an Kolonien sicherte oder ausbaute, konnte seine Macht vergrößern. Anfang des 18. Jahrhunderts griff England daher noch stärker in den weltweiten Handel ein, eroberte eigene Kolonialgebiete und löste Spanien und Portugal als See- und Weltmacht ab.

Schauplatz Nordamerika

Die Auseinandersetzungen zwischen den Großmächten verlagerten sich aus Europa in nichteuropäische Gebiete, z. B. nach Nordamerika, wo Franzosen und Engländer Handelsstützpunkte und Kolonien besaßen und ausbauen wollten. Die Eroberungen, Siege und Niederlagen auf anderen Kontinenten beeinflussten wiederum das Kräfteverhältnis auf dem europäischen Kontinent.

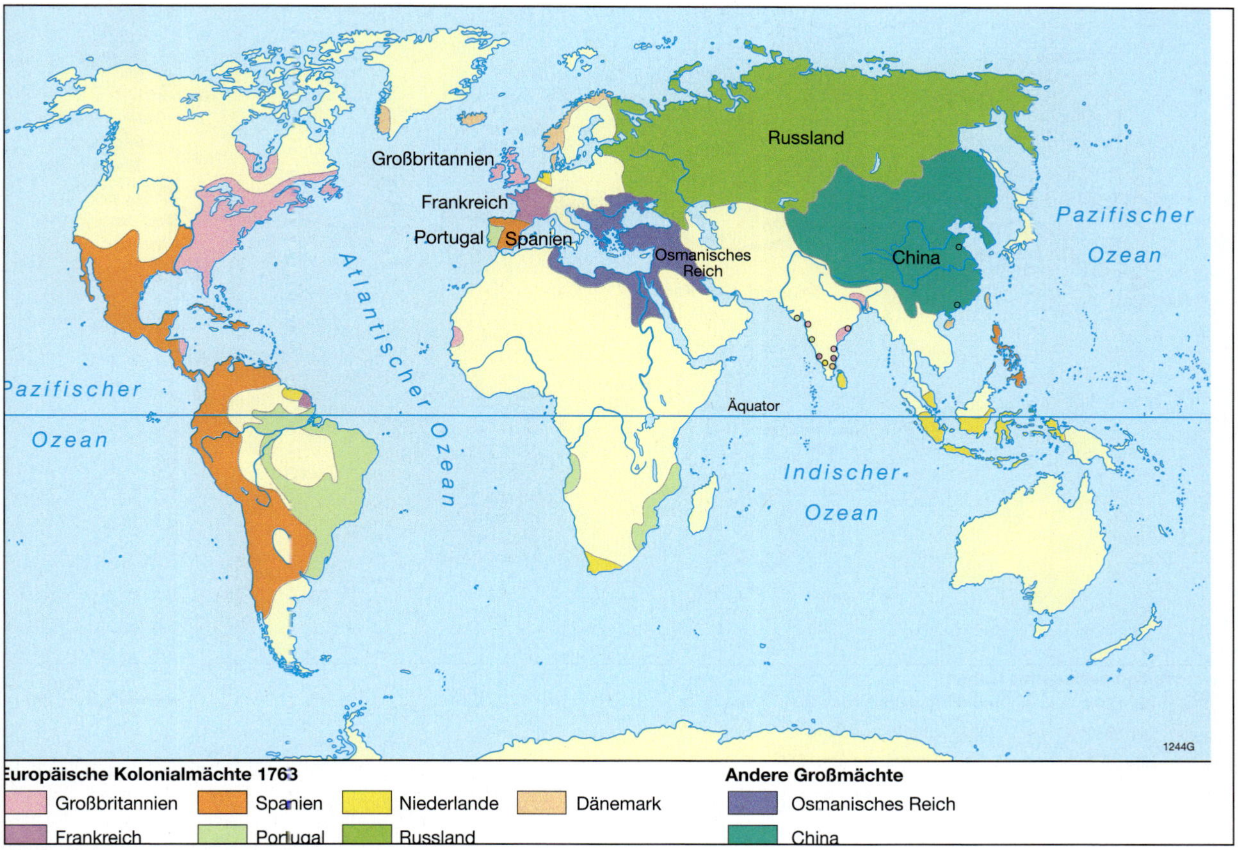

M1 *Europäische Kolonialmächte 1763.*

Schauplatz Sibirien

Mit dem Sieg über Schweden im Nordischen Krieg (1721) und der damit errungenen Vorherrschaft über den Ostseeraum betrat Russland als Großmacht die europäische Bühne. Anders als bei den europäischen Nachbarn erfolgte die Ausdehnung nicht auf dem See-, sondern auf dem Landweg nach Osten. In rund 70 Jahren eroberte Russland mit *Sibirien* das größte zusammenhängende Kolonialgebiet. Im Hinblick auf die Unterdrückung und Ausrottung der sibirischen Ureinwohner unterschied sich das Verhalten der Russen jedoch nicht von dem ihrer europäischen Nachbarn in Amerika.

i

Sibirien: der geografisch zum asiatischen Kontinent gehörende Teil Russlands östlich des Ural-Gebirges.

Arbeitsaufträge

1. Erläutere den Weg eines Landes zur Großmacht.
2. Nenne historische oder aktuelle Beispiele einer Großmacht.
3. a) Bezeichne die europäischen Großmächte im 18. Jahrhundert und zeige mögliche Gründe für ihre Großmachtstellung auf.
   b) Diskutiert, welches dieser Länder heute noch als Großmacht bezeichnet wird.
4. Trage in eine Tabelle ein, auf welchen Kontinenten England, Frankreich, Spanien und Portugal Kolonien besaßen (M1).
5. Charakterisiere Interessen und Ziele, die europäische Länder veranlassten, Kolonialgebiete zu erobern.
6. Setzt euch mit den Auswirkungen der kolonialen Eroberung eines Landes durch eine Großmacht auseinander.

zu 1.
Wähle ein Beispiel aus. Notiere die chronologischen Schrittfolgen.

zu 2.
Gib das Stichwort „Großmacht“ in eine Suchmaschine im Internet ein. Du kannst auch ein Lexikon benutzen.

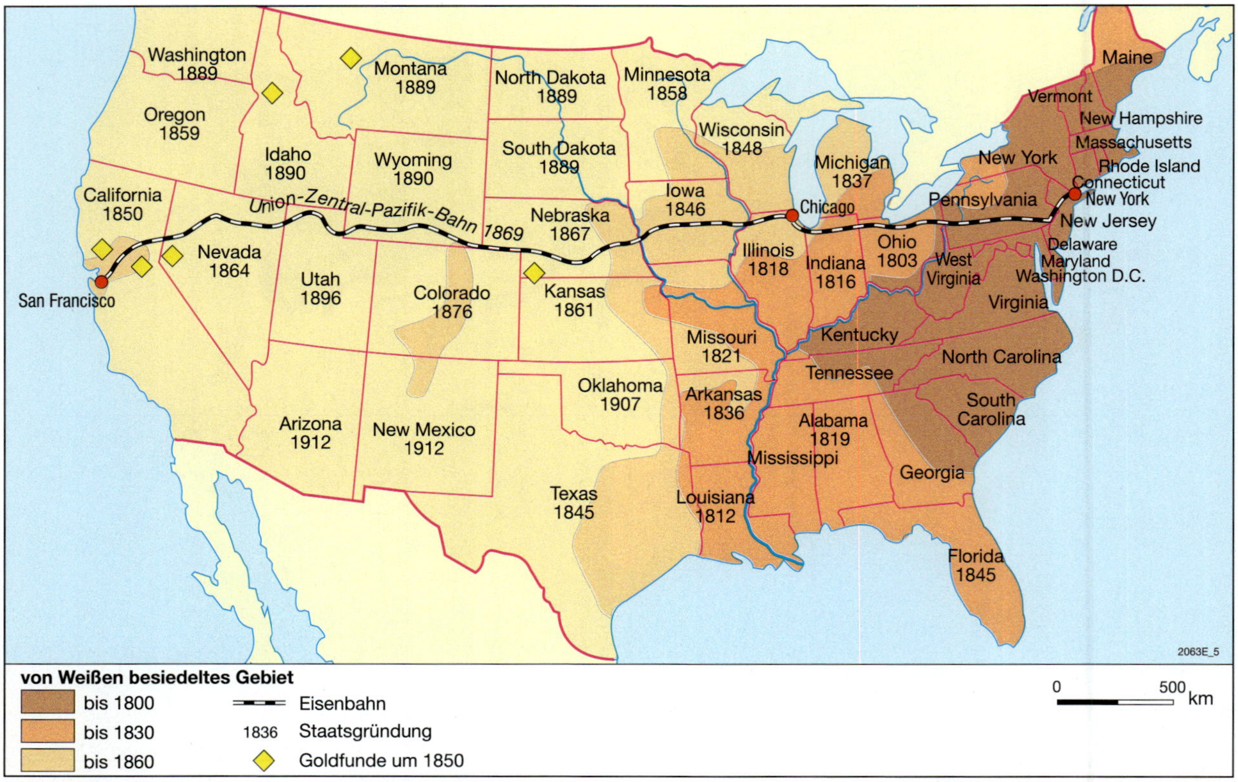

M1 *Die territoriale Ausbreitung der USA. Die erste transkontinentale Eisenbahnverbindung wurde am 10. Mai 1869 eröffnet.*

Die Vereinigten Staaten von Amerika

i

Kavallerie: Reiterei, berittene Soldaten.
Reservat: ein Eingeborenen vorbehaltenes, fest umgrenztes Gebiet.
Trapper: Fallensteller, Pelztierjäger.

M2 *Häuptling Sitting Bull (1831–1890).*

Die Ausdehnung nach Westen

Mit der Unabhängigkeit der ehemals englischen Kolonien war das frühere Siedlungsverbot im amerikanischen Westen hinfällig geworden. 1783 trat England das Gebiet von der Westgrenze seiner ehemaligen Kolonien bis zum Mississippi an die Vereinigten Staaten ab. 20 Jahre später, 1803, kaufte Thomas Jefferson als Präsident der Vereinigten Staaten für 15 Millionen Dollar die französische Kolonie Louisiana.

Hunger nach Land: die Verdrängung der Indianer

Die Siedlungsgrenze der weißen Amerikaner verschob sich unablässig nach Westen. Die steigende Zahl der Einwanderer in die USA und ein zunehmendes Bevölkerungswachstum schürten den unstillbaren Hunger der Siedler nach Land. Rücksichtslos wurden die Indianer aus ihren Siedlungsgebieten vertrieben, nicht selten getötet, Versprechungen über Entschädigungen oder Verträge über neue Gebiete als Ersatz in der Regel gebrochen. Als die Indianer begannen, sich zu wehren, kam es zu den sogenannten *Indianerkriegen*. Die bekannteste Schlacht war die am Little Bighorn, bei der etwa 1000 Indianer, angeführt von dem legendären Häuptling Sitting Bull, die Truppen der *US-Kavallerie* besiegten. Ende des 19. Jahrhunderts waren die Indianer vollständig unterworfen. Die wenigen Überlebenden ihres Volkes zwängte man in abgelegenen *Reservaten* zusammen.

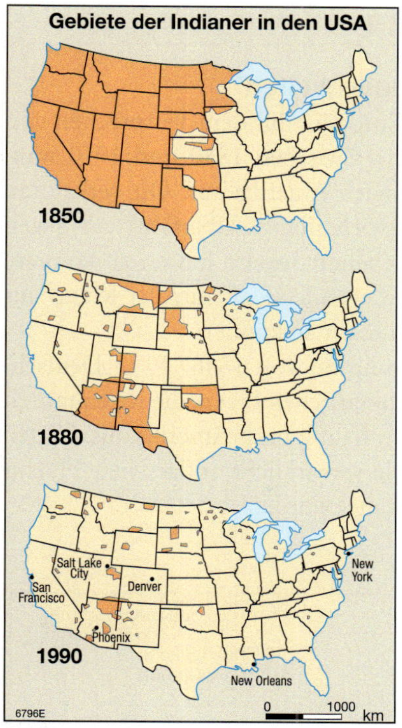

M3 *Die amerikanischen Siedler verdrängten die Indianer in nur hundert Jahren fast vollständig aus ihren ehemaligen Siedlungsgebieten. Bis heute blieben ihnen nur kleine Reservate.*

Q1 *Der amerikanische Außenminister Quincy Adams schrieb 1819:*

Die Welt muss sich mit dem Gedanken vertraut machen, dass der uns angemessene Herrschaftsbereich der nordamerikanische Kontinent ist. Seit unserer Unabhängigkeit ist dieser Anspruch ebenso naturgesetzlich begründet wie die Tatsache, dass der Mississippi ins Meer fließt.

Nach: Keil, H.: Die Vereinigten Staaten von Amerika zwischen kontinentaler Expansion und Imperialismus, S. 70.

Die Besiedlung des amerikanischen Westens

Jäger und *Trapper* waren die ersten, die in die von Indianern bewohnten Gebiete vordrangen. Farmer, die auf eigenes Land hofften, folgten ihnen in langen Trecks mit Planwagen. Sie nahmen die Wildnis in Besitz, rodeten Wälder, machten es urbar und waren gezwungen, sich selbst mit allen lebensnotwendigen Dingen zu versorgen. In der Wildnis erbaute Stützpunkte der Armee, sogenannte Forts, sollten die Siedler vor Angriffen der Indianer schützen. Als letzte Gruppe machten sich Handwerker, Bankiers, Kaufleute und Ärzte auf den Weg, die sich erst dann niederließen, wenn aus den Siedlungen kleine Städte entstanden waren. Die Siedler betrachteten die Indianer als „Wilde“, die das wertvolle Land nicht bewirtschafteten. Der Bau der Eisenbahn erleichterte die Ausdehnung des Siedlungsraumes. Gleichzeitig zerstörten die Bahntrassen die Jagdgebiete der Indianer und nahmen ihnen damit eine weitere Existenzgrundlage.

Q2 *Sitting Bull schrieb an US-Politiker:*

Berichtet den Leuten in Washington: Wenn sie dort auch nur einen Mann haben, der die Wahrheit spricht, so sollen sie ihn zu mir schicken, und ich will ihn anhören, was er zu sagen hat.

Nach: Mittler, M.: Eroberung eines Kontinents, S. 367.

M4 *Treck nach Westen. Einwanderer überqueren die Plains. Kolorierter Druck von Francis F. Palmer, 1866.*

zu 1.
Bedenke die grundlegenden Prinzipien bei der Kartenarbeit. Arbeite Etappen und Jahreszahlen heraus.

zu 2.
Beachte die Art und Weise zu leben von Siedlern und Indianern. Zusätzliche Informationen findest du im Lexikon oder im Internet.

Arbeitsaufträge

1. Beschreibe anhand der Karte M1 die Ausdehnung des Gebiets der USA. Nenne die natürlichen Grenzen der Siedlungsetappen.
2. Suche nach Erklärungen für die Bezeichnung der Siedlungsgebiete als „Wilder Westen“.
3. Vergleiche die Darstellung des Trecks in M4 mit den historischen Begebenheiten.
4. Beurteile das Verhalten der Siedler gegenüber den Indianern, den Ureinwohnern Nordamerikas.

Von Europa nach Amerika

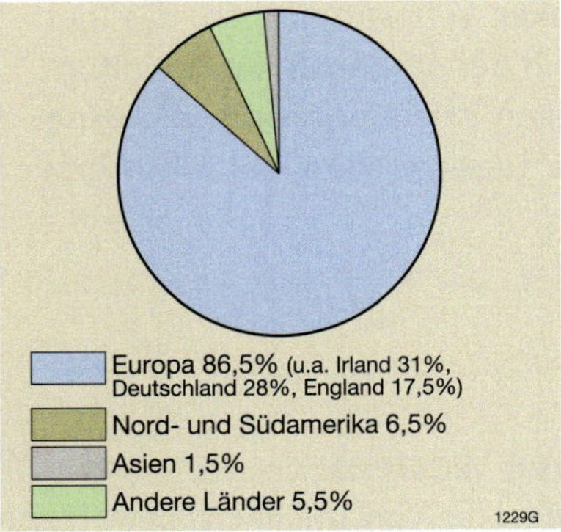

M1 *Die Herkunftsländer der Auswanderer.*

Das „Land der unbegrenzten Möglichkeiten"

Die Vereinigten Staaten lockten viele Europäer mit dem Versprechen von persönlicher Freiheit, Land und Arbeit. Zwischen 1830 und 1910 wanderten etwa 25,5 Millionen Europäer nach Amerika aus. Oft verkauften sie ihren letzten Besitz, um sich die wochenlange Überfahrt auf Segelschiffen oder den wenigen dampfgetriebenen Seglern leisten zu können. Reichte das Geld nicht für die Familie, wanderte oft nur der Mann aus und hoffte, Frau und Kinder bald nachholen zu können.

Nach der Niederschlagung der Revolution von 1848/49 in Deutschland mussten viele Menschen mit demokratischen Ideen, die sogenannten „Forty-Eighters", fliehen. Sie wanderten häufig nach Amerika aus. In den Vereinigten Staaten sahen sie ihre Ideale verwirklicht, sodass viele Flüchtlinge in dem Land blieben und Amerikaner wurden.

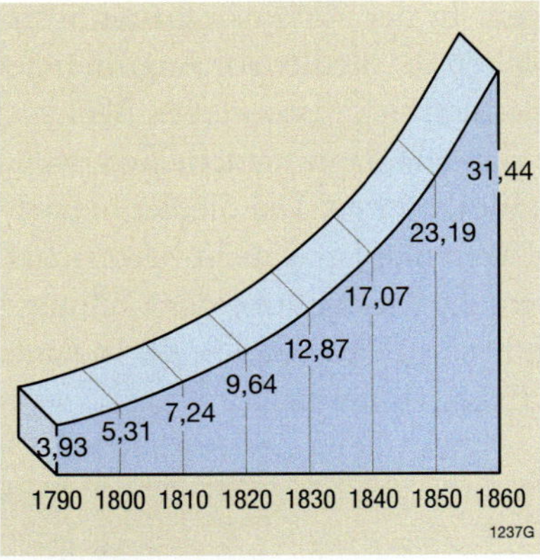

M2 *Die Entwicklung der Einwohnerzahlen der USA.*

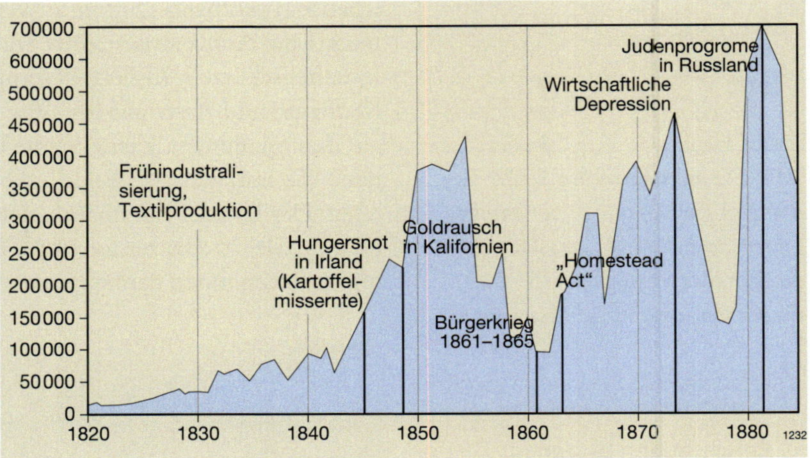

M3 *Einwanderungen in die USA zwischen 1820 und 1880.*

Goldrausch lockt Abenteurer an

Unter den Einwanderern befanden sich neben Bauern und Handwerkern auch viele Abenteurer, die angelockt von riesigen Goldfunden im amerikanischen Westen, ihr Glück in der Wildnis suchten.

i

Bürgerkrieg: 1861–1865 kämpften die Nordstaaten gegen die Südstaaten, die sich von den Vereinigten Staaten abspalten wollten. Ein Streitpunkt war die Abschaffung der besonders in den Südstaaten verbreiteten Sklaverei. 1865 setzten sich die Nordstaaten durch. Die Vereinigten Staaten blieben erhalten und die Sklaverei wurde abgeschafft.
Homestead Act: Um trotz des Bürgerkrieges Siedler in das Land zu holen, konnte sich nach diesem Gesetz von 1862 jeder amerikanische Bürger 65 Morgen ungenutztes Land aneignen.

M4 *Goldgräber in Kalifornien.*

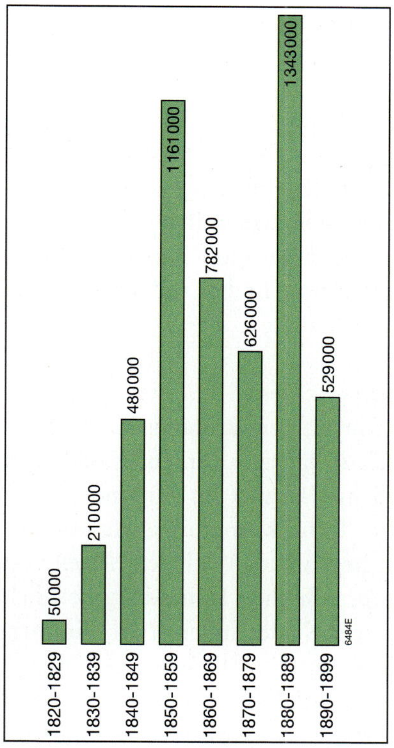

M5 *Deutsche Auswanderer nach Amerika im 19. Jahrhundert.*

M6 *Deutsche Ortsnamen in Amerika.*

Q1 *Der Deutsche Theodor Griesinger wanderte nach der Revolution 1848/49 nach Amerika aus. Er berichtet über das Leben im deutschen Viertel von New York:*

... Wahrhaftig, das Deutschländle verdient seinen Namen, denn es sind zum mindesten 15000 deutsche Familien hier auf einem und demselben Fleck eingebürgert und sesshaft! 15 000 Familien – das macht nicht weniger als 70000 bis 75000 Köpfe! ... New York beherbergt im Ganzen etwa 120000 Deutsche, d. h. eingewanderte Deutsche ... und von diesen ... wohnen gerade zwei Drittel in Kleindeutschland. Man trifft also hier Landsleute aus aller Herren Länder und darf mit Recht behaupten, dass kein einziges deutsches „engeres" Vaterland oder Vaterländchen unvergessen wäre ...
Es war natürlich kein „Muss", dass sich die Deutschen dieses Viertel auslasen. Sie wurden weder von den Stadtbehörden dazu angehalten, noch gab es irgendeine andere dringende Veranlassung ... Das Ding machte sich vielmehr ganz von selbst. Die Gegend des Deutschländles liegt nämlich nicht allzu weit entfernt von der unteren Stadt, in welcher das ganze Geschäft New Yorks konzentriert ist, und – die meisten, ja fast alle Bewohner Kleindeutschlands sind ja Arbeiter, welche entweder in den Shops oder Werkstätten der unteren Stadt beschäftigt sind oder auch die zu Hause fertig gemachte Ware in die dort befindlichen Läden abzuliefern haben. So ist diese Gegend für die Deutschen „die gelegenste" ... Deutsche wohnen ja gerne bei Deutschen! Hier verstehen sie doch einander; hier können sie ihre Muttersprache sprechen und auf althergebrachte Weise leben, ohne ausgelacht zu werden; warum sollten sie sich also nicht zusammentun? ...
Als daher die ersten paar Hundert Familien sich in Kleindeutschland aneinander geschart hatten, fingen die Irländer ... an, den Platz zu räumen, und die Amerikaner folgten ihnen nach, weil sie sich „genierten" oder vielmehr „schämten", unter Eingewanderten ihren Wohnsitz zu haben ... Es geht aber echt deutsch zu im Deutschländle, so deutsch wie in Deutschland selbst! Der Bäcker ist so gut deutsch wie der Metzger und der Metzger so gut wie der Apotheker. Allerdings sind es lauter „Kleingeschäfte", die allda getrieben werden, allein kein einziges befindet sich in andern Händen als in deutschen. Nicht bloß der Schuhmacher und der Schneider, nicht bloß der Rasierer und der Doktor, nicht bloß der Krämer und der Wirt, nein auch der Pfarrer ist hier deutsch ... Wer also in Kleindeutschland wohnt, braucht keine Silbe englisch zu verstehen und kommt doch fort ...

Nach: Griesinger, Theodor: Land und Leute in Amerika, Bd. 2, S. 547–574.

zu **2.**
Nutze die auf S. 104 f. dieses Lehrbuchs dargestellte Vorgehensweise bei der Auswertung von Statistiken. Bedenke Zusammenhänge und Fakten.

zu **3.**
Verwende eine Tabelle.

Arbeitsaufträge

1. Nenne die Herkunftsländer der Einwanderer (M1).
2. Erkläre anhand von M1 bis M3 die Einwanderungswellen nach Amerika im 19. Jahrhundert.
3. Stelle die Gründe für die Auswanderung dar.
4. Interpretiere die Quelle Q1. Beachte neben dem historischen Blickwinkel gleichwohl unsere heutige Sichtweise.

Das russische Großreich

M1 *Peter I. (1672 – 1725), auch Peter der Große genannt. Zeitgenössisches Gemälde von Pierre Gobert.*

Unter der Herrschaft der Zaren

Seit den Tagen des ersten Zaren Iwan III. (1440 – 1505) regierten die Zaren als unangefochtene Herrscher Russland. Mächtige Adlige, die *Bojaren*, bildeten den Hofstaat. Trotz mancher Reformen blieb Russland jedoch seit dem 17. Jahrhundert hinter der Entwicklung in den anderen Ländern Europas zurück.

Zar Peter I. modernisiert Russland

Mit Peter I. bestieg 1689 ein Zar den Thron, der Russland an den Fortschritt Europas heranführen wollte. Als 25-Jähriger verließ er 1697 mit einer Gruppe von 250 Personen heimlich das Land. Im Ausland eignete er sich Wissen über Wissenschaft und Technik, moderne Handwerksmethoden und das Militär an. Die ihn begleitenden Adligen hatten von ihm ähnliche Aufträge erhalten. Im ostpreußischen Königsberg ließ sich Peter I. zum Kanonier ausbilden, in den Niederlanden zum Zimmermann. In England nahm er an Flottenmanövern und Parlamentssitzungen teil. Der Zar schaute sich Waisen- und Krankenhäuser, Feuerwachen und Besserungsanstalten an. Sein Bemühen so viel wie möglich zu lernen und selbst auszuprobieren war unbegrenzt.

Von seiner Reise zurückgekehrt, begann Peter I. Russland umzugestalten. Er holte Wissenschaftler, Handwerker, Künstler und Offiziere nach Russland. Der Zar ließ ein Stehendes Heer aufstellen, eine Flotte bauen und staatliche Manufakturen errichten. Die traditionell langen Bärte der Bojaren belegte er mit einer Steuer bzw. ließ sie abschneiden. Sie waren für ihn ein Symbol der Rückständigkeit des Landes.

M2 *Seit 1462 entwickelte sich Russland zu einem Großreich.*

M3 *St. Petersburg: Blick über die Newa. Zeitgenössischer kolorierter Stich, um 1800.*

St. Petersburg – das „Venedig des Nordens"

Peter I. lehnte Moskau, das historische Zentrum des moskowitischen Reiches, als Hauptstadt des von ihm geführten Russland ab. Was er wollte, war eine westliche Residenz. Ihm schwebte ein Zentrum europäischer Kultur vor. Ein weitgehend eisfreier Hafen für den Handel, der die Entwicklung der Wirtschaft fördern sollte, war ein weiteres Anliegen des Zaren, wie auch ein Flottenstützpunkt, der den russischen Anspruch auf die Ostsee dokumentierte. Das den Schweden entrissene Gebiet an der Newa-Mündung erschien ihm ideal, um seine Träume zu verwirklichen.

1703 befahl Peter I., am Fluss Newa die neue Hauptstadt zu erbauen. Viele tausend Arbeiter, von denen nicht wenige an Krankheiten und schlechter Ernährung starben, stampften in 20 Jahren eine neue Stadt aus dem Boden: St. Petersburg. Deren Name erinnert noch heute an ihren Gründer Peter I., der 1725 starb.

M4 *Katharina II. (1729–1796). Die Zarin trägt wie Peter I. den Beinamen „die Große". Gemälde (Ausschnitt) von Vigilius Erichsen, um 1770.*

Katharina II. – eine Deutsche regiert im Zarenreich

Die deutsche Prinzessin Sophie Friederike Auguste von Anhalt-Zerbst (1729–1796) heiratete 1745 Zar Peter III. Nach dessen gewaltsamen Tod übernahm sie die Herrschaft. Als Katharina II. setzte sie die von Zar Peter I. begonnenen Reformen zur Umgestaltung Russlands fort.

Die gebildete Frau verstand sich als Anhängerin der Aufklärung und begann eine Reform des Bildungssystems. Eine Belebung der Wirtschaft und Wissenschaft erhoffte sich die Zarin von der Einwanderung ausländischer Fachleute und Bauern. In ganz Europa ließ sie verkünden, dass Russland über große unbewohnte Gebiete verfügte. Dem Aufruf folgten vor allem viele Deutsche. Ihr schwebte auch die Milderung der Leibeigenschaft vor, und sie versprach Russland eine Verfassung.

Die große Mehrheit der russischen Bevölkerung, die Bauern, blieben jedoch weiterhin der Leibeigenschaft unterworfen. In ihren Bauerngesetzen erlaubte Katharina II. den Adligen sogar, Bauern zu verkaufen, zu verpfänden und zu versteigern. Die Folge war ein Bauernaufstand (1773–1775), der nur mit Mühe niedergeschlagen wurde.

Auch die versprochene Verfassung kam nicht. Lediglich die städtischen Bürger, Handwerker und Kaufleute wurden in Gruppen und Zünften organisiert.

Russland entwickelt sich zur Weltmacht

Außenpolitisch wurde Russland unter Katharina II. zur Weltmacht. Von den Türken eroberten ihre Soldaten die Halbinsel Krim, wodurch das Zarenreich Zugang zum Schwarzen Meer erhielt und sich die ungehinderte Passage der Meerengen, vor allem des Bosporus, sicherte. Außerdem begann die Zarin mit der Unterwerfung des Kaukasusgebietes und teilte im Bunde mit Österreich und Preußen ab 1772 Polen auf.

zu 1.
Betrachte zunächst eingehend die Legende. Lege Fixpunkte für die Entwicklung fest. Beginne nun z. B. so: Im Jahr 1442 erstreckte sich …

zu 2.
Notiere erst die Maßnahme in Kurzform. Formuliere jetzt: Der Zar ließ …, um …

Arbeitsaufträge

1. Beschreibe mithilfe von M1 die territoriale Entwicklung Russlands.
2. Erkläre einzelne Maßnahmen Zar Peters I., mit denen er das russische Reich zu modernisieren gedachte.
3. Ordne in diesen Prozess die Bemühungen von Zarin Katharina II. ein.
4. Beurteile nach weiterer Recherche die historische Stellung beider Herrscher in der russischen Geschichte.

Krisenherde des Zarenreiches

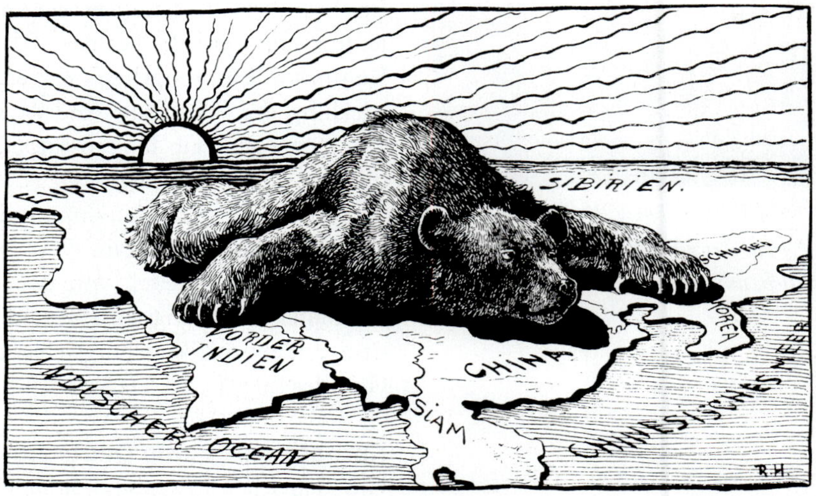

M1 *„Einer, der jetzt bald genug kriegen wird." Deutsche Karikatur aus dem Jahr 1904 zum Ausbruch des Russisch-Japanischen Krieges.*

Konflikte im Inneren

Die *autokratische* Zarenherrschaft löste im 19. Jahrhundert zunehmende innenpolitische Spannungen und Konflikte aus. So kam es im Dezember des Jahres 1825 zum sogenannten *Dekabristenaufstand.* Vor allem russische Offiziere, die von den Ideen der Französischen Revolution inspiriert waren, lehnten sich gegen den Zaren Alexander I. (1801–1825) auf. Einige von ihnen wollten Russland in eine Republik umwandeln, andere die noch immer das ländliche Russland dominierende Leibeigenschaft der Bauern abschaffen. Nach der blutigen Niederschlagung des Aufstandes übte das *Zarenregime* grausame Rache: die Anführer wurden erhängt, mehr als 600 Aufständische nach Sibirien zur Zwangsarbeit verbannt.

i

autokratisch: Eine Autokratie (Selbstherrschaft) vereint sämtliche politische Macht in der Hand einer Person oder einer Gruppe weniger Menschen. Das Volk ist dabei von der Herrschaft ausgeschlossen.
Dekabristen: adlige Revolutionäre in Russland.
Regime: diktatorische Herrschaftsform.

Der Krimkrieg 1853–1856

Der allmähliche Niedergang des Osmanischen Reiches und die imperialen Interessen Großbritanniens, Frankreichs und Russland bildeten den Hintergrund des Konflikts. Zar Nikolaus I. (1825–1855) hatte 1852 die Bezeichnung des „kranken Mannes am Bosporus" für das Osmanische Reich geprägt. Insbesondere dieser Bosporus, die Meerenge zwischen dem Schwarzen Meer und dem Mittelmeer, geriet nun in das strategische Visier der Großmächte. Unmittelbarer Auslöser des Krimkrieges war ein religiöser Streit zwischen Katholiken und orthodoxen Christen im Hinblick auf die Kontrolle der Heiligen Stätten der Christenheit in Palästina. Das Osmanische Reich erklärte mit britischer und französischer Rückendeckung im Jahr 1853 Russland den Krieg. Zuvor hatte Nikolaus I. ultimativ gefordert, dass sein Reich die Schutzherrschaft über die orthodoxen Christen auf dem Balkan übernehmen würde. Der russische Sieg über die türkische Flotte löste den Kriegseintritt Frankreichs und Großbritanniens auf Seiten des Osmanischen Reiches aus. Der technische Fortschritt in der Waffentechnik führte zu hohen Verlusten auf beiden Seiten.

Der Krimkrieg endete mit dem Frieden von Paris (1856), der die Vorherrschaft Russlands in Europa nach 1815 beendete.

M2 *Zerstörte Gebäude in der russischen Stadt Sewastopol auf der Halbinsel Krim. Die Stadt wurde von Oktober 1854 bis September 1855 von britischen und französischen Truppen belagert, bis die russische Armee sich aus Sewastopol zurückzog.*

Russlands Einfluss auf dem Balkan schwindet

Im Jahr 1875 begann ein Aufstand der mehrheitlich christlichen Bevölkerung gegen die muslimische Herrschaft der Osmanen auf dem Balkan. Unter den Russen machte sich eine große Sympathie für die slawischen Völker des Balkans breit *(Panslawismus)*. Nachdem mehrere diplomatische Lösungsversuche gescheitert waren, erklärte Zar Alexander II. (1855–1881) dem Osmanischen Reich den Krieg. 1878 rückte Russland gegen Konstantinopel vor. Schließlich willigte das Osmanische Reich in den Frieden von San Stefano ein (1878), der Russisch-Osmanische Krieg (1877/78) war beendet. Rumänien, Serbien und Montenegro waren unabhängig geworden, Bulgarien fortan ein autonomes Fürstentum. Russland konnte dadurch seinen Einfluss auf dem Balkan zunächst festigen.

Doch erweckte dieses Ergebnis des Krieges das Misstrauen der anderen europäischen Großmächte, vor allem Großbritanniens und Österreich-Ungarns. Die Balkankrise schwelte weiter. Auf Einladung Bismarcks sollte eine Konferenz in Berlin den Konflikt in Südosteuropa beilegen. Im Juni und Juli 1878 verhandelten die Vertreter der europäischen Großmächte und des Osmanischen Reiches auf dem *Berliner Kongress* über eine diplomatische Lösung. Russland konnte sich jedoch mit seinen Vorstellungen nicht durchsetzen. Die anderen Mächte beschlossen eine deutliche Beschränkung des russischen Einflusses auf dem Balkan.

i

Panslawismus: Ziel dieser im 19. Jahrhundert entstandenen Bewegung war die kulturelle und politische Einheit aller slawischen Völker, wie der Russen, Serben, Kroaten und Bulgaren.

Q1 *Aus dem Friedensvertrag von Portsmouth, 1905:*

Art. II Die Kaiserlich Russische Regierung erkennt an, dass Japan in Korea vorherrschende politische, militärische und wirtschaftliche Interessen besitzt ...
Art. IX Die Kaiserlich Russische Regierung übergibt der Kaiserlichen Regierung von Japan für immer und in voller Souveränität den südlichen Teil der Insel Sachalin und alle angrenzenden Inseln mit allen staatlichen Anlagen und Besitzungen ...

Nach: Handbuch der Verträge, S. 97 ff.

M3 *Versenkte russische Kriegsschiffe im Hafen von Port Arthur. Foto, 1904.*

Der Russisch-Japanische Krieg 1904/05

Als im Jahr 1904 die expansive russische Politik in Ostasien den Bestrebungen Japans immer deutlicher zuwiderlief, griff die japanische Flotte russische Kriegsschiffe im von China gepachteten Hafen Port Arthur an und zerstörte diese. Wechselseitige Offensiven und verlustreiche Schlachten prägten den folgenden Seekrieg. Nachdem die russische Flotte auf dem Weg nach Wladiwostok von der japanischen Seestreitmacht vernichtet wurde, nahm Zar Nikolaus II. (1894–1917) ein Vermittlungsangebot der USA an, der zum Frieden von Portsmouth (1905) führte.

Arbeitsaufträge

1. Beschreibe die innen- und außenpolitische Lage Russlands von 1825 bis 1905.
2. Charakterisiere die Veränderung der machtpolitischen Stellung Russlands in Europa im 19. Jahrhundert.
3. Beurteile die Folgen der militärischen Niederlage Russlands im Russisch-Japanischen Krieg (M1, Q1).

zu **1.**
Suche dir dazu wichtige Ereignisse heraus. Beginne z. B. mit dem Dekabristenaufstand.

zu **2.**
Bedenke die von Russland in dieser Zeit geführten Kriege und deren Ausgang.

Europäische Kolonialpolitik

Die Aufteilung der Welt

Seit den großen geografischen Entdeckungen des 15. und 16. Jahrhunderts gründeten europäische Staaten in Amerika, Afrika und Asien Kolonien. Durch Eroberung und Unterdrückung der Bevölkerung anderer Kontinente bauten sie in den Kolonien ihre wirtschaftliche und politische Herrschaft sowie ein ausgedehntes Handelsnetz auf. Wichtige Voraussetzung für den Erwerb von Kolonien war die Flotte. Mit dem Aufstieg Großbritanniens zur führenden Seemacht im 18. Jahrhundert begann sein Weg zur größten europäischen Weltmacht: das *British Empire* entstand.

i
British Empire: Britisches Weltreich. Ende des 19. Jahrhunderts gehörten etwa ein Viertel der Landoberfläche der Erde und über 400 Millionen Menschen zum britischen Empire.

Indien, ein Kronjuwel

Die größte britische Kolonie war Indien. Bereits seit 1600 vertrat die Britisch-ostindische Handelsgesellschaft hier die Interessen der englischen Krone. Mit Geld, Geschenken, aber auch mit Betrug gelang es britischen Händlern, von indischen Fürsten große Ländereien zu erwerben. Da die indischen Fürsten weiterhin sehr prunkvoll leben konnten, überließen sie den Briten meist ohne Widerstand die Verwaltung des Landes. Bereits 1857 wurde das ganze Land direkt durch Großbritannien verwaltet. Die englische Königin Victoria nahm den Titel „Kaiserin von Indien" an. An der Spitze der britischen Verwaltung stand ein für fünf Jahre von der englischen Königin ernannter Vizekönig.

Rohstoffe aus Indien und billige Arbeitskräfte brachten Großbritannien gewaltige Gewinne. Zudem nutzte die britische Wirtschaft Indien als Absatzmarkt für seine Industriewaren. So kamen z. B. in Großbritannien gefertigte Eisenbahnschienen und Lokomotiven nach Indien.

M1 *Krönungsfeierlichkeiten in Delhi aus Anlass der Ernennung der englischen Königin Victoria zur Kaiserin von Indien, 1877. Zeichnung von G. Amato, 1902.*

Q1 *Lord Curzon, Vizekönig in Indien von 1898 bis 1905, beschrieb 1908 die Bedeutung Indiens für Großbritannien:*

Es ist ... klar, dass der Herr Indiens unter modernen Verhältnissen die größte Macht auf dem asiatischen Kontinent und damit ... in der Welt sein muss. Die Zentrallage Indiens, seine mächtigen Hilfsquellen, seine stets zunehmenden Menschenmassen, seine großen Handelshäfen, sein Vorrat an militärischer Kraft, die uns eine Armee liefert, die dauernd auf einem hohen Stand der Kriegsbereitschaft ist und jeden Augenblick nach irgendeinem Punkte Asiens oder Afrikas geworfen werden kann – all dies beweist unwiderleglich seinen überragenden Wert ...
Lassen Sie mich Ihnen vor Augen führen, was Indien England und dem Reiche darbietet: Seine Volksmasse liefert uns die Arbeitskräfte, um unsere Länder, die wir überall auf der Erdkugel besitzen, auszubeuten ... Unser Indien ist ein Hauptfeld für die Verwendung britischen Kapitals; denn es liefert uns im Überfluss das Rohmaterial für einen großen Teil unserer Industrie und bedeutende Mengen an Nahrungsmitteln ...

Schönbrunn; Das bürgerliche Zeitalter 1815–1914; München 1980, S. 659.

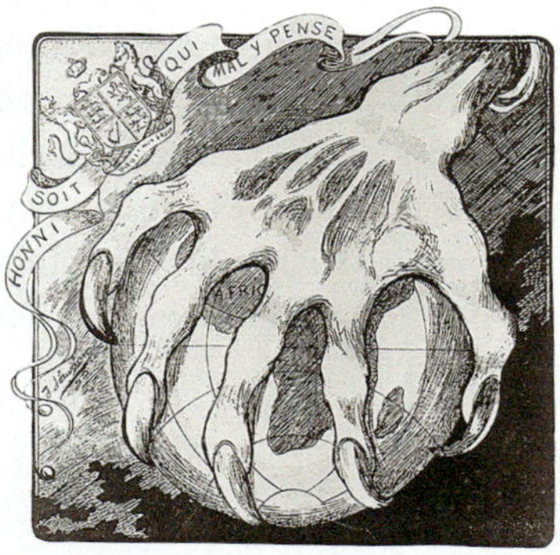

M2 *Eine französische Karikatur kritisiert den britischen Kolonialismus und Imperialismus. Der lateinische Text lautet übersetzt: „Ein Schuft, wer Schlechtes dabei denkt." Zeichnung, 1899.*

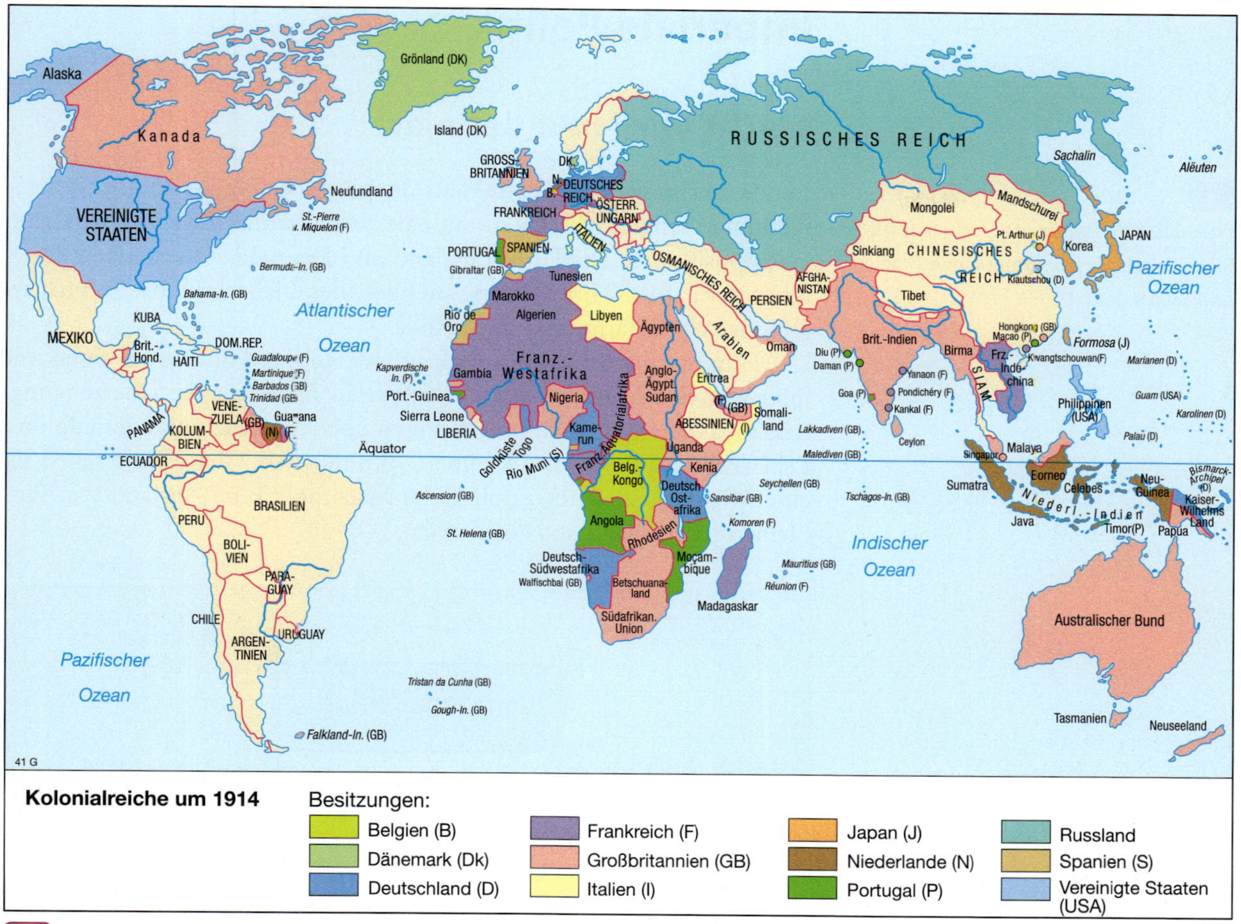

(M3) *Weltweiter Kolonialbesitz um 1914.*

Staat	Mutterland		Kolonien	
	Einwohner in Mill.	Fläche in 1000 km²	Einwohner in Mill.	Fläche in 1000 km²
GB	45	314	425	35 000
F	40	536	60	11 000
D	66	543	12	3000
Ö/U	50	625	–	–

(M4) *Kolonialbesitz um 1914.*

i

Mutterland: Die europäischen Kolonialmächte, die andere Gebiete erobert hatten und dort die politische, wirtschaftliche und militärische Herrschaft ausübten, bezeichneten sich als Mutterländer.

zu 1.
Die Ursprünge dafür finden sich bereits im … Die Lage Indiens …

zu 3.
Überlege, wie viele Spalten du benötigst. Suche Überschriften dafür.

Kolonien und ihre Mutterländer

Um 1900 hatten die europäischen Mächte fast alle Gebiete Afrikas und weite Teile Asiens als Kolonien unter sich aufgeteilt. Um die Länder, die noch nicht zu Kolonialreichen gehörten (z. B.: China, das Osmanische Reich, Marokko, Persien) stritten sie heftig.

Die Kolonien dienten nicht nur als billige Rohstoff- und Arbeitskräftelieferanten, sondern auch als Absatzmarkt für die Waren der *Mutterländer*. Die Industrialisierung hatte in den Mutterländern zu einem starken Anwachsen der Produktion geführt, sodass der europäische Markt bald gesättigt war. Für die Unternehmer wurde es immer schwieriger, die produzierten Waren zu verkaufen. Darum suchten sie neue Absatzmärkte in den Kolonien.

Arbeitsaufträge

1. Nenne mithilfe von Q1 die Gründe dafür, dass England Indien als Kronjuwel ansah.
2. Erkläre die Bedeutung des in M1 dargestellten Ereignisses.
3. Fasse anhand der Karte M3 den Kolonialbesitz der europäischen Großmächte in einer Tabelle zusammen.
4. Interpretiere die Karikatur M2.
5. Setzt euch in eurer Lerngruppe mit den langfristigen Folgen der europäischen Kolonialpolitik auseinander.

Imperiale Politik

Macht wird neu definiert

i

imperialistische Politik: das Streben eines Staates nach Vergrößerung seiner Macht und seines Besitzes.

Im 19. Jahrhundert veränderte sich die politische Weltkarte. Großbritannien und Frankreich festigten mit einer *imperialistischen Politik* ihre Großmachtpositionen. Die USA, Russland und Deutschland erstarkten durch ihre wirtschaftliche Entwicklung am Ende dieses Jahrhunderts. Sie suchten als junge Großmächte eine neue Rolle.

Die imperialistischen Staaten begründeten ihre Politik zum einen mit ihrer wirtschaftlichen Macht. Zum anderen hatten sie die Überzeugung, dass sie anderen Ländern und Kulturen überlegen seien und deshalb ihre Lebensweise auf diese Länder übertragen müssten. Gleichzeitig sahen sie eine Möglichkeit, durch erfolgreiche Machtpolitik im Ausland von Problemen im eigenen Land abzulenken.

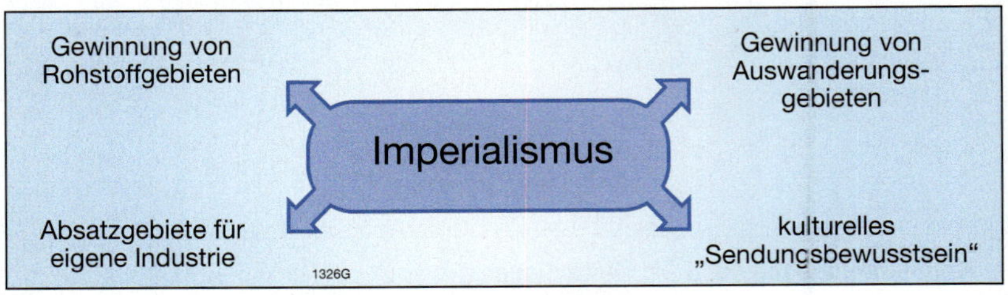

M1 *Ziele imperialistischer Politik.*

Q1 *Aus einem Buch des Pfarrers Josiah Strong, 1885:*

Es scheint mir, dass Gott in seiner unendlichen Weisheit die angelsächsische Rasse auf eine Stunde vorbereiten will, die die Welt mit Sicherheit einmal erleben wird ... Es gibt nunmehr keine neuen Welten mehr ... Dann wird diese Rasse in ihrer unvergleichlichen Energie und mit ihren majestätischen Bevölkerungszahlen, gestützt auf die sich von ihrem großen Reichtum abgeleiteten Macht, den höchsten Grad an Freiheit, die reinste Form des Christentums und die höchstentwickelte Zivilisation repräsentieren ... Kann es irgendeinen Zweifel daran geben, dass dieser Wettkampf der Rassen das „Überleben des Stärksten" zum Ziel hat?

Nach: Mommsen, Wolfgang Justin: Imperialismus. Seine geistigen, politischen und wirtschaftlichen Grundlagen. Hamburg 1977. S. 203 f.

	1891–1900		1911–1913	
	GB	D	GB	D
Kohle	34	19	24	20
Roheisen	28	20	18	22
Stahl	22	21	10	25

M2 *Anteil an der Industrieproduktion in der Welt (in %).*

Neue Großmächte – neue Ziele

Während die alten Großmächte wie Großbritannien und Frankreich ihren Einfluss in der Welt bewahren wollten, setzten die USA, Russland und Deutschland alles daran, ihre Macht auszuweiten. Mit dem Krieg um Kuba begannen die USA ab 1898, Spanien als Kolonialmacht in der Karibik und im Pazifischen Ozean zu verdrängen. Russlands machtpolitisches Ziel war der Zusammenschluss aller slawischen Völker unter seiner Führung. Das Deutsche Reich hatte Gebiete in Afrika und in der Südsee erworben und beteiligte sich an der Aufteilung Chinas.

M3 *„Heizer gesucht. Keine Vorkenntnisse erforderlich." Rekrutierungsplakat der Royal Navy, 1913.*

M4 *Deutsche Flottenparade in Kiel 1912. Gemälde von Willy Stöwer.*

Q2 *Aus einem Aufsatz des deutschen Historikers Hans Delbrück, 1899:*

Mit immer gesteigertem Erfolge und gesteigerter Intensität ist Europa seit 400 Jahren an der Arbeit, sich die übrige Welt zu unterwerfen und in seine Kultursphäre hineinzuziehen ... Wäre aber einmal die außereuropäische Welt völlig [englisch oder russisch] aufgeteilt, [könnten] die unbeteiligten europäischen Völker sich gegen solche Riesenmächte auf die Dauer [nicht] behaupten. Das ist der Grund, warum Deutschland notwendig eine Kolonialpolitik im großen Stile treiben muss.

Preußische Jahrbücher. Bd. 95. 1899. S. 383 f.

Q3 *Aus einer Rede des englischen Politikers Joseph Chamberlain, 1903:*

Unsere nationale Existenz beruht auf unserer industriellen Leistungsfähigkeit und Produktion. ... Daraus folgt eins: dass der Handel innerhalb unseres Weltreichs für unser Gedeihen in der Gegenwart unbedingt notwendig ist. Geht dieser Handel nieder oder hört er nur auf ... zuzunehmen, dann sinken wir zu einer Nation fünfter Klasse herab. Unser Schicksal wird dann das Schicksal der Reiche und Königtümer der Vergangenheit sein.

Quellen zur Allgemeinen Geschichte. Bd. 4. Zürich 1966. S. 259.

Arbeitsaufträge

1. Erkläre den Begriff „Imperialismus".
2. Arbeite die Ziele der imperialistischen Staaten zu Beginn des 20. Jahrhunderts in der Welt heraus.
3. Ordne die deutsche Flottenpolitik in diesen Zusammenhang ein.
4. Vergleiche die Rechtfertigungen für das imperialistische Machtstreben in den Quellen Q1 bis Q3 miteinander.
5. Nehmt zu den politischen Haltungen der wichtigsten imperialistischen Mächte Stellung.

zu **1.**
Nutze M1.

zu **2.**
Nutze dazu eine Tabelle mit zwei Spalten, in die du Staaten und Ziele einträgst.

zu **3.**
Lies dazu auch S. 127.

zu **4.**
Suche Gemeinsamkeiten und Unterschiede heraus und notiere diese gegenüberstellend.

Deutschland als Kolonialmacht

Die ersten Schutzgebiete

Da sich Bismarck mit seiner Außenpolitik auf Europa konzentrierte („Mein Afrika liegt in Europa“), spielte der Erwerb von Kolonien während seiner Amtszeit als Reichskanzler kaum eine Rolle. Abenteurer, Kaufleute und Forscher versuchten deshalb auf eigene Faust ihr Glück auf fremden Kontinenten. 1882 gründeten Vertreter von Banken und der Wirtschaft den *Deutschen Kolonialverein*, um den Erwerb von deutschen Kolonien zu fördern. Zudem forderten sie, die Interessengebiete der deutschen Wirtschaft unter den Schutz des Kaiserreiches zu stellen.

Die Flagge folgt dem Handel

1883 erwarb der Bremer Tabak- und Waffenhändler Adolf Lüderitz von Häuptlingen afrikanischer Stämme eine Meeresbucht und das angrenzende Land an der Küste im Südwesten Afrikas. Der Preis für das Geschäft betrug 200 Gewehre und 100 englische Pfund. Deshalb erklärte das Kaiserreich 1884 die von Kaufleuten aufgekauften Gebiete in Deutsch-Südwestafrika zu deutschen *Schutzgebieten*. Die ursprünglich privat erworbenen Gebiete standen so unter dem „Schutz“ des Deutschen Reiches, das bedeutete, sie waren zu einer deutschen Kolonie geworden.

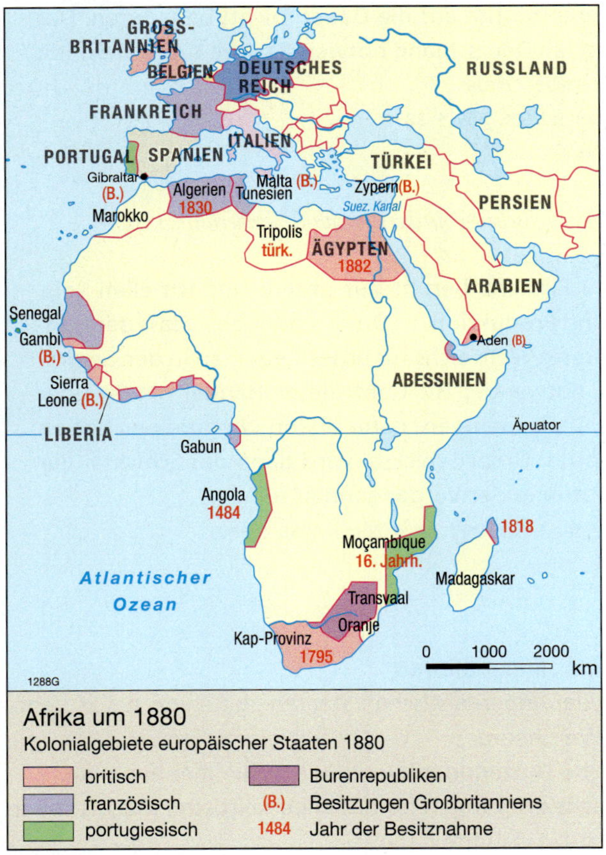

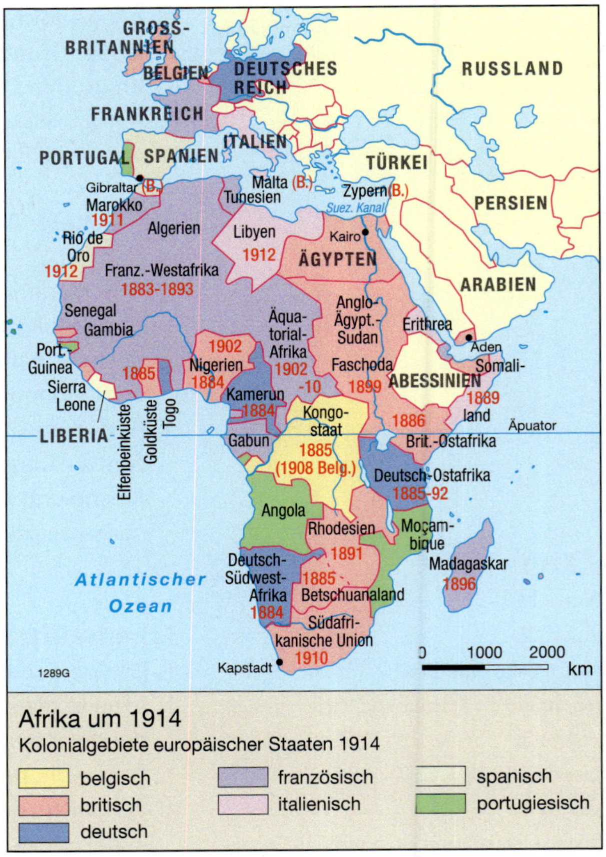

M1 *Die Aufteilung Afrikas unter den europäischen Kolonialmächten zwischen 1880 und 1914. Das Deutsche Reich besaß seit Ende des 19. Jahrhunderts in Afrika die Kolonien Deutsch-Ostafrika, Deutsch-Südwestafrika, Kamerun und Togo.*

Q1 *Der deutsche Arzt Ludwig Külz, der in Afrika lebte, erklärte die Gründe für den Erwerb von Kolonien:*

... Wozu wollen wir die Neger erziehen? ... Wir müssen uns zuvor zuerst eine zweite wichtige Frage stellen, aber ehrlich beantworten; das ist die: Weshalb haben wir überhaupt Kolonien erworben? Antwort: Getrieben vom Kampfe ums Dasein, vom Expansionstriebe der Rasse, welcher der heimische Boden zu eng wird, getrieben von dem Willen, dem Mutterland neue Quellen zuzuführen und neue Abflussgebiete zu verschaffen. Alle anderen Motive sind im Nachhinein hineingetragen worden, um dem nackten Kinde ein Mäntelchen umzuhängen ... Legen wir uns jetzt nochmals die Frage vor: Wozu sollen wir den Neger erziehen? Meine kurze und bündige Antwort lautet: zur Arbeit für uns.

Külz, L.: Blätter und Briefe eines Arztes aus dem tropischen Deutsch-afrika, 1906.

Wilhelm II.: „Deutschlands Zukunft liegt auf dem Wasser"

Nach Bismarcks Entlassung 1890 wollte Kaiser Wilhelm II. mithilfe der Flotte auch auf anderen Kontinenten deutschen Einfluss geltend machen. Hatte Bismarck sich in seiner Außenpolitik überwiegend auf Europa konzentriert, strebte Wilhelm II. eine „Weltpolitik" an. Sein Leitspruch lautete: „Am deutschen Wesen soll die Welt genesen."

Als Zeichen der Macht eines Staates sah der Kaiser den Besitz von Kolonien. Die gewachsene wirtschaftliche Stärke Deutschlands ließ die Forderungen nach mehr weltpolitischem Einfluss des deutschen Kaiserreiches weiter wachsen. Der Kaiser nutzt jede Möglichkeit, um die neue deutsche Politik, wenn nötig auch mit Waffengewalt, zu demonstrieren.

Neben den Schutzgebieten in Afrika gehörten um 1900 auch verschiedene Südseeinseln zum deutschen Kolonialreich sowie die chinesische Hafenstadt Kiautschou.

M2 *Afrikaner beim Bau der Tanganjika-Bahn unter Aufsicht von weißen Kolonialherren in Deutsch-Ostafrika. Die Eisenbahnstrecke, mit deren Bau 1904/05 begonnen wurde, kostete 21 Millionen Mark und hatte eine Gesamtlänge von über 1250 Kilometern. Die Tanganjika-Bahn wurde im Februar 1914 eröffnet. Foto, 1911.*

Arbeitsaufträge

1. Skizziere die Art und Weise deutscher kolonialer Eroberungen auf dem afrikanischen Kontinent.
2. Beschreibe mithilfe von M2 die territoriale Aufteilung Afrikas unter den europäischen Kolonialmächten zwischen 1880 und 1914.
3. Arbeite die Gründe aus der Quelle Q1 heraus, die der deutsche Arzt Ludwig Külz für den Erwerb von Kolonien angab.
4. Ordne in diesen historischen Kontext den Anspruch Kaisers Wilhelm II. ein, Deutschlands Zukunft läge auf dem Wasser.
5. Beurteile Mittel und Ziele der deutschen Kolonialpolitik in Afrika unter Wilhelm II.

zu **1.**
Bismarck hatte sich eher auf ... So versuchten ... auf eigene ...

zu **3.**
Er fragte sich, warum ... Dann sagte er ganz deutlich, dass die wahren Gründe ... Alles andere wäre ...

Die Kolonie Deutsch-Südwestafrika

Deutsche Schutzgebiete

Das von Lüderitz erworbene Land an der Südwestküste Afrikas stand seit 1884 unter dem Schutz des Kaiserreiches. Die „Schutzherrschaft“ hatte für die einheimische Bevölkerung zuerst kaum Bedeutung. 1885 gab es drei Beamte, die die deutschen Interessen durchsetzen sollten. Als das Volk der Herero 1888 den für ihn unwichtigen „Schutz“ aufkündigen wollte, schickte das deutsche Kaiserreich 21 Soldaten nach Südwestafrika. Sie waren der Grundstein für die später etwa 15 000 Mann starke *Schutztruppe*.

Die deutschen Siedler eigneten sich weitere große Gebiete der Einheimischen an. Dabei nutzten sie die Konflikte zwischen verfeindeten Volksgruppen und spielten die afrikanische Bevölkerung gegeneinander aus. In sogenannten Schutzverträgen sicherte der deutsche Gouverneur den Häuptlingen einzelner Stämme seine Unterstützung bei Stammesrivalitäten zu. Als Gegenleistung sollten diese dafür sorgen, dass sich die einheimische Bevölkerung nicht gegen die Kolonialherren erhob.

M1 *Die Kolonie Deutsch-Südwestafrika.*

i

Schutztruppe: 1891 gebildete deutsche Kolonialtruppe zur Sicherung der Kolonien, z. B. gegen Aufstände der einheimischen Bevölkerung.

Wucher: wenn der Preis einer Ware wesentlich höher ist als ihr eigentlicher Wert.

Der Aufstand der Herero

Die Herero waren mit etwa 80 000 Menschen das größte Volk in Deutsch-Südwestafrika. Als Nomaden zogen sie mit ihrem Vieh durch das Land. Das beste Land der Herero gehörte inzwischen den deutschen Siedlern, die es aufgekauft hatten. Nach den Sitten der Afrikaner war aber ein Verkauf von Land nicht möglich. Dieser Konflikt wurde verstärkt durch Übergriffe deutscher Siedler auf Frauen und Kinder sowie auf das Eigentum der Herero. Die Unterdrückung der Menschen wurde immer unerträglicher. Die Situation der Herero verschlechterte sich noch mehr, als die deutschen Siedler eine Bahnlinie von der Küste zu Kupferminen im Norden des Landes bauten. Die Schienenwege schnitten die Viehherden von den traditionellen Wasserlöchern ab, sodass die Herero einer weiteren Lebensgrundlage beraubt waren.

1904 erhoben sich die Herero. Sie besetzten ihr traditionelles Siedlungsgebiet und töteten deutsche Siedler.

Q1 *Ein Herero berichtete über die Ursachen des Aufstandes:*

Der Krieg ist von ganz kleinen Dingen gekommen und hätte nicht zu kommen brauchen. Einmal waren es die Kaufleute mit ihrem schrecklichen *Wucher* und eigenmächtigen und gewaltsamen Eintreiben. Für 1 sh [Schilling] Schuld wollten sie nach Jahresfrist 5 sh und für ein Pfund nach 12 Monaten 5 Pfund Zinsen haben, und wer nicht zahlen wollte oder konnte, den verfolgten sie und plagten sie. Dann ist es der Branntwein gewesen, der die Leute schlecht und gewissenlos gemacht hat ... Aber das schlimmste Übel ist ... die Vergewaltigung unserer Frauen durch Weiße. Manche Männer sind totgeschossen worden wie Hunde, wenn sie sich weigerten, ihre Frauen und Töchter preiszugeben und drohten, sie mit der Waffe in der Hand zu verteidigen. Wären solche Dinge nicht geschehen, wäre kein Krieg gekommen ...

Missionar Neitz, J.: Die Herero betreffend. Reise zu Samuel Herero. 1907.

M2 *Das undatierte Foto zeigt den deutschen Offizier Paul von Lettow-Vorbeck (1870 – 1964). Der einem pommerschen Adelsgeschlecht entstammende Lettow-Vorbeck war nach 1904 als Hauptmann der deutschen Schutztruppe an der blutigen Niederschlagung des Hereroaufstandes in Deutsch-Südwestafrika (heute Namibia) beteiligt. Im Ersten Weltkrieg besaß er das Kommando in Deutsch-Ostafrika (heute Tansania, Burundi und Ruanda). Im Jahre 1920 beteiligte er sich als Generalmajor am Kapp-Lüttwitz-Putsch und musste deshalb seinen Abschied nehmen. Für die DNVP saß er von 1928 bis 1930 im Reichstag der Weimarer Republik. In der Zeit des Nationalsozialismus wurde er als „Löwe von Afrika" gefeiert. Nach Kriegsende wandte er sich teilweise von alten Überzeugungen und Taten ab. Einzelne Straßen, Plätze und Bundeswehrkasernen tragen immer noch seinen Namen, was heute sehr umstritten ist.*

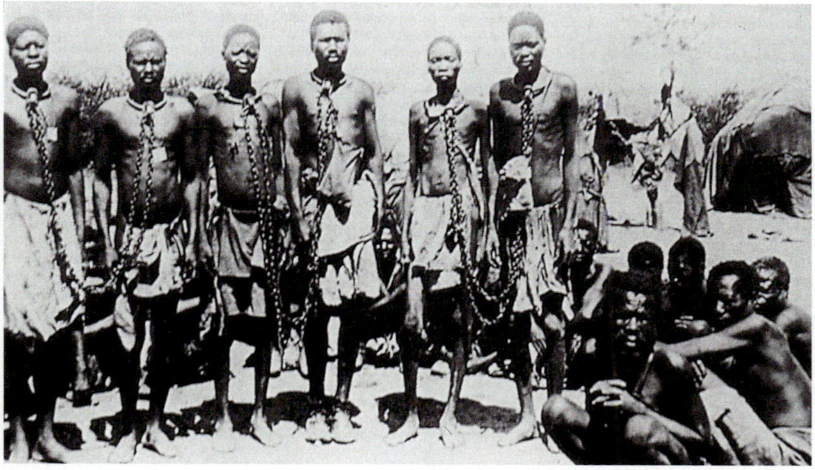

M3 *Überlebende Herero vor dem Marsch in die Zwangsarbeit. Foto, 1907.*

Massaker und Tod durch Verdursten

Bei der Niederschlagung dieses Aufstandes ging die deutsche Schutztruppe mit großer Grausamkeit vor. Etwa 50 000 Herero wurden eingekreist und in die Wüste getrieben. Die Schutztruppe blockierte alle Zugänge zu den Wasserstellen und schoss jeden nieder, der fliehen wollte. Die meisten Hereros wurden ermordet oder verdursteten in der Wüste. Ihr Eigentum ging in den Besitz des Deutschen Reiches über. Die deutsche Kolonialbehörde verschärfte nach der Niederschlagung des Aufstandes die Unterdrückung der überlebenden Herero: diese durften kein Land mehr erwerben und mussten Zwangsarbeit leisten.

Q2 *Eine amtliche Darstellung des deutschen Generalstabes:*

Keine Mühen, keine Entbehrungen wurden gescheut, um dem Feinde den letzten Rest seiner Widerstandskraft zu rauben; wie ein halb zu Tode gehetztes Wild war er von Wasserstelle zu Wasserstelle gescheucht, bis er schließlich willenlos, ein Opfer der Natur seines eigenen Landes wurde. Die wasserlose [Wüste] Omaheke sollte vollenden, was die deutschen Waffen begonnen hatten: die Vernichtung des Hererovolkes ... Das Röcheln der Sterbenden und das Wutgeschrei des Wahnsinns ... sie verhallten in der erhabenen Stille der Unendlichkeit! Das Strafgericht hatte ein Ende gefunden. Die Hereros hatten aufgehört, ein selbstständiger Volksstamm zu sein.

Die Kämpfe der Deutschen Truppen in Südwestafrika, Berlin 1906, S. 211 – 218.

Arbeitsaufträge

1. Charakterisiere mithilfe von Q1 und Q2 Hintergründe und Verlauf des Aufstandes der Herero.
2. Vergleiche deine Vorstellungen von dem Begriff „Schutz" mit dem Verhalten der deutschen Kolonialmacht gegenüber den Herero.
3. Recherchiert weitere Zeugnisse über das Leben Lettow-Vorbecks und stellt eine Pro- und Kontra-Argumentation zusammen.
4. Stellt die aktuelle Situation der ehemaligen Kolonie Deutsch-Südwestafrika, dem heutigen Nambia, dar.

zu **2.**
Bedenke, was du unter „Schutz" verstehst. Beachte Gemeinsamkeiten und Unterschiede.

zu **3.**
Arbeitet in Gruppen. Versucht, euch nach Zusammenstellung der Argumente ein eigenes Urteil zu bilden.

M1 *Die Kolonialmächte teilen den chinesischen Kuchen auf. Französische Karikatur, 1898.*

M2 *Expeditionstruppen der europäischen Großmächte mit eroberten Boxerfahnen. Farbdruck, 1901.*

i

Isolation: Abschottung nach außen.

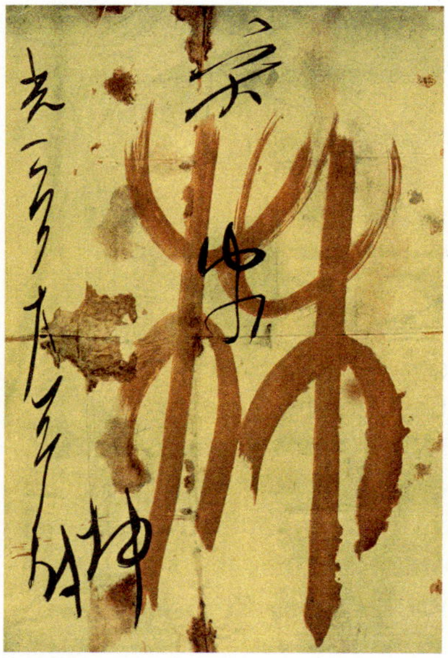

M3 *Magisches Amulett eines aufständischen Boxers, das vor Kugeln schützen sollte.*

Der Boxeraufstand in China

Europäische Interessen in Ostasien

Großmächte wie Großbritannien, Frankreich und Deutschland hatten neben den USA und Japan im 19. Jahrhundert immer wieder das Reich der Mitte heimgesucht. Es waren in allererster Linie koloniale und imperialistische Beweggründe, mit denen sie China aus seiner selbst gewählten *Isolation* heraus zu brechen versuchten.

In Folge des Opiumkrieges mit Großbritannien (1840–1842) wurde China z. B. zur Öffnung seiner Märkte und insbesondere zur Duldung des Opiumhandels gezwungen. Die fremden Mächte demütigten das Land zunehmend, es kam zum wirtschaftlichen Niedergang und das Kaiserhaus der Qing-Dynastie musste einen fortschreitenden Autoritätsverlust beklagen. Hinzu kam, dass christliche Missionierungsbestrebungen an den Grundfesten der jahrtausendealten chinesischen Geschichte rüttelten. In der Folge dessen bekamen chinesische Geheimbünde Auftrieb.

Um 1887 hatte sich in Shandong, einer Provinz an der chinesischen Ostküste am Unterlauf des Gelben Flusses, eine milizähnliche Organisation entwickelt. Sie waren mit deutschen Missionaren in Konflikt geraten, weil diese buddhistische Tempel in katholische Kirchen umgewandelt hatten. Ihr Symbol war die erhobene Faust. Deshalb wurden sie von den Europäern als *Boxer* bezeichnet. Die „Faustkämpfer der Gerechtigkeit und Eintracht" begehrten unter dem Motto „Unterstützt die Qing, vernichtet die Fremden" für ein souveränes China auf. Die fanatisierte Bewegung breitete sich um 1900 rasch aus.

Aufständische in Peking

Im Juni 1900 erreichten fast 20000 Boxer die chinesische Hauptstadt Peking. Sie töteten zahlreiche chinesische und ausländische Christen. Knapp 500 Soldaten der europäischen Staaten verteidigten die Diplomatenkolonie. Klemens Freiherr von Kettler, der deutsche Gesandte in China, wurde am 19. Juni 1900 auf offener Straße ermordet.

(M4) *Das deutsche Expeditionskorps zur Niederschlagung des Boxeraufstandes. Notendruck, 1900.*

i

Hunnen: kriegerisches Reitervolk, das während des 4. und 5. Jahrhunderts von den Kaspischen Steppen aus nach Westen vordrang.

(M5) *Soldaten des Expeditionskorps besichtigen aufgehängte Köpfe hingerichteter Boxer. Zeichnung, 1900.*

zu **1.**
Nutze M1.

zu **2.**
Die Kolonialmächte … Daraufhin entwickelte sich … Im Juni 1900 …

Die Kolonialmächte schlagen den Aufstand blutig nieder

Innerhalb kürzester Zeit überschlugen sich die Ereignisse. Die chinesische Regierung erklärte in ihrer Hilflosigkeit den ausländischen Mächten den Krieg. Zur Wiedergutmachung forderte Kaiser Wilhelm II. eine internationale Truppe unter deutscher Führung. Daraufhin entsandten Großbritannien, Deutschland, Frankreich, Italien, Japan, Österreich-Ungarn, Russland und die USA gemeinsam ein 20 000 Mann starkes Expeditionskorps. Die „Vereinigte Armee der acht Staaten" eroberte bereits am 14. August 1900 die chinesische Hauptstadt und befreite im bis dahin belagerten Diplomatenviertel fast 4 000 Ausländer. Der preußische Generalfeldmarschall Alfred Graf von Waldersee übernahm am 27. September 1900 den Oberbefehl über die international zusammengesetzte Streitmacht. Zu diesem Zeitpunkt waren die eigentlichen Kampfhandlungen bereits beendet.

Der deutsche Kaiser Wilhelm II. hatte das deutsche Truppenkontingent in Bremerhaven am 27. Juli 1900 mit einer Rede verabschiedet, die im Ausland scharf kritisiert wurde. In seinen Worten spiegelten sich das imperialistische Sendungsbewusstsein und die nationale Arroganz des Kaisers wider. Die Ansprache ging als sogenannte *Hunnenrede* in die Geschichte ein.

Die Sieger übten grausame Rache an den Aufständischen. Es kam zu zahlreichen Gräueltaten und Übergriffen auch gegenüber der Zivilbevölkerung unter dem Kommando General Waldersees. Am 1. September 1901 wurde das sogenannte Boxerprotokoll in Peking unterzeichnet. In der Folge zogen sich die ausländischen Mächte mit Ausnahme Russlands ihre Truppen aus China zurück.

Der kaiserliche Hof selbst zog mit großem Pomp 1902 wieder in Peking ein. Der Hass der Chinesen gegen die Ausländer und das Kaiserhaus erstarkte.

(Q1) *Kaiser Wilhelm II. verabschiedete die deutschen Soldaten am 27. Juli 1900:*

Ihr sollt rächen den Tod unseres Gesandten und so vieler, nicht nur Landsleute, auch anderer Europäer! Kommt ihr vor den Feind, so wird er geschlagen, Pardon wird nicht gegeben; Gefangene nicht gemacht. Wer euch in die Hände fällt, sei in eurer Hand. Wie vor tausend Jahren die Hunnen unter ihrem König Etzel sich einen Namen gemacht, der sie noch jetzt in der Überlieferung gewaltig erscheinen lässt, so möge der Name Deutschland in China in einer solchen Weise bekannt werden, dass niemals wieder ein Chinese es wagt, etwa einen Deutschen auch nur schief anzusehen.

Nach: Historische Zeitschrift, Bd. 222 (1976), S. 350.

Arbeitsaufträge

1. Skizziere die Interessen der europäischen Großmächte in China.
2. Schildere Ursachen und Folgen des Boxeraufstandes in China.
3. Beschreibe die Wirkungen der Bilder M4 und M5 auf dich.
4. Nehmt zur Unterwerfung Chinas durch die europäischen Kolonialmächte Stellung.
5. Diskutiert in der Klasse den Tenor der Rede Wilhelms II. (Q1).
6. Erörtert die langfristigen Wirkungen dieses Konfliktes bis heute.

METHODE

Auswandererbriefe als Quelle

M1 *Auswanderer am Überseekai in Bremerhaven. Von hier wanderten Millionen Menschen mit dem Schiff nach Amerika aus. Holzstich nach Johannes Gehrts, 1880.*

Briefe sind sehr persönliche Quellen. Da die Verfasser oft Gefühle und Erlebnisse beschreiben, ermöglichen Briefe den Einblick in die Gedanken- und Lebenswelt der Schreiber.

Millionen Deutsche zogen im 19. Jahrhundert nach Amerika, um hier Arbeit zu finden. In Briefen an die Daheimgebliebenen berichteten sie, wie es ihnen in der Fremde erging. Diese Quellen informieren über die Alltagsgeschichte der Auswanderer und des Einwanderungslandes.

Q1 *Philipp Lepine aus Gartz (Brandenburg) wurde 1856 geboren, war Eisenbahner und wanderte 1884 nach Amerika aus. Am 2. Februar 1890 schrieb er an seinen Bruder:*

... Nun lieber Bruder, Du schreibst in Deinem Brief, das Du des Abends sehr müde bist, das habe ich alles erlebt im Eisenbahn Dinst Jahre, ich sehne mich nicht wieder zurück, und dann, wenn der Monat um war gab es 1 Thaler und wenn ich viele Nachtstunden dazu hatte, wurden es 20; Hier ist das anders, wir bekommen hier in unserer Fabrik auch Monatlich ich bekomme im Monat Januar 40 Dollar 50 Cent (gleich 164 Mark) was sagst Du dazu? 27 Arbeitstage. Also hier wird bezahlt was einer arbeitet, wenn ich noch so jung wäre wie Du, dann wollte ich wohl mehr verdienen, ich werde 45 Jahre aber müde werde ich gar nicht ...

Nach: http://www.auswandererbriefe.de/.

Q2 *Robert Prang wurde 1857 in Nikolaiken (Ostpreußen) geboren, wohnte später u. a. in Berlin und besuchte das Gymnasium. 1887 wanderte er nach Chicago aus. Für ihn war es ein großes Problem, Arbeit zu finden. Am 10. April 1887 schrieb er an seinen Bruder:*

... Da machte ich vor 10 Tagen die Bekanntschaft eines deutschen Farmers ... Bei ihm bin ich jetzt und habe es ganz gut getroffen. Er ist ziemlich wohlhabend und ebenso wie seine Frau sehr freundlich. Ich muss ihm in der Wirtschaft behilflich sein und lehre seine 8 Jahre alte Tochter lesen, schreiben und rechnen ... Von 5 Uhr morgens bis 7 Uhr abends muss ich ununterbrochen arbeiten. ... Ob ich hier außer der freien Beköstigung ... und der freien Logis ... noch etwas verdiene, weiß ich nicht; der Farmer hat es bereits mehrfach zu mir geäußert, dass er geglaubt, ich verstände mehr von landwirtschaftlichen ... Angelegenheiten. Jedenfalls kann ich hier bleiben und darf nicht befürchten, die Stellung zu verlieren. Nach dem, was ich hier in Amerika gesehen, und erfahren, ist es gewiss nicht schwer, sich hier in einigen Jahren mit gutem Willen eine Existenz zu gründen; es ist hier noch viel Geld zu verdienen, wenn ich kann, d. h. wenn mich der Farmer behält, will ich den ganzen Sommer bis zum Spätherbst hier bleiben, da mir die landwirtschaftlichen Kenntnisse, die ich hier sammle, gewiss später zu Statten kommen werden, wenn ich selbst Geschäfte treiben will ...

Nach: http://www.auswandererbriefe.de/.

Schrittfolge für die Analyse eines Briefes als Quelle

1. „Übersetze“ die Briefe in unsere heutige Sprache und ggf. in die aktuelle Rechtschreibung.
2. Kläre unbekannte Begriffe.
3. Ordne den Brief zeitlich in die Geschichte der Vereinigten Staaten ein.
4. Fasse den Inhalt des Briefes zusammen.
5. Überprüfe, ob sich die Hoffnungen der Einwanderer erfüllt haben.
6. Schätze den Wahrheitsgehalt der Briefe ein.

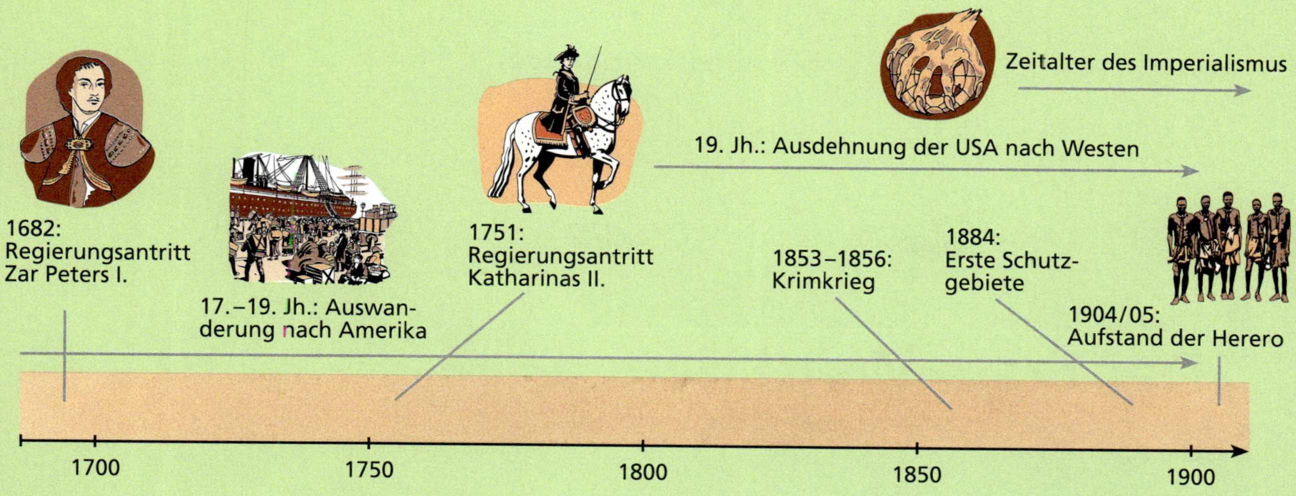

IN KÜRZE

Wichtige Begriffe:

Auswanderung nach Amerika
Boxeraufstand
British Empire
Herero
Imperialismus
Indianer
Kolonialismus
Kolonien
Krimkrieg
Schutzgebiete
Siedler
St. Petersburg
Zar

Jahrhunderte lang lag blieb Russland hinter der Entwicklung in Europa zurück. *Zar* Peter I. begann damit, das Land zu modernisieren und ließ an dem Fluss Newa eine neue Hauptstadt errichten: *St. Petersburg*. Die Zarin Katharina II. setzte die Reformen fort. Die Leibeigenschaft der Bauern dauerte jedoch an. Mit der Erschließung *Sibiriens* entwickelte sich das Zarenreich zu einer Weltmacht. Die seit 1815 bestehende Vormachtstellung in Europa büßte Russland nach dem *Krimkrieg* ein.

Millionen von *Auswanderern* kamen seit dem 17. Jahrhundert von Europa nach Amerika. Sie verließen ihre Heimat aus wirtschaftlichen, religiösen oder politischen Gründen und wollten in Amerika ihren Traum von einem besseren Leben verwirklichen. Die weißen *Siedler* verlangten nach immer mehr Land und verdrängten die *Indianer* bei der *Ausdehnung der USA nach Westen* aus deren angestammten Gebieten.

Die europäischen Großmächte teilten bis zum Ende des 19. Jahrhunderts fast die gesamte Welt in *Kolonien* und Einflussgebiete auf. Das *British Empire* umfasste das größte Kolonialreich, etwa ein Viertel der Erde. Das Zeitalter des *Imperialismus* verschärfte die Konkurrenz zwischen den Kolonialmächten. Auch das Deutsche Reich besaß seit 1884 Kolonien, *Schutzgebiete* genannt. Die einheimische Bevölkerung wehrte sich immer wieder durch Aufstände gegen die Ausbeutung und Fremdherrschaft durch die Großmächte. 1900 kam es zum *Boxeraufstand* in China, 1904 / 05 erhoben sich die *Herero* in Deutsch-Südwestafrika.

Erblindete britische Soldaten in der Nähe des französischen Ortes Estaires nach einem deutschem Gasangriff während der Kämpfe an die französische Armee statt.

der Lys in Flandern, April 1918 (Vierte Flandernschlacht). Der erste Einsatz von Gas als Waffe fand bereits im August 1914 durch

Der Weg in den Krieg

Die europäischen Bündnissysteme

Die Außenpolitik Wilhelms II. führte dazu, dass sich neue Bündnisse in Europa bildeten. Nachdem der deutsche Kaiser den Rückversicherungsvertrag mit Russland 1890 nicht verlängerte, wandte sich Russland Frankreich zu. Die von Bismarck gefürchtete Situation einer Bedrohung Deutschlands an zwei Fronten wurde mit einem Bündnis zwischen Russland und Frankreich Realität. Die Aufrüstungspolitik des Deutschen Reiches und der Anspruch, führende Seemacht zu werden, veranlasste die anderen europäischen Mächte, neue Bündnisse zu schließen.

i

Mobilmachung: Maßnahmen, um die Streitkräfte eines Landes für den Kriegsfall bereit zu machen, darunter: Einberufung aller Wehrpflichtigen, erhöhte Alarmbereitschaft, Inmarschsetzen von Truppen.

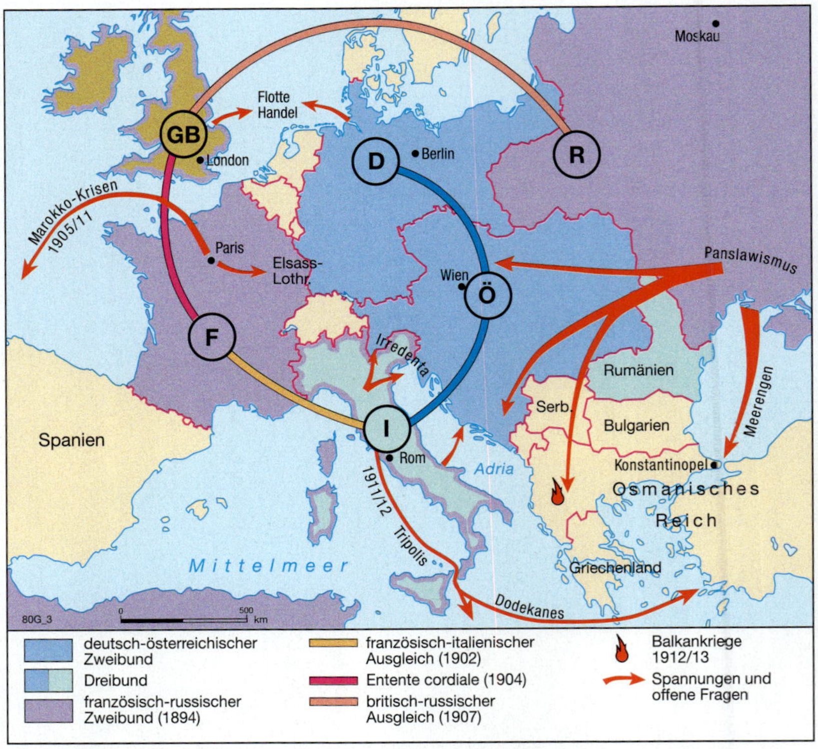

M1 *Europäische Bündnissysteme vor dem Ersten Weltkrieg.*

Der Balkan wird zum Pulverfass

Das Osmanische Reich wurde zu Beginn des 20. Jahrhunderts von einem absolutistisch herrschenden Sultan regiert. 1908 erhoben sich die verschiedenen Völker gegen den Sultan. Diese Krisensituation nutzte Österreich-Ungarn und gliederte Bosnien und Herzegowina in sein Territorium ein. Diese Entwicklung war für Russland, das auch Herrschaftsansprüche auf dem Balkan verfolgte, nur schwer zu akzeptieren. Deshalb unterstützte Russland den Bund der Balkanstaaten Serbien, Montenegro, Bulgarien und das Königreich Griechenland beim Kampf um die Unabhängigkeit. Von Russland ermutigt, wollte Serbien die Vereinigung aller Südslawen in einem Staat unter serbischer Führung. Der Balkan, auf dem die Interessen Österreich-Ungarns und Russlands zusammenstießen, war zu einem Krisenherd geworden, von dem jederzeit ein Krieg ausgehen konnte.

M2 *„The Boiling Point" (Der Siedepunkt). Britische Karikatur, 1908.*

M3 *Die politische Situation auf dem Balkan 1908.*

Das Attentat von Sarajewo

Als der österreichische Thronfolger Franz Ferdinand und seine Frau 1914 die Stadt Sarajewo in Bosnien besuchten, wurden sie Opfer eines Attentats. Ein serbischer Nationalist, der forderte, die serbischen Teile Bosniens dem Serbischen Reich anzuschließen, wollte mit seiner Tat ein Zeichen für die Gründung eines eigenständigen serbischen Nationalstaates setzen.

Die Menschen in Österreich-Ungarn waren empört über die Tat. In Wien wurde ein militärisches Vorgehen gegen Serbien gefordert. Nachdem das Deutsche Reich Österreich-Ungarn unbedingte Bündnistreue für jeden Fall zugesichert hatte, stellte die Regierung in Wien an Serbien ein nur schwer annehmbares Ultimatum. Dadurch fühlte sich Russland herausgefordert und beschloss, seinen Einfluss auf dem Balkan zu sichern.

Serbien nahm die meisten Forderungen des österreichischen Ultimatums an, lehnte aber die Teilnahme österreichischer Beamter an der Suche nach Verschwörern als Eingriff in die Staatsangelegenheiten ab. Daraufhin erklärte Österreich am 28. Juli 1914 Serbien den Krieg. Zwei Tage später folgte die Mobilmachung in Russland und in Österreich-Ungarn.

Da alle europäischen Mächte in Bündnissysteme eingebunden waren, mussten diese nun ihren vertraglichen Verpflichtungen nachkommen: Deutschland und Italien unterstützten Österreich-Ungarn, Großbritannien und Frankreich traten an der Seite Russlands in den Krieg ein. Mit der *Mobilmachung* begann ein Krieg, der sich auf ganz Europa ausweitete.

M4 *Die politische Situation auf dem Balkan 1913.*

Q1 *Der deutsche Botschafter in St. Petersburg an das Auswärtige Amt:*

25. Juli 1914: ... Die Truppenübungen ... wurden heute plötzlich abgebrochen, die Regimenter kehrten sofort in ihre Garnisonen zurück; Manöver wurden abgesagt, die Kriegsschüler wurden heute zu Offizieren befördert statt im Herbst. Im Hauptquartier herrscht große Erregung über das Vorgehen Österreichs, habe den Eindruck, dass man Vorbereitungen zur Mobilmachung gegen Österreich trifft.
26. Juli 1914: ... Russland liege nichts ferner, als Krieg ... Es sei vielmehr bereit, alle Mittel zu erschöpfen, um denselben zu vermeiden ... Russland bitte uns dringend, dabei zu helfen, eine Brücke zu finden, um einerseits den österreichischen Forderungen Genüge zu tun und andererseits die serbische Eigenständigkeit zu wahren.
27. Juli 1914: ... Russland wolle die Hoffnung nicht aufgeben und bittet um unsere Mitwirkung. Es müsse sich ein Weg finden lassen.

Nach: Geschichte in Quellen. Band V, S. 25f.

Arbeitsaufträge

1. Schildere die Situation im beginnenden 20. Jahrhundert auf dem Balkan. Beziehe die Karte M1 und die Karikatur M2 mit ein.
2. Nenne mithilfe von M3 und M4 neue Staaten, die aus dem Osmanischen Reich hervorgegangen sind.
3. Beurteile vor diesem Hintergrund die Bedeutung des Attentats von Sarajevo.
4. Überprüfe Möglichkeiten zu einer friedlichen Beilegung des Konfliktes nach dem Attentat von Sarajevo.

zu 1.
Alte Bündnisse zerbrachen und neue entstanden zwischen ..., weil ...
Die Politik Deutschlands...

zu 2.
Im Jahr 1908 ... Im Jahr 1913 ...

zu 3.
Nutze auch Q1.

Krieg einer neuen Dimension

Der Krieg beginnt

Aufgrund der Bündnisse, die die europäischen Mächte eingegangen waren, konnte eine einzige Kriegserklärung eine Kette von Kriegseintritten auslösen. Die Mächte Europas mussten ihren Bündnisverpflichtungen nachkommen und ihre Partner militärisch unterstützen.

28. Juli
Österreich-Ungarn an Serbien

1. August
Deutsches Reich an Russland

3. August
Deutsches Reich an Frankreich

4. August
Deutsches Reich an Belgien
Großbritannien an Deutsches Reich

6. August
Österreich-Ungarn an Russland
Serbien an Deutsches Reich

7. August
Montenegro an Österreich-Ungarn

11. August
Montenegro an Deutsches Reich
Frankreich an Österreich-Ungarn

12. August
Großbritannien an Österreich-Ungarn

23. August
Japan an Deutsches Reich

2.–5. November
Russland, Großbritannien und Frankreich an Türkei

M1 *Kriegserklärungen aus dem Jahr 1914.*

Die Bündnisse werden wirksam

Mit der Kriegserklärung Österreich-Ungarns an Serbien wurden die Bündnisverpflichtungen Realität. Auf die Kriegserklärung an Serbien antwortete Russland mit der Mobilmachung seiner Truppen. Auf die deutsche Forderung, die Mobilmachung rückgängig zu machen, reagierte Russland nicht. Daraufhin erklärte Deutschland am 1. August 1914 dem Zarenreich den Krieg. Am gleichen Tag begann die Mobilmachung in Frankreich, worauf zwei Tage später die Kriegserklärung des Deutschen Reiches an die Franzosen erfolgte.

Die Zweifrontenauseinandersetzung, die Deutschland befürchtet hatte, war eingetreten. Um auf diese Bedrohung mit dem Schlieffen-Plan zu reagieren, teilte das Deutsche Reich am 2. August 1914 dem neutralen Belgien offiziell die Absicht mit, seine Truppen durch das Land schicken zu wollen. Belgien handelte umgehend und sicherte sich den Schutz seiner Vertragspartner. Der britische Botschafter überreichte in Berlin am 4. August 1914 die Kriegserklärung Großbritanniens an Deutschland.

Bis zum Jahr 1917 erfolgten weitere Kriegseintritte. Schließlich befanden sich 38 Staaten im Kriegszustand.

M2 *Kriegsbegeisterte Jugend auf dem Pariser Platz in Berlin am 1. August 1914.*

M3 „on les aura!“ – „die haben wir gleich!“ Französisches Kriegsanleiheplakat von 1914.

M4 *Soldaten auf dem Weg an die Westfront.*

i

Kriegsanleihe: ein Wertpapier, das der Finanzierung eines Krieges dient. Die Käufer geben dem Staat Kredite, damit der die nötigen Ausgaben für den Krieg bezahlen kann.
Pazifisten lehnen den Krieg aus ethischen Gründen prinzipiell ab und setzen sich für die friedliche Lösung von Konflikten ein.

Begeisterung und Verherrlichung

Der Krieg in Europa begann mit einer kaum für möglich gehaltenen Begeisterung. Vor allem in den Städten zeigten sich die Menschen lachend und nicht nachdenklich. Auf den Straßen wurde gesungen, und es spielte Militärmusik. Viele Kriegsgedichte entstanden und *Kriegsanleihen*, mit denen der Krieg mitfinanziert wurde, unterschrieb man freudig.

Die jahrzehntelange Militarisierung des Alltagslebens war nicht ohne Wirkung geblieben. Das Militärische wurde bewundert. Die Bevölkerung hatte vom Militär Wertvorstellungen und Leitbilder übernommen. So hatten Regierende und Militärs ein leichtes Spiel, denn die Menschen waren auf einen Krieg vorbereitet. Viele hielten ihn für unvermeidbar. Kriegervereine erinnerten an die Schlachten von 1866 und 1870. Der Heldentod unzähliger Soldaten von damals sollte Kraftquell für neue Taten sein.

Q1 *Der Münchner Schriftsteller Ludwig Thoma schrieb:*

Es ist, als ob die ganze Welt von heute mit Säbeln über das Pflaster klirrte.

Thoma, Ludwig: Gesammelte Werke. Bd. 7. München 1933. S. 354.

Q2 *Der französische Leutnant Louis Gillet schrieb am 11. August 1914 an den französischen Schriftsteller und Pazifisten Romain Rolland:*

Könnten Sie unsere Armee, unsere Soldaten. Sie wären von Bewunderung für dieses Volk entflammt. Es ist der Begeisterungsschwung der Marseillaise. Ich habe keine Lust zu sterben; aber ich glaube, jetzt würde ich ohne Bedauern sterben; ich habe vierzehn Tage gelebt, die der Mühe wert sind, vierzehn Tage, die ich vom Schicksal nicht mehr zu erhoffen wagte.

Nach: Rolland, R.: Das Gewissen Europas. Tagebuch der Kriegsjahre 1914–1919, S. 1.

Arbeitsaufträge

1. Beschreibe die Stimmung der Menschen auf den Bildern M2–M4.
2. Stelle die Auswirkungen der Bündnisverpflichtungen europäischer Staaten zu Beginn des Krieges dar.
3. Beurteile die Kriegsbegeisterung der Menschen im Jahr 1914.
4. Interpretiere die Quellen Q1 und Q2.

zu **2.**
Bedenke die in M1 auf S. 158 dargestellten Bündnisse vor 1914.

M1 *Undatiertes Foto der österreichischen Friedensnobelpreisträgerin und Pazifistin Bertha von Suttner (1843–1914).*

i

Friedensnobelpreis: Dieser Preis ist eine Auszeichnung für besondere Verdienste in der Friedensarbeit. Er wurde von dem schwedischen Erfinder und Industriellen Alfred Nobel gestiftet. Diese Auszeichnung wird seit 1901 jedes Jahr am Todestag Alfred Nobels, dem 10. Dezember, in Oslo verliehen.

Meinungen werden gemacht

Gegen den Krieg

Seit Mitte des 19. Jahrhunderts gab es in Europa Friedensvereine, die für Abrüstung und die friedliche Klärung internationaler Konflikte eintraten. Aufsehen erregte der 1889 erschienene Roman „Die Waffen nieder" der österreichischen Schriftstellerin Bertha von Suttner. Das Buch wurde in fast alle europäischen Sprachen übersetzt. Bertha von Suttner nahm an verschiedenen Friedenskonferenzen teil und setzte sich dafür ein, internationale Konflikte friedlich zu lösen. 1905 erhielt sie als erste Frau den *Friedensnobelpreis*.

Vertreter europäischer und nichteuropäischer Staaten trafen sich 1899 und 1907 zu Friedenskonferenzen, die aber wenig Erfolg hatten. Als Ergebnis wurden lediglich Regeln für die Kriegführung sowie für die Behandlung von Kriegsgefangenen verabschiedet. Auch die europäischen Arbeiterparteien setzten sich mit der wachsenden Kriegsgefahr auseinander. 1907 und 1912 fanden Kongresse statt, auf denen sie über die Kriegsgefahr diskutierten. Die Überzeugung, dass besonders die Arbeiter große Opfer in einem Krieg bringen würden, führte dazu, dass die SPD die Politik des Kaisers im Reichtag öffentlich kritisierte.

Q1 *Auf dem 1907 in Stuttgart stattfindenden Kongress der internationalen Arbeiterparteien wurde ein Aufruf gegen den Krieg verabschiedet:*

Droht der Ausbruch eines Krieges, so sind die arbeitenden Klassen und deren parlamentarische Vertretung in den beteiligten Ländern verpflichtet, ... alles aufzubieten, um ... den Ausbruch des Krieges zu verhindern. Falls der Krieg dennoch ausbrechen sollte, ist es die Pflicht, für dessen rasche Beendigung einzutreten, und ... die Beseitigung der kapitalistischen Klassenherrschaft zu beschleunigen.

Antikriegsresolution der II. Internationale 1907, S. 23 f.

M2 *Postkarte der katholischen Zentrumspartei zu den Reichstagswahlen 1912.*

Für den Krieg

Die Stimmen gegen einen Krieg blieben häufig unbeachtet. Die Stimmung in Deutschland, Österreich-Ungarn, Großbritannien und Frankreich war von Kriegsbegeisterung und Siegeszuversicht geprägt. Die Menschen glaubten, sie würden für eine gerechte Sache kämpfen und der Krieg sei schnell vorbei. Diese Meinung wurde oft durch *Propaganda* unterstützt.

i

Propaganda: meist politische Beeinflussung der öffentlichen Meinung durch Wort, Bild und Schrift.

M3 *Deutsche Propagandapostkarte, 1914.*

Q2 *Aus der Ansprache Wilhelms II. vom 1. August 1914:*

Ich danke euch für alle Liebe und Treue, die ihr Mir in diesen Tagen erwiesen habt … Kommt es zum Kampf, so hören alle Parteien auf! Auch Mich hat die eine oder die andere Partei wohl angegriffen. Das war in Friedenszeiten. Ich verzeihe es heute von ganzem Herzen! Ich kenne keine Parteien und auch keine Konfessionen mehr; wir sind heute alle deutsche Brüder und nur noch deutsche Brüder. Will unser Nachbar es nicht anders, gönnt er uns den Frieden nicht, so hoffe Ich zu Gott, dass unser gutes deutsches Schwert siegreich aus diesem schweren Kampfe hervorgeht.

Nach: Kriegs-Rundschau, Bd. 1, S. 43.

M4 *In einer kurzen Rede wandte sich Kaiser Wilhelm II. am 1. August 1914, dem Tag der Mobilmachung, an die Bevölkerung, die jubelnd und patriotische Lieder singend vor dem Berliner Schloss wartete. Gemälde von Fritz Genutat.*

Arbeitsaufträge

1. Beschreibe diejenigen Kräfte in Europa, die sich seit der Mitte des 19. Jahrhunderts gegen Gewalt und Krieg einsetzten.
2. Arbeite die Position der Antikriegsresolution der II. Internationale von 1907 in der Quelle Q1 heraus.
3. Erläutere die Grundstimmung, die in M4 zum Ausdruck kommt.
4. Diskutiert aktuelle Beispiele von Kriegspropaganda (M3).

zu 1.

Friedensvereine gab es bereits … Bertha von Suttner …

zu 2.

Für den Fall dass der Ausbruch eines Krieges droht, sollen …

Dreibundstaaten

Deutsches Reich
- Sicherung des Deutschen Reiches nach Westen und Osten
- Wirtschaftliche, militärische und politische Kontrolle belgischer und französischer (Industrie)Gebiete
- Schaffung eines europäischen Wirtschaftsgebietes unter deutscher Herrschaft
- Deutsche Vorherrschaft in Europa
- Erwerb weiterer Kolonien und damit Aufbau der Weltherrschaft
- Seemacht

Österreich-Ungarn
- Durchsetzung der Interessen auf dem Balkan gegen Russland
- Sieg über Serbien
- Erhalt der Macht im Vielvölkerstaat

Italien
- Erhalt der Macht in besetzten Gebieten

Ententemächte

Frankreich
- Hauptziel: Rückgewinnung Elsass-Lothringens
- Revanche für Niederlage im Deutsch-Französischen Krieg 1871
- gegen eine Vormachtstelllung Deutschlands in Europa

Großbritannien
- Sicherung der Weltmachtstellung
- Schutz seines Kolonialreiches
- Erhaltung der Vorherrschaft als Seemacht
- Keine territorialen Ansprüche in Europa
- Ausschaltung Deutschlands als Wirtschaftsmacht

Russland
- Einfluss auf dem Balkan
- Abtretung deutscher Gebiete auf der Basis des Nationalitätenprinzips und Angliederung an Russland (Oberschlesien, Königreich Polen, Teile von Ostpreußen)

1241G

M1 *Die Kriegsziele der europäischen Staaten.*

Kriegsziele der europäischen Staaten

M2 *Angriffsplan Deutschlands nach Albert von Schlieffen.*

Der Schlieffen-Plan gegen den „deutschen Albtraum"

Auch nach der Kanzlerschaft Bismarcks war die Angst vor einem Zweifrontenkrieg in Deutschland bei Politikern und Militärs allgegenwärtig. Um dieser Gefahr zuvorzukommen, entwickelte der Generalfeldmarschall Albert von Schlieffen 1905 einen Angriffsplan für einen schnellen Vormarsch, der einen Krieg an zwei Fronten verhindern sollte.

Zuerst sollte Frankreich mit einem Überraschungsangriff besiegt werden. Um die starken Grenzbefestigungen an der französischen Ostgrenze zu umgehen, plante das Deutsche Kaiserreich, Frankreich im Norden anzugreifen und dafür durch die neutralen Staaten Luxemburg und Belgien zu marschieren. Dass Deutschland durch diesen Schritt das Völkerrecht brechen und die Gunst neutraler Staaten verspielen würde, nahm die Militärführung in Kauf. Denn um zeitgleiche Kämpfe an zwei Fronten zu verhindern, war ein schneller Sieg über Frankreich eine wesentliche Voraussetzung. Erst dann konnten die deutschen Truppen an die Ostgrenze verlegt werden, um gegen Russland zu kämpfen.

Eine weitere Bedingung des Schlieffen-Plans war eine langsame Mobilmachung in Russland. Nur bei einem verzögerten Eintreffen der russischen Truppen an der Ostfront konnte der Schlieffen-Plan gelingen.

Q1 *Aus einer Ansprache Kaiser Wilhelms II. vom 6. August 1914:*

… Man verlangt, dass wir mit verschränkten Armen zusehen, wie unsere Feinde sich zu tückischem Überfall rüsten. Man will nicht dulden, dass wir in entschlossener Treue zu unserem Bundesgenossen stehen, der um sein Ansehen als Großmacht kämpft und mit dessen Erniedrigung auch unsere Macht und Ehre verloren ist. Es muss denn das Schwert nun entscheiden. Mitten im Frieden überfällt uns der Feind. Darum auf zu Waffen! Jedes Schwanken, jedes Zögern wäre Verrat am Vaterlande. … Wir werden uns wehren bis zum letzten Hauch von Mann und Ross. Und wir werden diesen Kampf bestehen, auch gegen eine Welt von Feinden …

Nach: http://www.dra.de/.

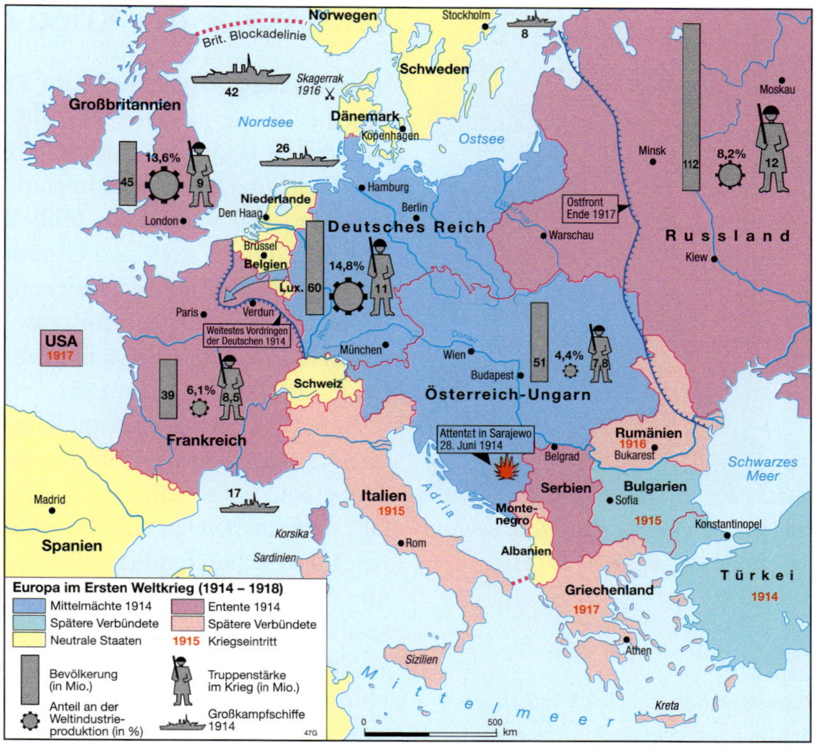

M3 *Europa im Ersten Weltkrieg.*

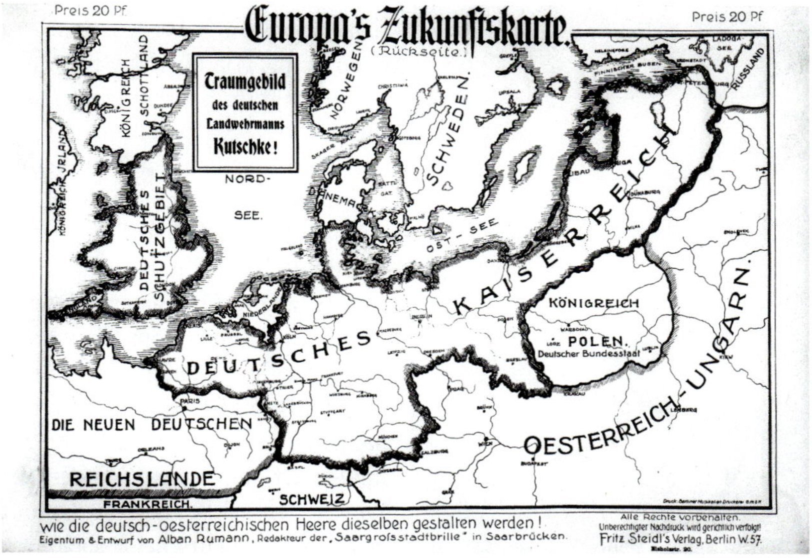

M4 *Die deutsche Postkarte von 1916 zeigt Kriegsziele, die im Deutschen Reich propagiert wurden.*

zu **1.**

Lest zunächst die Übersichten in M1 aufmerksam durch. Beginnt dann z. B. so: Das Deutsche Reich als Mitglied des Dreibundes wollte, …

zu **2.**

Ursprung dieses Planes war … Deshalb wollte man …

Arbeitsaufträge

1. Skizziere mithilfe von M1 die Kriegsziele der beiden Bündnisse in eigenen Worten.
2. Analysiere vor diesem Hintergrund den Angriffsplan des deutschen Generals Albert von Schlieffen (M2).
3. Setzt euch mit der Rolle des Deutschen Reiches und Wilhelms II. in den Tagen des Kriegsausbruchs im August 1914 auseinander (Q1).

M1 *Verladung von Kriegsfahrzeugen auf der Memel, Ostfront 1915.*

i

Bewegungskrieg: schneller Vormarsch von Soldaten mit dem große Gebietsgewinne verbunden sind.
Stellungskrieg: lang andauernde Kampfhandlungen an einem Ort, bei der keine Armee deutliche Gebietsgewinne erzielen kann.

M2 *Beginn des Stellungskrieges an der Westfront. Erste Schützengräben entstehen. Foto, Dezember 1914.*

Wie wurde der Krieg geführt?

Vom Bewegungskrieg zum Stellungskrieg

Eine bisher nie da gewesene Zahl an Menschen, Tieren und Kriegsmaterialien kam in diesem Krieg zum Einsatz. Züge fuhren mit den Truppen und Geschützen an die kilometerlangen Fronten. Kraftfahrzeuge aller Art sicherten den Nachschub. Millionen Soldaten marschierten mit bis zu 40 Kilogramm Waffen und Gepäck. Alle Kriegsparteien suchten im *Bewegungskrieg* den schnellen vernichtenden Schlag gegen den Feind. Aufgrund der neuen rollenden Technik entwickelte sich der Krieg besonders schnell. Allein das Deutsche Reich brachte in kürzester Zeit drei Millionen Soldaten in die Gefechtsstellungen.

Einen Tag nach der Kriegserklärung des Deutschen Reiches an Russland überschritten deutsche Soldaten am 2. August 1914 die Grenze im Westen. Sie besetzten das neutrale Luxemburg, marschierten danach in das ebenfalls neutrale Belgien ein und erklärten Frankreich am 3. August 1914 den Krieg. Der Schlieffen-Plan schien zunächst zum Erfolg zu führen. Schnell marschierten deutsche Soldaten in Frankreich ein und hatten Ende September 1914 beinahe Paris erreicht.

Dieser schnelle Erfolg des Bewegungskrieges endete jedoch mit einer blutigen Schlacht an der Marne östlich von Paris. Der deutsche Vormarsch kam zum Stehen. Franzosen und Briten war es an der *Westfront* gelungen, die Deutschen zum Rückzug zu zwingen. Die deutschen Truppen mussten sich teilweise zurückziehen. In Schützengräben versuchten sie, den vorrückenden Gegner aufzuhalten. Die Front erstarrte und die Soldaten lagen im Gelände einander gegenüber. Die Front wandelte sich auf einer Länge von etwa 700 Kilometer in einen *Stellungskrieg.* Alle Versuche, durch Angriffe Bewegung in die verfestigte Front zu bringen, scheiterten blutig. Die Soldaten mussten sich in Schützengräben verschanzen, um den Vormarsch der Franzosen aufzuhalten.

Russland hatte seine Soldaten wider Erwarten ebenfalls in kurzer Zeit auf dem Balkan und in Ostpreußen in Stellung gebracht. Schneller als von den deutschen Militärs erwartet, griffen nun die russischen Truppen an der Ostgrenze des Deutschen Reiches an. Der Albtraum hatte sich bestätigt. Deutschland musste im Westen und Osten gleichzeitig gegen die Verbündeten der Entente kämpfen. Jedoch brachte das deutsche Heer den Einfall Russlands in Ostpreußen rasch zum Stehen, während Österreich-Ungarn dem russischen Vormarsch auf dem Balkan begegnete. Die Kampfhandlungen an der *Ostfront* banden deutsche Einheiten, die ursprünglich im Westen den Schlieffen-Plan zum Erfolg führen sollten. Auch in der Folgezeit mussten deutsche Truppen im Osten zur Unterstützung Österreich-Ungarns herangezogen werden.

Kriegsalltag im Schützengraben

Der erhoffte schnelle Bewegungskrieg hatte sich zu einem langen Stellungskrieg gewandelt, der in seiner Grausamkeit bisherige Kriege bei Weitem übertraf. Minen- und Drahtsperren sollten die jeweiligen Schützengräben sichern und den Vormarsch der gegnerischen Truppen verhindern. Stundenlanges Gewehr- und Geschützfeuer bestimmte die Kampfhandlungen auf den Schlachtfeldern. Stellungsdurchbrüche und Geländegewinne gab es kaum. Ähnliche Entwicklungen kennzeichneten auch die Ostfront.

M3 *Schützengrabensystem im Stellungskrieg.*

Q1 *Ein Infanterist schrieb in einem Feldpostbrief am 2. Juli 1916:*

Tag und Nacht Granatfeuer – oft dass es in der Sekunde 10–20 Geschosse heranhagelte, uns verschüttete und wieder aufgrub. Unser Leutnant hat geweint wie ein Kind; ja wie sie da lagen, ein Fuß weg – Arme weg, ganz zerfetzt. Gott, das war furchtbar ... Ihr könnt Euch keine Vorstellung von diesem Schrecken machen und niemand, der's nicht mitgemacht.

Zitiert nach: Frontalltag im Ersten Weltkrieg. Frankfurt a. M. 1994. S. 92.

zu 1.
Unter einer Materialschlacht ist zu verstehen, dass ... Hauptmerkmale sind ... Folglich ...

zu 2.
Bedenke die Kriegsziele der kriegführenden Mächte im Jahr 1914 und die jeweils zur Verfügung stehenden Ressourcen der Staaten (Wirtschaft, Soldaten, usw.).

Materialschlachten

In diesen neuartigen Stellungskämpfen veränderte sich das Gesicht des Krieges. Der einzelne Soldat, der sich im Gefecht tapfer seinem Gegner stellte, war nicht mehr von Bedeutung. Vielmehr rückten die Taktiken der Stäbe und Generäle in den Vordergrund. Sie planten Schlachten mit vernichtendem Ausmaß. Hierbei bedienten sie sich eines Millionenheeres, in dem der Einzelne nichts mehr galt.

Geschütze, Granaten, Minen, neue Waffen wie „Tanks" (Panzer) und Flugzeuge wurden in die langfristigen Vorbereitungen einbezogen. Tage- und wochenlang richteten sich Großangriffe auf bestimmte Abschnitte der gegnerischen Front. Giftgasgranaten verstärkten die Vernichtungsmöglichkeiten. Materialschlachten tobten. Sie zählten zu den grauenhaften Höhepunkten des Ersten Weltkrieges. Als „Trommelfeuer" bezeichnet, pflügte der massenhafte Einsatz von Material ganze Landschaften um. Granattrichter lag an Granattrichter. Bebautes und bewohntes Land verschwand. Ortschaften und Straßen existierten nicht mehr.

Historiker errechneten, dass jeder Hektar Erde mit 50 Tonnen Stahl beschossen wurde und die Krieg führenden Armeen 135 000 Eisenbahnwaggons Munition verbrauchten.

Die Hölle von Verdun

Beispielhaft für die Sinnlosigkeit des Krieges steht die Materialschlacht von Verdun. Dieser Ort war durch das dortige französische Festungssystem von strategischer Bedeutung. Auf wenigen Quadratkilometern Gelände kämpften 1,5 Millionen Soldaten gegeneinander. Von Februar bis Dezember 1916 verloren etwa 700 000 Franzosen und Deutsche ihr Leben. Für keine der beiden Kriegsgegner brachte diese Schlacht entscheidende strategische Erfolge.

M4 *Schlachtfeld bei Verdun, Februar 1916.*

Arbeitsaufträge

1. Beschreibe den Charakter der Materialschlachten.
2. Erläutere Ursachen und Folgen des Scheiterns des deutschen Angriffsplans im Ersten Weltkrieg.
3. Stellt das Neuartige an der Kriegsführung im Ersten Weltkrieg dar.

Kohlrüben-Karte

— Stadt Erfurt —

2 Pfund Kohlrüben 31. Woche 18.–24. März 1917	2 Pfund Kohlrüben 32. Woche 25.–31. März 1917
2 Pfund Kohlrüben 29. Woche 4.–10. März 1917	2 Pfund Kohlrüben 30. Woche 11.–17. März 1917
2 Pfund Kohlrüben 27. Woche 18.–24. Februar 1917	2 Pfund Kohlrüben 28. Woche 25. Febr. 3. März 1917
2 Pfund Kohlrüben 25. Woche 4.–10. Februar 1917	2 Pfund Kohlrüben 26. Woche 11.–17. Februar 1917

M1 *Zuteilungskarte für Lebensmittel.*

Lebensmittelrationen vor dem Krieg	1914	1915	1917
330 g Brot	225	220	160
150 g Fleisch	72	36	19
50 g Fett	28	12	7

M2 *Ernährungssituation pro Person und Tag.*

Prüfe, ob dich die Lebensmittel von 1917 satt machen würden. Veranschauliche in einem Mengenvergleich die Tagesrationen von 1917 und heute.

Kriegsalltag in der Heimat

Hunger und Not

Während des Krieges gelang es nicht mehr, die Versorgung mit Lebensmitteln zu gewährleisten. In der Landwirtschaft fehlten Pferde, Saatgut und Dünger. Vorräte wurden gestreckt oder rationiert. Ab 1915 erhielten die Menschen Lebensmittelkarten, die die wenigen Lebensmittel zuteilen sollten. Aber im Laufe der Zeit bekamen die Menschen immer geringere Mengen für ihre Karten, vieles auch gar nicht mehr.

Missernten bei Kartoffeln und Getreide führten zum Hungerwinter 1916/17. In dieser Zeit ersetzten vor allem Rüben die eigentlichen Nahrungsmittel. Kohlrübensuppe, Kohlrübenmarmelade und Kohlrübenkaffee stellten im sogenannten „Kohlrübenwinter" die Grundnahrungsmittel dar. Den Hunger konnte diese Nahrung aber nicht stillen. Unterernährung war die Folge. Bis zu 20 Prozent des Normalgewichts verloren die Menschen. Viele, besonders Arme, Alte und Kranke, litten bittere Not.

Der Mangel zeigte sich in vielen Bereichen. Stoffe wurden aus Brennnesselstängeln hergestellt. Aus Obstkernen gewannen die Menschen Speiseöl. Menschenhaar ersetzte Leder für die Treibriemen in den Munitionsfabriken. Doch selbst diese „Rohstoffe" konnte die große Not nicht lindern.

M3 *In endlosen Schlangen standen die Menschen nach Lebensmitteln an.*

Die „Heimatfront"

In der Heimat hatte die Kriegsindustrie einen gewaltigen Bedarf an Rohstoffen, Geld und Arbeitskräften. Mit neu geschaffenen Ämtern wie der Kriegsrohstoffabteilung, dem Bekleidungs- oder Kriegsernährungsamt nahm der deutsche Staat Einfluss auf die Wirtschaft.

Die fehlenden Arbeitskräfte in den Fabriken und auf dem Feld ersetzten Frauen, Kinder und Alte. Jeden dritten Arbeitsplatz besetzte eine Frau, in den Rüstungsbetrieben arbeiteten sogar mehr Frauen als Männer. Sie drehten die Granaten oder füllten Sprengstoff in Bomben und Minen. Um lange Arbeitszeiten und selbst den Einsatz von Kindern zu ermöglichen, schränkte der Staat soziale Schutzbestimmungen ein. Nicht selten be- und entluden nun z. B. Zwölfjährige Eisenbahnwaggons.

M4 *Gehtraining für beinamputierte Soldaten.*

Statt Sonderanzeige.

Unser geliebter hoffnungsvoller Sohn und Bruder, der Abiturient und Kriegsfreiwillige

Ernst Richard Schuster

Vizefeldwebel der Res. und Offiziersaspirant

ist am 26. Mai als vorgeschobener Beobachter im 21. Lebensjahre gefallen.

In tiefstem Schmerz:
Johanna Schuster geb. Hamm
Ludwig Schuster, Finanzreferendar
Leutnant der Res. des Lothr. Fussart.-Regts. Nr. 16.

MAINZ, am 5. Juni 1917.

Von Beileidsbezeugungen bitten wir abzusehen.

M5 *Todesanzeige, 1917.*

Leben mit dem Krieg

Aufgrund der großen Verluste an der Front wurden immer weitere Männer eingezogen. Todesanzeigen von Gefallenen füllten in den Zeitungen immer mehr Seiten. Bald gab es fast keine Familie mehr, in der nicht um den Mann, den Vater oder den Bruder getrauert wurde. Verwundete, vom Gas Erblindete oder zu Krüppeln Geschossene lagen zu Tausenden in den Lazaretten. Die große Begeisterung und die Hoffnung auf einen schnellen Sieg wichen bald der Enttäuschung und Kriegsmüdigkeit. Die Truppen verharrten im Stellungskrieg und die Opfer, die an der Front und in der Heimat erbracht wurden, erschienen immer sinnloser. Der lang anhaltende Krieg führte zur Erschöpfung der Menschen.

Erster Widerstand gegen den Krieg

Die anfängliche Geschlossenheit in der Bevölkerung löste sich auf und es entwickelte sich vermehrt Widerstand. Eine zunehmende Friedenssehnsucht fand Widerhall. SPD-Abgeordnete wie Rosa Luxemburg und Karl Liebknecht stimmten weiteren Kriegskrediten nicht mehr zu. Die *Spartakusgruppe* erklärte ihren festen Willen für Frieden und nahm Stellung gegen die Tolerierung der Kriegspolitik durch die SPD. Sie organisierte am 1. Mai 1916 eine Antikriegsdemonstration und forderte die Menschen auf, sich nicht weiter als „Kanonenfutter" gebrauchen zu lassen. Rosa Luxemburg rief zu einem Generalstreik auf.

i

Spartakusgruppe: Vereinigung von Marxisten und Sozialisten, die eine Revolution anstrebten.

Arbeitsaufträge

1. Schildere den Kriegsalltag in Deutschland.
2. Setze dich mit den Begriffen „Heimatfront" und „Kohlrübenwinter" in Partnerarbeit auseinander.
3. Diskutiert über mögliche Gründe dafür, dass sich der Widerstand gegen den Krieg trotz zunehmender Verluste in engen Grenzen hielt.

zu **2.**

Trenne die Begriffe nach Grund- und Bestimmungswort. Nutze nun ein Synonymwörterbuch, um jeden einzelnen Wortbestandteil zu erklären. Sprecht nun über das Zusammenpassen der Begriffe.

M1 *„Iren rächt die Lusitania". Irisches Rekrutierungsplakat, 1915.*

i

Oberste Heeresleitung: oberste militärische Führung der deutschen Armee. Seit 1916 führten der Generalfeldmarschall Paul von Hindenburg und der General Erich Ludendorff die OHL.
Skagerrak: Teil der Nordsee zwischen der Nordküste Dänemarks, der Südküste Norwegens und der Südwestküste Schwedens.
Homefleet: englisch Heimatflotte, schützte die britischen Hoheitsgewässer in Nordsee und Atlantik.

Q1 *Meldung der britischen Admiralität:*

Der Oberkommandierende der Großen Flotte gibt bekannt, dass am 31. Mai eine Seeschlacht zwischen der *Homefleet* und der deutschen Hochseeflotte stattgefunden hat. Der Gegner wurde in seine Häfen zurückgewiesen und erlitt schwere Verluste. Auch die britische Flotte hat einige Einheiten eingebüßt.

Nach: Binder, G.: Geschichte im Zeitalter der Weltkriege. Bd. 1., S. 186.

Der Krieg erfasst die Welt

Seeblockade und U-Boot-Krieg

Neben dem Stellungskrieg in den Schützengräben war die See ein weiterer Kriegsschauplatz. Großbritannien riegelte die Nordsee mit Minenfeldern und Kriegsschiffen ab. Infolge der britischen Blockade war die deutsche Seekriegsflotte handlungsunfähig. Darüber hinaus verhinderten die Briten die Einfuhr von Kriegsgütern und zivilen Handelswaren (Rohstoffe, Lebensmittel, usw.). Die neue Waffe Unterseeboot sollte die Handelsblockade durchbrechen und den Gegner selbst von der Versorgung mit Kriegsmaterial abschneiden. Seit Anfang 1915 griffen deutsche U-Boote jedes Schiff ohne Vorwarnung an. Diesen Angriffen fielen nicht nur Schiffe der Entente-Mächte zum Opfer, sondern auch Schiffe neutraler Staaten sowie zivile Handels- und Passagierschiffe. Die Versenkung des britischen Passagierschiffs „Lusitania" im Mai 1915, bei dem 1200 Passagiere, darunter 123 US-Bürger, ihr Leben verloren, führte zu scharfen Protesten der USA. Aus Sorge vor deren Drohung, in den Krieg einzutreten, beschränkte Deutschland den U-Boot-Krieg auf militärische Ziele. Die *Oberste Heeresleitung* (OHL) drängte jedoch seit 1916 auf die Wiederaufnahme des uneingeschränkten U-Boot-Krieges. Kaiser Wilhelm II. und der Reichskanzler lehnten diese Kriegsführung jedoch ab. Vor dem Hintergrund ausbleibender militärischer Erfolge und der Verschlechterung der Versorgungslage im Deutschen Reich aufgrund der britischen Seeblockade nahm Deutschland den uneingeschränkten U-Boot-Krieg am 1. Februar 1917 wieder auf. Auch hatte die Marineleitung zugesagt, dass Großbritannien bei einer Wiederaufnahme nach sechs Monaten kapitulieren müsste.

M2 *Von einem deutschen U-Boot torpedierter alliierter Öltanker im Atlantik. Foto, 1917.*

Die Schlacht im Skagerrak

Im Mai 1916 fand die größte Seeschlacht des Ersten Weltkriegs statt, in der sich britische und deutsche Flottenverbände gegenüberstanden. Den kräftemäßig überlegenen britischen Seestreitkräften gelang es dabei nicht, die deutschen Kriegsschiffe zu schlagen. Diese konnten sich in der Nacht zurückziehen und im Schutz der Dunkelheit ihre Heimathäfen anlaufen. Großbritanniens Verluste an Kriegsschiffen und Besatzung waren doppelt so hoch wie die des Deutschen Reichs, das aber seinerseits der britischen Seeblockade kein Ende setzen konnte.

The Innocent Bystander (75)

M3 *„Der unschuldige Zuschauer". Amerikanische Karikatur, 1915.*

Der Kriegseintritt der USA

Bereits mit dem Einmarsch deutscher Truppen in das neutrale Belgien 1914 stellte sich eine kritische Haltung der USA gegenüber Deutschland ein. Die Wiederaufnahme des uneingeschränkten U-Boot-Krieges von deutscher Seite veranlasste die Vereinigten Staaten, ihre militärische Neutralität aufzugeben. Allerdings hatten die Vereinigten Staaten die Entente bereits zuvor mit Krediten, Waffen und Rohstoffen unterstützt. Am 3. Februar 1917 brachen die USA ihre diplomatischen Beziehungen zum Deutschen Reich ab und erklärten Deutschland am 6. April 1917 den Krieg.

Q2 *Der US-Präsident Woodrow Wilson erklärte am 2. April 1917:*

Der gegenwärtige deutsche Unterseebootkrieg gegen den Handelsverkehr ist ein Krieg gegen die Menschheit. Er ist ein Krieg gegen alle Nationen. ... Unser Beweggrund soll nicht Rachsucht sein ..., sondern allein die Vertretung des Menschenrechts ... Wir werden für Dinge kämpfen, die immer unseren Herzen am nächsten gelegen haben, für Demokratie, ... für eine allgemeine Herrschaft des Rechts durch einen Bund freier Völker, der allen Nationen Frieden und Sicherheit bringt und schließlich die Welt selbst befreit.

Nach: Geschichte in Quellen, Bd. 6, S. 57 f.

Q3 *Generalfeldmarschall Paul von Hindenburg über die Motive der USA, in den Krieg einzutreten:*

Die amerikanischen Regierenden und Finanzkreise haben sich auf ein faules Geschäft eingelassen. Wollen sie das investierte Kapital nicht opfern, so bleibt ihnen nichts übrig, als dem schwankenden Unternehmen mit ihrem gesamten Vermögen beizuspringen.

Nach: Geschichte kennen und Verstehen, Bd. 9, S. 279.

Das Kräfteverhältnis ändert sich

Die Vereinigten Staaten bauten auf dem amerikanischen Kontinent ihre Vorherrschaft aus. Als Großmacht stärkten sie ihre Rolle in der Welt und sicherten sich einen entsprechenden Einfluss auf die meisten mittel- und südamerikanischen Staaten. Diese zogen an der Seite der USA in den Krieg. Der europäische Krieg hatte sich zu einem Weltkrieg ausgeweitet.

Erfolgreich mobilisierten die USA die Wirtschaft. Der Staat übernahm sogar die Lenkung der Wirtschaft, was vor dem Krieg kaum denkbar schien. Militärisch stand die Sicherung der Versorgungswege nach Europa im Vordergrund. In den Krieg zogen zunächst Freiwillige, im Mai 1917 wurde in den USA die allgemeine Wehrpflicht eingeführt. Die deutschen U-Boote konnten nicht verhindern, dass zwei Millionen Soldaten und riesige Mengen Waffen, Munition, Geräte und Lebensmittel nach Europa kamen. Zur Unterstützung der Entente gaben die USA 33,5 Milliarden Dollar aus, davon 10,3 Milliarden Dollar als Anleihen für die Verbündeten. Das alles bedeutete für den Kriegsverlauf die entscheidende Wende. Der Eintritt der USA in den Krieg brachte einen gewaltigen Kräftezuwachs für die Entente, den die Mittelmächte nicht ausgleichen konnten.

Arbeitsaufträge

1. Wiederhole die Kriegsziele der beiden großen Bündnissysteme Dreibund und Entente im Ersten Weltkrieg.
2. Stelle diese Kriegsziele der militärischen Situation in den Jahren 1914–1917 gegenüber.
3. Bewertet die Versenkung des Passagierschiffes „Lusitania".
4. Erörtert in diesem Zusammenhang die Aussage der Karikatur M3.
5. Diskutiert aus eurer Sicht Schlussfolgerungen für Diplomatie und Politik im 21. Jahrhundert.

zu 1.
Nutze S. 164 f. dieses Lehrbuches.

zu 2.
Erstelle einer Übersicht mit zwei bzw. vier Spalten, in die du das Bündnis, die Kriegsziele und die Situation im Krieg notierst.

M1 *Kundgebung während eines Streiks in Berlin. Januar 1918.*

i

Oktoberrevolution: Von den Bolschewiki (russ. Mehrheitler) angeführter Umsturz in Russland am 25. Oktober 1917, der eine politische und soziale Umwälzung einleitete. Unter Führung Lenins übernahm der „Rat der Volkskommissare“ die Regierung.

M2 *Der Frieden von Brest-Litowsk, 1917.*

Das Ende des Krieges

Kriegsmüdigkeit und Friedenssehnsucht

Trotz des Kriegseintritts der USA war Europa durch eine allgemeine Kriegsmüdigkeit geprägt. Der festgefahrene Krieg zog sich in die Länge und die ursprünglichen Ziele waren nicht mehr erreichbar. An der Front und in der Heimat sehnten sich die Menschen nach Frieden. Französische Soldaten meuterten hinter der Front und in Russland demonstrierten Arbeiter gegen die schlechte Versorgungslage. Auch in Deutschland vereinigten sich Munitionsarbeiter zu großen Streiks.

Sieg- oder Verständigungsfrieden

In Deutschland drängten Teile der politischen Elite auf ein Ende des Krieges. Eine Mehrheit im Reichstag forderte Verhandlungen mit der Entente über einen Frieden. Diese Reichstagsabgeordneten strebten ein Kriegsende ohne Eroberungen an. Ihr Ziel war es, das Blutvergießen zu beenden, keinen „Gewaltfrieden“ zuzulassen, sondern einen „Verständigungsfrieden“ zu erreichen. Der Reichstagsbeschluss blieb jedoch erfolglos, da die politische und militärische Führung einen Verständigungsfrieden ablehnte. Vielmehr sollte weiterhin ein „Siegfrieden“ angestrebt werden. Dieser erschien nicht nur als ehrenvoller, sondern sollte in Friedensverhandlungen eine bessere Ausgangssituation gewährleisten.

Der Frieden von Brest-Litowsk

Für Russland häuften sich die militärischen Misserfolge. Als 1917 mit der *Oktoberrevolution* der russische Zar gestürzt wurde, übernahm unter dem Revolutionsführer Wladimir Iljitsch Lenin eine kommunistische Regierung die Macht. Friedensbemühungen mit den Mittelmächten gehörten zu ihren ersten Amtshandlungen.

Die militärische und politische Situation in Russland ermöglichte es dem Deutschen Reich, aus einer vorteilhaften Position über einen Frieden zu verhandeln.

In seinen Bemühungen um Frieden forderte Lenin auch die Entente auf, mit den Mittelmächten in Verhandlung zu treten. Diese lehnten den Abschluss des von Lenin vorgeschlagenen Friedensvertrages jedoch ab, weil dieser keine Eroberungen einschloss. Im Dezember 1917 verhandelte Sowjetrussland daher allein mit den Mittelmächten. Beide Seiten unterschrieben am 15. Dezember 1917 einen Waffenstillstand. Um Russland Frieden zu bringen, war Lenin bereit, auch härteste Bedingungen zu akzeptieren. So beinhaltete der Friedensvertrag vom 3. März 1918 einen Verzicht auf Finnland, Estland, Lettland, Litauen, Polen und die Ukraine. Er bedeutete ebenfalls den Verlust von 90 Prozent der Kohlegruben, 54 Prozent der Industrie, 33 Prozent der Eisenbahnen, 32 Prozent der Ackerflächen und 34 Prozent der Bevölkerung.

Gestärkt durch einen „Siegfrieden“ im Osten wollte die deutsche Führung den Krieg auch im Westen siegreich beenden. So hoffte Deutschland auf frei werdende Truppen für die Westfront sowie auf Getreide und Rohstofflieferungen der geschlagenen Russen. Eine Million deutsche und verbündete Soldaten blieben als „Sicherungstruppen“ im Osten. Damit brachte das Ausscheiden Russlands nicht die gewünschte militärische Entlastung für die Mittelmächte. Im Westen ging der Krieg weiter.

M3 *US-Präsident Woodrow Wilson (1856–1924).*

Eine Chance für den Frieden

Im Januar 1918 legten die USA ihrerseits ein Programm vor, das die Vorbedingungen für einen Frieden aus amerikanischer Sicht darstellte und für alle beteiligten Staaten gelten sollte. Das 14-Punkte-Programm des US-Präsidenten Woodrow Wilson war für die deutsche Regierung und die Oberste Heeresleitung jedoch nicht verhandelbar.

Q1 *Aus dem 14-Punkte-Programm des US-Präsidenten Woodrow Wilson vom 8. Januar 1918:*

1. Öffentliche Friedensverträge, Geheimdiplomatie abschaffen ...
5. Unparteiische Regelung aller Kolonialfragen ...
6. Räumung Russlands von fremden Truppen ...
7. Wiederherstellung Belgiens ...
8. Räumung Frankreichs ... Rückgabe von Elsass-Lothringen ...
10. Autonome Entwicklung der Völker Österreich-Ungarns ...
11. Wiederherstellung Rumäniens, Serbiens und Montenegros ...
12. Autonomie der Völker des Osmanischen Reiches, freie Fahrt durch Bosporus und Dardanellen ...
13. Errichtung eines unabhängigen polnischen Staates ...
14. Errichtung eines Völkerbundes als Garantie für die Unverletzlichkeit aller Staaten.

Nach: Dokumente der Deutschen Politik und Geschichte von 1848 bis zur Gegenwart, Bd. 2, S. 393 ff. (stark gekürzt)

Q2 *Telegramm Hindenburgs an den Reichkanzler, 3. Oktober 1918:*

Die Oberste Heeresleitung bleibt auf ihrer ... gestellten Forderung der sofortigen Herausgabe des Friedensangebotes an unsere Feinde bestehen. ... Die Lage verschärft sich ... täglich ... Unter diesen Umständen ist es geboten, den Kampf abzubrechen, um dem deutschen Volke und seinen Verbündeten nutzlose Opfer zu ersparen. Jeder versäumte Tag kostet Tausenden von tapferen Soldaten das Leben.

Nach: Huber, E.R.: Dokumente zur deutschen Verfassungsgeschichte, Bd. 3, S. 281.

Vom Zusammenbruch der Mittelmächte zur Kapitulation

In Frankreich scheiterte im Sommer 1918 die letzte deutsche Offensive. Im September 1918 brach die Südostflanke der Mittelmächte mit Bulgarien und Österreich-Ungarn zusammen.

Am 4. Oktober 1918 erklärte die Reichsregierung, sie sei bereit, auf der Grundlage von Wilsons 14 Punkten über den Frieden zu verhandeln. Am 11. November 1918 unterschrieben die deutschen Unterhändler die Bedingungen für einen Waffenstillstand. Diese waren die sofortige Räumung Frankreichs, Belgiens und Luxemburgs, die Räumung und Übergabe Elsass-Lothringens innerhalb von 15 Tagen und die Aufhebung des Friedensvertrages mit Russland.

Von den Verhandlungen in Versailles über den späteren Friedensvertrag war das Deutsche Reich ausgeschlossen, weil es Verlierer des Krieges war. Die Entente sah für die deutsche Seite keinen Verhandlungsspielraum vor. Aus Furcht vor einem Einmarsch der Entente-Truppen unterzeichnete Deutschland am 28. Juni 1919 den Friedensvertrag.

Arbeitsaufträge

1. Schildere die Situation in Deutschland im Jahr 1918.
2. Ordne in diesen Zusammenhang den Vertrag von Brest-Litowsk ein.
3. Setzt euch mit den 14 Punkten von US-Präsident Wilson auseinander (Q1).
4. Interpretiere das Telegramms Hindenburgs (Q2).
5. Diskutiert in Partner- oder Gruppenarbeit die Chancen und Risiken für einen künftigen Frieden im Europa des Jahres 1918.

zu 1.
Beachte u. a. folgende Stichworte: festgefahrener Krieg, Versorgungslage, Streiks, Meuterei, politische Elite, „Gewaltfrieden", „Verständigungsfrieden".

zu 2.
Nutze die Karte M2. Bedenke die Grenzen im Jahr 1914.

M1 *„Der Krieg". In den Jahren 1929 – 1932 entstandenes Gemälde (Triptychon) von Otto Dix, der selbst als Kriegsfreiwilliger an den Kämpfen an der West- und Ostfront teilgenommen hatte. Das Gemälde ist heute in der „Galerie Neue Meister" in Dresden als Teil der dortigen Staatlichen Kunstsammlungen zu sehen.*

i

Invalide: Menschen mit dauernder Beeinträchtigung der körperlichen und geistigen Leistungsfähigkeit.
Goldmark: durch Gold gedeckte Währung des Deutschen Kaiserreiches von 1871 – 1918. Die Kaufkraft der Goldmark betrug vor dem Krieg umgerechnet etwa 8 €.

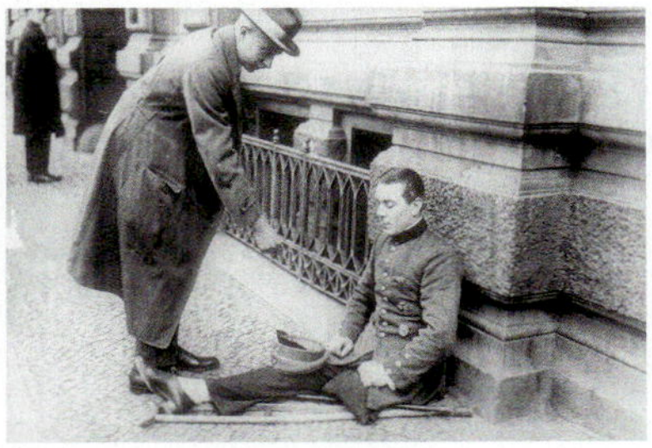

M2 *Ein Kriegsinvalide, der sein linkes Bein verlor, muss nach dem Ersten Weltkrieg auf der Straße für seinen Lebensunterhalt betteln.*

Die Folgen des Krieges

Millionen Tote

Der Erste Weltkrieg war der bis dahin verheerendste Krieg. Während des Krieges kämpften fast 70 Millionen Soldaten. An den Fronten oder in den Lazaretten starben 8 500 000 Menschen, darunter 1 800 000 Deutsche, 1 700 000 Russen, 1 400 000 Franzosen, 1 200 000 Österreicher und Ungarn, 950 000 Briten, 460 000 Italiener, 360 000 Serben, 325 000 Türken, 250 000 Rumänen und 115 000 Amerikaner. Mehr als eine Million Menschen kamen auf der Flucht oder vor Entkräftung um. Allein in Deutschland und Österreich-Ungarn verhungerten eine Million Menschen während des Krieges und in der Nachkriegszeit. 30 Millionen kehrten als Verwundete oder *Invaliden* in die Heimat zurück. Auf sie wartete eine ungewisse Zukunft im zivilen Leben.

Große Verwüstungen gab es auf den Kriegsschauplätzen in Frankreich, Russland, Belgien und auf dem Balkan. Besonders in Frankreich waren große Gebiete jahrelang umkämpft gewesen. Viele Industrieanlagen waren vernichtet und landwirtschaftliche Nutzflächen zerstört.

Etwa eine Billion *Goldmark* (200 Milliarden Dollar) kostete der Krieg. Da die Wirtschaftskraft der Länder nicht ausreichte, die Kosten des Krieges zu tragen, waren wirtschaftliche Probleme als Spätfolgen der Kriegspolitik vorprogrammiert.

Q1 *Im Jahr 1887 warnte Friedrich Engels vor einem kommenden Weltkrieg:*

Und endlich ist kein andrer Krieg für Preußen-Deutschland mehr möglich als ein Weltkrieg, und zwar ein Weltkrieg von einer bisher nie geahnten Ausdehnung und Heftigkeit. Acht bis zehn Millionen Soldaten werden sich untereinander abwürgen und dabei ganz Europa so kahlfressen, wie noch nie ein Heuschreckenschwarm. … Hungersnot, Seuchen, allgemeine, durch akute Not hervorgerufene Verwilderung der Heere wie der Volksmassen; rettungslose Verwirrung unsres künstlichen Getriebes in Handel, Industrie und Kredit, endend im allgemeinen Bankrott; Zusammenbruch der alten Staaten und ihrer traditionellen Staatsweisheit, derart, dass die Kronen zu Dutzenden über das Straßenpflaster rollen und niemand sich findet, der sie aufhebt; absolute Unmöglichkeit, vorherzusehen, wie das alles enden und wer als Sieger aus dem Kampf hervorgehen wird …

Marx, K. / Engels, F.: Werke, Bd. 21, S. 350 f.

Eine Epoche geht zu Ende

Das Ende des Krieges war auch das Ende einer Epoche. Drei mächtige Monarchien verschwanden von der Bühne der Weltpolitik. Russland versank im Bürgerkrieg, nachdem der Zar gestürzt worden war. Der Vielvölkerstaat Österreich-Ungarn löste sich in Einzelstaaten auf. In Deutschland dankte der Kaiser ab und die Sozialdemokraten riefen die Republik aus. Großbritannien verlor seine Position als größte Handelsmacht.

Alle Staaten mussten schwierige politische und wirtschaftliche Maßnahmen für eine stabilisierende Nachkriegsentwicklung einleiten. Die Menschen brauchten Zuversicht, um die Erlebnisse des Krieges zu verarbeiten. Für Millionen hing ein Weiterleben davon ab, ob sie am nächsten Tag genug zu essen hatten. Millionen Kriegsopfer benötigten medizinische Versorgung. Dem Neubeginn standen aber die schweren Lasten des Krieges gegenüber. Allein der Wiederaufbau in den besonders umkämpften Gebieten Frankreichs und Belgiens kostete ca. 100 Milliarden Francs.

Die Friedensverhandlungen von 1919 mussten klären, wie der politische, wirtschaftliche und soziale Neubeginn gelingen sollte. Die beteiligten Staaten mussten ebenso eine Antwort auf die Frage finden, wie in den nächsten Jahren eine dauerhafte Friedensordnung aussehen könnte.

Der 1920 gegründete *Völkerbund* sollte als Bund der Staatengemeinschaft mit Sitz in Genf (Schweiz) den Frieden dauerhaft sichern helfen.

M3 *Das zerstörte Ypern (Belgien) im Herbst 1918, links die Trümmer der Kathedrale St. Martin, rechts die Ruine der Tuchhallen.*

zu **1.**
Schaut euch das Bild zunächst in aller Ruhe an. Tauscht euch anschließend untereinander darüber aus, was ihr seht und wie dies auf euch wirkt.

zu **2.**
Nutzt eine Tabelle.

Arbeitsaufträge

1. Sprecht in eurer Lerngruppe über die Wirkung des Bildes von Otto Dix auf euch, vor dem Hintergrund der Fakten, die ihr über den Ersten Weltkrieg gelernt habt.
2. Tragt nun die Folgen, Lasten und Auswirkungen dieser weltumspannenden kriegerischen Auseinandersetzung zusammen.
3. Interpretiere die Warnung Engels' vor einem Weltkrieg (Q1).

Der Umgang mit den Kriegsopfern

Ein Völkerrecht auf Würde

i

Sardinischer Krieg: auch Zweiter Italienischer Unabhängigkeitskrieg genannt, in dem Italiener und Franzosen gegen die europäische Großmacht Österreich kämpften.
Konvention: Übereinkunft.

Nach einer Schlacht im *Sardinischen Krieg* in Norditalien im Jahr 1859 musste der Schweizer Henri Dunant beobachten, wie 40000 verwundete Italiener, Österreicher und Franzosen unversorgt blieben. Sie wurden kaum medizinisch betreut, da es keine organisierte Krankenpflege gab.

Q1 *Aus „Eine Erinnerung an Solferino" von Henri Dunant:*

... Immer fühlbarer wird der Mangel an Hilfskräften, an Krankenwärtern und Dienstpersonal, denn die Transporte ... bringen von Viertelstunde zu Viertelstunde neue Züge von Verwundeten. ... Auf den steinernen Fliesen der Spitäler und Kirchen ... liegen Seite an Seite Kranke aller Nationen ... Man legt sie einstweilen dort nieder, wo Platz ist ...
Das Personal der Feldlazarette reicht niemals aus; selbst wenn es doppelt oder dreimal so stark wäre, könnte dies doch nicht genügen ... Daher ist es unvermeidlich, dass man auf die Hilfe der Bevölkerung zurückgreifen muss ... Daher muss man einen Aufruf erlassen, eine Bittschrift an Männer aller Länder und aller Stände, an die Mächtigen dieser Welt wie an die einfachen Handwerker, denn alle können auf die eine oder andere Weise ... etwas zu diesem guten Werke beitragen. ...
Wäre es nicht wünschenswert, dass die hohen Generale verschiedener Nationen, wenn sie gelegentlich ... zusammentreffen, ... irgendeine internationale rechtsverbindliche und allgemein hochgehaltene Übereinkunft ... treffen, die ... als Grundlage dienen könnte zur Gründung von Hilfsgesellschaften für Verwundete in den verschiedenen Ländern Europas?
Geschichte in Quelle, Bd. 5, 1975, S. 289.

M1 *Plakat des Deutschen Roten Kreuzes im Ersten Weltkrieg.*

Die Genfer Konvention

Dunants Idee von neutralen Hilfsgesellschaften, die im Fall eines Krieges unter internationalem Schutz zum Einsatz kommen sollten, wurde unerwartet schnell von europäischen Regierungen unterstützt. Bereits 1864 unterzeichneten zwölf europäische Staaten erstmals die *Genfer Konvention*. Sie schrieb Regeln „zur Verbesserung des Loses der verwundeten Soldaten der Armeen im Felde" fest. Diese Konvention legte zudem das rote Kreuz auf weißem Grund als Zeichen für die von Dunant gegründete Organisation fest. Das Rote Kreuz und die Genfer Konvention entwickelten sich zu einem festen Bestandteil des internationalen humanitären Völkerrechts.

Ziel der Konvention war auch ein veränderter Umgang mit den Kriegstoten. Bis dahin erfolgte die Beisetzung von Gefallenen in anonymen Massengräbern. Nun gab es verbindliche Grundlagen für Soldatengräber. Tote wurden nicht nur eingesammelt, um der Seuchengefahr zu begegnen, sondern um in Kriegsgräberstätten beigesetzt zu werden.

(M2) *Im 1932 eingeweihten Beinhaus von Douaumont werden die Gebeine von über 130 000 nicht identifizierten Soldaten aller Nationen aufbewahrt, die 1916 während der Schlacht um Verdun ums Leben gekommen sind.*

Kriegsgräberstätten – Orte der Erinnerung

Auch während des Ersten Weltkrieges entstanden Grabstätten für jene, die Verwundungen nicht überlebten. Vor allem in der Nähe von Schlachtfeldern und Lazaretten erhielten Gefallene eine letzte Ruhestätte. In europäischen Städten und Gemeinden existieren auf den Friedhöfen oft gesonderte Bereiche für die Kriegstoten. So entstand zum Beispiel 1917 im österreichischen Mauthausen ein Friedhof für 10 845 Soldaten verschiedener Nationen. 1922 wurde dort ein zentrales Denkmal eingeweiht und später zur Gedenkstätte erweitert. Lange Zeit wurden solche Orte auch zur Heldenverehrung missbraucht.

In späteren Jahrzehnten, besonders nach dem Zweiten Weltkrieg, erfolgte ein Sprachwandel vom Soldatenfriedhof zur Kriegsgräberstätte. Dieser Begriff erfasst neben den Soldaten auch die vielen zivilen Opfer, die z. B. durch Bombenangriffe oder Zwangsarbeit ihr Leben verloren. Heute existieren in Deutschland über 100 000 Kriegsgräberstätten, Denkmale und Gedenkstätten in unterschiedlichen Formen. Sie dienen dem Gedenken und mahnen als Orte der Erinnerung vor Krieg und Gewalt. Sie sind notwendige „Denkstätten" für den Frieden.

Arbeitsaufträge

1. Gebe den Inhalt der Quelle Q1 mit eigenen Worten wieder.
2. Sprecht in der Klasse über die darin enthaltenen Ideen des Schweizers Henri Dunant.
3. Informiere dich über die rechtlichen Grundlagen zum Umgang mit Kriegstoten.
4. Von 1864 bis 2005 wurden vier Genfer Konventionen und drei Zusatzprotokolle unterzeichnet. Stelle eines dieser Abkommen vor.
5. Erörtert in einem von euch selbst gewählten Rahmen an der Schule eure Positionen zu Kriegsgräbern und Kriegsgräberstätten.

zu **1.**
Suche dazu die Schlüsselbegriffe. Formuliere nun in Stichpunkten.

zu **3.**
Nutze das Internet, z. B. die Website des Volksbundes Deutsche Kriegsgräberfürsorge: http://www.volksbund.de/.

PROJEKT

Feldpostbriefe

M1 *Ein deutscher Soldat nutzt eine Marschpause, um auf einer Mauer am Wegesrand einen Brief in die Heimat zu schreiben. Foto, Oktober 1914.*

Lebenszeichen von der Front

Briefe von der Front waren die einzige Verbindung zwischen den Soldaten und ihren Angehörigen in der Heimat. In ihnen spiegeln sich die Gedanken, Ängste und Hoffnungen des Verfassers wider, die er einer vertrauten Person mitteilt. Voller Sehnsucht warteten die Angehörigen in der Heimat jeden Tag auf eine Nachricht, ein Lebenszeichen von ihren Ehemännern, Vätern, Großvätern, Söhnen und Enkeln oder anderen Nahestehenden. Die Soldaten an der Front wiederum wollten wissen, ob es ihren Familien gut geht.

Das Gesicht des Krieges

Das in den Feldpostbriefen von der Front Geschilderte war meist sehr individuell von der jeweiligen Situation des Schreibenden geprägt. Die Bandbreite der Inhalte reichte von dem unmittelbar erlebten Schrecken des Krieges und dem Anblick des Todes bis hin zu vaterländisch geprägten Floskeln. Allesamt sind Feldpostbriefe jedoch Quellen erster Güte. Der besondere Wert dieser Briefe besteht darin, dass wir genau erfahren können, wer der Verfasser und wer der Empfänger war.

Q1 *Feldpostbrief des 28-jährigen Unteroffiziers Andreas Probst an seine Eltern und Geschwister vom 5. Juni 1918. Drei Tage später wurde der junge Soldat in Frankreich als vermisst gemeldet. Heute ruhen seine sterblichen Überreste auf der vom Volksbund Deutsche Kriegsgräberfürsorge hergerichteten Grabanlage Block 1, Grab 1 002 im französischen Saint-Laurent-Blangy:*

Ein Lebenszeichen sollt ihr haben, kaum zu glauben, dass da noch ein Mensch leben kann, denn es sind furchtbare Kämpfe. Pfingsten, Fronleichnam und andere Tage waren grausam. Die Franzosen stürmten in Massen an. Das ist kein Krieg mehr, sondern Massenmord, viele unseren Kameraden mussten wieder dran glauben. In drei Tagen habe ich keine Minute geschlafen, denn es war keine Zeit da, wir hielten aus, alles in einem Graben, Franzosen und Deutsche, jedoch haben wir uns auf Äußerste gewehrt. Zerfetzt und voll Dreck, ganz erschöpft kamen wir in Ruhe. Es war furchtbar, dieses Krachen und Zittern, Tösen, einfach alles ging drunter und drüber, förmlich verschüttet waren wir, viele sind noch verschüttet, dies ist hart; da darf bald eine bessere Zeit kommen, denn was dieses Opfer kostet, ist unbeschreiblich.
Massen von Leichen liegen umher und dieser Geruch bei der Hitze, wenig zu trinken gibt es, viel Durst, viele Steine und wenig Brot. Aber sie sollen nicht durchkommen mit ihrer Überzahl.
Doch hatte ich wieder großes Glück und danke unserem Herrgott. Ihr dürft Gott danken, dass der Feind nicht in unserem schönen Vaterland ist, denn diese Verwüstungen, trostlos.
Ihr habt tatsächlich den Himmel, in einer Hölle kann es nicht ärger zugehen wie dieser Tage bei uns. Geht nur in die Kirche, betet, dass baldiger Friede kehrt. So kann es nicht fortgehen.

Nach: Lebenszeichen. Feldpostbriefe erzählen ..., S. 11.

M2 *Französische Soldaten bergen verwundete Kameraden in einem Schützengraben an der Westfront. Foto, Juni 1915.*

Tipp:
Unter http://www.dradio.de/dlf/sendungen/feldpost/download.html sind verschiedene Feldpostbriefe veröffentlicht.

M3 *Feldpostbriefe aus dem Ersten Weltkrieg.*

Q2 *Feldpostbrief des 20-jährigen Otto Brian, gefallen Anfang November 1918 bei Dun an der Maas:*

27. Oktober 1918, Westfront: Hoffentlich kommt bald der Waffenstillstand, auf den wir hier stündlich warten. Denn das ist kein ehrlicher Krieg und Kampf mehr. Und wenn die Herrn in der Heimat, die immer noch weiter Krieg führen wollen, wüssten, wie es hier aussieht und wie es zugeht, in welcher Verfassung unsere Soldaten sind, dann würden sie nicht solche Phrasen fabrizieren. Ich wünsche solche Leute nur ein paar Tage raus zu uns.

Nach: Witkop, P. (Hg.): Kriegsbriefe gefallener Studenten, S. 348.

Q3 *Feldpostbrief des 20-jährigen Theologiestudenten Paul Boelicke, gefallen am 12. Oktober 1918 vor Verdun:*

Verdun, ein furchtbares Wort! Unzählige Menschen, jung und hoffnungsvoll, haben hier ihr Leben lassen müssen. Ihre Gebeine verwesen nun irgendwo, zwischen Stellungen, in Massengräbern, auf Friedhöfen. Kommt der Soldat morgens aus seinem Granatloch (viele sind ganz voll Wasser), so sieht er im hellen Sonnenschein die Türme des Douaumont oder eines anderen Forts, die ihre Augen drohend auf das Hinterland richten. Ein Schütteln packt ihn, wenn er seine Blicke rundum schickt: hier hat der Tod seine Knochensaat ausgesät. Die Front wankt, heute hat der Feind die Höhe, morgen wir, irgendwo ist hier immer verzweifelter Kampf. Mancher, der sich eben noch der warmen Sonne freute, hörte es schon irgendwo brüllen und heulend herankommen. Dahin sind alle Träume von Frieden und Heimat, der Mensch wird zum Wurm und sucht sich das tiefste Loch. Trommelfelder-Schlachtfelder, auf denen nichts zu sehen ist als erstickender Qualm-Gas-Erdklumpen-Fetzen in der Luft, die wild durcheinander wirbeln: das ist Verdun.

Nach: Lebenszeichen. Feldpostbriefe erzählen ..., S. 13.

Arbeitsaufträge

1. Erkundigt euch, ob in eurer Familie vergleichbare Schicksale aus dem Ersten Weltkrieg bekannt sind oder gar derartige Zeugnisse aus dieser Zeit noch existieren. Nutzt auch das Internet für die Suche.
2. Analysiert die Inhalte von Feldpostbriefen: Wie erlebten die Soldaten den Alltag an der Front? Welche Haltung hatten die Schreiber zum Krieg? Wie wirkte der Inhalt der Briefe wohl auf ihre Angehörigen in der Heimat?
3. Überlegt nun, in welcher Form ihr eure Ergebnisse und Einsichten präsentieren möchtet.

PROJEKT

Versöhnung über den Gräbern

Q1 *Albert Schweitzer über die Rolle von Soldatengräbern:*

Die Soldatengräber sind die großen Prediger des Friedens, und ihre Bedeutung als solche wird immer mehr zunehmen.

Nach: Wenn Steine reden könnten ... Faltblatt des Volksbundes Deutsche Kriegsgräberfürsorge.

M1 *Auf dem Soldatenfriedhof in Halbe (Brandenburg) schreiben zwei 16-jährige Mädchen aus Russland und aus Belgien die Buchstaben in einem Grabstein nach. Die Grabpflege war Teil eines internationalen Jugendcamps im Jahr 2004, an dem 36 Jugendliche aus zehn Ländern teilnahmen. Organisiert wurde das Sommerlager in Halbe vom Volksbund Deutsche Kriegsgräberfürsorge.*

Wenn Steine reden könnten

Man mag sich heute fragen, wie der Theologe, Arzt und Friedensnobelpreisträger des Jahres 1952 zu einer solchen auf den ersten Blick widersprüchlichen Ansicht gekommen sein mag. In der Obhut des im Jahr 1919 auf Initiative von deutschen Soldaten gegründeten *Volksbundes Deutsche Kriegsgräberfürsorge* befinden sich heute über 800 Kriegsgräberstätten in 45 Staaten. Der Volksbund betreut die Gräber von etwa zwei Millionen Kriegstoten.

Ein Beispiel für die Tätigkeit des Volksbundes ist der sogenannte „Friedhof der Kriegsfreiwilligen" von Langemark, auf dem 1932 mehr als 10 000 gefallene deutsche Soldaten des Ersten Weltkrieges bestattet wurden. Wohl gemerkt, es handelt sich hier wie oft um einen Friedhof auf dem Territorium eines der Länder, welches Deutschland 1914 überfallen hatte. Hinter jedem einzelnen Grabstein verbirgt sich das Schicksal eines Menschen. Die Gräber sollen auch heute Stätten für Versöhnung sein.

Hilfe bei der Suche nach den Angehörigen

Neben der Friedenserziehung, der Arbeit mit Jugendlichen und der Förderung internationaler Beziehungen zwischen ehemaligen Kriegsgegnern unterstützt der Volksbund auch Angehörige bei ihrer Suche nach Aufklärung über den Verbleib von Soldaten in den beiden Weltkriegen.

Q2 *Aus der Präambel der Satzung des Volksbundes:*

Grundlage der Arbeit des Volksbundes ist die Achtung der unantastbaren Würde des Menschen. Die Würde des Menschen reicht über den Tod hinaus. Daraus erwächst die Verpflichtung, Kriegsgräberstätten zu schaffen und als ständige Mahnung zum Frieden ... zu erhalten. ... Die Arbeit des Volksbundes steht unter dem Leitwort: Versöhnung über den Gräbern – Arbeit für den Frieden.

Nach: http://www.volksbund.de/.

Arbeitsaufträge

1. Sucht in eurem Heimatort nach Gedenksteinen, Kriegsgräberstätten und weiteren Zeugnissen über den Verbleib von Soldaten des Ersten Weltkrieges.
2. Dokumentiert eure Suchergebnisse in geeigneter Form.
3. Sprecht in eurer Klasse auch im Zusammenhang mit den Auslandseinsätzen der Bundeswehr über eure Meinung zu Kriegsgräbern als Orten der Versöhnung, des Erinnerns und Gedenkens.

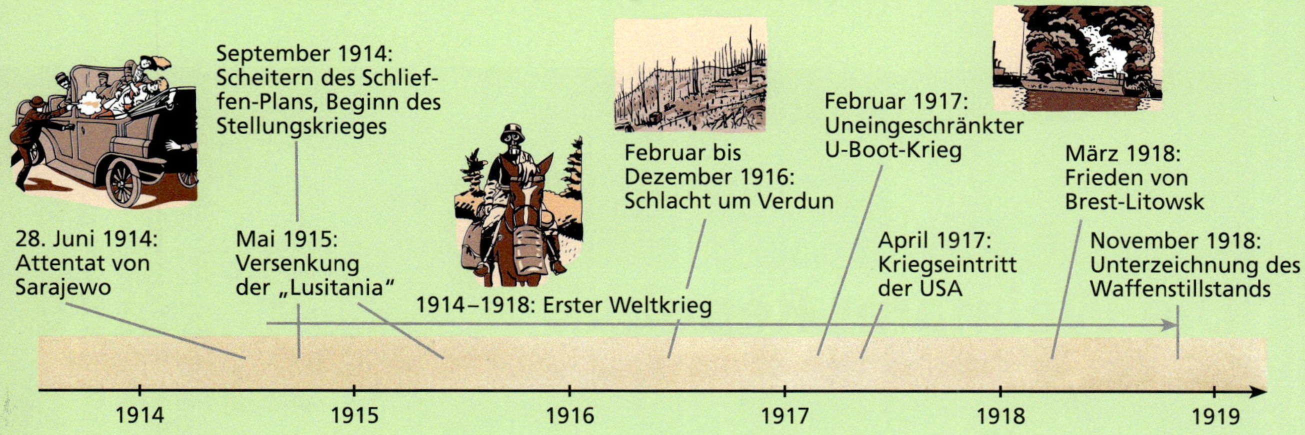

IN KÜRZE

Wichtige Begriffe:

- 14-Punkte-Programm des US-Präsidenten Wilson
- Attentat von Sarajewo
- Bewegungskrieg
- Entente
- Frieden von Brest-Litowsk
- Gaskrieg
- Materialschlacht
- Mittelmächte
- Mobilmachung
- Schlieffen-Plan
- Siegfrieden
- Stellungskrieg
- U-Boot-Krieg
- Verdun
- Verständigungsfrieden

Zum Ende des 19. Jahrhunderts hatte sich in Europa und der Welt ein neues Machtgefüge unter den Großmächten entwickelt, das vor 1914 zu einem *Rüstungswettlauf* führte. Die Situation auf dem *Balkan* glich immer mehr einem Pulverfass. Die Interessen von Russland und Österreich-Ungarn und damit der großen europäischen Bündnisse *Dreibund* und *Entente* prallten hier direkt aufeinander. Die Bereitschaft zu einem Krieg wuchs. Das *Attentat von Sarajewo* im Juni 1914 bot den Anlass, einen Krieg zu beginnen, *Mobilmachungen* und Kriegserklärungen folgten.

Der *Erste Weltkrieg* war der erste weltweit geführte Krieg der Geschichte. Er erfasste die meisten europäischen Staaten, die in diesem Krieg ihren Bündnisverpflichtungen nachkamen. Auf den Schlachtfeldern, den Meeren und in der Luft kam eine gewaltige Kriegsmaschinerie zum Einsatz. Der anfängliche *Bewegungskrieg* wandelte sich rasch in einen erbittert geführten *Stellungskrieg* mit verlustreichen *Materialschlachten.*

Der *Kriegseintritt der USA* im April 1917 beeinflusste den Ausgang des Krieges maßgeblich, da die Vereinigten Staaten die Entente militärisch und wirtschaftlich unterstützten. Nach der Revolution in Russland im Oktober 1917 schloss das Land den *Frieden von Brest-Litowsk* mit dem Deutschen Reich. Mit dem *14-Punkte-Programm* des amerikanischen Präsidenten Wilson unterbreiteten die USA einen Vorschlag für eine politische Friedenslösung. Wilsons Friedensprogramm stellte schließlich den Ausgangspunkt für die Friedensverhandlungen in Versailles dar.

Die Weimarer Republik

Bei den Wahlen zur Nationalversammlung am 19. Januar 1919 waren Frauen erstmals stimmberechtigt und standen als Abgeordnete was zu großem Andrang vor den Wahllokalen führte, wie auf dem zeitgenössischen Foto zu sehen ist.

zur Wahl (aktives und passives Wahlrecht). Verständlich, dass daher viele Frauen von ihrem Wahlrecht Gebrauch machen wollten,

Aufbau einer Demokratie

Die Deutsche Revolution 1918/19

Im Herbst 1918 hatten die Waffenstillstandsverhandlungen zwischen den Mittelmächten und der Entente zur Beendigung des Ersten Weltkrieges begonnen.

M1 *„November 1918". Karikatur der Zeitschrift „Simplicissimus", Dezember 1918.*

Vom Matrosenaufstand zur Revolution

Die deutsche Hochseeflotte sollte jedoch nach dem Willen ihrer Offiziere einen letzten Kampf gegen Großbritannien bestehen. Dies stieß auf den Widerstand von Soldaten und Matrosen, weil der Kampf als aussichtslos galt. Die schlechte Versorgung auf den Schiffen und der zum Teil nicht ausgezahlte Sold waren ein weiterer Grund für die Befehlsverweigerung. Die Soldaten erkannten, dass sie nur geopfert werden sollten. Die Besatzungen der Schiffe kehrten in die Häfen zurück oder lehnten sich gegen ihre Offiziere auf.

Am 3. November 1918 wehten die roten Fahnen der Revolution auf den Kriegsschiffen. Demonstrationszüge von verbündeten Soldaten und Matrosen zogen durch Kiel. Immer mehr Arbeiter schlossen sich ihnen an. Bereits am nächsten Tag war die Stadt in der Hand der Arbeiter, Soldaten und Matrosen. Diese spontane revolutionäre Welle erfasste weitere Städte in ganz Deutschland. Überall bildeten sich *Arbeiter- und Soldatenräte.*

M2 *Der Beginn der Revolution in Deutschland im November 1918.*

i

Rat der Volksbeauftragten: paritätisch mit Vertretern der SPD und der USPD besetzt, von den Arbeiter- und Soldatenräten bestätigt, stellte der Rat eine provisorische Regierung dar.
Spartakisten: Mitglieder des Spartakusbundes.
Parlamentarische Republik: vom Volk gewählte demokratische Staatsform.
Verfassungsgebende Nationalversammlung: gewählte Volksvertretung, die zur Verfassungsgebung berufen wurde.
USPD: Unabhängige Sozialdemokratische Partei Deutschlands, die 1917 aus einer Gruppe von SPD-Abgeordneten hervorging.
Spartakusbund: so nannte sich die Spartakusgruppe seit November 1918.
KPD: die Kommunistische Partei Deutschlands ging Anfang 1919 aus verschiedenen linksrevolutionären Gruppen, darunter dem Spartakusbund, hervor.
Die *Freikorps* rekrutierten sich aus Offizieren und Soldaten der ehemals kaiserlichen Armee.

Q1 *Philipp Scheidemann ruft am 9. November 1918 die Republik aus:*

Arbeiter und Soldaten! Das deutsche Volk hat auf der ganzen Linie gesiegt. Das Alte, Morsche ist zusammengebrochen, der Militarismus ist erledigt. Die Hohenzollern haben abgedankt! Es lebe die deutsche Republik!

Nach: Scheidemann, P.: Memoiren eines Sozialdemokraten.

Die Abdankung des Kaisers

Die Arbeiter- und Soldatenräte forderten nicht nur ein Ende des Krieges, sondern auch die Abdankung des Kaisers. Weiterhin wurden die Rufe nach Demokratie und der Bildung einer Republik laut. Immer mehr Menschen forderten auch eine Räteregierung nach dem Vorbild Russlands ein. Da der Kaiser seine Macht nicht freiwillig aufgab, verkündete der Reichskanzler Prinz Max von Baden ohne dessen Zustimmung den Rücktritt von Kaiser Wilhelm II. am 9. November 1918.

Doch nicht nur die Kaiserkrone fiel: Auch alle anderen deutschen Fürsten mussten nun auf ihren Herrschaftsanspruch verzichten.

Friedrich Ebert und das Amt des Reichskanzlers

Prinz Max von Baden ernannte Friedrich Ebert zum neuen Reichskanzler. Mit ihm hofften die Anhänger der alten Ordnung, ihre Macht erhalten zu können. Ebert erhielt dieses Amt, weil er Vorsitzender der stärksten im Reichstag vertretenen Partei, der SPD, war. Zugleich saß Ebert dem *Rat der Volksbeauftragten* vor. Die linken Sozialdemokraten und die *Spartakisten* unter Karl Liebknecht und Rosa Luxemburg forderten den Aufbau einer Räterepublik. Ebert und die Sozialdemokraten sahen dagegen die Bildung einer *parlamentarischen Republik* als ihr Ziel an. Dabei stand die Wahl einer *verfassungsgebenden Nationalversammlung* im Vordergrund.

Zwei Republiken werden ausgerufen

Ebert hatte soeben erst das Amt des Reichskanzlers übertragen bekommen, als sein Parteigenosse Philipp Scheidemann am 9. November 1918 um 14:00 Uhr die deutsche Republik ohne Wissen von Ebert ausrief. Karl Liebknecht verkündete gegen 16:00 Uhr die freie sozialistische Republik.

Der Spartakusaufstand im Januar 1919

Die unklaren politischen Verhältnisse kurz nach Kriegsende stellten einen idealen Nährboden für Radikalität und Gewalt dar. Nach der Absetzung des Berliner Polizeipräsidenten Emil Eichhorn *(USPD)* am 4. Januar 1919 durch den Rat der Volksbeauftragten unter Friedrich Ebert kam es zum Ausbruch offener Gewalt. Die Anhänger des *Spartakusbundes*, der *KPD* und der Arbeiter- und Soldatenräte standen hierbei *Freikorpsverbänden* gegenüber. Diese republikfeindlichen Truppen waren vom Rat der Volksbeauftragen zu Hilfe gerufen worden. Die bürgerkriegsähnlichen Zustände in Berlin dauerten mehrere Tage an und endeten mit der Niederschlagung des Aufstands.

Rosa Luxemburg und Karl Liebknecht, die Symbolfiguren der linken Gruppen, wurden von Freikorpssoldaten nach Beendigung der Kämpfe am 15. Januar 1919 brutal ermordet. Diese politischen Morde lösten in Deutschland schwere Unruhen und Aufstände aus. Sie wurden ein Teil der Hypothek der späteren Weimarer Republik.

zu 1.
Du findest Anregungen dazu im Lehrbuch unter dem Stichwort: „In Kürze".

zu 2.
Arbeitet zunächst die Anhänger und die Ziele der beiden Gruppen heraus. Stellt dies in einer Tabelle gegenüber.

Arbeitsaufträge

1. Gestalte eine Zeitleiste mit den wichtigsten Ereignissen von Oktober 1918 bis Januar 1919.
2. Setzt euch mit den Auswirkungen einer doppelten Ausrufung der Republik in Deutschland am 9. November 1918 auseinander.
3. Beurteilt die historische Bedeutung der Novemberrevolution.

Die Verfassung der Weimarer Republik

Die „vorläufige" Regierung

Die am 10. November 1918 unter Führung Friedrich Eberts gebildete provisorische Regierung aus Vertretern der SPD und der USPD, der Rat der Volksbeauftragten, stand vor großen Herausforderungen. Es galt, die Weiterarbeit der lebenswichtigen Betriebe zu ermöglichen und die Bevölkerung mit Lebensmitteln zu versorgen. Die Regierung musste die Rückführung der Fronttruppen organisieren und den rückkehrenden Soldaten Arbeitsplätze beschaffen. Das betraf fünf Millionen Soldaten. Die Betriebe stellten ihre Produktion von Kriegsmaterial auf Waren des täglichen Bedarfs um. Zur Lösung dieser Aufgaben war die neue Regierung auf die Hilfe der bestehenden Verwaltungen und Ämter angewiesen. Obwohl die ehemaligen kaiserlichen Beamten dem neuen Staat ablehnend gegenüberstanden, wurden sie mit Aufgaben für den Staat betraut. Eine Veränderung der Wirtschafts- und Gesellschaftsordnung in Deutschland wurde als Aufgabe späterer Regierungen angesehen.

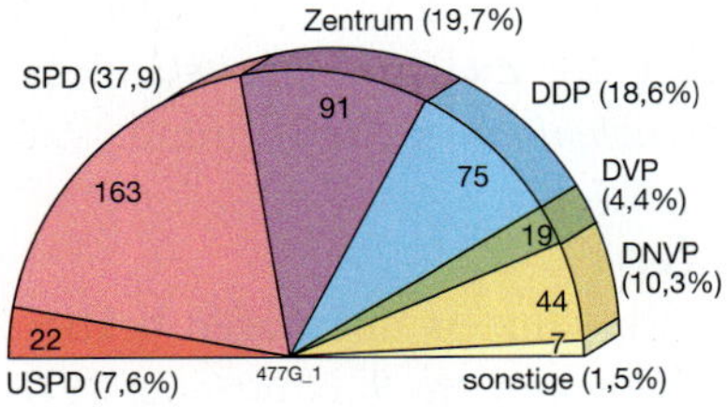

M1 *Sitzverteilung in der am 19. Januar 1919 gewählten Nationalversammlung. Die Prozentzahlen geben die Anteile an den Wählerstimmen an.*

Die Wahlen zur Nationalversammlung

Der Jahreswechsel 1918/19 war geprägt vom Wahlkampf der Parteien für die Wahlen zur Nationalversammlung am 19. Januar 1919. Dabei galt das allgemeine, gleiche, geheime und direkte Wahlrecht für das gesamte deutsche Volk. Zum ersten Mal in der deutschen Geschichte hatten auch Frauen das Recht zu wählen. Bei dieser Wahl trugen die Befürworter der parlamentarischen Republik den eindeutigen Sieg davon.

Die neu gegründete KPD hatte sich nicht an den Wahlen beteiligt.

Die Konstituierung der Nationalversammlung in Weimar

Die konstituierende Sitzung der Nationalversammlung fand in Weimar, einer Stadt in Thüringen statt, um den Unruhen und Krawallen in Berlin zu entgehen. Die ersten Aufgaben der Nationalversammlung waren die Ausarbeitung einer Verfassung, die Besetzung der Staatsämter und der Abschluss eines Friedensvertrages.

Die demokratischen Parteien schlossen sich zur „Weimarer Koalition" von SPD, Zentrum und DDP zusammen und bildeten unter dem Reichskanzler Philipp Scheidemann eine Regierung. Am 11. Februar 1919 wurde Friedrich Ebert zum ersten Präsidenten der neuen Republik gewählt.

M2 *Friedrich Ebert (1871–1925), war seit 1913 Vorsitzender der SPD und wurde am 11. Februar 1919 zum ersten Reichspräsidenten der Weimarer Republik gewählt.*

Q1 *Ansprache des Reichspräsidenten Friedrich Ebert am 11. Februar 1919:*

> ... Mit all meinen Kräften und mit voller Hingabe werde ich mich bemühen, mein Amt gerecht und unparteiisch zu führen ... Ich gelobe, dass ich die Verfassung der Deutschen Republik getreulich beachten und schützen werde. Ich gelobe und werde als Beauftragter des ganzen Volkes handeln, nicht als Vormann einer einzelnen Partei. Ich bekenne aber auch, dass ich ein Sohn des Arbeiterstandes bin, aufgewachsen in der Gedankenwelt des Sozialismus, und dass ich weder meinen Ursprung noch meine Überzeugung jemals zu verleugnen gesonnen bin.
>
> Nach: Haschke, G./Tönnies, N.: Friedrich Ebert. S. 128 ff.

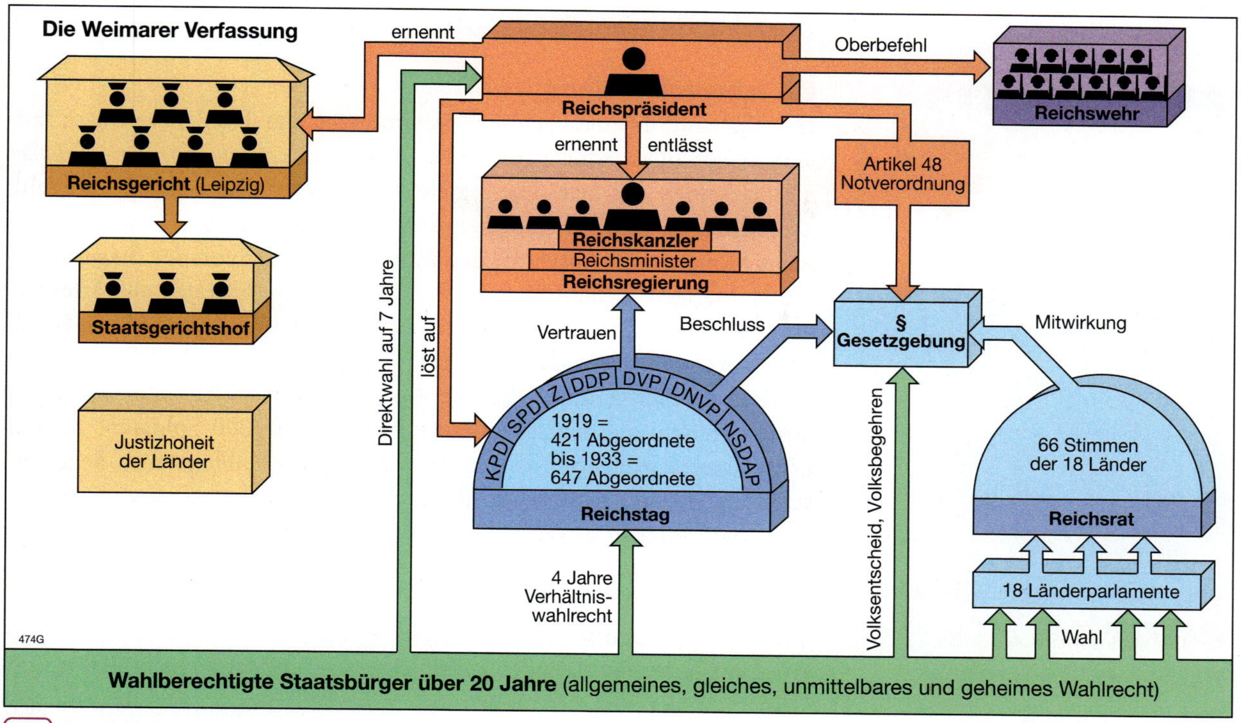

M3 *Die Weimarer Verfassung.*

Die Weimarer Verfassung

In der am 31. Juli 1919 verabschiedeten Verfassung wurden die Gewaltenteilung, das Verhältniswahlrecht, Bürger- und Menschenrechte und die Bundesstaatlichkeit als Grundsätze festgeschrieben. Damit war die erste demokratische Republik auf deutschem Boden entstanden. Eine besondere Bedeutung bekam der Artikel 48, der auch als „Notstandsartikel" bezeichnet wurde.

i

Zentrum: die 1870 gegründete Partei vertrat die Interessen der deutschen Katholiken und bekannte sich zur Republik.
DDP: die Deutsche Demokratische Partei vertrat die Interessen des liberalen Besitz- und Bildungsbürgertums.
DVP: die Deutsche Volkspartei stand in der Tradition der nationalliberalen Strömung des deutschen Liberalismus.
DNVP: viele Mitglieder der konservativen Deutschnationalen Volkspartei lehnten die Demokratie ab.

Q2 *Artikel 48 der Weimarer Verfassung:*

Der Reichspräsident kann, wenn im Deutschen Reiche die öffentliche Sicherheit und Ordnung erheblich gestört oder gefährdet wird, die zur Wiederherstellung der öffentlichen Sicherheit und Ordnung nötigen Maßnahmen treffen ... Zu diesem Zwecke darf er vorübergehend die ... Grundrechte ganz oder teilweise außer Kraft setzen.

Michaelis, H./Schraeppler, E.: Ursachen und Folgen, Bd. 3.

Arbeitsaufträge

1. Notiere mögliche Gründe dafür, dass die vorläufige Regierung die ehemaligen Staatsbeamten des Kaiserreiches nicht entließ.
2. Skizziere die Schritte zur Bildung der Nationalversammlung.
3. Erläutere das Zustandekommen des Namens „Weimarer Republik".
4. Arbeite aus Q1 die Grundsätze der Politik Friedrich Eberts heraus.
5. Charakterisiere den Staatsaufbau der Weimarer Republik (M3).
6. Diskutiert die Chancen und Risiken des Artikels 48 für die Weimarer Republik.

zu 1.
Bedenke die Aufgaben, die der Rat der Volksbeauftragten zu bewältigen hatte.
zu 2.
Notiere Stichpunkte dazu.

Der Versailler Vertrag

M1 *Deutsches Propagandaplakat gegen die Bestimmungen des Versailler Vertrages, 1920.*

Ein schwerer Anfang

Die Verhandlungen über die Bestimmungen des Friedensvertrages fanden in Versailles, nahe Paris, statt. Der Konferenzort gab dem *Versailler Vertrag* seinen Namen. Die Verhandlungen wurden ohne Beteiligung Deutschlands geführt. Vertreter der deutschen Regierung wurden erst sechs Monate nach Abschluss des Waffenstillstandes von den Siegermächten empfangen. Am 28. Juni 1919 – dem fünften Jahrestag des Attentats von Sarajewo – unterschrieben die Vertreter der USA, Frankreichs, Großbritanniens und Deutschlands den Friedensvertrag von Versailles.

Der Versailler Vertrag verbot die allgemeine Wehrpflicht in Deutschland und begrenzte die deutsche Berufsarmee auf 100 000 Soldaten. Zudem untersagte er jegliche moderne Waffen – wie z. B. Flugzeuge, Schlachtschiffe, U-Boote, schwere Artillerie und Panzer. Dem Deutschen Reich sollte die Fähigkeit genommen werden, erneut einen Krieg zu führen.

Außerdem musste Deutschland zahlreiche Gebiete abtreten, verlor seine Kolonien und durfte sich nicht mit Österreich vereinigen. Darüber hinaus wurde Deutschland zur Wiedergutmachung der im Ersten Weltkrieg entstandenen Schäden verpflichtet, zu *Reparationen* in Form von Geldzahlungen, Sachleistungen und Warenlieferungen. Die Begründung hierfür lieferte der Artikel 231 des Versailler Vertrages, der sich mit der Kriegsschuldfrage befasste.

M2 *Deutschland im Jahr 1920.*

Q1 *Der Historiker Hans-Ulrich Wehler über den Versailler Vertrag:*

Von der deutschen Öffentlichkeit wurde er ausnahmslos als karthagischer „Schmachfrieden" empfunden ... Im Vergleich mit dem Friedensvertrag von Brest-Litwosk, den die deutschen Sieger ... soeben noch im März 1918 Russland auferlegt hatten, kann der Versailler Vertrag fast als maßvoll gelten. ... Obwohl der Vergleich die Härte des Versailler Friedens eindringlich relativiert, bleibt er ein Vertrag, der ... die Bevölkerung eines jungen Nationalstaates nach ihrem vierjährigen Kampf gegen eine überlegene Allianz tief treffen musste.

Wehler, H.-U.: Deutsche Gesellschaftsgeschichte, Bd. 3, S. 241.

Q3 *Der französische Ministerpräsident Georges Clemenceau am 7. Mai 1919:*

Sie haben uns um Frieden gebeten. Wir sind geneigt, ihn ihnen zu gewähren ... Der Friede ist von uns zu teuer erkauft worden ... Wir sind entschlossen, sämtliche uns zu Gebote stehenden Mittel anzuwenden, um jede uns geschuldete berechtigte Genugtuung zu erlangen.

Nach: Geschichte in Quellen, Bd. 6, S. 126.

zu **1.**
Nutze M2 und bedenke die territorialen Auswirkungen des Versailler Vertrages auf Deutschland und deren Folgen für die Bevölkerung.

Q2 *Aus dem Artikel 231 des Versailler Vertrages:*

Die verbündeten ... Regierungen erklären und Deutschland erkennt an, dass Deutschland und seine Verbündeten als Urheber aller Verluste und aller Schäden verantwortlich sind, welche die verbündeten ... Regierungen und ihre Staatsangehörigen infolge des von ihnen durch den Angriff Deutschlands und seiner Verbündeten aufgezwungenen Krieges erlitten haben.

Nach: Die Friedensbedingungen der Alliierten. S. 109 f.

Die Kriegsschuldfrage

Wohl kaum ein zweiter Artikel des aus insgesamt 440 Artikeln bestehenden Vertragswerkes von Versailles hat die negative Meinung der Deutschen über den Versailler Vertrag nach dem Ersten Weltkrieg so bestärkt, wie der Artikel 231. Die Urteile reichten von „Todesstoß", über „Diktatfrieden" bis hin zur „historischen Lüge". Mancher Historiker betrachtet den Artikel 231 aus heutiger Sicht sogar als Geburtsstunde für die späteren Schrecken des Nationalsozialismus. Die Siegermächte wiesen dem damaligen Kaiserreich und in dessen Nachfolge der jungen deutschen Republik die alleinige Schuld am Ausbruch des Ersten Weltkriegs zu.

Der Versailler Vertrag, der doch einen Frieden zwischen den Völkern und Staaten einleiten und garantieren sollte, schwebte von nun als schwere politische Belastung über der ersten deutschen Demokratie.

Q4 *Der amerikanische Außenminister Robert Lansing am 8. Mai 1919 über die Bestimmungen des Versailler Vertrages:*

Hass und Erbitterung, wenn nicht Verzweifelung müssen die Folgen derartiger Bestimmungen sein. Wir haben einen Friedensvertrag, aber er wird keinen dauernden Frieden bringen.

Nach: Geschichte in Quellen, Bd. 6, S. 128.

Q5 *Der spätere Außenminister Walther Rathenau über den Versailler Vertrag:*

Deutschland gerät in einen Zustand gleich nach dem Dreißigjährigen Kriege. Es wird politisch schwach, industriell vernichtet sein. Ein Viertel der Bevölkerung wird entweder Hungers sterben oder zur Auswanderung gezwungen sein.

Nach: Schulin, E. (Hg.): Gespräche mit Rathenau, S. 244.

Arbeitsaufträge

1. Beschreibe die Situation Deutschlands im Jahr 1920.
2. Beurteilt die Zuweisung der alleinigen Schuld am Ausbruch des Ersten Weltkrieges an Deutschland (Q2).
3. Setzt euch mit den Stimmen zum Versailler Vertrag auseinander (Q3–Q5). Vergleicht diese im Anschluss mit dem heutigen historischen Urteil des deutschen Historikers Hans-Ulrich Wehler in Q1.
4. Erörtert den historischen Stellenwert des Versailler Vertrages.

Die erste deutsche Republik

Die Gegner der Demokratie

Neben den außenpolitischen Belastungen, die sich für die junge Republik vor allem aus den Bestimmungen des Versailler Vertrages ergaben, bekämpften im Inneren zahlreiche Gegner die neue demokratische Ordnung. Heutzutage spricht man in der Geschichtswissenschaft sogar von einer „überforderten Republik".

M1 *Die Dolchstoßlegende auf einem Wahlplakat der DNVP zur Reichstagswahl 1924.*

i

Putsch: gewaltsamer Staatsstreich.

Die Dolchstoßlegende

Generalfeldmarschall Paul von Hindenburg, im Ersten Weltkrieg seit 1916 Befehlshaber der OHL, behauptete im November 1919 vor einem Untersuchungsausschuss des Reichstages, die deutsche Armee sei von „hinten erdolcht" worden und „im Felde" unbesiegt geblieben. Allzu gern griffen die Gegner der Weimarer Republik diese angebliche Tatsache auf und verbreiteten die sogenannte *Dolchstoßlegende*. Die Verfechter dieser Lüge bezogen sich auf die Ereignisse in den beiden letzten Kriegsjahren in Deutschland, wo Kriegsmüdigkeit und zunehmende Opferzahlen unter anderem zu einem Munitionsarbeiterstreik und Kundgebungen gegen den Krieg geführt hatten. Neben einem Teil der Bevölkerung galt nach dieser Legende auch die jetzige demokratische Regierung als Verräter an den Frontsoldaten, da sie 1918 den Waffenstillstand und 1919 den Versailler Vertrag unterzeichnet hatte.

Der Kapp-Lüttwitz-Putsch

Im März 1920 wollten ehemalige Angehörige der kaiserlichen Armee unter Führung des ostpreußischen Generallandschaftsdirektors Wolfgang Kapp und des Generals Walther von Lüttwitz die Regierung aus SPD, Zentrum und DDP absetzen. Auslöser dieses rechtsradikalen Umsturzversuches war eine von den Siegermächten geforderte Auflösung der Freikorpsverbände, die sich zu einer Gefahr für die Republik entwickelt hatten. Am *Putsch* beteiligte Soldaten besetzten mit Hakenkreuzen an den Stahlhelmen das Regierungsviertel. Die Armeeführung unter General Hans von Seeckt blieb unter dem Motto „Truppe schießt nicht auf Truppe" passiv und beließ ihre Einheiten in den Kasernen. Erst ein Generalstreik der Arbeiterschaft und die Ablehnung durch große Teile der Bevölkerung sorgten dafür, dass der Putsch nach fünf Tagen scheiterte.

M2 *Gedenkfahrt republiktreuer Verbände zum Grab Walther Rathenaus an dessen ersten Todestag am 24. Juni 1923. Foto, nachträglich koloriert.*

Radikalisierung durch politische Morde

In den ersten Jahren der Weimarer Republik kam es zu zahlreichen Gewalttaten gegen Personen des öffentlichen Lebens, die sich für die Demokratie einsetzten. So wurde am 26. August 1921 der Zentrumspolitiker, Vizekanzler und Finanzminister Matthias Erzberger von zwei Offizieren, die Mitglieder der rechtsradikalen „Organisation Consul" waren, ermordet. Am 24. Juni 1922 fiel der liberale Außenminister Walther Rathenau ebenfalls einem Attentat der „Organisation Consul" zum Opfer.

Vorweg gegangen waren jeweils öffentliche Hetzkampagnen gegen Erzberger und Rathenau, die ihren Mördern als sogenannte „Erfüllungspolitiker" galten.

(M3) *Ein französischer Soldat auf einem requirierten Kohlenzug, 1923.*

(M4) *Die Karikatur von Thomas Theodor Heine aus dem Jahr 1927 trägt die Bildunterschrift „Sie tragen den Buchstaben der Firma, wer aber trägt den Geist?“.*

i

Ruhrbesetzung: Im Januar 1923 besetzen belgische und französische Truppen das Ruhrgebiet und übernahmen die Kontrolle über deutsche Industriebetriebe und Behörden. Die Ruhrbesetzung eskalierte rasch zum Ruhrkampf: auf Anschläge und Sabotageakte reagierte Frankreich mit Todesurteilen und Racheaktionen. Die deutsche Regierung rief zum passiven Widerstand gegen die Besatzungsmächte auf, die erst 1925 das Ruhrgebiet wieder räumten.
NSDAP: Nationalsozialistische Deutsche Arbeiterpartei. Hitler war seit 1921 Vorsitzender der 1919 gegründeten nationalistischen, völkischen und antisemitischen Partei.

zu **2.**

Bedenke den historischen Wahrheitsgehalt. Nutze auch Q2 auf S. 173.

Aufstände und Unruhen

Kommunistische Aufstände 1920/21 und die *Ruhrbesetzung* 1923 verschärften die innenpolitische Situation Deutschlands weiter.

Der Hitler-Ludendorff-Putsch

Am 8. / 9. November 1923 unternahm Adolf Hitler gemeinsam mit General Erich Ludendorff in Bayern einen Staatsstreichversuch, dessen Ziel die Errichtung einer Diktatur war. Die Putschisten versuchten, die angespannte Lage der krisengeschüttelten Republik für sich und die *NSDAP* auszunutzen. Vor der Feldherrenhalle in München wurde der Putsch jedoch durch die bayrische Polizei niedergeschlagen. Ludendorff, wie Hindenburg im Ersten Weltkrieg seit 1916 Befehlshaber der OHL, wurde freigesprochen, Hitler zu fünf Jahren Haft verurteilt, von denen er jedoch nur neun Monate in der Festung Landsberg absitzen musste.

Arbeitsaufträge

1. Bestimme mithilfe von M1–M4 die Herausforderungen für die junge Weimarer Republik zwischen 1919 und 1923.
2. Beurteile das Gefahrenpotential, das von der Dolchstoßlegende für die demokratische Ordnung ausging.
3. Überprüft die Chancen für den Bestand der Republik angesichts der vielfältigen Gegner und Bedrohungen.

Das Jahr der Inflation – 1923

Wirtschaft und Staatsfinanzen in der Krise

Die enorme Höhe der Reparationszahlungen und die laut Versailler Vertrag von Deutschland zu leistenden Warenlieferungen hatten die ohnehin angespannte wirtschaftliche Lage des Landes bis 1923 weiter verschärft. Die Auswirkungen der Ruhrbesetzung und des Ruhrkampfes seit Januar 1923 leiteten schließlich den Ruin der Staatsfinanzen ein.

Die ständigen Unruhen und Streiks lähmten die Wirtschaft, sodass dem Staat geringere Steuern zuflossen. Aus Steuern mussten aber die hohen Kriegsschulden beglichen, die Kriegswaisen und Witwen, die Kriegsversehrten, die Alten und Erwerbslosen versorgt werden.

Der Wert des Geldes sinkt

i

Deckung: Man spricht von Währungsdeckung, wenn die Summe des umlaufenden Geldes vollständig den Werten der Edelmetalle oder Fremdwährungen entspricht, die im Besitz der eigenen Notenbank sind.

Als Ausweg aus der Situation ließ die Reichsregierung mehr Papiergeld drucken. Aber die Goldreserven, die die Banknoten vor dem Krieg deckten, waren aufgebraucht. Das vermehrte Papiergeld besaß keine *Deckung* und verlor an Wert. Im Jahre 1913 entsprach ein Dollar einem Wert von 4,20 Mark. Im November 1923 kostete ein Dollar 4 200 000 000 Mark.

Die Notenpresse konnte mit der Geschwindigkeit der Entwertung kaum mehr Schritt halten. Der Wert der Geldscheine wurde durch Aufdruck z. B. in Milliarden-Markscheine umbewertet.

M1 *Geldschein aus der Zeit der Inflation.*

Das Leben der Menschen verändert sich

Die Geldentwertung stieg 1923 so rasch an, dass jede Woche und schließlich sogar jeden Tag Löhne und Preise neu festgesetzt werden mussten. Im Herbst zahlten die Betriebe und Fürsorgestellen jeden Nachmittag das Geld aus. Kinder und Mütter standen schon an der Straßenecke bereit, um das Geld der Väter und Männer sofort in Ware umzusetzen, da es am nächsten Tag schon so gut wie wertlos war.

Im November 1923 musste man für ein Pfund Roggenbrot 24 Milliarden Mark bezahlen. Viele Kinder waren unterernährt. Immer wieder kam es zu Hungerkrawallen. Die Menschen konnten nur überleben, wenn sie Sachwerte wie Schmuck gegen Lebensmittel eintauschten.

M2 *Geldtransport in „wertvollen" Waschkörben. Als ein Waschkorb unbewacht blieb, wurde er gestohlen. Das Geld hatten die Diebe jedoch zurückgelassen. Der Korb war ihnen wertvoller als sein Inhalt.*

i

Devisen: Geld in ausländischer Währung.
1 Billion Mark = 1 Rentenmark, Ende 1923.

Q1 *Lebensmittelpreise aus der Inflationszeit (Juni 1923):*

1 Pfund Rindfleisch	8 500 – 12 000 Mark
1 Pfund Molkereibutter	3 000 – 15 000 Mark
1 Pfund Margarine	7 600 – 9 600 Mark
1 Pfund Schmalz	12 000 – 12 400 Mark
1 Pfund Speisekartoffeln	112 – 130 Mark
1 Pfund Kaffee, geröstet	26 000 – 36 000 Mark
1 Pfund Tee	30 000 – 48 000 Mark
1 Pfund Kakao	7 500 – 14 000 Mark
1 Liter Milch	1 440 Mark
1 Pfund Zucker	1 400 – 1 550 Mark
1 Pfund Weizenmehl	1 900 – 2 600 Mark
1 Markenschrippe (Brötchen)	80 Mark
Briefporto:	Berlin 40 Mark, außerhalb 100 Mark
Straßenbahn:	600 Mark, Kind 300 Mark

Nach: Ebeling, Hans: Ursachen und Folgen. Band V. S. 532 f.

Die Folgen der Inflation

Die Inflation verschärfte die Spannungen innerhalb der Gesellschaft. Wer Sachwerte und *Devisen* besaß, konnte mit dem wertlosen Geld seine Schulden bezahlen. Dies waren Gutsbesitzer, Großbauern, die Besitzer von Betrieben und Werkstätten, denn Grundbesitz, Maschinen und Wohnhäuser blieben wertbeständig. Großindustrielle boten ihre Waren auf dem Weltmarkt zu Schleuderpreisen gegen ausländische Währungen an. Sie erzielten hohe Gewinne, vor allem weil sie die Arbeiter schlecht bezahlten und die einheimischen Rohstoffe zu geringen Preisen bekamen.

Aber auch der Staat zog einen Nutzen aus der Situation. Er konnte seine Kriegsanleihen aus dem Krieg bei den Bürgern ablösen, und zwar zum alten Kaufpreis.

Die „kleinen" Sparer hingegen hatten ihre Guthaben verloren, ganz gleich, ob sie das Geld bei der Sparkasse, in einer Lebensversicherung oder in Staatspapieren angelegt hatten. Die Menschen, deren Ersparnisse entwertet waren, waren von der Republik enttäuscht. Sie gaben ihr die Schuld an der Inflation. Viele von ihnen wurden sogar zu Gegnern der Republik. So erhielten die radikalen Parteien am linken und rechten Rand enormen Zulauf von unzufriedenen und verzweifelten Menschen.

Das Geld wurde schließlich vollkommen wertlos und eine neue Währung, die *Rentenmark*, musste geschaffen werden. Jetzt gab es einen kontrollierten Geldumlauf und die Wirtschaft begann sich zu erholen.

Arbeitsaufträge

1. Nenne Ursachen der Inflation.
2. Beschreibe den Verlauf der Inflation.
3. Erläutere die politischen, wirtschaftlichen und sozialen Folgen der Inflation für die Weimarer Republik.
4. Diskutiert in Partner- oder Gruppenarbeit aktuelle Beispiele von Inflation und wirtschaftlicher Krise und deren Auswirkungen auf das Leben der Menschen.

zu **1.**
Bedenke die Bedeutung des Begriffs „Inflation".

zu **3.**
Verwende eine Tabelle mit drei Spalten für die politischen, wirtschaftlichen und sozialen Folgen.

M1 *Der Reichsaußenminister Gustav Stresemann (1878–1929) erhielt 1926 gemeinsam mit seinem französischen Kollegen Aristide Briand für den Abschluss der Locarno-Verträge den Friedensnobelpreis.*

Die Jahre der Stabilisierung

Die deutsche Außenpolitik: Rapallo und Locarno

Am Rande einer in Genua tagenden Weltwirtschaftskonferenz unterzeichneten die einstigen Kriegsgegner Deutschland und Sowjetrussland im April 1922 den *Rapallo-Vertrag*, benannt nach dem italienischen Verhandlungsort. Die beiden Länder verzichteten darin wechselseitig auf Reparationen und Gebietsabtretungen, nahmen diplomatische Beziehungen auf und verbesserten die wirtschaftliche Zusammenarbeit.

Das Abkommen erregte bei Frankreich und Großbritannien einiges Misstrauen, denn Deutschland hatte in dem Vertrag das außenpolitisch isolierte kommunistische Sowjetrussland völkerrechtlich anerkannt.

Dem deutschen Außenminister Gustav Stresemann (DVP) gelang im Oktober 1925 mit den *Verträgen von Locarno* ein erster wichtiger Schritt zur Aussöhnung mit den früheren Kriegsgegnern im Westen. Vor dem Hintergrund der innenpolitischen Krisenjahre der Weimarer Republik nach 1919 hatte sich mittlerweile bei den Siegermächten Großbritannien und Frankreich die Erkenntnis durchgesetzt, dass ein stabilisiertes Deutschland in der Mitte Europas ihren Interessen dienlicher war, als ein von Unruhen und Putschversuchen geschütteltes Land.

Die Unterzeichnerstaaten des in Locarno (Schweiz) ausgehandelten Vertragswerkes, darunter Deutschland, Großbritannien, Frankreich, Italien und Belgien, bekannten sich zu Gewaltverzicht, Abrüstung, und zur friedlichen Regelung von Streitigkeiten. Wichtigster Inhalt war aber die Anerkennung der durch den Versailler Vertrag neu bestimmten Westgrenze Deutschlands mit Frankreich und Belgien durch die deutsche Seite. Ein vergleichbares Abkommen für die deutsche Ostgrenze kam jedoch nicht zustande.

Deutschland hatte sich damit den Weg in den Völkerbund geebnet. Die Verträge von Locarno spalteten jedoch gleichzeitig wie kaum ein zweites Vertragswerk die politische Öffentlichkeit in Deutschland.

Q1 *Auszug aus den Locarno-Verträgen, 1925:*

Anlage A, Art. 2:
Deutschland und Belgien und ebenso Deutschland und Frankreich verpflichten sich gegenseitig, in keinem Falle zu einem Angriff oder zu keinem Einfall oder zum Kriege gegeneinander zu schreiten. Diese Bestimmung findet jedoch keine Anwendung, wenn es sich handelt: 1. um die Ausübung des Rechts der Selbstverteidigung … 2. Um eine Aktion auf Grund des Artikels 16 der Völkerbundsatzung …

Nach: Handbuch der Verträge 1871–1964, S. 244 f.

M2 *Gegen die Verträge von Locarno gerichtetes Plakat der DNVP, 1928.*

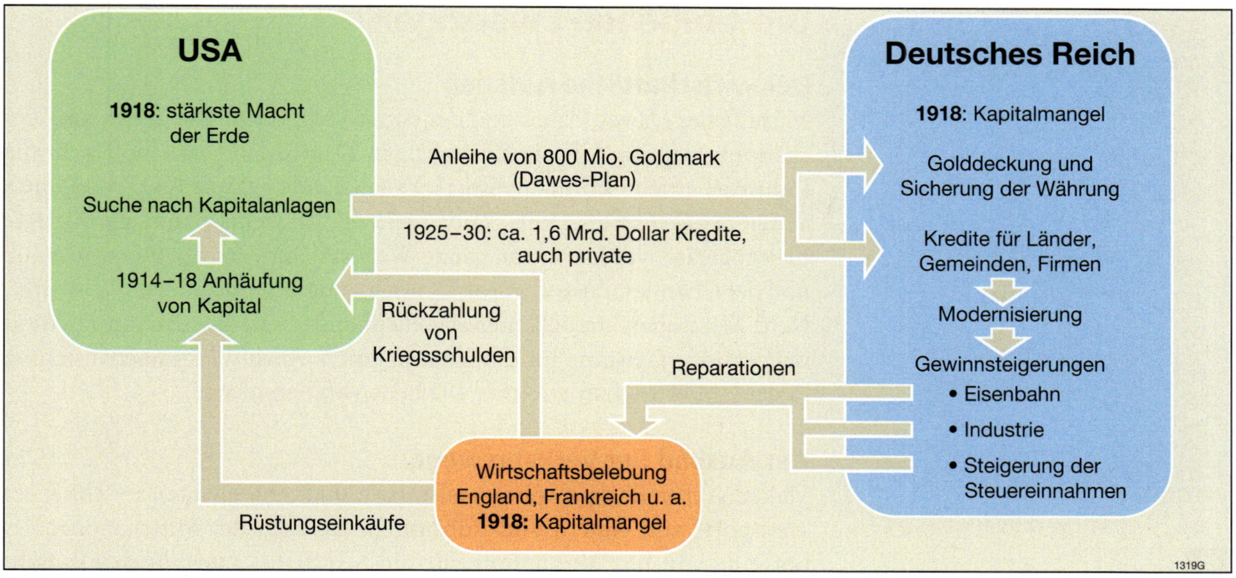

M3 *Schaubild zum Dawes-Plan.*

Der Dawes-Plan

Obwohl es in Deutschland mit der Rentenmark eine neue Währung gab, stieg die wirtschaftliche Leistungsfähigkeit nach der Inflation nur sehr langsam. Die Reparationen konnte Deutschland aber nur an die Siegermächte bezahlen, wenn die Wirtschaftskraft anstieg. Genauso sahen es die Sachverständigen der Reparationskommission.

Die USA benötigten außerdem Europa und insbesondere Deutschland als Absatzmarkt für ihre Wirtschaft. Der amerikanische Politiker Charles Gate Dawes entwickelte daher einen Darlehensplan, den *Dawes-Plan*, der nach ihm benannt wurde. Im Plan war vorgesehen, ein Darlehen von 800 Millionen Goldmark zu vergeben und die Wirtschaftseinheit Deutschlands wieder herzustellen. Der Plan sah ausländische Kontrollen der Geldgeber vor und beschnitt somit die Selbstständigkeit Deutschlands. Die deutsche Wirtschaft benötigte aber dringend das Geld. Vor allem Außenminister Stresemann setzte sich für das Zustandekommen des Planes ein und erreichte, dass der Reichstag dem Dawes-Plan zustimmte. Mit dessen Einführung und den damit verbundenen Krediten blühte die Wirtschaft auf und die Arbeitslosigkeit sank: Der Dawes-Plan brachte der Weimarer Republik bis 1928 die ersehnte politische Stabilität.

M4 *Paul von Hindenburg (1847–1934).*

Die Wahl zum Reichspräsidenten 1925

Nach dem Tode Eberts im Jahre 1925 wählte das Volk erstmals direkt den neuen Reichspräsidenten gemäß der Verfassung. Paul von Hindenburg entschied diese Wahl knapp für sich.

Arbeitsaufträge

1. Erläutere die wichtigsten Elemente des Rapallo-Vertrages von 1922 und der Locarno-Verträge von 1925.
2. Ordne beide Vertragswerke in den historischen Zusammenhang ein.
3. Arbeite Funktionsweise und Folgen des Dawes-Plans heraus (M3).
4. Bereitet eine Reichstagsdebatte zur Situation der Weimarer Republik zwischen 1922 und 1925 vor und führt diese durch.

zu **2.**
Bedenke die außenpolitische Lage Deutschlands nach Unterzeichnung des Versailler Vertrages.

Die Goldenen Zwanziger

Der wirtschaftliche Aufstieg

Mithilfe des Dawes-Planes und der damit verbundenen Stabilisierung der Währung begann sich die Wirtschaft in Deutschland zu erholen. In die Industriebetriebe wurde investiert. Es entstanden große Konzerne, unter anderem IG Farben, AEG und Siemens. In Deutschland produzierte Elektrogeräte wurden in die ganze Welt verkauft. In der Elektrotechnik und der Chemieindustrie wurde Deutschland führend auf dem Weltmarkt. Neue Maschinen ermöglichten die Fließbandarbeit, die Serienproduktion und enorme Gewinne für die Unternehmen. Auch die Industrialisierung in der Landwirtschaft erreichte 1929 das Vorkriegsniveau.

Der Ausbau der Verkehrswege

Verkehrsverbindungen wurden ausgebaut und ermöglichten so schnellere Transporte von Gütern und Rohstoffen. Der Bau des Mittellandkanales bot eine günstige Verbindung für die Schifffahrt quer durch Deutschland. Der Autoverkehr entwickelte sich. Die Serienproduktion in der Autoindustrie begann mit der Herstellung des Personenwagens, der den Spitznamen „Kommissbrot“ bekam. Der Bau von Ganzmetallflugzeugen beflügelte den Ausbau der Luftfahrt. *Luftschiffflüge* nach Amerika boten eine Alternative zur Schiffsreise.

i

Luftschiffe: So wurden Zeppeline genannt.
Eintänzer: Arbeitsloser, oftmals ehemaliger Offizier, der pro Tanz von Frauen bezahlt wurde und sich damit seinen Lebensunterhalt verdiente.

M1 *Personenwagen, genannt als „Kommissbrot“, weil es dem Kommissbrot in der Form glich.*

M2 *Der Flughafen Tempelhof in Berlin.*

Bildung, Wissenschaft und Kultur

Schon 1925 / 26 hatte die Republik für die Förderung der Volksbildung, für Kultur und Wissenschaft doppelt so viel ausgegebenen wie das Kaiserreich 1913 / 14. Für alle Kinder gab es fortan eine gemeinsame Grundschule. Bisher hatten die Gymnasien eigene Vorschulen. Jetzt sollte es gleiche Aufstiegsmöglichkeiten für alle geben. Volkshochschulen und Volksbühnen entstanden, um das Volk an Künste und Wissenschaften heranzuführen. In der Zeit von 1919 – 1927 erhielten neun deutsche Gelehrte wissenschaftliche Nobelpreise, unter anderem Albert Einstein.

Deutsche Dichter, Musiker, Maler und Bildhauer fanden für ihre Leistungen großes Ansehen in der Welt. Die jährlich stattfindenden Buchmessen in Leipzig waren ein Anziehungspunkt für viele nationale und internationale Verlage. Zeitungen, Zeitschriften und Illustrierte eroberten sich einen Platz im Leben der Menschen, denn sie informierten über das aktuelle Geschehen und die interessantesten Neuigkeiten der Gesellschaft.

(M3) *Radio, Lorenz 1924.*

(M4) *Der Stummfilm „Metropolis" (1927) von Fritz Lang war bis dahin der teuerste Film, der in Deutschland hergestellt wurde.*

Neue Medien entwickeln sich

Nach dem Ersten Weltkrieg konnte das Telefon als wichtiges Verständigungs- und Nachrichtenübertragungsmittel weiter ausgebaut werden. Die neuen technischen Errungenschaften ermöglichten es seitdem, nationale und internationale Telefongespräche zu führen. Zunächst diente es vor allem für geschäftliche Zwecke. Aber bald schon war das „Fräulein vom Amt", welches die Gespräche vermitteln musste, ein fester Begriff im Alltagsleben.

Schon um 1900 hatten Forscher damit begonnen, eine Technik zu entwickeln, um Schallwellen ohne Einsatz von Drähten zu übertragen und zu empfangen. Im Oktober 1923 strahlte der Rundfunk zum ersten Mal eine Unterhaltungssendung in Deutschland aus. Damit begann die Entwicklung des heutigen Massenmediums Radio. 1924 wurden neue Sender in den Großstädten Hamburg, München, Stuttgart und Frankfurt am Main eröffnet. In Leipzig kam es zur Gründung der mitteldeutschen Rundfunk AG. Im gleichen Jahr fand die erste Berliner Funkausstellung statt.

Der Film zieht die Menschen in seinen Bann

In den frühen 1920er Jahren entstanden in den Städten gewaltige Filmpaläste, in denen Spielfilme zunächst als Stummfilme zu erleben waren. Seit 1927 trat der Tonfilm seinen Siegeszug durch die Kinos an. Das Kino wurde zur Massenkultur. Zu dieser Zeit strömten fast zwei Millionen Deutsche täglich in die Kinos. Ein Jahrzehnt später gab es die ersten Farbfilme. 1929 existierten 3200 Kinos in Deutschland, allein 350 in der Hauptstadt Berlin. Charlie Chaplin und Marlene Dietrich entwickelten sich zu den ersten Weltstars in der Filmgeschichte. 1930 hatte sich die Technik so weit entwickelt, dass die erste vollelektronische Fernsehübertragung möglich geworden war.

Ein neues Lebensgefühl entsteht

Auch heute noch stößt man auf den Begriff „Goldene Zwanziger", der die Veränderung des Lebensgefühls nach dem Ersten Weltkrieg und den ersten Jahren der Weimarer Republik bezeichnet. Vor allem in den großen Städten entwickelte sich rasant eine Vergnügungsindustrie. Die Menschen wollten alles Versäumte nachholen. Immer mehr Tanzlokale, Revuetheater, neue Hotels, Kabaretts und vornehme Restaurants eröffneten. Varietées, Theater mit wechselnden unterhaltsamen Programmen, genossen große Beliebtheit und entstanden in einer Vielzahl.

Jazz, Tango und Charleston waren die Modetänze der damaligen Zeit. Der *Eintänzer* als Unterhalter für die Frauen war in Mode gekommen. Diese betonten ihr neues Selbstbewusstsein. Frauen prägten das neue kulturelle Leben in Berlin ebenso mit, z.B. Else Lasker-Schüler im romanischen Café oder die erfolgreiche Schriftstellerin Vicki Baum.

Arbeitsaufträge

1. Beschreibe das Leben in Deutschland in den 1920er Jahren.
2. Arbeite die wachsende Bedeutung der neuen Medien Radio und Film heraus.
3. Diskutiert in eurer Lerngruppe über die Verwendung des Begriffes „Goldene Zwanziger" anhand von euch ausgewählter Beispiele.

zu 2.
Bedenke die Reichweite der beiden Medien.

M1 *Plakat aus den 1920er Jahren, das zum Besuch von Varieté und Kabarett in das Berliner „Metropol" einlud.*

M2 *Marlene Dietrich (1901–1992) rauchend, im Frack und mit Zylinder in einer Szene aus dem, unter der Regie von Josef von Sternberg gedrehten, Kinofilm „Marokko" (USA 1930).*
Der in Berlin geborenen Schauspielerin gelang mit dem Film „Der blaue Engel" im Jahr 1929 der Durchbruch zum Filmstar. Bereits im Jahr darauf drehte sie ihren ersten Hollywood-Film.

Mode und Kunst

Berlin in den 1920er Jahren

Wer in dieser Zeit die Metropole Berlin besuchte und sich in das kulturelle Leben stürzte, spürte kaum etwas von der eben noch krisengeschüttelten Zeit. Auf dem Potsdamer Platz herrschte ein ständiges Verkehrsgewühl. So flüchtete der Besucher schnell in gepflegte Caféhäuser, um sich dort über die neueste Revue, das schillerndste Varieté, den Boxsieg von Max Schmeling oder die Weltumseglung des Luftschiffes „Graf Zeppelin" zu unterhalten. Die Nachricht davon hatte jeder in der „Berliner Illustrierten" gelesen oder bei einem Kinobesuch in der Wochenschau gesehen.

Diese neuen Medien verbreiteten auch den Zeitgeist und Modegeschmack der „Goldenen Zwanziger". Während eines Einkaufsbummels durch Berlin lockte schon auf den Litfasssäulen Reklame für Pelze, Parfüms und andere Luxusgüter. Männer in Nadelstreifenanzügen und breitkrempigen Hüten prägten das Straßenbild. Frauen in Seidenstrümpfen und ärmellosen Kleidern mit tief eingesetzter Taille, Federboa und langen Perlenketten füllten die Tanzsäle. Das neue Selbstbewusstsein der Frauen zeigte sich besonders daran, dass sie seit Marlene Dietrich Hosen trugen und in der Öffentlichkeit rauchten. Durch ihre Berufstätigkeit legten Frauen nicht nur in ihrer Kleidung das altertümliche Korsett ab.

Auch in Berlin wurde der Traum unbegrenzter Möglichkeiten so für eine kurze Weile scheinbar zur Wirklichkeit. Glänzende Fassaden verdeckten die Not und die Arbeitslosigkeit Hunderttausender Menschen in den Berliner Mietskasernen und deren Hinterhöfen.

M3 *Das Werbeplakat warb 1925 für „Das Parfüm dieses Winters".*

M4 *Stilelemente der Neuen Sachlichkeit enthält dieses 1920 entstandene Gemälde ohne Titel von George Grosz.*

Kunst in der Weimarer Republik

Auch in der Kunst brachten die gesellschaftlichen Veränderungen eine Befreiung von konservativen Zwängen. Künstler der *Neuen Sachlichkeit* thematisierten das Großstadtleben oder die Kluft zwischen Arm und Reich, zeigten dabei weniger Scham als bisher oder prangerten satirisch die Missstände in der Weimarer Gesellschaft an.

Das Bauhaus

Mit der Gründung des Staatlichen Bauhauses 1919 in Weimar schuf Walter Gropius eine Einheit von Kunst, Handwerk und Technik. Seine Forderung lautete: „Architekten, Bildhauer, Maler, alle müssen zum Handwerk zurück." Künstler wie Paul Klee, Wassily Kandinsky oder Ludwig Mies van der Rohe prägten den Bauhausstil.

Einfamilienhäuser, Wohnsiedlungen, Fabriken und vor allem Alltagsgegenstände wurden entworfen. Neben klaren, sachlichen Formen, frei von Schnörkeln und dem Stilmix des Kaiserreichs stand ihre Zweckmäßigkeit im Vordergrund. Moderne Materialien wie Glas, Beton und Stahl gehörten in die Produktpalette. Neu war die Erfindung von *Prototypen* für die billige Massenproduktion. In der Fotografie experimentierten die Künstler unter anderem mit Fotomontagen. Schrift und Grafik waren grell und gewagt. Reklame wurde mit einer gleichmäßigen und schnörkellosen Schrift gestaltet. Heute finden wir dies in der modernen Werbung wieder.

i

Prototyp: Urbild, Entwurfsmuster.

M5 *Tee-Extrakt-Kännchen der Bauhaus-Künstlerin Marianne Brandt, 1924.*

Arbeitsaufträge

1. Erstelle eine Übersicht zum Thema dieser Seite.
2. Erkläre, inwiefern deine Beispiele die gesellschaftlichen Veränderungen der Weimarer Republik widerspiegeln.
3. Charakterisiert anhand von M1 und M2 den neuen Typ Frau und Mann.
4. Gestaltet einen Unterhaltungsabend im Stil der 1920er Jahre mit Präsentationen zu Musik, Literatur und Mode.
5. Gestaltet eine Ausstellung zu Kunst und Architektur dieser Zeit.

zu **3.**

Bedenke den Zweck von Kleidung und Frisur.

zu **4.**

Hierzu könnt ihr z. B. Musikstücke, Gedichte von Bertolt Brecht, Erich Kästner oder Kurt Tucholsky sowie Leihkostüme dieser Zeit nutzen.

M1 *Werbeplakat für das Waschmittel Persil, 1907.*

i

Frauenvereine: 1865 Allgemeiner Deutscher Frauenverein, 1897 Internationaler Frauenbund.

M3 *Wahlplakat der SPD zu den Wahlen zur Nationalversammlung, 1919.*

M2 *Postkarte um die Jahrhundertwende.*

Die Emanzipation der Frau

Die Veränderung des Frauenbildes seit 1900

Als Marie Juchacz (SPD) am 14. Februar 1919 als erste Frau vor einem deutschen Parlament sprach, löste ihre Anwesenheit bei den männlichen Politikern noch Gelächter und Befremdung aus. Sie hatten sich noch nicht an das neue Frauenwahlrecht gewöhnt. Dabei war dies nach jahrzehntelangem Kampf von Frauenrechtlerinnen und der SPD endlich durchgesetzt worden. Auf diesem harten Weg entstanden neben bürgerlichen *Frauenvereinen* und -zeitschriften auch die Sozialistische Fraueninternationale und der Internationale Frauentag.

Lange vorbei die Zeit, als Frauen noch als politisch rechtlos und vom Ehemann sozial abhängig galten, Bildung und Berufswahl für sie stark eingeschränkt waren. Während Frauen aus der Unterschicht schon Mitte des 19. Jahrhunderts als Amme, Dienstmädchen, Waschfrau oder Heimarbeiterin zum Lebensunterhalt der Familie beitragen mussten, konnte eine Dame der bürgerlichen Mittel- und Oberschicht ohne Ehemann nur Gouvernante, Gesellschafterin oder Lehrerin werden.

Ab 1892 durften Mädchen an den preußischen Jungengymnasien die Reifeprüfung ablegen. Um 1900 gab es erste Gasthörerinnen an den dortigen Universitäten, wenn ihnen auch das Staatsexamen nach wie vor verweigert wurde.

Ab 1908 durften Frauen auch politischen Vereinen und Parteien beitreten, allerdings ohne aktiv wählen zu können. Am 19. Januar 1919 wurden 41 Frauen in die deutsche Nationalversammlung gewählt. Die meisten von ihnen gehörten zur Sozialdemokratie. Endlich hatte das Wahlrecht als Menschenrecht kein Geschlecht mehr.

Auch durch Frauen wie Helene Lange (1848 – 1930) und Clara Zetkin (1857 – 1933) hatte sich das Frauenbild in der Gesellschaft geändert und sich die Frauen mehr und mehr emanzipiert. Lange unterrichtete als Lehrerin in Berlin und gab die Zeitschrift „Die Frau“ heraus. 1918 gehörte sie zu den Mitbegründerinnen der DDP. Zetkin war eine führende Vertreterin der sozialistischen Frauenbewegung und von 1920 bis 1933 für die KPD Mitglied des Reichstags.

M4 *Werbeplakat für das Waschmittel Persil, 1926.*

Q1 *Die Historikerin Ute Frevert über die „neue Frau" der Weimarer Republik:*

Kein anderer Frauentypus erfuhr zwischen 1918 und 1933 so großes öffentliches Interesse wie die Angestellten, die vielen Zeitgenossen geradezu als Inbegriff Weimarer Modernität erschienen. Sie galten als Prototypen weiblicher Emanzipation, als Repräsentantinnen der „neuen Frau", die das Weimarer System wenn nicht aus der Taufe gehoben, so doch nach Kräften gefördert hatte. Selbstbewusst, materiell unabhängig, gepflegt, sportlich und sexuell „befreit" schwirrte diese neue Frau durch das Feuilleton, saß mit übergeschlagenen Beinen im Literatencafé und zog an ihrer Zigarettenspitze ... Diese Frauen symbolisierten die moderne Fortschrittlichkeit der Republik, ihre Urbanität und Technikbegeisterung, ihre Sachlichkeit und ihr demokratisches Profil. Zwei von drei weiblichen Angestellten lebten 1925 in Großstädten. Sie hatten, anders als ihre männlichen Kollegen, keine Scheu vor Schreib- und Rechenmaschinen und setzten der Rationalisierung des Dienstleistungssektors keinen Widerstand entgegen.

In: Neue Frauen. Die zwanziger Jahre, Berlin 1988, S. 25.

Frauen in der Weimarer Republik

Im Jahr 1907 kam das Waschmittel Persil der Firma Henkel auf den Markt und warb gezielt mit der Selbstständigkeit des Produktes. 1922 entstand dann die wichtigste Werbefigur dieses Waschmittels, die legendäre „Weiße Frau". Sie verkörperte den Typus der modernen, eleganten und selbstbewussten Frau, die von der Hausarbeit befreit wird. Auch wenn dies noch nicht der Realität entsprach, so doch dem Ideal der Frauen der Weimarer Republik. Für sie sollten Haushalt, Waschtag und Kindererziehung keine Probleme mehr darstellen. So tauchen in dieser Zeit auch in den Zeitschriften Frauen als Rechtsanwälte in Robe, als Motorradfahrerinnen und im neuen Statussymbol Automobil auf.

Die Lebenssituation der Frauen hatte sich durch den Ersten Weltkrieg tiefgründig verändert. Als Fabrikarbeiterinnen in den Munitionsfabriken hatten sie die Männer an den Fronten ersetzt und damit ihre soziale Stellung verbessert.

Das Frauenwahlrecht sicherte ihnen seit 1919 politisches Mitspracherecht zu. Insbesondere weibliche Angestellte im Büro übten qualifizierte Tätigkeiten aus. Dieses veränderte Selbstbewusstsein zeigten sie durch Bubikopf und Seidenstrümpfe. Im Haushalt erleichterten bald neue Geräte wie der Staubsauger die Arbeit.

Arbeitsaufträge

1. Zähle die Erfolge der Frauenbewegung bis 1919 auf.
2. Schildere die (angeblichen) Träume der Frauen in der Karikatur M2.
3. Erläutere anhand der Werbung das veränderte Frauenideal (M1, M3).
4. Vergleiche das in Q1 dargestellte Frauenbild der Weimarer Republik mit dem der Jahrhundertwende.
5. Formuliert zu zweit eine Chronik der Emanzipation.
6. Untersucht aktuelle Werbung und arbeitet die heutige Rolle der Frau in der Gesellschaft heraus.

zu 2.
Bedenke die Absicht des Karikaturisten.

zu 3.
Achte auf die dargestellte Situation und Äußerlichkeiten.

zu 5.
Geht auf die Zeit des 20. Jahrhunderts ein. Recherchiert im Internet.

Sozialpolitik und soziale Probleme

Der soziale Fortschritt

Der wirtschaftliche Aufstieg begünstigte soziale Verbesserungen. Die Sicherung des Arbeitsfriedens und der Ausbau der sozialen Fürsorge waren beachtenswerte Leistungen. Die Betriebe verkürzten die Arbeitszeit auf acht Stunden an sechs Tagen die Woche. Die Arbeitgeber erkannten die Gewerkschaften als Vertreter der Arbeitnehmer an. Sie handelten mit den Gewerkschaften allgemeine Tarifverträge aus. Schlichtungsstellen und Arbeitsgerichte sorgten für friedliche und gerechte Beilegung von Konflikten. 1927 führte der Staat die gesetzliche Arbeitslosenversicherung ein.

Die Fürsorge der Weimarer Republik

Der Staat leistete nach dem Ersten Weltkrieg für viele Arme Hilfe. Das waren 1,4 Millionen Kriegsverletzte, die nur noch zum Teil arbeiten konnten. Außerdem musste der Staat die Versorgung für 2,5 Millionen Witwen und Waisen übernehmen. Für über 300 000 Kleinrentner, deren mühsam gespartes Alterskapital in der Inflation zerflossen war, musste ebenfalls Geld zur Verfügung gestellt werden. Die Arbeiterschutzgesetze Bismarcks fanden eine entscheidende Fortführung in dem Ausbau der Sozial- und Krankenversicherung. Die Hilfe für werdende Mütter, für Säuglinge, Krüppel und andere Hilfsbedürftige hatte auch der Staat zu tragen. Die Sterblichkeit der Säuglinge und der Tuberkulosekranken sank durch die besseren Vorsorgemaßnahmen. Die Jugendfürsorge wurde ausgebaut und es entstanden Jugendherbergen, Sport- und Spielplätze.

Der „soziale" Wohnungsbau

Wichtig wurde die Schaffung neuen Wohnraumes für die Menschen. Viele Wohnviertel in unseren heutigen Städten stammen aus dieser Zeit. Statt der alten Mietskasernen planten die Architekten großzügiger und mit mehr Raum für die Natur. Gegen den Preiswucher im Wohnungsbau wurden Mieterschutzgesetze erlassen, welche die Mietpreise festsetzten und den Mietern Rechte zusicherten.

M1 *Beispiel für sozialen Wohnungsbau in Leipzig-Lößnig, „Rundling", heutiges Foto.*

M2 *Spielzeugschnitzerin.*

Die Vergessenen des sozialen Fortschrittes

Etwa 700 000 Heimarbeiter mit ihren Familien gehörten zu den Menschen, die nicht am sozialen Fortschritt teilhatten. Im Sommer 1930 berichtete der Schriftsteller Alexander Stenbock-Fermor über deren Leben.

Q1 *Spielzeugschnitzer und Holzarbeiter im sächsischen Erzgebirge:*

In den Wohnstuben sitzen die Alten und Jungen, Männer, Frauen und Kinder über den Holzsachen gebückt; sie schnitzen, leimen, malen, drechseln. ... Für diese kleinen Holzkunstwerke erhalten die Arbeiter 1 bis 10 Pfennig, je nach Größe. Der wöchentliche Durchschnittsverdienst während der Zeit der Arbeitsaufträge liegt um 16 Mark herum.

Nach: Stenbock-Fermor, Alexander: Deutschland von unten, S. 19–21.

M3 *In der Wohnung eines Korbflechters.*

Q2 *Korbflechter im Frankenland:*

Wir kommen in ein uraltes baufälliges Haus. In 7 dunklen Räumen wohnen 6 Familien in drückender Enge. Im oberen Stock treten wir in ein schmales Zimmer. Ein Bett nimmt fast die Hälfte des Raumes in Besitz. Im Bett liegt eine Frau. Im ersten Augenblick glaube ich: eine Leiche. Aber die Frau, die 35-jährige Frau eines Schanzenbinders, hat die Lungentuberkulose.
In dem Raum arbeitet der Mann vom frühen Morgen bis in die Nacht. Die Frau ist in keiner Krankenkasse und erhält nicht einen Pfennig Unterstützung. Der Mann verdient in der Woche 4 bis 5 Mark! ... Die Luft im Zimmer ist zum Erbrechen.

Nach: Stenbock-Fermor, Alexander: Deutschland von unten, S. 65–67.

M4 *Eine alte Frau transportiert Christbaumschmuck.*

Q3 *Glasbläser und Christbaumschmuckhersteller in Thüringen:*

Ich fahre nach Lauscha und in die Gegend der Glasbläser, der Christbaumschmuckindustrie. In Lauscha sind 4 Glashütten, sie liefern den Heimarbeitern die dünnen Glasröhren, aus denen Christbaumkugeln und Augen geblasen werden. Der Christbaumschmuck wird hauptsächlich nach Amerika versendet. Amerika liebt bunten Baumschmuck. Täglich werden 15 Stunden gearbeitet, auch der Sonntag muss herhalten. Bis spät in die Nacht zischen in allen Häusern die Gasflammen. Die alten Frauen schleppen täglich die Lieferkörbe mit den Christbaumschmuckschachteln zu den Verlegern, vier Stunden über die Berge. Verdienst pro Korb 1,80 Mark.

Nach: Stenbock-Fermor, Alexander: Deutschland von unten, S. 74–76.

Arbeitsaufträge

1. Skizziere die sozialen Maßnahmen der Weimarer Republik.
2. Beschreibe das Leben und die Probleme der Heimarbeiter (Q1–Q3).
3. Erörtert die Zusammenhänge zwischen sozialem Fortschritt und den Vergessenen dieser Zeit.

zu **1.**
Notiere dir die wichtigsten Stichpunkte.

Das Krisenjahr 1929

„Aufschwung mit gepumptem Geld"

Im Deutschen Reich hatte durch den Dawes-Plan eine Stabilisierung der wirtschaftlichen Verhältnisse eingesetzt. Die Menschen nahmen die „Goldenen Zwanziger" als positive Jahre wahr, in denen der einfache Mann, wenn er Arbeit hatte, sich einen gewissen Luxus ermöglichen konnte. Aber die Politiker sahen die wirtschaftliche Entwicklung des Landes mit großer Sorge. Der Aufschwung basierte auf Krediten, die vor allem aus den USA flossen. Keiner schien sich Gedanken darüber zu machen, was passieren würde, wenn die Kredite plötzlich zurückgezahlt werden müssten.

Q1 *Gustav Stresemann betrachtete die Entwicklung mit Sorge:*

... Ich möchte Sie bitten, bei Ihren Beurteilungen der wirtschaftlichen Lage Deutschlands und auch der anderen hiermit zusammenhängenden Fragen den Gedanken zugrunde zu legen, dass wir in Deutschland in den letzten Jahren von gepumptem Geld gelebt haben. Wenn einmal eine Krise bei uns kommt und die Amerikaner ihre kurzfristigen Kredite abrufen, dann ist der Bankrott da. Was wir an Steuern erheben, geht bis an die Grenze dessen, was ein Staat überhaupt tun kann. Ich weiß nicht, woher neue Steuern geholt werden können. Die Statistiken zeigen, ... wie viel fremdes Geld wir überhaupt aufgenommen haben, um uns aufrechtzuerhalten. Wir sind nicht nur militärisch entwaffnet, wir sind auch finanziell entwaffnet. Wir haben keinerlei eigene Mittel mehr ...

Nach: Stresemann, Gustav: Vermächtnis, Band III, S. 385.

Die Weltwirtschaftskrise

Im Oktober 1929 trat ein, was Stresemann befürchtet hatte. Die Überproduktion in der US-Wirtschaft führte zum Börsencrash. Dieser löste eine schwere Wirtschaftskrise aus. Zunächst hatte die Wirtschaft der USA geboomt. Plötzlich wurde die Nachfrage nach Gütern aus allen Bereichen der Produktion sehr gering. Die Unternehmen gerieten in Schwierigkeiten und es kam zu unkontrollierten Aktienverkäufen, weil jeder sein Geld sichern wollte. Da auch die Banken von den Aktieneinbrüchen nicht verschont blieben, begannen diese, ihre Gelder aus den Krediten zurückzufordern. Deutschland geriet in den Sog der tiefen Krise in den USA.

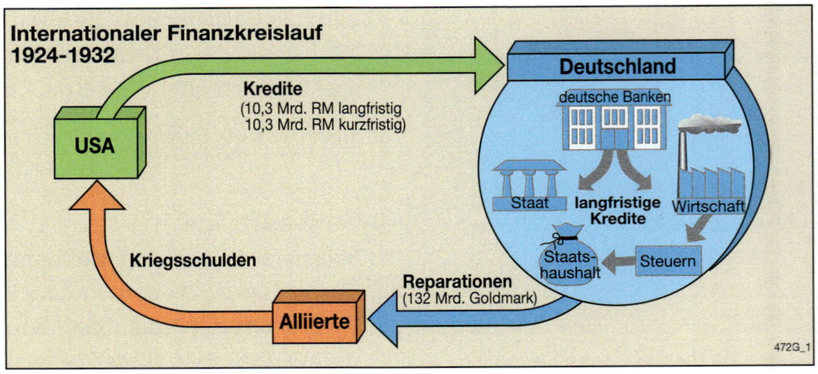

M1 *Der Kreislauf des Geldes.*

(M2) *Ein Berliner Hinterhof: Eine alte Frau näht Säcke und junge Arbeitslose stehen herum.*

(M3) *Arbeitssuchender Mann im Jahr 1930: „Ich suche Arbeit jeder Art!"*

zu **1.**
Betrachte das Schaubild aufmerksam. Beginne nun an einer Stelle (z. B. den USA) und formuliere das Dargestellte mit deinen eigenen Worten.

zu **2.**
Als Erstes wurde … Weiterhin bekamen die Betriebe …

Die Folgen der Weltwirtschaftskrise

In Deutschland wurde das Geld knapp. Die Unternehmer und Handwerker erhielten von den Banken keine Betriebsdarlehn mehr, um Maschinen und Rohstoffe zu kaufen. Sie verringerten ihre Produktion oder stellten diese ganz ein. Der Absatz der Waren ins Ausland begann überall zu stocken. Private wie auch staatliche Investitionen fielen vor allem im Bauwesen, das den Großteil der Arbeiter beschäftigte, weg. Jetzt waren die Arbeitgeber gezwungen, den Arbeitern und Angestellten zu kündigen.

Aufgrund fehlender Nachfrage und der weltweiten Überproduktion fielen die Preise für landwirtschaftliche Produkte. Viele Bauern konnten ihre Schulden nicht mehr bezahlen, sodass es zu zahlreichen Zwangsversteigerungen von Höfen kam.

Die Krise breitete sich weltweit aus. Die schlechte wirtschaftliche Lage setzte sich auch im Jahr 1930 fort. Die Zahl der Arbeitslosen wuchs weiter. Für Sozialleistungen (z. B. Arbeitslosengeld) musste der Staat ständig mehr Geld ausgeben.

Viele Menschen, die arbeitslos waren oder denen Arbeitslosigkeit drohte, schlossen sich den linken oder rechten Parteien an. Die Gegner der Weimarer Republik nutzten die Folgen der Weltwirtschaftskrise für ihre politischen Ziele aus.

Arbeitsvorschläge

1. Beschreibe den Kreislauf des Geldes im Schaubild M1.
2. Stelle die Weltwirtschaftskrise und deren Folgen in Deutschland dar.
3. Erörtert die Warnungen von Gustav Stresemann (Q1) vor dem Hintergrund der Lage der Weimarer Republik im Jahr 1929.

M1 *Moses Mendelssohn (1729–1786). Undatiertes Porträt.*

Längsschnitt

Emanzipation und Integration der Juden

Noch im Zeitalter der Aufklärung waren die *Juden* in Deutschland weder in die Gesellschaft eingegliedert noch formal gleichberechtigt.

Die jüdische Aufklärung

Der Philosoph Moses Mendelssohn war einer der Vordenker der jüdischen Aufklärung. Für ihn standen ein Leben nach jüdischen Traditionen und die Teilnahme an der europäischen Kultur nicht im Widerspruch. Durch die Übersetzung der *Hebräischen Bibel* ins Deutsche gelang es Moses Mendelssohn, die Gedanken der Aufklärung und der *Emanzipation* im Judentum zu verbreiten. Das Wirken von Mendelssohn führte die Juden aus ihrer Isolation heraus.

Juden im Kaiserreich

Der mit der Aufklärung und der Französischen Revolution einsetzende Emanzipationsprozess der Juden zog sich in Deutschland noch bis 1871 hin. Erst mit der Reichsverfassung des Deutschen Kaiserreichs erreichte die rechtliche Emanzipation der rund 512 000 Juden ihren formalen Abschluss.

Als gleichberechtigte Bürger arbeiteten sie überwiegend im Handwerk. Der Anteil der in Handel und Bankwesen beschäftigten Juden war sehr hoch, ebenso bei den Selbstständigen.

Das Streben nach Bildung und die Bereitschaft, Leistungen zu erbringen, zeichnete viele Juden aus. So gehörten jüdische Kaufleute und Unternehmer bald zur oberen Mittelklasse. Wenige schafften sogar den Aufstieg in die Oberschicht.

Doch mit der Wirtschaftskrise 1873 verschärften sich wieder die Anfeindungen gegen die Juden. *Antisemitische* Vereine und Parteien entstanden und kämpften gegen die angebliche jüdische Bedrohung.

Die Juden fühlten sich aber ihrer deutschen Heimat verpflichtet. 1914 war ihre Kriegsbegeisterung keine andere als die nichtjüdischer Landsleute. Viele Juden wurden aufgrund ihrer Tapferkeit mit dem Eisernen Kreuz ausgezeichnet. Trotz ihres Patriotismus und der geleisteten Kriegsdienste untersuchte das kaiserliche Kriegsministerium die Beteiligung der Juden am Frontdienst und verstärkte so die antisemitischen Vorurteile.

Q1 *Aufruf des Verbandes Deutscher Juden und des Centralvereins deutscher Staatsbürger jüdischen Glaubens am 1. August 1914:*

> An die deutschen Juden!
> In schicksalsschwerer Stunde ruft das Vaterland seine Söhne unter die Fahnen. Dass jeder deutsche Jude zu den Opfern an Gut und Blut bereit ist, die die Pflicht erheischt, ist selbstverständlich. Glaubensgenossen! Wir rufen Euch auf, über das Maß der Pflicht hinaus Eure Kräfte dem Vaterlande zu widmen! Eilet freiwillig zu den Fahnen! …
>
> Nach: http://www.dradio.de/.

i

Jude: Nach jüdischem Recht ist nur Jude, wer von einer jüdischen Mutter geboren wurde.
Hebräische Bibel: die heilige Schrift des Judentums. Sie wird von Christen als Altes Testament bezeichnet.
Emanzipation: politische Befreiung einer Gruppe, die z. B. wegen ihrer Religion unterdrückt und vom politischen Leben ausgeschlossen war.
Antisemitismus: gegen die Juden gerichtete Ideologie und organisierte Bewegung, die sich nicht mehr gegen die jüdische Religion richtete, sondern gegen die ethnisch-nationale Identität der Juden. Der Judenhass bekam eine rassische Begründung.
Die Kombination von Antisemitismus und scheinbar wissenschaftlicher Rassentheorie bildete den Kern der nationalsozialistischen Weltanschauung.

M2 *Antisemitisches Flugblatt zu den Wahlen zur Nationalversammlung. Berlin, 1919.*

Antisemitismus in der Weimarer Republik

Mit der Niederlage im Ersten Weltkrieg verstärkte sich der Antisemitismus in Deutschland. Rechtsgerichtete Organisationen machten die Juden für die deutsche Kapitulation, die revolutionären Unruhen und die wirtschaftliche Notlage verantwortlich.

Dennoch zeigte sich in den 1920er Jahren, dass die große Mehrheit der Juden erfolgreich in die deutsche Gesellschaft *integriert* war. So setzte sich z. B. die weltweit erfolgreiche Gesanggruppe „Comedian Harmonists“ je zur Hälfte aus Juden und Deutschen zusammen.

Wie in Kunst und Kultur zeigten Juden ebenfalls in der Wissenschaft in vielen Gebieten herausragende Leistungen. In der Weimarer Republik waren unter fünfzehn Nobelpreisträgern fünf deutsche Juden: Albert Einstein, James Franck, Gustav Hertz (alle drei Physik), Otto Meyerhof und Otto H. Warburg (Medizin).

Auch jüdische Abgeordnete und Minister engagierten sich für die junge Demokratie in Deutschland. Gegner der Republik sahen jedoch besonders in ihnen „Feinde des deutschen Volkes“. Jüdische Politiker verleumdeten die Antisemiten als „Bolschewisten“ und „Novemberverbrecher“. Anschläge und Morde, wie an dem ersten jüdischen Außenminister Walther Rathenau (siehe S. 190), erschütterten immer wieder die Republik.

Mit Ausbruch der Weltwirtschaftskrise im Jahr 1929 betrachteten immer mehr Deutsche jüdische Geschäftsleute, Ärzte oder Anwälte im Kampf um die eigene wirtschaftliche Existenz als verhasste Konkurrenten. Diese Radikalisierung des Antisemitismus fand ihren Höhepunkt in der antijüdischen Hetze der Nationalsozialisten.

i

Integration: Eingliederung, Herstellung eines Ganzen.

M3 *Die „Comedian Harmonists“ starteten Ende der 1920er Jahre eine Weltkarriere mit Plattenaufnahmen sowie Rundfunk- und Auslandsauftritten. Nach erzwungenen Konzertabsagen im Jahr 1933 erhielten sie 1934 in Deutschland Auftrittsverbot. 1935 löste sich die Gruppe auf und die jüdischen Sänger wanderten aus.*

Arbeitsaufträge

1. Schildere den Prozess der Emanzipation der Juden seit 1789.
2. Charakterisiere die gesellschaftliche Stellung der Juden in der Weimarer Republik.
3. Erläutere die Entwicklung des Antisemitismus seit Ende des 19. Jahrhunderts.
4. Sammelt weitere biographische Beispiele zum Antisemitismus in der Weimarer Republik.

zu **1.**
Moses Mendelssohn … 1871 … Die Juden fühlten … In der Weimarer Republik …

zu **3.**
Bedenke die Auswirkungen der Niederlage im Ersten Weltkrieg und der Weltwirtschaftskrise 1929.

Das Ende der Demokratie

Republik ohne Republikaner?

Nach dem Ausbruch der Weltwirtschaftskrise im Jahr 1929 wurde immer deutlicher, dass die Gegner der Republik erstarkten. Die Weltwirtschaftskrise belastete den mühsam aufgebauten Sozialstaat enorm. Sechs Millionen Menschen waren arbeitslos und auf Unterstützung angewiesen.

Die Republik in Gefahr

Seit 1930 war es nicht mehr gelungen, eine demokratisch legitimierte Regierung durch freie Wahlen zu bilden. Daher hatte Reichspräsident Hindenburg den Zentrumspolitiker Heinrich Brüning zum Reichskanzler ernannt. Brüning regierte fortan mithilfe der Notverordnungen, die der Reichspräsident gestützt auf Artikel 48 der Verfassung erließ, wurde aber zumindest teilweise von den Parteien im Reichstag unterstützt.

Das Ansehen der Republik und des Parlaments sank im Volk. Die Wahlkämpfe verschärften die Auseinandersetzungen zwischen den Parteien und ihren Mitgliedern. Immer häufiger musste die Polizei Wahlveranstaltungen der Parteien schützen. Es kam es zu heftigen Straßenkämpfen und wechselseitigem Terror zwischen Kommunisten und Nationalsozialisten mit vielen Toten und Verletzten.

Die gespaltene Arbeiterbewegung konnte sich nicht gegen die Feinde der Demokratie durchsetzen. Die Anhänger der SPD wollten die parlamentarische Demokratie erhalten. Die KPD strebte ein „Sowjetdeutschland" und die Weltrevolution an. Dabei übersahen die Anführer der Arbeiterbewegung, dass sie durch ihr Verhalten den gemeinsamen Feind, die NSDAP, stärkten. Währenddessen änderten sich die politischen Verhältnisse immer mehr zugunsten dieser Partei.

i

SA: Abkürzung für Sturmabteilung; eine Kampfgruppe der NSDAP.

Franz von Papen wird Reichskanzler

Obwohl der Reichspräsident immer mehr Notverordnungen erließ, gelang es ihm immer weniger, die innenpolitische Lage zu stabilisieren. Seine Politik war oft widersprüchlich. Hindenburgs konservative Berater versuchten, ihn in ihrem Sinne zu beeinflussen.

Reichspräsident Hindenburg setzte am 1. Juni 1932 Franz von Papen als neuen Reichskanzler ein. Papen konnte, vorbereitet noch von seinem Vorgänger Brüning, die Reparationszahlungen aus dem Ersten Weltkrieg durch einen Einmalbetrag ablösen.

Gleichzeitig hob Papen das, von Brüning im April 1932 zur Eindämmung der bürgerkriegsähnlichen Zustände erlassene, *SA-Verbot* wieder auf, um von den Mitgliedern der NSDAP toleriert zu werden.

Die Absetzung der demokratischen Regierung Preußens unter Führung der SPD und des Zentrums begründete Papen mit der Behauptung, die Ruhe und Ordnung im Reich sei gefährdet. Die Armee besetzte daraufhin die Ministerien, und alle demokratisch gewählten Beamten wurden entlassen. Da es dagegen kaum Widerstand gab, sahen selbst die Anhänger der Republik dies als Schwäche an, und der Unmut gegenüber der Republik wuchs. Die Weimarer Republik stand kurz vor dem Kollaps und der Ruf nach einem starken Mann an der Spitze der Regierung wurde immer lauter.

1930: 5 Notverordnungen

1932: 66 Notverordnungen

Beispiele:
18.7.1932
Die Reichsregierung erlässt ein Verbot von Demonstrationen unter freiem Himmel.
09.08.1932
Einrichtung von Sondergerichten und Festlegung, politische Morde zukünftig mit Todesurteil zu ahnden. Es dürfen keine Rechtsmittel eingelegt werden.
04.11.1932
Autodiebstahl wird mit hoher Gefängnisstrafe belegt. In Berlin werden täglich 10 Autos gestohlen.
28.12.1932
Die deutsche Margarineproduktion muss inländische Produkte benutzen.

M1 *Anzahl der Notverordnungen in den Jahren 1930–1932.*

Die Reichstagswahlen 1932

Das Ergebnis der Reichstagswahlen im Juli 1932 war, das KPD und NSDAP nun im Reichstag gemeinsam eine absolute Mehrheit besaßen: Extremisten von links und rechts beherrschten das Parlament. Eine gemeinsame Regierungsbildung zwischen diesen beiden Parteien kam jedoch nicht in Betracht, da ihre politischen Interessen absolut gegensätzlich waren. Der Reichstag war nicht mehr handlungsfähig.

Reichskanzler Papen entschloss sich daraufhin, Adolf Hitler ein Angebot für ein Regierungsbündnis zu machen, um eine handlungsfähige Regierung zu bilden. Er bot Hitler das Reichsernährungsministerium und das Auswärtige Amt an. Hitler lehnte ab, weil er und die NSDAP andere Ziele verfolgten. Am 13. August 1932 erschien Hitler beim Reichspräsidenten Hindenburg und forderte die Übertragung der Regierung auf die Nationalsozialisten. Hindenburg lehnte Hitlers Ansinnen jedoch ab.

Q1 *Die Antwort des Reichspräsidenten auf die Forderung Hitlers, ihn zum Reichskanzler zu machen:*

Er könne es vor Gott, seinem Gewissen und dem Vaterland nicht verantworten, einer Partei die gesamte Regierungsgewalt zu übertragen, noch dazu einer Partei, die einseitig gegen Andersdenkende eingestellt wäre.

Nach: Aufzeichnungen Staatssekretär Meißners, 13.8.1932; in: Vogelsang, Thilo: Reichswehr, Staat und NSDAP. S. 479 f.

M2 *Collage von John Heartfield „Der Reichstag wird eingesargt". 1932.*

zu 1.
Mit Beginn der … Seit 1930 … Die Arbeiterbewegung … Der Reichspräsident …

zu 2.
Nutze M3 auf S. 210 dieses Lehrbuches und bedenke die Folgen der Weltwirtschaftskrise.

Arbeitsvorschläge

1. Beschreibe die Situation in Deutschland im Jahr 1932.
2. Erläutere, weshalb die Wähler sich den radikalen Parteien zuwandten.
3. Erörtert die Rolle Hindenburgs in der Krise der Republik.
4. Interpretiere M2.

M1 *Wahlplakat der SPD, 1932.*

M2 *Wahlplakat des Zentrums, 1932.*

Die Radikalisierung der Politik

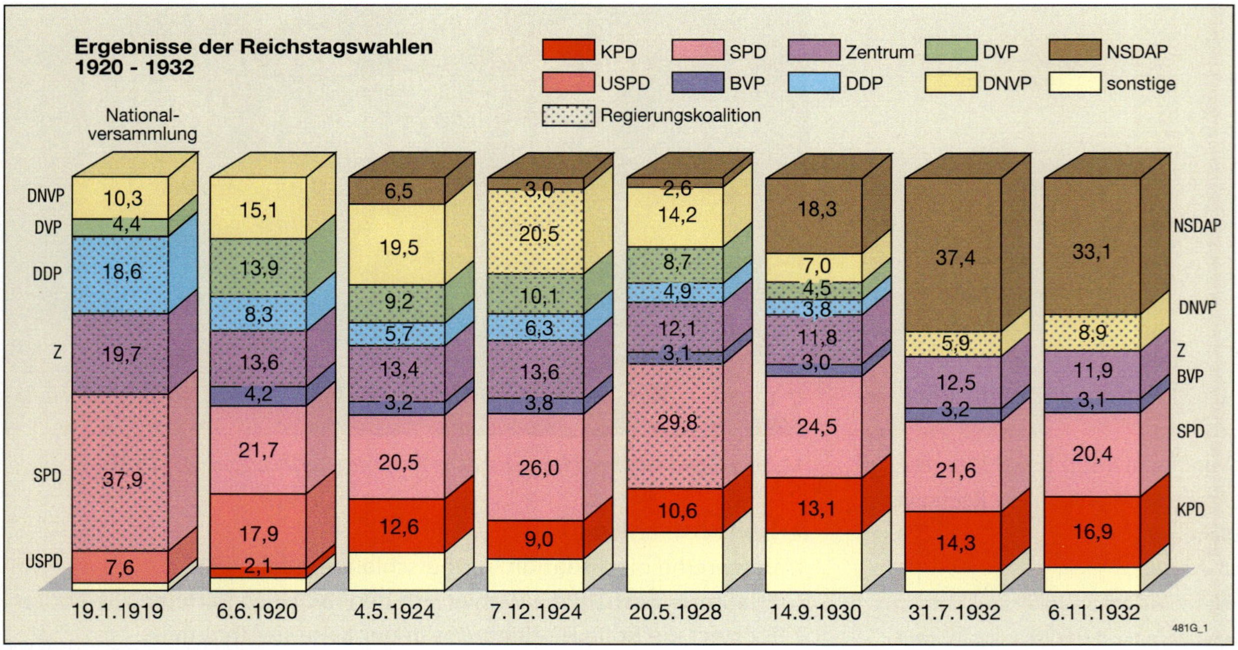

M3 *Ergebnisse der Reichstagswahlen 1920–1932.*

M4 *Wahlplakat der KPD, 1932.*

M5 *Wahlplakat der NSDAP, 1932.*

Arbeitsvorschläge

1. Betrachte die Wahlplakate und wähle das Plakat aus, das dich am stärksten anspricht. Begründe deine Wahl.
2. Analysiere die Wahlplakate.
   Wie stellen sich die Parteien selbst dar? Welche Sinnbilder, Farben oder Symbole werden verwendet? Welche Gegner der Parteien werden benannt?
3. Erläutere einen erkennbaren Zusammenhang zwischen Inhalt des Plakates und der Haltung der Parteien zur Weimarer Republik.
4. Heute verhindert eine Klausel die Möglichkeit, dass Parteien, die weniger als fünf Prozent der Stimmen erhalten, ins Parlament einziehen können. Sprecht in eurer Lerngruppe über Chancen und Risiken einer solchen Sperrklausel.
5. Werte die Wahlstatistiken mithilfe der nachfolgenden Fragen aus. Was wird in der Statistik erfasst? Über welchen Zeitraum sind die Daten erhoben wurden? Worauf beruhen die Zahlen? Wie wird das statistische Material dargestellt? Welche Informationen enthalten die erfassten Daten? Welche Entwicklung stellen die Daten dar? Welche weiteren Informationen sind noch hinzuzuziehen?
6. Setzt euch mit den in den Medien immer wiederkehrenden Vergleichen zwischen den sogenannten „Weimarer Verhältnissen" und gegenwärtigen Erscheinungen in Deutschland auseinander.

zu **3.**
Nutze hierzu die Ergebnisse deiner Lösung des Arbeitsauftrages 2. Trage anschließend Fakten zu den dargestellten Parteien zusammen. Suche nun Anknüpfungspunkte, Gemeinsamkeiten usw. heraus.

PROJEKT

Vereinsleben

Vereine prägen den Alltag der Menschen

Außerhalb deines Schulalltags triffst du dich gern mit Freunden im Fußballclub oder Musikverein. Auch deine Eltern verbringen ihre Freizeit oft mit Gleichgesinnten in der Freiwilligen Feuerwehr oder einem Kleingartenverein.

In der Weimarer Republik konnten die Menschen in ähnlichen Vereinen in Kleinstädten und Dörfern gemeinsamen Interessen nachgehen und in Gesellschaft sein. Zu diesen Vereinen gehörten z. B. Gesangsvereine, Radsportvereine, Vereine der bildenden Kunst oder Heimatvereine. Manche Vereine hatten sich überregional zusammengefunden und waren politisch geprägt wie der sozialdemokratische „Frauenverein 1890" oder der „Arbeiterturnverein 1896". Die Jahreszahlen weisen daraufhin, dass diese Vereine wie viele andere bereits im Kaiserreich entstanden waren.

In Mecklenburg und Pommern gründeten Lehrer, Kaufleute oder Handwerksmeister in Städten oft plattdeutsche Vereine. Auf dem Verbandstag 1914 zählte der „Plattdütsche Landesverband Meckelborg" bereits 2 056 Mitglieder. Massenwirksamer als das entsprechende Vereinsleben waren die niederdeutschen Bühnen, die sich später daraus entwickelten.

Nicht immer wurde das Vereinswesen von der Bevölkerung wohlwollend aufgenommen. Mehr und mehr aber wurden diese Vereine zu kulturellen Austauschplätzen für ganze Familien. Die Tradition dieser Freizeiteinrichtungen reicht bis in die heutige Zeit.

Q1 *Die Fahrordnung des Radfahrvereins Germania Schwerin legte 1895 fest:*

Das rasche Fahren in der Stadt, besonders um die Straßenecken, ist unstatthaft; ferner auch das Rauchen auf dem Rade. Entgegenkommenden Fuhrwerken, Fußgängern und Reitern wird stets ausgewichen, beim Überholen derselben wird links vorbeigefahren. Den geführten Pferden ist stets auf der Seite des Führers vorbeizufahren. Beim Treffen eines unruhigen Pferdes oder Vorbeifahren an einem solchen, soll nur auf Verlangen abgestiegen werden,… Der Fahrer hat die Pflicht, beim Vorbeifahren an Fuhrwerken, Reitern und Fußgängern, denselben so weit wie möglich auszubiegen, sowie stets rechtzeitig Signal mit der Glocke zu geben, Fußgängern gegenüber die größte Rücksicht zu nehmen und für den Fall, dass der Fahrer nicht ausweichen kann, in der freundlichsten Weise um Platz zu bitten …

In: Illustrierte Geschichte Mecklenburg-Vorpommerns, S. 281.

M1 *Bundesfest des Bundes Deutscher Radfahrer in Dresden, 1928.*

Arbeitsaufträge

1. Informiert euch in eurer Ortschronik über bestehende Vereine in der Zeit der Weimarer Republik, deren Zweck und Mitgliederzahlen.
2. Lest die Fahrordnung von 1895 und vergleicht diese mit heutigen Regeln im Straßenverkehr.
3. Recherchiert zur Geschichte eures Freizeitvereins und gestaltet im Vereinsgebäude eine Ausstellung.

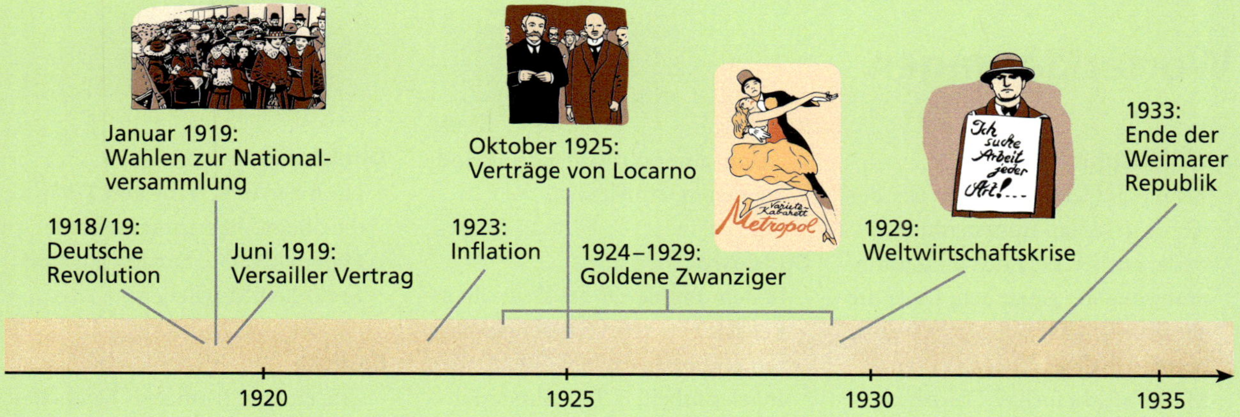

IN KÜRZE

Wichtige Begriffe:

Artikel 48
Bauhaus
Deutsche Revolution
Goldene Zwanziger
Inflation
Notverordnung
Rapallo-Vertrag
Reichspräsident
Reparationen
Versailler Vertrag
Verträge von Locarno
Weimarer Republik
Weimarer Verfassung

Der Verlauf des Ersten Weltkrieges war Ursache für den Ausbruch der *Deutschen Revolution* 1918/19. In deren Ergebnis entstand die *Weimarer Republik*. Die Wahlen im Januar 1919 zur *Nationalversammlung* legten den Grundstein für die Entstehung einer *parlamentarische Demokratie*. Mit dem Artikel 48 der *Weimarer Verfassung* erhielt der *Reichspräsident* große Machtbefugnisse. Von Anfang an hatte die Republik viele Feinde, die sich gegen eine demokratische Umgestaltung des Landes wandten. Deutschland unterzeichnete am 28. Juni 1919 den *Versailler Vertrag*.

Am Ende das Jahres 1923 erreichte die *Inflation* in Deutschland ihren Höhepunkt. Sie war eine Folge des Ersten Weltkrieges und der im Versailler Vertrag festgelegten *Reparationszahlungen*. Mithilfe einer neuen Währung und des *Dawes-Planes* aus den USA gelang es, von 1924–1929 die wirtschaftlichen und politischen Verhältnisse zu stabilisieren. Mit den *Verträgen von Locarno* akzeptierte Deutschland 1925 seine neue Westgrenze. Die *„Goldenen Zwanziger"* prägten ein neues Lebensgefühl bei den Menschen und brachten den wirtschaftlichen Aufschwung.

Als 1929 die *Weltwirtschaftskrise* ausbrach, wurde Deutschland mit in die Krise gezogen. Die Lebensbedingungen verschlechterten sich. Das nutzten die Feinde der Demokratie in der Weimarer Republik zu ihren Gunsten. Linke und rechte Extremisten versuchten die Wähler zu beeinflussen und ihre Positionen auszubauen. Dadurch wurde der Reichstag politisch handlungsunfähig. Das Ende der Weimarer Republik stand bevor.

Worterklärungen

Absolutismus
Bei dieser Herrschaftsform war der König in seinen Entscheidungen weder an Gesetze noch die Zustimmung anderer gebunden. Da er die absolute (losgelöste) Macht besaß, bestand die Gefahr, dass er seine Macht missbrauchte. Der Absolutismus war im 17. und 18. Jh. in fast allen europäischen Staaten die Herrschaftsform.

Antisemitismus
Abneigung oder Feindseligkeit gegenüber Juden. Bezeichnung für völkisch-rassistische Anschauungen, die sich auf soziale, religiöse und ethnische Vorurteile stützen. Derartige Vorstellungen spielten eine zentrale Rolle in der Ideologie der Nationalsozialisten.

Aufklärung
Geistesgeschichtliche Epoche im Europa des 17. und 18. Jh. Ziel der Aufklärer war es, das Zusammenleben der Menschen durch die Vernunft und ohne Vorurteile neu zu regeln.

Bolschewiki, Bolschewismus
(russ. = Mehrheitler) Bezeichnung für die radikalen Anhänger Wladimir Iljitsch Lenins, die seiner revolutionären Taktik auf einem Parteitag 1903 zustimmten.

Bürger
Ursprünglich die Bewohner eines Ortes im Schutz einer Burg. Später die freien Einwohner der mittelalterlichen Städte. Bis zum Absolutismus waren alle Bürgerinnen und Bürger Untertanen des jeweiligen Landesherrn. Während der Französischen Revolution stritten die Menschen darum, dass alle Menschen von Geburt an Bürgerrechte, also politische Rechte und Freiheiten, erhielten.

Bundesrat
In dem Bundesrat des Deutschen Reiches berieten Vertreter der einzelnen Bundesstaaten über Reichsangelegenheiten. Der Bundesrat der Bundesrepublik Deutschland ist die Vertretung der Bundesländer auf Bundesebene.

Burschenschaft
Studentische Verbindung. 1815 entstand in Jena die erste Burschen schaft. Burschenschaften wurden rasch zu einer Bewegung an allen deutschen Universitäten.

Dekret
Verordnung mit Gesetzeskraft.

Demokratie
(griech. = Volksherrschaft) Staatsform, die von der Gleichheit und Freiheit aller Menschen ausgeht und in der die Bürgerinnen und Bürger die Regierung wählen bzw. abwählen.

Deutsches Kaiserreich
Das mittelalterliche Kaiserreich erlosch im Jahr 1806. Das Deutsche Kaiserreich wurde nach dem Krieg gegen Frankreich 1871 im Spiegelsaal des Schlosses von Versailles ausgerufen und endete 1918.

Diktatur
Herrschaft einer einzelnen Person (eines Diktators) oder einer kleinen Gruppe, die die gesetzgebende, ausführende und richterliche Gewalt eines Staates vereint und vom Volk nicht kontrolliert werden kann. Die Folge ist eine weitgehende Rechtlosigkeit der Bürgerinnen und Bürger.

Direktorium
Nach der Verfassung von 1795 die oberste Regierungsbehörde Frankreichs. Sie bestand aus fünf gewählten Mitgliedern.

Entente
(frz. entente cordiale = herzliches Einvernehmen) Bündnis, das Großbritannien und Frankreich 1904 schlossen und das 1907 durch Russland erweitert wurde. Im Ersten Weltkrieg Kriegsgegner der Mittelmächte.

Dolchstoßlegende
Nach dem Ersten Weltkrieg von deutschen Nationalisten verbreitete Behauptung, dass nicht das Militär und die kaiserliche Führung für Deutschlands Niederlage verantwortlich seien, sondern Sozialisten und demokratische Politiker. Diese Propaganda diente nationalistischen und antidemokratischen Kräften zur Diffamierung der Weimarer Republik.

Emanzipation
In der Aufklärung wurzelnde Bewegung, welche die rechtliche und gesellschaftliche Gleichstellung aller Bürger anstrebte. Dazu zählen Bauernbefreiung, Judenemanzipation oder Frauenbewegung.

Fabrik
Arbeiter stellen in Fabriken mit Maschinen meist in kleinen Arbeitsschritten Waren her. Fabriken entstanden in Deutschland im 19. Jh. im Laufe der Industrialisierung.

Flugschrift
Bald nach der Erfindung des Buchdrucks in der Mitte des 15. Jh. wurden einzelne Blätter oder kleine

Broschüren mit politischen Forderungen gedruckt. Diese „fliegenden Blätter“ ließen sich schnell verbreiten. Ziel war es, viele Menschen über Missstände oder politische Forderungen zu informieren.

Generalstände
Versammlung der gewählten Vertreter der drei Stände in Frankreich (Geistlichkeit, Adel sowie Bürger und Bauern).

Gewaltenteilung
Gewaltenteilung bezeichnet die Aufteilung der Staatsgewalt in die gesetzgebende, vollziehende und Recht sprechende Gewalt (Legislative, Exekutive, Judikative). Diese Teilung ist das Grundprinzip einer demokratischen Ordnung.

Gewerkschaft
Zusammenschluss von Arbeitnehmern, um gemeinsame Interessen wie Lohnerhöhungen oder bessere Arbeitszeiten gegenüber den Arbeitgebern durchzusetzen.

Gottesgnadentum
Dem mittelalterlichen Herrschertitel wurde meist die Formel „von Gottes Gnaden“ beigefügt. Ursprünglich drückte sie die Abhängigkeit des Fürsten von Gott aus. Im Absolutismus wurde daraus der Machtanspruch des Herrschers, sich keiner irdischen Gewalt zu unterstellen.

Imperialismus
Das Streben eines Staates, seine Herrschaft auf andere Länder und Völker auszudehnen. Als Epoche des Imperialismus gilt besonders die Zeit von 1880–1914, in der die (europäischen) Großmächte ihre Kolonialreiche ausbauten und die Welt in Einflusssphären aufteilten.

Industrielle Revolution
Wirtschaftlicher und gesellschaftlicher Umwälzungsprozess, ausgelöst durch die um 1760 in England einsetzende Industrialisierung. Sie erreichte um 1840 Deutschland und breitete sich später weltweit aus. Der Einsatz von Maschinen, zog neue industrielle Produktionsweisen nach sich (Massenfabrikation, Arbeitsteilung, Fabriken).

Inflation
Geldentwertung, die eine Erhöhung der Preise zur Folge hat. Deutschland erlebte 1923 die schlimmste Inflation.

Kapitalismus
Wirtschaftssystem, bei dem das Kapital unternehmerisch eingesetzt wird, um hohe Gewinne zu erzielen. Angebot und Nachfrage bestimmen den Verkaufspreis, der Staat enthält sich jeder Einflussnahme.

König
Nach dem Kaiser Träger der höchsten monarchischen Würde.

Kolonialismus
Eroberung zumeist überseeischer Gebiete durch einen militärisch überlegenen Staat.

Kommunismus
Von Karl Marx und Friedrich Engels begründete Lehre, die die Vorstellung einer klassenlosen Gesellschaft ohne soziale Unterschiede enthält. In ihr ist das Privateigentum abgeschafft und die Produktionsmittel sind in Gemeineigentum überführt worden.

Kulturkampf
Die von Reichskanzler Otto von Bismarck geführte Auseinandersetzung zwischen dem preußischen Staat und der katholischen Kirche 1871–1887.

Kriegsschuldfrage
Die Frage nach der Verantwortung für den Ausbruch des Ersten Weltkriegs. Sie erhielt politische Bedeutung durch Artikel 231 des Versailler Vertrags, der Deutschland die alleinige Kriegsschuld aufbürdete. Die Kriegsschuldfrage ist in der Geschichtswissenschaft nach wie vor umstritten.

Landflucht
Landflucht heißt das massenhafte Umziehen der Landbevölkerung in die Städte. Gründe können geringe Verdienstmöglichkeiten auf dem Land und gute Verdienstmöglichkeiten in den Städten sein.

Leibeigenschaft
Persönliche Herrschaft eines Adligen über einen Bauern.

Liberalismus
Politische Bewegung, die im 19. Jh. Bedeutung erlangte. Im Zentrum steht das Recht des Einzelnen auf freie Entfaltung gegenüber staatlicher Bevormundung. Der wirtschaftliche Liberalismus fordert einen freien Wettbewerb ohne staatliche Eingriffe und Zollschranken.

Manufaktur
Manufakturen waren gewerbliche Großbetriebe in der Zeit des Absolutismus und die Vorläufer der Fabriken. Hier stellten Menschen in arbeitsteiliger Handarbeit Waren wie Kleidung oder Porzellan her. Jeder Handwerker führte einen einzelnen Arbeitsschritt in der Kette vom Rohstoff zum fertigen Produkt aus.

Marxismus
Bezeichnung für die von Karl Marx und Friedrich Engels im 19. Jh. begründete Theorie des wissenschaftlichen Sozialismus.

Menschenrechte
Zu den Menschenrechten gehören z. B. das Recht auf Leben, auf Freiheit, auf körperliche Unversehrtheit, auf freie Meinungsäußerung oder freie Religionsausübung. Die Menschenrechte sollen die Menschen und ihre Würde vor Übergriffen des Staates schützen. Viele Staaten schreiben die Menschenrechte in ihrer Verfassung fest.

Mittelmächte
Die im Ersten Weltkrieg verbündeten Staaten Deutsches Reich und Österreich-Ungarn, später auch die hinzugetretenen Verbündeten Osmanisches Reich und Bulgarien.

Monarchie
(griech. = Alleinherrschaft) Staatsform mit einem König/einer Königin an der Spitze, dessen/deren Herrschaftsanspruch durch seine Herkunft begründet wird.

Nation
Nation hat zwei Bedeutungen: Sie bezeichnet Menschen, die in einem gemeinsamen Staat leben (Staatsnation) oder Menschen, die die gleiche Sprache sprechen, Kultur haben usw. (Kulturnation).

Nationalismus
Meist negativ besetzter Begriff für ein übersteigertes Nationalgefühl und die Überbewertung der eigenen Nation.

Nationalversammlung
Gewählte Volksvertretung einer Nation, die vor allem zur Ausarbeitung einer Verfassung zusammentritt. So z. B. die französische Nationalversammlung 1789–1792 oder die Frankfurter Nationalversammlung 1848–1849.

Notverordnung
Durch Artikel 48 der Weimarer Verfassung war der Reichspräsident ermächtigt, gesetzesvertretende Verordnungen zu erlassen, welche die Grundrechte völlig oder teilweise außer Kraft setzten. Der Artikel 48 verlieh dem Reichspräsidenten faktisch diktatorische Vollmachten. In der Endphase der Weimarer Republik (1930–1933) wurden Notverordnungen zum eigentlichen Regierungsinstrument.

Novemberrevolution
Im November 1918 in Deutschland ausgebrochene Aufstände, die zum Ende der Monarchie führten und den Übergang zur parlamentarischen Demokratie einleiteten.

Panslawismus
Bestrebungen nach einem Zusammenschluss aller Slawen. Die Bewegung gewann seit 1848 an Kraft. Zugleich erhob Russland einen Führungsanspruch innerhalb der slawischen Völker. Der Panslawismus führte zu starken Spannungen mit Österreich-Ungarn, dessen Staatsgebiet viele slawische Bevölkerungsteile umfasste.

Papst
Der Papst ist das Oberhaupt der katholischen Kirche und der Bischof von Rom. Er ist verantwortlich für die Leitung der katholischen Kirche und für ihre Lehre.

Parlament
Versammlung von Volksvertretern. Parlamente wirken an der Gesetzgebung mit, beschließen den Staatshaushalt und kontrollieren Regierung und Verwaltung.

Partei
Organisierter Zusammenschluss politisch gleichgesinnter Bürger, die Einfluss auf die Gestaltung des Staats nehmen wollen. Aus lockeren Vereinigungen angesehener Persönlichkeiten zu Anfang des 19. Jh. entwickelten sich die modernen Parteien mit einer großen Zahl an Mitgliedern.

Privilegien
Sonderrechte bestimmter Personengruppen oder Stände, zum Beispiel des Adels oder des Klerus. Sie wurden vom Herrscher verliehen und bestanden z. B. in der Befreiung von Steuern.

Proletariat
Im 19. Jh. durch Karl Marx geprägter Begriff für die besitzlosen und abhängigen Lohnarbeiter.

Räterepublik
Gewählte Delegierte bilden einen Rat, der alle Entscheidungsbefugnisse besitzt und ausführende, gesetzgebende und richterliche Gewalt in seiner Hand vereinigt. Die Gewaltenteilung ist damit aufgehoben. Die Räte sind ihrer Wählerschaft direkt verantwortlich und jederzeit abwählbar.

Reform
Schrittweise, planmäßige Umgestaltung und Verbesserung bestehender Zustände.

Reichskanzler
Der Reichskanzler leitete im Deutschen Kaiserreich und in der Weimarer Republik die Reichsregierung. War der Reichskanzler 1871–1918 nur dem Kaiser verantwortlich, stützte er sich seit 1919 auf die parlamentarische Mehrheit im Reichstag.

Reichstag
Parlament des Deutschen Kaiserreiches und der Weimarer Republik. Im Reichstagsgebäude in Berlin tagt heute der Bundestag der Bundesrepublik Deutschland.

Reparationen
Alle Leistungen, die einem besiegten Staat auferlegt werden, um die Kriegsschäden des Siegerstaates zu beheben. Hierzu zählen Geld-, Sach- oder Dienstleistungen.

Republik
Staatsform mit einem auf Zeit gewählten (nicht erblichen) Staatsoberhaupt. Ein weiteres Kennzeichen ist die Gewaltenteilung.

Restauration
Das Bemühen, frühere Zustände wiederherzustellen. Der Begriff wird auf die Epoche von 1815 bis 1848 angewandt, in der die politische Ordnung aus der Zeit vor der Französischen Revolution wiederhergestellt werden sollte.

Revolution
Gewaltsamer Umsturz der bestehenden Ordnung, der zu tiefgreifenden politischen und gesellschaftlichen Veränderungen führt.

Siegermächte
Zu den Siegermächten des Ersten Weltkriegs auf Seiten der Entente gehörten u. a. Frankreich, Großbritannien, die USA und Italien.

Sklave
Unfreier, der keine Rechte hat. Sklaven wurden als Eigentum ihres Besitzers behandelt und daher nach Belieben verkauft oder vermietet. Mit dem Kolonialismus wuchs die Sklaverei sprunghaft an und endete erst im 19./20. Jh.

Sowjet
(russ. = Rat) In der russischen Oktoberrevolution 1917 bildeten sich spontane Arbeiter-, Soldaten- und Bauernräte, die unter den Einfluss der von Lenin angeführten Bolschewiki gerieten.

Soziale Frage
Bezeichnung für die ungelösten Probleme der Arbeiter im 19. Jahrhundert, die durch die Industrialisierung entstanden. Hierzu zählten: niedrige Löhne, hohe Arbeitslosigkeit, lange Arbeitszeiten, schlechte Arbeitsbedingungen, fehlender Versicherungsschutz oder menschenunwürdige Wohnverhältnisse.

Sozialismus
Im 19. Jh. entstandene politische Bewegung, die bestehende gesellschaftliche Verhältnisse mit dem Ziel sozialer Gleichheit und Gerechtigkeit verändern will.

Stand
Abgeschlossene soziale Gruppe in einem hierarchischen Gesellschaftssystem (Klerus, Adel, einfaches Volk wie Bürger, Handwerker und Bauern).

Stellungskrieg
Der anfängliche Bewegungskrieg im Ersten Weltkrieg erstarrte insbesondere an der Westfront rasch zu einem Stellungskrieg, bei dem sich die gegnerischen Armeen in stark befestigten Schützengräben gegenüberlagen, so dass Geländegewinne kaum noch möglich waren.

Streik
Die planmäßige Niederlegung der Arbeit durch eine größere Zahl von Arbeitnehmern, um höhere Löhne oder bessere Arbeitsbedingungen vom Unternehmer zu erzwingen. In Deutschland waren Streiks bis 1918 verboten und strafbar.

Terror
(lat. = Schrecken) Gewalttätige Form des politischen Machtkampfs, um jeden Widerstand durch Furcht zu ersticken.

Unternehmer
Wer einen Gewerbebetrieb leitet und vertritt, wird als Unternehmer bezeichnet. Seit der Industriellen Revolution erlangten diese als Leiter der entstehenden Industriebetriebe zunehmende Bedeutung.

Verfassung
Die politische Grundordnung eines Staates, die alle Regelungen über die Staatsform, die Herrschaftsausübung und die Bildung und Aufgaben der Staatsorgane enthält.

Versailler Vertrag
Von den Siegermächten dem Deutschen Reich aufgezwungener Friedensvertrag nach dem Ersten Weltkrieg. Viele Deutsche betrachteten den Versailler Vertrag als „Dikatfrieden".

Völkerbund
Internationale Einrichtung, die nach den Vorstellungen des US-Präsidenten Woodrow Wilson 1920 gegründet wurde. Er sollte künftig den Weltfrieden sichern und Sanktionen gegen Kriegstreiber verhängen.

Weimarer Republik
Bezeichnung der ersten deutschen Republik 1919–1933, die nach dem Tagungsort Weimar der verfassungsgebenden Nationalversammlung 1919 benannt ist.

Weltwirtschaftskrise
Ende der 1920er Jahre verschlechterte sich die Wirtschaftslage in den USA. Dies führte am 24. Oktober 1929 („Schwarzer Freitag") zu einem Kurssturz an der New Yorker Börse, der eine weltweite Wirtschaftskrise auslöste und auch Deutschland erfasste.

Zar
Titel des russischen Monarchen.

Register

Textquellen

10 Q1: Geschichte in Quellen. Bd. 3: Renaissance, Glaubenskämpfe, Absolutismus, München [2]1976, S. 357.
12 Q1: Geschichte in Quellen. Bd. 3: Renaissance, Glaubenskämpfe, Absolutismus, München [2]1976, S. 703 ff.
15 Q1: Geschichte in Quellen. Bd. 4: Amerikanische und Französische Revolution, München 1981, S. 93 f.
15 Q2: Geschichte in Quellen. Bd. 4: Amerikanische und Französische Revolution, München 1981, S. 93.
17 Q1: Nach: http://usa.usembassy.de/regierungverfassung.htm (Stand: 21.10.2009)
19 Q1: Tocqueville, Alexis de: Der alte Staat und die Revolution, München 1978, S. 229 ff.
21 Q1: Geschichte in Quellen. Bd. 4: Amerikanische und Französische Revolution, München 1981, S. 177 f.
23 Q1: Histoire parlementaire de la Révolution française, Bd. 2, Paris 1834, S. 24 f.
24 Q1: Quellen zur Geschichte der Neuesten Zeit, Zürich 1966, S. 12 ff.
25 Q2: Burmeister, Karl Heinz: Olympe de Gouges. Die Rechte der Frau 1791, Bern 1999.
26 Q1: Nationalhymnen. Texte und Melodien, Stuttgart [8]1998, S. 48.
27 Q2: Hartig, Irmgard und Paul: Die Französische Revolution, Stuttgart 1980, S. 75.
27 Q3: Paschold, Chris E. u. a.: Die Französische Revolution, Stuttgart 1989, S. 262.
28 Q1: Schmid, Heinz Dieter: Fragen an die Geschichte, Bd. 3, Frankfurt a. M. 1976, S. 144.
34 Q1: Kircheisen, Friedrich M.: Gespräche Napoleons, Stuttgart 1912, S. 63.
35 Q2: Geschichte in Quellen. Bd. 4: Amerikanische und Französische Revolution, München 1981, S. 549 f.
36 Q1: Geschichte in Quellen. Bd. 4: Amerikanische und Französische Revolution, München 1981, S. 550 f.
37 Q2: Geschichte in Quellen. Bd. 4: Amerikanische und Französische Revolution, München 1981, S. 591.
38 Q1: Deutsche Geschichte in Quellen und Darstellung. Bd. 6: Von der Französischen Revolution bis zum Wiener Kongress 1789 – 1815, Stuttgart 1995, S. 87 f.
39 Q2: http://www.lwl.org/steinmobil/pdf/baustein2/m205_staedteordnung_1808.pdf (Stand: 21.10.2009)
42 Q1: Eggs, Ekkehard / Fischer, Hubertus (Hg.): Napoleon. Europäische Spiegelungen in Mythos, Geschichte und Karikatur, Frankfurt a. M. 1986, S. 98.
42 Q2: Kleßmann, Eckart (Hg.): Die Befreiungskriege in Augenzeugenberichten, München 1973, S. 28.
47 Q1: Karge, Wolf / Stutz, Reno: Illustrierte Geschichte Mecklenburg-Vorpommerns, Rostock 2008, S. 201.
47 Q2: Karge, Wolf / Stutz, Reno: Illustrierte Geschichte Mecklenburg-Vorpommerns, Rostock 2008, S. 201.
50 Q1: Zweig, Stefan: Marie Antoinette. Bildnis eines mittleren Charakters, Frankfurt a. M. 1990, S. 124 f.
55 Q1: Eichendorff, Joseph von: Mondnacht; in: Das deutsche Gedicht vom Mittelalter bis zum 20. Jahrhundert, Auswahl von Edgar Hederer, Frankfurt a. M. 1999, S. 296.
57 Q1: Geschichte in Quellen. Bd. 5: Das bürgerliche Zeitalter 1815 – 1914, München 1980, S. 86 f.
58 Q1: http://de.wikipedia.org/wiki/Die_Gedanken_sind_frei (Stand: 21.10.2009)
59 Q2: Krieger, Herbert u. a. (Hg.): Materialien für den Geschichtsunterricht, Bd. 4, Frankfurt a. M. 1972, S. 263.
60 Q1: Salin, Eduard u. a. (Hg.): Friedrich List. Schriften, Reden und Briefe, Bd. 5, Berlin 1927 – 1935, S. 50.
62 Q1: Schurz, Carl: Lebenserinnerungen, Bd. 1, Berlin 1906, S. 123 f.
63 Q2: Geschichte in Quellen. Bd. 5: Das bürgerliche Zeitalter 1815 – 1914, München 1980, S. 153.
63 Q3: Geschichte in Quellen. Bd. 5: Das bürgerliche Zeitalter 1815 – 1914, München 1980, S. 154.
66 Q1: Mühleisen, Hans-Otto: Geschichte der Grundrechte; in: Informationen zur politischen Bildung, Heft 239, Bonn 1993, S. 9.
66 Q2: Ranke, Leopold von: Briefwechsel Wilhelm IV. mit Bunsen, Leipzig 1873, S. 233 f.
67 Q3: Görtemaker, Manfred: Deutschland im 19. Jahrhundert, Bonn [3]1989, S. 107 f.
69 Q1: Bismarck, Otto von: Gesammelte Werke, Bd. 10, Berlin 1928, S. 140.
69 Q2: Bismarck, Otto von: Gesammelte Werke, Bd. 5, Berlin 1942, S. 95 ff.
72 Q1: Das Lied der Deutschen, Hoffmann von Fallersleben, 1841, in: Conrady, Karl Otto (Hg.): Das große deutsche Gedichtbuch von 1500 bis zur Gegenwart, München [4]1995, S. 341.
74 Q1: Karge, Wolf / Stutz, Reno: Illustrierte Geschichte Mecklenburg-Vorpommerns, Rostock 2008, S. 260.
79 Q1: Carnegie, Andrew: James Watt, Berlin 1927, S. 94 f.
85 Q1: Engels, Friedrich: Die Lage der arbeitenden Klassen in England, Stuttgart [2]1892.
86 Q1: Zitiert nach: Görtemaker, Manfred: Deutschland im 19. Jahrhundert, Bonn [3]1989, S. 138 f. (gekürzt).
91 Q1: http://www.zeit.de/1999/24/199924.thuenen_.xml (Stand: 21.10.2009)
92 Q1: Treue, Wilhelm / Manegold, Karl-Heinz: Quellen zur Geschichte der industriellen Revolution, Göttingen 1966, S. 126 – 129.
96 Q1: Zitiert nach: Arbeit, Mensch, Maschine. Der Weg in die Industriegesellschaft, Katalog zur Ausstellung des Museums Arbeitswelt, Steyr, Linz 1987, S. 93.
97 Q2: http://www.historisches-chemnitz.de/ (Stand: 21.10.2009)
99 Q1: Beimel, Mathias / Mögenburg, Harm: Industrialisierung – das deutsche Beispiel, Frankfurt a. M. 1987, S. 135.
100 Q1: Manifest der kommunistischen Partei. Zitiert nach: Borkenau, Franz (Hg.): Marx, Frankfurt a. M. 1963, S. 98 ff.
101 Q2: Pönicke, Herbert: Die sozialen Theorien im 19. Jahrhundert in Deutschland, Paderborn 1975, S. 86f.
102 Q1: http://www.kolping.de/grundinfos/adolph_kolping_6.html (Stand: 21.10.2009)
102 Q2: Harkort, Friedrich: Schriften und Reden zu Volksschule und Volksbildung, ausgewählt von Karl Ernst Jeismann, Paderborn 1969, S. 101 f.
103 Q3: Bismarck, Otto von: Gesammelte Werke, Bd. 2, Berlin 1924, S. 319 f.
110 Q1: http://de.wikipedia.org/wiki/Heil_dir_im_Siegerkranz (Stand: 21.10.2009)
111 Q2: Golo Mann (Hg.), Propyläen Weltgeschichte. Bd. 8: Das neunzehnte Jahrhundert, Berlin u. a. 1986, S. 564.
112 Q1: Schmidt, August: Lang war der Weg, Bochum 1958, S. 9 ff.
114 Q1: Bismarck, Otto von: Gesammelte Werke, Bd. 12, Berlin 1929, S. 12.
119 Q1: Zitiert nach: Fenske, Hans (Hg.): Unter Wilhelm II. 1890 – 1918, Darmstadt 1982, S. 77 f.
121 Q1: Nenz, Cornelia (Hg.): „… ich bin das geworden, was ich mir immer gewünscht habe …“. Fritz Reuter. Leben, Werk und Wirkung, Katalog für die ständige Ausstellung im Fritz-Reuter-Literaturmuseum, Rostock, 2001, S. 10, 19, 40 und 87.

121 Q2: Karge, Wolf / Stutz, Reno: Illustrierte Geschichte Mecklenburg-Vorpommerns, Rostock 2008, S. 168.
123 Q1: Mecklenburg- Vorpommern. Ein Porträt für die Jugend, hrsg. vom Interessenvereins humanistischer Jugendarbeit und Jugendweihe Mecklenburg-Vorpommern, Rostock 1995, S. 149.
124 Q1: Bismarck, Otto von: Werke in Auswahl, Bd. 6, hrsg. von Alfred Milatz, Darmstadt 1976, S. 52.
127 Q1: Zitiert nach: Ritter, Gerhard A. (Hg.): Das Deutsche Kaiserreich 1871 - 1914, Göttingen 1977, S. 136 f.
137 Q1: Zitiert nach: Keil, Hartmut: Die Vereinigten Staaten von Amerika zwischen kontinentaler Expansion und Imperialismus, in: Reinhard, Wolfgang (Hg.), Imperialistische Kontinuität und nationale Ungeduld im 19. Jahrhundert, Frankfurt a. M. 1991, S. 70.
137 Q2: Zitiert nach: Mittler, Max: Eroberung eines Kontinents, Zürich 1968, S. 367.
139 Q1: Griesinger, Theodor: Freiheit und Sklaverei unter dem Sternenbanner oder Land und Leute in Amerika, Stuttgart 1862, Bd. 2, S. 547–574.
143 Q1: Stoecker, Helmuth (Hg.): Handbuch der Verträge. Verträge und andere Dokumente aus der Geschichte der internationalen Beziehungen, Berlin 1968, S. 97 ff.
144 Q1: Geschichte in Quellen. Bd. 5: Das bürgerliche Zeitalter 1815 - 1914, München 1980, S. 659.
146 Q1: Zitiert nach: Mommsen, Wolfgang Justin: Imperialismus. Seine geistigen, politischen und wirtschaftlichen Grundlagen, Hamburg 1977, S. 203 f.
147 Q2: Preußische Jahrbücher, Bd. 95 (1899), S. 383 f.
147 Q3: Quellen zur Allgemeinen Geschichte, Bd. 4, Zürich 1966, S. 259.
149 Q1: Külz, Ludwig: Blätter und Briefe eines Arztes aus dem tropischen Deutschafrika, Berlin 1906, S. 23. Zitiert nach: Gründer, Horst (Hg.): „... da und dort ein junges Deutschland gründen“. Rassismus, Kolonien und kolonialer Gedanke vom 16. bis zum 20. Jahrhundert, München 1999, S. 271.
150 Q1: Neitz, Johannes: Die Herero betreffend. Reise zu Samuel Herero, 1907. Zitiert nach: Gründer, Horst (Hg.): „... da und dort ein junges Deutschland gründen“. Rassismus, Kolonien und kolonialer Gedanke vom 16. bis zum 20. Jahrhundert, München 1999, S. 153.
151 Q2: Die Kämpfe der deutschen Truppen in Südwestafrika, Berlin 1906, S. 211 - 218.
153 Q1: Zitiert nach: Historische Zeitschrift, Bd. 222 (1976), S. 350.
154 Q1: http://www.auswandererbriefe.de/ (Stand: 21.10.2009)
154 Q2: http://www.auswandererbriefe.de/ (Stand: 21.10.2009)
159 Q1: Geschichte in Quellen. Bd. 5: Das bürgerliche Zeitalter 1815 - 1914, München 1980, S. 25 f.
161 Q1: Thoma, Ludwig: Gesammelte Werke, Bd. 7, München 1933, S. 354.
161 Q2: Rolland, Romain: Das Gewissen Europas. Tagebuch der Kriegsjahre 1914 - 1919, Berlin 1983, S. 1.
162 Q1: Antikriegsresolution der II. Internationale 1907, S. 23 f.
163 Q2: Kriegs-Rundschau, Zeitgenössische Zusammenstellung der für den Weltkrieg wichtigen Ereignisse, Urkunden, Kundgebungen, Schlacht- und Zeitberichte, Bd. 1, Berlin 1914/15, S. 43.
165 Q1: http://www.dra.de/online/dokument/2006/november.html (Stand: 21.10.2009)
167 Q1: Zitiert nach: Ulrich, Bernd / Ziemann, Benjamin (Hg.): Frontalltag im Ersten Weltkrieg. Frankfurt a. M. 1994. S. 92.
170 Q1: Zitiert nach: Binder, Gerhart: Geschichte im Zeitalter der Weltkriege. Bd. 1: 1870 - 1945, Stuttgart 1977, S. 186.
171 Q2: Geschichte in Quellen. Bd. 6: Weltkriege und Revolutionen. 1914 - 1945, München 1979, S. 57 f.
171 Q3: Zitiert nach: Geschichte kennen und verstehen 9, Donauwörth 1983, S. 279.
173 Q1: Dokumente der Deutschen Politik und Geschichte von 1848 bis zur Gegenwart. Bd. 2: Das Zeitalter Wilhelms II. 1890 - 1918, hrsg. v. Johannes Hohlfeld, Berlin / München o. J., S. 393 ff. (stark gekürzt).
173 Q2: Zitiert nach: Huber, Ernst Rudolf: Dokumente zur deutschen Verfassungsgeschichte, Bd. 3, Stuttgart u. a. 1990, S. 281.
175 Q1: Marx, Karl / Engels, Friedrich: Werke, Bd. 21, Berlin 1975, S. 350 f.
176 Q1: Geschichte in Quellen. Bd. 5: Das bürgerliche Zeitalter 1815 - 1914, München 1980, S. 289.
178 Q1: http://www.volksbund-nrw.de/downloads/paedagogische_Handreichung_03.pdf (Stand: 21.10.2009)
179 Q2: Witkop, Pilipp (Hg): Kriegsbriefe gefallener Studenten, München 1928, S. 348.
179 Q3: http://www.volksbund-nrw.de/downloads/paedagogische_Handreichung_03.pdf (Stand: 21.10.2009)
180 Q1: Wenn Steine reden könnten ... Faltblatt des Volksbundes Deutsche Kriegsgräberfürsorge, o. O. u. J.
180 Q2: http://www.volksbund.de/ (Stand: 21.10.2009)
185 Q1: Scheidemann, Philipp: Memoiren eines Sozialdemokraten, Dresden 1928.
186 Q1: Zitiert nach: Haschke, Georg / Tönnies Norbert: Friedrich Ebert, Hamburg 1961, S. 128 ff.
187 Q2: Michaelis, Herbert / Schraeppler, Ernst: Ursachen und Folgen. Vom deutschen Zusammenbruch 1918 - 1945 bis zur staatlichen Neuordnung Deutschlands in der Gegenwart, Bd. 3: Der Weg in die Weimarer Republik, Berlin o. J.
189 Q1: Wehler, Hans-Ulrich: Deutsche Gesellschaftsgeschichte. Bd. 3: Von der „Deutsche Doppelrevolution“ bis zum Beginn des Ersten Weltkrieges 1849 - 1914, München 1995, S. 241.
189 Q2: Zitiert nach: http://www.versailler-vertrag.de/vv-i.htm (vereinfacht) (Stand: 21.10.2009)
189 Q3: Geschichte in Quellen. Bd. 6: Weltkriege und Revolutionen 1914 - 1945, München 1979, S. 126.
189 Q4: Geschichte in Quellen. Bd. 6: Weltkriege und Revolutionen 1914 - 1945, München 1979, S. 128.
189 Q5: Zitiert nach: Schulin, Ernst (Hg.): Gespräche mit Rathenau, München 1980, S. 244.
193 Q1: Zitiert nach: Ebeling, Hans: Ursachen und Folgen, Bd. 5, München 1960, S. 532 f.
194 Q1: Stoecker, Helmuth (Hg.): Handbuch der Verträge. Verträge und andere Dokumente aus der Geschichte der internationalen Beziehungen, Berlin 1968, S. 244 f.
201 Q1: Ute Frevert, in: Schmidt, Maruta / Soden, Kristine von (Hg.), Neue Frauen. Die zwanziger Jahre, Berlin 1988, S. 25.
203 Q1 - Q3: Zitiert nach: Stenbock-Fermor, Alexander: Deutschland von unten. Stuttgart 1931, S. 19 - 21, 65 - 67, 74 - 76 und 98.
204 Q1: Stresemann, Gustav: Vermächtnis, Bd. 3, Berlin 1932, S. 385.
206 Q1: http://www.dradio.de/dkultur/sendungen/zeitreisen/987780/ (Stand: 21.10.2009)
209 Q1: Aufzeichnungen Staatssekretär Meißners, 13. August. 1932. Zitiert nach: Vogelsang, Thilo: Reichswehr, Staat und NSDAP, Stuttgart 1962, S. 479 f.
212 Q1: Karge, Wolf / Stutz, Reno: Illustrierte Geschichte Mecklenburg-Vorpommerns, Rostock 2008, S. 281.

akg images, Berlin: 8/9, 10 M2, 12 M1, akg-images GmbH, Berlin: 8 M3, 10 M2, 12, 15, 18, 22 M1, 26 M1, 27, 31, 38 M1, 39 M2, 43 M2, 45, 51, 53, 55, 55 M3, 56, 57 M3, 63 M2, 68, 70, 72, 74 M1, 77, 83, 84, 86 M2, 88, 90 M1, 91 M3, 100, 100, 107, 108, 113 M2, 113 M4, 118 u.re., 126, 131, 137 M4, 140 M1, 141 M4, 142 M1, 142 M2, 143 M3, 152 M2, 152 M3, 153 M4, 153 M5, 155, 156, 158, 160, 167, 174 M1, 174 M2, 178 M1, 184 u.li., 186 M2, 188 M1, 190 M2, 192 u.Mi., 194 M1, 195 M4, 211, 211, 212 M1, 213, 213; aus: Das Wilhelminische Berlin. Hg. von Ruth Glatzer. Berlin: Siedler Verlag 1997, S. 310 98; Erich Lessing 30, 92 M2; Märkisches Museum 54; © Sotheby's 89 M4.
alamy images, Abingdon/Oxfordshire: RTRO 16.
Altonaer Museum, Hamburg: 163 M3.
Archiv der sozialen Demokratie, Bonn: 101 u.re., 107.
Bauhaus Archiv Berlin, Berlin: VG Bild-Kunst, Bonn 2010 199 M5.
Bayerisches Armeemuseum, Ingolstadt: 41.
Bibliothèque nationale de France - Département de la reproduction, Paris Cedex 13: 24, 30.
bpk-Bildagentur, Berlin: 20, 32, 36 M1, 37, 43 M1, 70 M1, 78, 80, 88, 114, 116, 116 M1, 117 M4, 118 M2, 124, 126, 127, 133 132/133, 138, 144 M2, 191 M3, 196, 210; D. Katz 47 M2, 64, 64, 75; D.Katz 111; Dietmar Katz 14 M3; Hans Joachim Bratsch 112 M1; Hoffmann, Herbert 205 M3; Jochen Remmer 11; Jürgen Liepe 114 M1, 131; K. Petersen 117 M3, 131; SMB/Kunstbibliothek/K. Petersen 198 M1, 198 M3; © VG Bild-Kunst, Bonn 2010 191 M4.
Bridgeman Images, Berlin: 22 M2, 29 M2; Giraudon 27, 48, 51; Private Collection 136 M2; Walker Art Gallery/National Museums Liverpool 81, 107.
Colourbox.com, Odense: Grichenko, Alex 16.
Creativ Team Friedel GmbH, Weinsberg: 59, 75.
Deutsches Historisches Museum, Berlin: 162, 194 M2, 207 M2.
Deutsches Museum, München: 78.
fotolia.com, New York: Jan Hanus 16.
GeraNova Bruckmann Verlagshaus GmbH, München: Stenbrock-Fermor, A. Graf, Verlag C. J. Bucher, Frankfurt 203.
Germanisches Nationalmuseum, Nürnberg: 57 M4.
Güttler, Peter - Freier Redaktions-Dienst, Berlin: 34, 34.
Heinemann Publishers, Portsmouth/New Hampshire: R. Stewart 79.
Hessisches Landesmuseum Darmstadt, Darmstadt: W. Kumpf 200 M3.
Imperial War Museum, London: 161 u.Mi., 181.
Institut für Geschichtliche Landeskunde an der Universität Mainz e.V., Mainz: 169.
Interfoto, München: Sammlung Rauch 99.
Kaupp, Peter Dr., für die Jenaische Burschenschaft, Dieburg: 56.
Lichtbildwerkstätte Alpenland, Wien: 41.
Mary Evans Picture Library, London: 152 M1.
mauritius images GmbH, Mittenwald: J. Cotton Titel.
Museen der Stadt Nürnberg, Nürnberg: 113 M3.
Museum Kindheit und Jugend, Berlin: 119 M3.
Otto-von-Bismarck-Stiftung, Friedrichsruh: „Otto-von-Bismarck-Stiftung, Friedrichsruh". „Die Proklamierung des deutschen Kaiserreiches (18. Januar 1871)", Anton von Werner, Öl auf Leinwand, 1885 71, 75.
Picture-Alliance GmbH, Frankfurt/M.: akg-images 72, 154 M1; akg-images/E. Lessing 10 M1; dpa/ADN 95; Witt/SIPA/ Chamussy, Laurent 33; ZB/B. Wüstneck 91 M4; ZB/Berliner Verlag/Archiv 165; ZB/J. Büttner 106 M3; ZB/P. Pleul 180 M1; ZB/Peter Endig 202; ZB/S. Sauer 106 M2.
punctum FOTOGRAFIE, Leipzig: Bertram Kober 128.
Schmid, H. D., Hannover: 177 M2.
Schwarzstein, Yaroslav, Hannover: 92.
Science Museum, Berlin: 80.
SLUB/Deutsche Fotothek, Dresden: 88 M3.
Staatliche Kunstsammlung Dresden, Dresden: 33, 51.
Staatliche Münzsammlung, München: 16.
Staatsarchiv Windhuk, Windhoek: 151 u.re., 155.
Stadtgeschichtliches Museum Leipzig, Leipzig: 129, 129.
Stadtmuseum Neustadt, Neustadt an der Weinstraße: 59.
Stehle, Karl, München: 200 M2.
Süddeutsche Zeitung - Photo, München: Knorr + Hirth 168; Scherl 193, 205; SZ Photo/Scherl 161.
The British Library, London: 11.
Tonn, Dieter, Bovenden-Lenglern: 51, 51, 51, 51, 75, 75, 75, 75, 107, 107, 107, 131, 131 o., 131 o., 155, 155, 155 o., 181, 181, 181 o., 213, 213 o., 213 o.
Tonn, Dirk, Bovenden: 155 o.li., 181, 213.
ullstein bild, Berlin: 50 M2, 96 M1, 98, 98, 99, 144 u.li., 147, 151 M2, 155, 162 M1, 163 M4, 169, 170 M2, 173 M3, 175, 181, 182, 196, 197, 198 M2, 206 M1, 207 M3, 210; ADN-Bildarchiv 172; AISA/© VG Bild-Kunst, Bonn 2010 (Estate of George Grosz, Princeton, N.J.) 199 M4; Archiv Gerstenberg 60 M1, 67, 141 M2, 166 M2, 176, 190 M1; BAYER AG 102; CK-Press 179 M3; ddp 46 M1; Gerstenberg Archiv 123 M3; Granger Collection 13, 90 M2, 93, 94, 171 M3, 197 M4; Haeckel 166 M1; Haeckel-Archiv 149 M3; histopics 170 M1; Imagebroker.net 50 M3; imagebroker.net 120 M2, 130 M1, 130 M2; Imagno 54; KPA/Heritage Images/The National Archives 147; Lehnartz 120 M1; Photos 12 178 M2, 181; Roger Viollet 50 M1; Stary 200 M1; ullstein bild 58; Zentralbild 201 M4.
vario images, Bonn: 16.
VG BILD-KUNST, Bonn: The Heartfield Community of Heirs 209, 213.
Wien Museum, Wien: 44 M2.
Wittmann, Amalie, Langenhahn: 119 M4.

Wir arbeiten sehr sorgfältig daran, für alle verwendeten Abbildungen die Rechteinhaberinnen und Rechteinhaber zu ermitteln. Sollte uns dies im Einzelfall nicht vollständig gelungen sein, werden berechtigte Ansprüche selbstverständlich im Rahmen der üblichen Vereinbarungen abgegolten.

alle übrigen Karten und Schaubilder: Westermann Kartographie/Technisch Graphische Abteilung, Braunschweig